GERHARD A. E. RUDOLF

DEPRESSION UND HÖHERES LEBENSALTER

GERHARD A. E. RUDOLF

DEPRESSION UND HÖHERES LEBENSALTER

Die Entwicklung des Wissensstandes,
Probleme und Perspektiven
der psychiatrischen Forschung

WISSENSCHAFTLICHE BUCHGESELLSCHAFT
DARMSTADT

Die Deutsche Bibliothek – CIP-Einheitsaufnahme

Rudolf, Gerhard A. E.:
Depression und höheres Lebensalter: die Entwicklung des Wissensstandes, Probleme und Perspektiven der psychiatrischen Forschung / Gerhard A. E. Rudolf. – Darmstadt: Wiss. Buchges., 1993
ISBN 3-534-12140-6

Bestellnummer 12140-6

Gedruckt auf säurefreiem und alterungsbeständigem Offsetpapier
Satz: Fotosatz Janß, Pfungstadt
Druck und Einband: Wissenschaftliche Buchgesellschaft, Darmstadt
Printed in Germany
Schrift: Linotype Times, 9.5/11

ISBN 3-534-12140-6

Für Giselheid

INHALT

VORWORT

Die Bedeutung des höheren Lebensalters für Entstehung, Symptomatik, Verlauf, Diagnostik und Therapie depressiver Erkrankungen war früher, d. h. seit dem Ende des letzten bis in die Mitte unseres Jahrhunderts, ein vielfältig und intensiv bearbeitetes Feld der psychiatrischen Forschung. Die Frage, warum bei älteren Menschen häufig Besonderheiten des depressiven Krankheitsgeschehens in Erscheinung treten, haben Generationen von Wissenschaftlern zu ergründen und mit den methodischen Mitteln ihrer Zeit zu beantworten versucht.

Das Thema ist also nicht neu. Es gab Zeiten, in denen die anstehenden Fragen intensiver diskutiert wurden als im Augenblick. Heute ist eine Diskrepanz zwischen dem theoretischen Interesse an den depressiven Erkrankungen in der zweiten Lebenshälfte und den sich aufdrängenden praktischen Problemen zu erkennen: In der offiziellen Nomenklatur psychiatrischer Erkrankungen sind Begriffe wie Involutions- oder Altersdepression verschwunden. Die Zahl depressiver älterer Menschen dagegen steigt, und damit nehmen die Probleme der Diagnostik und Therapie bei dieser Patientengruppe zu. So entsteht eine relative Orientierungslosigkeit, die insbesondere für die Behandlung die Gefahr einer unkontrollierten Polypragmasie in sich birgt. Eine weit verbreitete und profunde Unkenntnis von Ätiologie, Pathogenese und Verlauf depressiver Erkrankungen des höheren Lebensalters ebnet ihr den Weg. Das ist ein „Dilemma" (Himmelhoch u. Mitarb. 1982), aus dem nur sehr schwer herauszukommen ist.

Heute werden die alten Themen von modernen, d. h. der Entwicklung der Gesamtmedizin entsprechenden allgemeineren Fragestellungen (z. B. der neurochemischen Forschung, der Neurophysiologie, Neuroendokrinologie, Psychopharmakologie oder der bildgebenden Verfahren der Neuroradiologie) verdrängt. Die sogenannte biologische Psychiatrie befaßt sich bisher immer noch mit den eher grundsätzlichen Fragen der biologischen Fundierung psychischen Krankseins. Gerontopsychiatrische Krankheitsbilder scheinen – abgesehen von der Demenzforschung – bisher, von einigen Ausnahmen abgesehen, noch nicht ihr Interesse gefunden zu haben.

Zwar sucht die klinische Forschung im Rahmen der Alterspsychiatrie zum Teil nachzuholen, was sich an wissenschaftlicher Arbeit für die psychischen Erkrankungen des mittleren Lebensalters bereits viel früher zu entwickeln begann. Insgesamt aber gibt es anscheinend nur wenig Platz für das

Thema „Depression und höheres Lebensalter“. Die ärztliche Praxis zeigt jedoch, daß diese Fragen nicht nur von theoretischem Interesse sind. Die klinische Forschung wird in den kommenden Jahren für die Behandlungspraxis die Frage zu beantworten haben, welche der neuen Erkenntnisse medizinischer Grundlagenforschung und allgemeiner Depressionsforschung auch für die Lösung der diagnostischen und therapeutischen Probleme bei älteren Depressiven anwendbar sind.

1. EINLEITUNG UND ANMERKUNGEN ZUR METHODIK DER UNTERSUCHUNG

Die Fragen, die in den einzelnen Kapiteln dieses Buches beantwortet werden sollen, sind folgende: In welcher Weise unterscheiden sich depressive Erkrankungen in der zweiten Lebenshälfte von denen in jüngeren Jahren? Gibt es die von wissenschaftlicher Seite immer wieder behaupteten Besonderheiten depressiver Erkrankungen im höheren Lebensalter? Wenn ja, wie sehen sie aus, worin sind sie begründet und welche Konsequenzen könnten daraus für die ärztliche Praxis gezogen werden? Es gibt viele solcher oder ähnlicher Fragen (Jarvik 1976).

Kaum einer der Gründe, die in früheren Diskussionen für eine klinisch relevante Sonderstellung depressiver Störungen im höheren Lebensalter angeführt wurden, ist nach genauerer Überprüfung ausreichend stichhaltig, um die in der älteren Psychiatrie entwickelten Hypothesen zu stützen. Es zeigt sich, daß die meisten Interpretations- und Ordnungsversuche keine wesentlichen Erkenntnisgewinne gebracht haben; gleichzeitig wird deutlich, daß viele Fragen trotz einer kaum zu überschauenden Zahl wissenschaftlicher Veröffentlichungen aus modernen methodenkritischen Gründen unzureichend und damit unbeantwortet bleiben.

Die Literatur zu Fragen depressiver Erkrankungen im höheren Lebensalter ist weit verstreut und schlecht zugänglich. Das Thema wird in den allgemeinen Lehrbüchern der Psychiatrie oft nur am Rande oder sehr knapp dargestellt. Das gilt auch für Standardwerke der Psychogeriatrie (Birren 1959, Bronisch 1962, Müller 1967, Busse und Pfeiffer 1973, Butler und Lewis 1973, Pitt 1974, Oesterreich 1975, Verwoerdt 1976, Busse und Blazer 1980, Bergener 1987 u. a.). Andere Arbeiten wirken in ihren Aussagen nach heutigem Standard vorwissenschaftlich oder gehen von zwar weitgehend akzeptierten, jedoch stark vereinfachenden Prämissen aus. Sie sind z. B. häufig schlicht kasuistisch, deskriptiv-phänomenologisch oder nosologisch orientiert, großenteils überwiegend an theoretischen Fragestellungen der jeweiligen Zeitepoche interessiert.

Nach einer ersten größeren Monographie von Berezin und Cath (1965) erschien 1982 nach einer offensichtlich längeren Pause eine weitere Monographie zum Thema depressiver Erkrankungen bei älteren Menschen (Blazer 1982), gefolgt von einer weiteren umfangreichen Darstellung (Murphy 1986a, 1989) und einer größeren Zahl von praxisorientierten, der Fortbildung dienenden Übersichtsartikeln und Sammelbänden mit Aufsätzen zu

Fragen von Diagnostik und Therapie depressiver Erkrankungen im höheren Lebensalter (Gurland und Toner 1982, Lauter 1984, Werner 1984, Schüttler 1985, 1990, Lauter und Zimmer 1985, Bergener 1986, 1989, 1991, Faust 1987, 1988, Ruegg und Mitarb. 1988, Kemmerich 1990 u. a.).

Der vorliegende Text entstand in seiner ursprünglichen Form während der Arbeit an einer empirischen klinischen Studie zur Frage der Beeinflussung depressiver Erkrankungen durch das höhere Lebensalter (Rudolf 1980, 1982a, b). Er war anfangs als historische Einführung in die obengenannte empirische Studie gedacht, wurde dann aber so umfangreich, daß er neben der empirischen Untersuchung eigenes Gewicht bekam.

Größte Hilfe beim Auffinden der Literatur leistete die von C. Müller (1973) herausgegebene ›Bibliographia geronto-psychiatrica‹, die gemeinsam mit den schon zuvor vom Autor gesammelten Arbeiten den Grundstock des Literaturmaterials darstellte. Hinzu kamen Informationen aus anderen Literaturreferaten (Braun 1938, 1940, Weitbrecht 1949, Petrilowitsch 1964, Ciompi 1966, Petrilowitsch und Baer 1970). Bei der systematischen Lektüre der Originalarbeiten wurden Hinweise auf weitere Arbeiten gesucht. Mit Hilfe dieses „Schneeballsystems" entstand im Laufe der Jahre eine umfangreiche Literatursammlung, die, so stellte sich zunehmend heraus, inhaltlich nahezu vollständig war, jedoch keinen Anspruch auf bibliographische Vollständigkeit erheben kann. In den regelmäßig hinzukommenden Veröffentlichungen fand sich nach der Lektüre von ca. 600–700 Arbeiten kaum noch ein inhaltlich neuer Gesichtspunkt. Die spätere Phase des Literaturstudiums brachte also keinen dem Zeitaufwand entsprechenden Informationsgewinn mehr. Die steigende Zahl von Publikationen geht offenbar nicht mit einer Zunahme der Informationsinhalte parallel (Gross und Fritz 1974).

Mit dem Buch kann keine eindeutige und endgültige Bilanz des Erreichten dargestellt werden. Vielleicht aber kann es dem psychiatrisch Tätigen helfen, Möglichkeiten und Grenzen des Umganges mit depressiv erkrankten älteren Menschen zu erkennen. Das ist wegen der Vielgestaltigkeit der Krankheitsmanifestationen sicherlich schwierig, denn bei der wissenschaftlichen Bearbeitung eines speziellen Problembereiches besteht häufig die Gefahr einer methodenbedingten Einengung der Sichtweisen, die dann der Komplexität der klinischen Fragestellungen nicht mehr gerecht werden kann. Hier zeigt sich ein Spannungsfeld zwischen methodenbewußter Forschung und klinischer Praxis, und es ist zu fragen, wie diese Kluft zwischen einengender Einzelforschung und komplexen praktischen Erfordernissen überwunden werden kann.

Es gibt viele Vorschläge zur Lösung dieser Fragen. Häufig wird in der Diskussion eine theoretische Alternative von einer anderen abgelöst, wobei diese für die ärztliche Praxis oft allzu hypothesengeleitet wirken und den

Gegenstand, d. h. hier den Menschen bzw. seine Schwierigkeiten oder Krankheiten, nur so weit erfassen, wie es die jeweils enge Theorie zuläßt.

Die vorliegende Darstellung versucht, das zu vermeiden. Sie versucht, einen umgekehrten Weg einzuschlagen: Wissenschaftliche Methodik und Theorie nur als Hilfsmittel zu verstehen und die Breite der sich an dem Patienten darstellenden Fragen und Probleme erkennbar zu machen, so daß sich am Horizont vielleicht ein praktikabler Weg zu einer besseren Lösung andeutet. Diese zu erreichen, sind dann dem Leser und seiner schöpferischen Intuition, der gestaltenden Kraft wissenschaftlichen Forschens und dem daraus resultierenden ärztlichen Handeln für die Zukunft keine Grenzen gesetzt.

In der dargestellten Weise zusammengefaßte Forschungsergebnisse entbinden den Leser jedoch nicht von der Pflicht, auf die Originalarbeiten zurückzugreifen, weil die extrem verkürzte und zusammenfassende Darstellung – wie in der vorliegenden Form – immer lückenhaft ist. Die Zusammenfassung der älteren Literatur kann ihm zwar insofern einen Gewinn bringen, als er eigene Fragestellungen schon bearbeitet findet, so daß sich eine erneute Beschäftigung mit dem Problem möglicherweise erübrigt. Andererseits aber haben sich zahlreiche Grundannahmen und Methoden der Forschung im Laufe von wenigen Jahrzehnten tiefgreifend geändert. Manche Ergebnisse werden für die heutige Zeit nicht mehr relevant sein, auch dann nicht, wenn sie bis zum gegenwärtigen Tag „fortgeschrieben" worden sind. Vieles könnte sich sogar als falsch erweisen. Ein Teilbereich wissenschaftlicher Forschung besteht somit in der Überprüfung von als gesichert geltenden „Tatsachen", ein anderer bewegt sich im Bereich absolut neuer Fragestellungen, die über das aktuelle „Tatsachen"-Wissen hinausgehen.

Weiterhin ist die Beschäftigung mit der älteren Literatur unter einem abstrakteren Aspekt sinnvoll: Neben der ständigen Notwendigkeit der Überprüfung von „Lehrmeinungen" gewinnt der wissenschaftlich orientierte Arzt einen intellektuellen Einstieg in den Entwicklungsprozeß moderner Fragestellungen und Verständnis für historische und zeitgeschichtlich bedingte Akzente. Ohne diese Orientierung am allgemeinen historischen Forschungsprozeß bliebe die eigene Arbeit isoliert. So aber werden die bisherigen empirischen Untersuchungsergebnisse in den Erkenntnisprozeß eingegliedert und gleichzeitig relativiert. Denn sie müssen als vorläufiges Wissen angesehen werden und bewahren den Autor und seinen Leser vor dem voreiligen Schluß, es könnte sich bei seinen neuen Erkenntnissen um etwas Endgültiges handeln. Der Horizont für neue Ansätze und Gedanken, Individuelles und Einmaliges muß offenbleiben.

Die Reihenfolge der Darstellung einzelner Problembereiche mag willkürlich erscheinen. Fragen der diagnostischen Zuordnung, d. h. die Frage, wie, insbesondere unter welchen ätiologischen Gesichtspunkten sich depressive

Erkrankungen der zweiten Lebenshälfte von anderen Depressionsformen abgrenzen lassen, werden an den Anfang gestellt. Die Kenntnis des sich im Laufe der Jahrzehnte entwickelnden Klassifikationsprozesses relativiert viele der in den folgenden Kapiteln dargestellten Sachverhalte. Die bis heute offenen Fragen der diagnostischen Zuordnung sind einerseits Folgen unserer nicht sehr sicheren Kenntnisse über die Verursachung depressiver Erkrankungen und der Spezifität ihres Erscheinungsbildes und Verlaufes. Andererseits schränkt das Wissen um diese Unsicherheit manche apodiktische Aussage insbesondere in phänomenologisch-diagnostisch und therapeutisch orientierten Arbeiten ein. Sind diese Unsicherheiten bewußt, kann mit größerer kritischer Distanz gelesen und das Gelesene in praktisches Handeln umgesetzt werden.

Durch die Zusammenstellung aller zugänglichen Arbeiten ist die vielfach geübte Einengung von Darstellungen auf ein bestimmtes Krankheitsbild i. S. irgendeiner Nosologie, einer engeren Hypothese oder Theorie nicht möglich. Die Studie befaßt sich also nicht mit einem bestimmten, irgendwann definierten depressiven Krankheitsbild, sondern erst einmal mit depressiven Syndromen im allgemeinen, wie sie in der zweiten Lebenshälfte, das heißt nach dem 45. Lebensjahr, sehr häufig erstmals aufzutreten pflegen. Das mag dem Fachmann zu Anfang allzu diffus und unscharf erscheinen. Es muß sich zeigen, ob dieses ein eher sprachlich-logisches oder ein empirisch-methodisches Problem ist, das durch weitere Untersuchungen tatsächlicher Verhältnisse geklärt werden kann – oder auch nicht. Die weitere, gegenwärtige Entwicklung diagnostischer Klassifikationssysteme in schneller Folge macht das alles nicht einfacher, mag aber in der Zukunft ein Weg sein, die wissenschaftliche Kommunikation über klinisch relevante Fragen zu verbessern.

Mit Ausnahme der ersten Kapitel, in denen nosologische Fragen dargestellt werden, wird deshalb versucht, die Probleme „jenseits“ aller Nosologien aufzuzeigen. Das ist wegen des ständigen Wandels der für die depressiven Syndrome gebrauchten Nomenklatur schwer, aber notwendig, denn die wissenschaftliche Auseinandersetzung ist bis heute sehr oft immer noch auch eine über ihre nosologische Zuordnung gewesen. Die in den sich anschließenden Abschnitten benutzten Bezeichnungen für depressive Krankheitsbilder stimmen deshalb nur noch teilweise mit den früher oder heute verwendeten diagnostischen Begriffen überein.

Die referierte Literatur besteht aus verschiedenartigsten Quellen, deren Aussagekraft zwar unter wissenschaftlich-methodischen Gesichtspunkten unterschiedlich zu bewerten, unter dem Aspekt der Popularität und der zum Beispiel durch hohe Druckauflagen bedingten Verbreitung wiederum anders zu beurteilen ist. Nicht jede wissenschaftlich hochwertige Publikation wird in einer an sich wünschenswerten Weise bekannt oder von den Lesern angenommen. Manche wissenschaftlich weniger wertvolle Arbeit dagegen findet großen Beifall und weite Verbreitung. So erscheint es unmöglich, eine Trennung zwischen „guten“ oder „schlechten“, „wertvollen“ oder „weniger wertvollen“ Arbeiten ex post zu vollziehen. Der Weg fortschreitender wissenschaftlicher Erkenntnis ist – so zumindest erscheint es nach der intensiven Beschäftigung mit dem Material – wahrscheinlich nicht gradlinig. Es gehen also auch Irrwege, Sackgassen und Wiederholungen in die Darstellung ein, und es ist zu fragen, ob nicht auch wieder Fehler früherer Jahre gemacht werden. Daher muß noch einmal betont werden, daß es sich, wenn die vorliegende Arbeit überhaupt als Versuch einer Bilanz angesehen werden darf, nur um eine „offene“ (Zwischen-)Bilanz handelt, die eine Diskussion nicht abschließen, sondern höchstens effektiver gestalten könnte.

Vor einer zu raschen Verallgemeinerung einzelner Aussagen oder Schlußfolgerungen der Arbeit ist zu warnen. Es stimmt andererseits aber schon, daß die Problemgeschichte depressiver Erkrankungen des höheren Lebensalters für eine Problemgeschichte der psychiatrischen Forschung überhaupt stehen kann. Bereits Dreyfus (1907) meinte: „Die Geschichte der Melancholie hieße die Geschichte der Psychiatrie schreiben, so untrennbar ist dieser Name mit der Entwicklung der Psychiatrie verknüpft.“

Das aber kann mit der vorliegenden Arbeit nicht beabsichtigt sein, denn die wirkliche Vielschichtigkeit des historischen Prozesses kann nicht dargestellt werden, weil der Autor Kliniker und nicht Historiker ist, und die Darstellung aus diesem Grunde an eher klinischen Problemen orientiert bleibt. Die Melancholie darf in dem hier intendierten Rahmen nur so weit interessieren, wie sie im Laufe ihrer Begriffsgeschichte in einem engeren inhaltlichen Zusammenhang mit den depressiven Erkrankungen der zweiten Lebenshälfte gebracht worden ist. Einen differenzierenderen, historisch orientierten Versuch unternahm dagegen Schmidt-Degenhard (1983). Dennoch: Die Entwicklung des Melancholiebegriffes zeigt die auch heute noch aktuelle Problematik der psychiatrischen Nomenklatur, der diagnostischen Zuordnung und Nosologie; sie macht vor allem aber deutlich, in einem wie starken Maße eine „Sprachverwirrung“ in der aufkeimenden wissenschaftlichen Psychiatrie die Kommunikation der Psychiater untereinander hemmte. Es hat den Anschein, daß sich bis heute daran nicht allzu viel geändert hat.

Die Problemgeschichte des Melancholiebegriffes zeigt zudem, wie in der wissenschaftlichen Auseinandersetzung der Fachleute der Patient selbst oft kaum noch eine Rolle spielte. Es wurden sogenannte Forschungsinteressen, die letztlich aber doch zum Wohle des Patienten gerieten, vorgeschoben, um auch Eitelkeiten und persönliche Rivalitäten untereinander auszuspielen (Redlich und Freedman 1970). Die genannten Autoren meinen, daß ohne die damals nicht vorhandene Kenntnis der Ätiologie die Dispute über eine gesonderte Betrachtung der Involutionsmelancholie „nutzlose Spiele" waren, „in denen ältere Psychiater lediglich ihre Autorität zur Geltung" brachten. Andererseits zeigen die empirischen Untersuchungen vielfach großen Ernst und Akribie. Mit einfachen methodischen Mitteln sind Ergebnisse erzielt worden, die auch heute noch Bestand haben.

Die Forschungsmethoden haben im Laufe der Jahrzehnte eine grundlegende Wandlung erfahren. Sie sind zunehmend differenzierter geworden und scheinen damit für uns ein höheres Maß an Verbindlichkeit der durch sie gewonnenen Aussagen zu bewirken. Zudem haben sich die Zielrichtungen des Forschungsinteresses gewandelt. Heute werden auch – beeinflußt durch die Ergebnisse der allgemeinen medizinischen Grundlagenforschung – andere Fragen gestellt. Es wäre aber ungerecht und historisch unlauter, wollte man frühere Psychiatergenerationen verurteilen, weil sie nicht die Erfolge erzielten, die aus heutiger Sicht vielleicht möglich gewesen wären. Wir stehen heute in einer ähnlichen Situation, und der Weg, der vor uns liegt, ist auch nicht sehr weit einzusehen. Neue Irrwege und Sackgassen werden mit Sicherheit beschritten und werden – nach aller Erfahrung – von den nachfolgenden Generationen auch wieder korrigiert werden müssen.

Neben den methodenbedingten Schwächen der Darstellung sind andere durch den Autor selbst bedingt, denn das Referieren von Literatur bleibt immer auch subjektiv gefärbte Informationswiedergabe, hinter der bei kritischer Lektüre die Tendenz des Referierenden unschwer zu erkennen ist. Die Aussagen können aber durch das Zurückgreifen auf das umfangreiche Literaturverzeichnis und die Lektüre der Originalarbeiten überprüft werden. Ziel der vorliegenden Arbeit ist, das mit wissenschaftlicher Methodik erworbene Wissen unter einem möglichst ganzheitlichen Aspekt zusammenzufassen und aktuellem Zweckhandeln zugänglich zu machen.

Insgesamt werden mosaikartig zusammengesetzte Aussagen aber nebeneinander stehenbleiben müssen. Eine in sich schlüssige und abgerundete Darstellung des Problems depressiver Erkrankungen des höheren Lebensalters ist nicht möglich. Dem steht die Heterogenität des Untersuchungsgegenstandes und das Wissen um zahlreiche ungeklärte Fragen entgegen.

2. DIE PSYCHIATRIEGESCHICHTLICHE AUSGANGSSITUATION

Umfassende und auf die früheren Jahrhunderte zurückgreifende Darstellungen der historischen Entwicklung der Psychiatrie aus verschiedensten Perspektiven und damit auch der Gedanken über depressive Erkrankungen sind die Arbeiten von Kirchhoff (1912), Birnbaum (1928), Hinsie und Katz (1931/32), Lewis (1934a), Ackerknecht (1957), Starobinski (1960), Leibbrandt und Wettley (1961), Tellenbach (1961), Flashar (1966), Walser (1968), Janzarik (1972), Hole (1973), Dörner (1975), Diethelm (1975), Willmuth (1979), Schmidt-Degenhard (1983), Jackson 1986, Berrios 1988, von Zerssen 1988 und Lanczik und Beckmann 1991.

2.1 Der Stand der psychiatrischen Forschung gegen Ende des 19. Jahrhunderts

Die wissenschaftliche Situation in der Psychiatrie des endenden 19. Jahrhunderts war außerordentlich bewegt, faszinierend und vielschichtig. Sie war zweifellos eine Phase des Umbruches, in der Altes noch Bedeutung hatte, Neues jedoch schon am Horizont zu erkennen war.

Bis zu dieser Zeit wurde das Syndrom einer schwermütigen Verstimmung, aber auch einer psychischen Hemmung in der antiken Tradition als Melancholie bezeichnet. Doch bahnten sich schon einige Jahrzehnte früher in den Gedanken von Falret (1851, 1854) und Baillarger (1854) erste grundlegende Veränderungen an, die durch die Arbeiten von Pinel und Esquirol (1820) im beginnenden 19. Jahrhundert vorbereitet worden waren (Sedler und Dessain 1983). Teile der als Melancholie bezeichneten depressiven Erkrankungen und die Manie wurden unter dem Begriff des zirkulären Irreseins zusammengefaßt. Trennungen zwischen psychoreaktiven und endogenen Störungen gab es in der heute bekannten Form noch nicht. Im Mittelpunkt stand das deutlich erkennbare, unbedingt behandlungsbedürftige depressive oder melancholische Syndrom. Leichtere depressive Störungen wurden nicht berücksichtigt. Es brauchte noch Jahrzehnte, bis zum Beispiel der Begriff des zirkulären Irreseins oder der manisch-depressiven Erkrankung als eigenständiges Krankheitsbild erkannt wurde. Zwar wurde schon früh von periodischen Geistesstörungen gesprochen (Kirn 1878), somit also auch der Verlauf einer Erkrankung als Wesensmerkmal dargestellt, doch galt das

Augenmerk noch überwiegend den offenliegenden Phänomenen des Krankheitsgeschehens. Nur am Rande wurde auch nach den ursächlichen und pathogenetisch relevanten Faktoren gefragt.

Es fehlte in jener Zeit eine durchgreifende methodische Orientierung, wenngleich, wie Bodamer (1948, 1953) in ausführlichen Analysen zeigte, sich die Psychiatrie auf einer umfassenderen Ebene bereits als moderne empirische Wissenschaft zu etablieren begann. Noch war man aber allzusehr mit den grundlegenden Problemen des Faches beschäftigt. Die spekulativen Ansätze der romantischen Medizin, die polemischen Auseinandersetzungen zwischen „Psychikern" und „Somatikern" oder die Gedanken zur Einheitspsychose hatten keine Lösung der immer mehr drängenden praktischen Probleme gebracht (Janzarik 1972). Andererseits übten die epochalen Erfolge der naturwissenschaftlich orientierten Medizin einen gewaltigen Sog aus, und wollte die Psychiatrie neben den anderen Bereichen der Medizin existieren und anerkannt werden, war weniger spekulatives, dafür aber systematisches empirisches Arbeiten notwendig. So entstand ein weit verbreitetes Bedürfnis nach einer im modernen Sinne wissenschaftlich orientierten Psychiatrie. Das vorhandene Wissen konnte noch nicht operationalisiert, d. h. nicht systematisch überprüft und in die Praxis umgesetzt werden. Folglich wurde die Situation der psychiatrischen Forschung während des letzten Drittels des 19. Jahrhunderts durch die Herausarbeitung neuer Syndrome „mehr beunruhigt als bereichert" (Janzarik 1972). Es bedurfte daher einer Persönlichkeit mit Integrationskraft und wissenschaftlichem Gewicht, die den Forschungsinteressen der Zeit eine bestimmte Richtung zu geben vermochte und die der „symptomatologisch" und „syndromatologisch" orientierten Psychiatrie den Weg zu einer „nosodromologischen" Betrachtungsweise (Kehrer und Kretschmer 1924) zeigte. Diese Persönlichkeit war E. Kraepelin, dessen neue Nosologie jedoch „mit ihrem unreflektierten Pragmatismus in ähnlicher Weise außerhalb der geistigen Bewegung der Zeit stand, wie hundert Jahre zuvor die Systematik der französischen Kliniker" (Janzarik 1972). Zwangsläufig folgte daraus zwischen den bedeutenden Psychiatern jener Zeit, neben anderen wissenschaftlichen Disputen, auch eine Diskussion über die nosologische Einordnung der Melancholie, aus der sich eine erst später erkennbare epochale diagnostische Neuorientierung entwickelte, die aus dem bisherigen diagnostischen Chaos herauszuführen schien. Gebahnt worden war sie durch die „klinische Betrachtungsweise" Kahlbaums (1863). Dieser hatte ein empirisch-klinisches Vorgehen unter Berücksichtigung des gesamten Verlaufes einer seelischen Erkrankung mit dem Ziel gefordert, „natürliche Krankheitseinheiten" abzugrenzen. Hinter der kraepelinschen Konzeption stand aber auch die Auffassung, daß die Formen psychischer Erkrankungen als Stadien oder – allgemeiner – Folgen eines möglicherweise organischen Krankheitsprozesses zu verstehen seien (Janzarik 1972). Einheitliche Ursachen, gleiche Symptomatik, ähnlicher Verlauf und gleichartige pathologisch-anatomische Veränderungen wurden zu Grundlagen für die Umschreibung eines eigenständigen Krankheitsbildes, das dann als eine „nosologische Einheit" aufgefaßt wurde.

Die Diskussion um die Klassifizierung depressiver Zustände (Melancholien) zwischen Kraepelin und seinen Kritikern spielte für die Entwicklung der noch heute weitgehend akzeptierten nosologischen Klassifikation psychotischer Erkrankungen eine bedeutende Rolle. Bei dieser Umwertung und Umetikettierung zahlreicher diagnostischer Begriffe wurde, wie Lewis (1934) meinte, der Melancholie, einem der großen Wörter der Psychiatrie, übel mitgespielt.

2.2 Der traditionelle Melancholiebegriff

Die klinischen Vorstellungen über die Melancholie waren im letzten Viertel des 19. Jahrhunderts durch die Vorstellungen von Krafft-Ebings (1874), Schüles (1886), Mendels (1890) und Ziehens (1896) geprägt worden, die nahezu austauschbar waren (Tab. 1). Angaben über Ursachen, Verlauf und Prognose fielen allein schon hinsichtlich des Umfanges gegenüber der Symptom- und Syndrombeschreibungen deutlich ab. Dabei folgten die Autoren zeitgenössischen wissenschaftlichen Vorstellungen (siehe auch Hoche 1887, Kracauer 1887, Markus 1890, Meynert 1890, Farquharson 1894, Roubinovitch und Toulouse 1897).

Hier ist der Ausgangspunkt für die ersten Äußerungen Kraepelins zur diagnostischen Ordnung der depressiven Erkrankungen zu sehen, und damit begann die Metamorphose des Melancholiebegriffes, die in den schnell folgenden Auflagen seines Lehrbuches mitvollzogen werden kann. 1883 schrieb er: „Den gemeinsamen Grundzug (der Melancholie) bildet die Beherrschung des Stimmungshintergrundes durch das Unlustgefühl des psychischen Schmerzes, der seinen Einfluß sowohl auf das Vorstellungsleben wie auf das Gebiet des Handelns geltend macht. In der Regel kommt es nicht zur Entwicklung von Affekten mit heftigeren psychomotorischen Reaktionen, sondern es bleibt bei jener Gebundenheit und Behinderung aller psychischen Vorgänge, welche schon die normale ‚Verstimmung' zu charakterisieren pflegen. Die hierher gehörigen Krankheitsbilder tragen den gemeinsamen Namen der Melancholie."

Zu Anfang stand Kraepelin also noch ganz in der Tradition seiner Zeit und berief sich direkt auf von Krafft-Ebing (1874). Doch sah er im Klimakterium, zwar weniger als in der Pubertät, auch schon einen möglichen ätiologischen Faktor der Psychose.

Zehn Jahre später aber wurde die Melancholie als Sammelbegriff für die

Tab. 1: Diagnostische Einteilung, vermutete Ursachen und Verlaufscharakteristika der Melancholie vor 1896

Autor	Einteilung	Ursachen	Verlauf
R. v. Krafft-Ebing (1874)	1. Melancholia sine delirio 2. Melancholie mit Präcordialangst 3. Melancholie mit Sinnestäuschungen und Wahnvorstellungen a) Melancholia passiva, stupida oder attonita b) Melancholia activa oder agitans	einleitendes Stadium des Irreseins, erbliche Anlässe, Ernährungsstörungen des psychischen Organs, äußere Anlässe	akut und chronisch (Mel. activa hat bessere Prognose als Mel. passiva, die leicht in wirkliche Schwäche übergeht)
A. Schüle (1886)	1. Melancholia simplex 2. Melancholia agitata (torpida) 3. Melancholia passiva (attonita) 4. hypochondrische Melancholie 5. Schwächemelancholie d. Alters 6. sexuelle Melancholie Alternativ: 1. Melancholia religiosa 2. Melancholia persecutoria (daemonomaniaca) 3. Melancholie mit Wahn zu verhungern u. eigene wie fremde Existenzen zu verwirken	hirnorganische Störungen primäre Hirnatrophie neuropathische Konstitution, Erkrankung des hyperästhetischen Zentralorgans, Masturbartion	chronisch, Wechsel in Manie, Steigerung in tobsüchtige Erregung „eher chronisch bei klimakterischen oder senilen Formen".
E. Mendel (1890)	1. Melancholia hypochondrica 2. Melancholia intellectualis (religiöse M.) 3. Melancholia generalis (M. attonita cum stupore)	Erblichkeit, (Masturbation), (Syphilis)	Beginn bei Männern später als bei Frauen, hypochondrische Mel. häufig rezidivierend
Th. Ziehen (1896)	1. Melancholia passiva 2. Melancholia attonita 3. Melancholia agitata Varietäten: Hypomelancholie, apatische Melancholie, halluzinatorische M., M. mit Zwangsvorstellungen, neurasthenische M., hysterische M., periodische M.	erbliche Belastung, Temperament, Intoxikation, Erschöpfung, Involution, Gravidität, gynäkologische Erkrankungen, Arteriosklerose, Diabetes, Gemütserschütterungen	volle Heilung, Heilung mit Defekt, sekundärer Schwachsinn, chronische Melancholie, sekundäre Paranoia.

„Melancholia simplex“, für die „Angst-Melancholie (Melancholia aktiva)“ und die „Melancholia attonita“, d. h. die gehemmte Form dieses Krankheitsbildes, benutzt (Kraepelin 1893).

Als Ursache der „einfachen Melancholie“ sah Kraepelin nun „in erster Linie das Klimakterium“ an. Das Krankheitsgeschehen traf überwiegend Frauen im Alter von 45 bis 55 Jahren. Männer wurden vereinzelt in gleichem Alter oder später davon betroffen. Die Melancholie insgesamt schien auf dem Boden einer angeborenen oder erworbenen Prädisposition zu entstehen und vor allem durch „jene bisher noch nicht scharf definierbaren körperlichen Wandlungen begünstigt zu werden, welche das Aufhören der Geschlechtsfunktionen beim Weibe“ begleiten. Die „aktive Melancholie“ oder „Angst-Melancholie“ war ebenfalls „vorzugsweise eine Erkrankung des höheren Lebensalters, etwa zwischen dem fünfzigsten und sechzigsten Lebensjahr“. Gemütsbewegungen gaben zumeist nur den letzten Anstoß zum Ausbruch. Die „aktive Melancholie“ bildete „gewissermaßen den Übergang von den klimakterischen zu den eigentlich senilen Geistesstörungen“ und erwuchs „offenbar wesentlich aus den körperlichen Rückbildungsvorgängen, welche das Greisenalter“ einleiteten. Demgegenüber schien die „Melancholia attonita“ vorzugsweise jüngere Personen, etwa zwischen dem fünfundzwanzigsten und vierzigsten Lebensjahr, zu befallen. Der „depressive Wahnsinn“ war „gekennzeichnet durch die subakute Entwicklung phantastischer, meist mit vereinzelten Sinnestäuschungen einhergehender Wahnideen bei gleichzeitiger depressiver Verstimmung“. Dieser war neben der Melancholie für Kraepelin die „typische Psychose des Klimakteriums“. Es erschien ihm gerechtfertigt, die Krankheit als die Reaktionsform eines „nicht mehr ganz rüstigen Gehirns“ und als Übergang von der Melancholie zu den senilen Depressionszuständen aufzufassen. Weiterhin wies Kraepelin auf die symptomatologische Nähe von depressiven Zuständen im Rahmen des zirkulären Irreseins und der Melancholie hin. Die Depressionen im Rahmen des zirkulären Irreseins waren gekennzeichnet durch häufigere Wiederkehr und weniger typisch ausgeprägte Depressionszustände. Die im einzelnen aber „in allen Stücken“ leichten, einfachen melancholischen Erkrankungen zeigten manchmal auch nur das Bild einer einfachen inneren Beunruhigung ohne die eigentlichen melancholischen Symptome. Sie gingen häufig ohne scharfe Grenze in die einfachen melancholischen über. Beide nahmen ihren Ursprung besonders gern im Lebensalter der beginnenden Involution oder erlitten wenigstens dann eine Verschlimmerung, wenn sie schon einige Zeit früher aufgetreten waren.

Zusammenfassung

Bis zu Beginn des 19. Jahrhunderts wurde die Melancholie von zeitgenössischen Autoren allgemein als eine Erkrankung jeden Lebensalters aufgefaßt. Bei Kraepelin (1893) jedoch war schon die Tendenz zu erkennen, den Beginn der Melancholie, auch des sogenannten depressiven Wahnsinns und mancher zirkulärer und periodischer Verlaufsformen depressiver Erkrankungen überwiegend in der zweiten Lebenshälfte anzusiedeln. Die Vorstellungen über die Verursachung wurden noch unsystematisch und wenig eindeutig in Beziehung zu den einzelnen Krankheitsformen dargestellt. Eine Ordnung depressiver Störungen unter ätiologisch relevanten Aspekten des höheren Lebensalters, zum Beispiel des Klimakteriums oder der körperlichen Involution, gab es noch nicht, wenngleich bei Kraepelin schon eine solche Absicht erkennbar wurde.

3. DIE DIAGNOSTISCHE ZUORDNUNG

Die diagnostische Zuordnung unterschiedlicher depressiver Syndrome zu umschreibbaren Krankheitsgruppen mit gemeinsamen Ursachen, Symptomen, Verläufen und daraus resultierenden Gemeinsamkeiten für ihre Behandlung war seit je ein zentrales Anliegen der traditionellen Psychiatrie. Es durchzieht bis zum heutigen Tag nahezu alle Diskussionen über die unterschiedlichsten seelischen Erkrankungen, auch wenn in den zurückliegenden Jahrzehnten ein Nachlassen des allgemeinen Interesses an einer Einteilung depressiver Erkrankungen im traditionellen Sinn zumindest in der klinischen Praxis zu beobachten war. Heute wird eine Neuorientierung der Klassifikation gesucht (s. Kap. 3.7), wobei der Komplexität des Problems und neueren wissenschaftlichen Erkenntnissen mehr Rechnung getragen werden soll. Es bleibt aber zu fragen, ob mit den neuen Ansätzen tatsächlich ein Schritt über das durch Jahrzehnte Erarbeitete hinaus getan werden kann.

Für die Forschung hatte die Tatsache, daß das Problem einer eindeutigen und allgemein verbindlichen Klassifikation noch nicht gelöst war, große Tragweite. Bisher gab es das Bemühen, eine innere Beziehung zwischen der diagnostischen Zuordnung und den Fragen von Ätiologie und Symptomatik herzustellen. Merkmale der letztgenannten Bereiche wurden gemeinsam als Klassifikationskriterien herangezogen. In einem geringeren Ausmaß galt das auch hinsichtlich der Wirkung einzelner therapeutischer Maßnahmen. Bei den Beziehungen zwischen den Klassifikationsbemühungen und der Suche nach Ursachenfaktoren oder symptomatologischen Besonderheiten handelte es sich aber um eine Zirkelbewegung, aus der herauszugelangen kaum möglich war. Das soll im weiteren deutlich werden. Alternativen sind augenblicklich kaum zu erkennen, es sei denn, das Ziel einer Einordnung im traditionellen Sinne wird weitgehend fallengelassen, wie das in der neuen amerikanischen Klassifikation (DSM III, DSM IIIR, s. u.) sowie in der 10. Revision der ICD der Weltgesundheitsorganisation offensichtlich wird.

3.1 Der Melancholiebegriff in der Klassifikation Kraepelins

Das zentrale Anliegen Kraepelins bestand darin, die seelischen Krankheitsphänomene vor dem fast chaotisch erscheinenden Wissenshintergrund seiner Zeit zu definieren und in eine nachvollziehbare Ordnung zu bringen.

Ordnung in diesem Sinne hieß für Kraepelin die möglichst exakte phänomenologische Analyse der seelischen und körperlichen Symptome, ihrer Entstehungsbedingungen und Weiterentwicklung und zum Schluß ihre Zusammenfassung zu Krankheitsgruppen. Der Arzt konnte dann die beobachteten krankhaften Normabweichungen eines Individuums bestimmten, idealtypisch definierten Krankheitsgruppen zuordnen. Das bedeutete nicht nur eine handliche Chiffrierung eines pathologischen Zustandes, sondern gleichzeitig Erkenntnisgewinn. Eine solche Diagnose besagte, daß auf den vorliegenden „Fall von . . ." mit einer gewissen Wahrscheinlichkeit auch Merkmale der diagnostizierten Erkrankung zutreffen, die bei der Untersuchung möglicherweise nicht festgestellt werden oder womöglich überhaupt nicht feststellbar sind, zum Beispiel Aussagen über die Ätiologie, den Verlauf und die Prognose, über die therapeutischen Ziele und die Ansprechbarkeit auf Behandlungsmaßnahmen (von Zerssen 1973a).

Gegen das noch junge, sich langsam entwickelnde nosologische System Kraepelins wurden zahlreiche Einwände vorgebracht. Zudem war der Begriff der Krankheitseinheit umstritten, denn in der Psychiatrie konnten nur die wenigsten Krankheitserscheinungen nach den geforderten Voraussetzungen (s. o.) definiert werden. Statt dessen schien gradliniges kausales Denken hinter dem Eindruck außergewöhnlicher Heterogenität zurücktreten zu müssen. Die Heterogenität bzw. Unspezifität der Symptomatik und der Ätiologie zeigte sich darin, daß keine ausschließliche Ursache für die Entstehung depressiver Erkrankungen gefunden werden konnte. Trotz dieser Unwägbarkeiten blieb die Nosologie Kraepelins ein erster Schritt zu einer differenzierten Betrachtungsweise depressiver Zustände, und die alte Melancholie mußte als traditioneller Begriff für alle Depressionszustände ihre umfassende Bedeutung verlieren.

Die sich aus den Thesen Kraepelins entwickelnde Auseinandersetzung über die nosologische Klassifikation depressiver Krankheitszustände fand in zwei Bereichen statt: Einmal wurde ein großer Teil der Diskussion über die Melancholie im Zusammenhang mit Fragen der Umgrenzung des manisch-depressiven Krankseins geführt. Das ist in den älteren Handbuchartikeln ausführlich nachzulesen (Homburger 1910, Stransky 1911, Spielmeyer 1912, Kehrer 1921, 1939, Lange 1928, Runge 1930). Unabhängig davon aber wurde auch eine Diskussion über die Melancholie selbst geführt, die durch Kraepelin eine völlig neue begriffliche Fassung erhalten hatte. Für diese „neue Ordnung", die Kraepelin in der fünften Auflage seines Lehrbuches (1896) in vollständiger Fassung vorlegte, waren neben der weiterhin sehr subtilen Beschreibung des psychopathologischen Zustandsbildes Entstehungsbedingungen, Verlauf und Prognose im Sinne der „klinischen Betrachtungsweise" Kahlbaums (1863) als trennende Parameter herangezogen worden. Kraepelin stellte fest, er habe „den letzten entscheidenden Schritt von der symptomatischen zur klinischen Betrachtungsweise des Irreseins" vollzogen.

Die Melancholie wurde jetzt als eine Form des Irreseins des Rückbildungsalters im Rahmen der erworbenen Geistesstörungen beschrieben. Sie stand damit neben dem „Altersblödsinn", der heutigen senilen Demenz. Im Gegensatz dazu ordnete Kraepelin (1896) das sogenannte periodische Irresein den „konstitutionellen Geistesstörungen" zu. Hier teilte er in manische, zirkuläre und depressive Formen ein. Er führte aus: „Mit dem Namen der Melancholie bezeichnen wir alle krankhaften, traurigen und ängstlichen Verstimmungen des höheren Lebensalters, welche nicht Verlaufabschnitte anderer Formen des Irreseins darstellen. Außer der einfachen Verstimmung gehören zum Krankheitsbild der Melancholie regelmäßig noch Wahnbildungen, namentlich im Sinne der Versündigung, dann aber auch der Verfolgung. Die Entwicklung der Krankheit vollzieht sich allmählich, nachdem bereits monatelang allerlei unbestimmbare Anzeichen vorausgegangen sind, Kopfschmerzen, Schlaflosigkeit, Appetitlosigkeit, Verstopfung, Mattigkeit, Schwere in den Gliedern, Arbeitsunlust, Herzklopfen, Ohrensausen. Trübe Gedanken steigen auf, Sorgen, Befürchtungen, Zweifel, Selbstquälereien. Die Kranken werden niedergeschlagen, verzagt, weinerlich, haben keine rechte Freude mehr; sie fühlen sich schwerkrank, dumm im Kopf, sind zerstreut, vergeßlich, vernachlässigen ihre Obliegenheiten, legen die Hände in den Schoß, um verzweifelt zu jammern und zu wehklagen. Freilich schieben sich dazwischen einzelne freiere Tage oder Stunden ein, in denen die Verstimmung nachläßt, allein allmählich stellt sich immer klarer heraus, daß die vielleicht zunächst als Folge eines traurigen Ereignisses aufgefaßte Verstimmung mehr und mehr die Herrschaft über das gesamte Seelenleben des Kranken gewinnt."

Das jetzt als Melancholie umschriebene Krankheitsbild umfaßte die frühere einfache Melancholie, aber auch die sogenannte Angst-Melancholie, den depressiven Wahnsinn und die senilen Depressionszustände. Kraepelin (1896) meinte, daß die Melancholie „vielleicht als der krankhafte Ausdruck jenes schon dem gesunden Alter eigentümlichen Gefühls der wachsenden Unfähigkeit und Unzulänglichkeit zu betrachten" sei. Mehr als die Hälfte der Patienten war zwischen fünfzig und sechzig Jahre alt. Das weibliche Geschlecht überwog leicht. Die erbliche Veranlagung schien hinter der erworbenen Disposition zurückzutreten. Bei den zirkulären Störungen (der jüngeren Lebensjahre) trat nach Kraepelin die Hemmung gegenüber der traurigen oder ängstlichen Verstimmung der Melancholiker und der rasche, günstigere Verlauf stärker hervor. Aber auch Melancholien hatten eine gewisse Neigung, sich zu wiederholen. Der Verlauf der Erkrankung und ihre Heilungschancen wurden durch das Lebensalter des Betroffenen wesentlich beeinflußt. Je älter der Patient war, desto schlechter erschien die Prognose.

Die Melancholie dauerte regelmäßig eine längere Reihe von Monaten, selbst Jahre. Nur gut die Hälfte der Patienten wurde wieder gesund. Die knappe andere Hälfte der Erkrankungen verlief chronisch progredient in Richtung einer senilen Verwirrtheit (Kraepelin 1896).

Die von Kraepelin vorgeschlagene Einengung des Melancholiebegriffes provozierte Widerspruch und zum Teil scharfe Kritik („1. Melancholie-Debatte"):

Für Jolly (1896) war nicht ersichtlich, warum gerade die in der klimakterischen Zeit auftretenden Fälle von Melancholie in der Tat Melancholie und nichts anderes sein sollten und weshalb bei ihnen die Benennung nach dem vorwiegenden Symptom genügte, während die in identischer Weise verlaufenden Zustände anderer Lebensalter eine ganz andere Deutung zu beanspruchen hätten, nämlich als konstitutionelle Geistesstörungen aufgefaßt und dem periodischen Irresein zugeordnet wurden.

Neisser (1897) meinte, trotz nicht selten zu beobachtender Besonderheiten depressiver Erkrankungen im höheren Lebensalter habe Kraepelin in keiner Weise ersichtlich gemacht, warum die im sogenannten Rückbildungsalter auftretenden Depressionszustände prinzipiell anders beurteilt werden sollten als die sich vor dieser Zeit entwickelnden.

Der aufkommenden Kritik an seinem Melancholiebegriff versuchte sich Kraepelin (1899) durch Vorwegnahme zahlreicher Argumente entgegenzustellen: Durch die Darstellung der neuen Krankheitsbilder (vor allem des manisch-depressiven Irreseins) hätte der alte Begriff der Melancholie fraglos an Einheitlichkeit und Klarheit verloren. Nach der diagnostischen Herauslösung der depressiven Formen des zirkulären (manisch-depressiven) Irreseins und der Katatonie wäre nur eine Restgruppe von Erkrankungen übriggeblieben. Daraus ergäbe sich das Problem der Trennung der Melancholie vom zirkulären Irresein. Ein wesentliches Kriterium für seine neue Melancholie sah Kraepelin jedoch in ihrem protahierten Verlauf; einen weiteren Anhalt fand er im hohen Lebensalter der Erkrankten. In jüngeren Jahren aufgetretene Erkrankungen verliefen niemals „einfach", mündeten entweder in Dementia praecox oder nahmen den Verlauf des zirkulären Irreseins. Das konnten letztlich aber auch Depressionszustände im höheren Lebensalter. Weiterhin hob er die fehlende Willenshemmung bei den Melancholikern hervor. Aus diesen Gründen hätte man es offenbar „mit einer eigenartigen klinischen Gruppe zu tun, die von allen übrigen Zustandsbildern abgegrenzt zu werden" verdiente. Zu solchen depressiven Geistesstörungen des Rückbildungsalters paßte der Begriff der Melancholie am besten, wollte man ihn überhaupt nicht ganz aufgeben. Die differentialdiagnostischen Probleme waren komplex. Die Grenzen erschienen fließend. Kraepelin forderte daher für die Zukunft zumindest das Bemühen, „durch genaue Zergliederung der Krankheitserscheinungen" eine Differenzierung zwischen periodischen Depressionen, die niemals manische Zustände zeigten, und den zirkulären Formen zu erreichen. Die Zukunft würde erweisen, ob Melancholien als periodische Depressionszustände und zirkuläre Verlaufformen isoliert oder irgendwie einander zugeordnet werden müßten. Die „Frage der Melancholie" war also weit davon entfernt, gelöst zu sein.

Nach ersten eigenen Untersuchungen meinten Rückle (1898), Villiger (1898) und Sachs (1899), daß die neue Melancholie Kraepelins keine spezifische Erkrankung des Rückbildungsalters sei. Capgras (1900) und Ilberg (1901) dagegen fanden in ihren Untersuchungen Kraepelins Vorstellungen bestätigt. Schott (1903) sah in seinen Untersuchungen zwar die Hauptmasse der Kranken mit Depressionszuständen im höheren Lebensalter, doch ließ sich eine klinisch durchgreifende Verschiedenheit nicht nachweisen. In weiteren Arbeiten von Soukhanoff und Gannouchkine (1903), Vorkastner (1904), Juliusberger (1904a, 1904b, 1906), Lomer (1905), Friedmann (1904), Thalbitzer (1905), Specht (1906) und Forster (1906) wurde den Vorstellungen Kraepelins ebenfalls widersprochen. Die Autoren entwickelten zum Teil neue, recht spekulative Thesen. Die Vorstellungen Kraepelins wurden also nicht in der Eindeutigkeit akzeptiert, wie sie in seinem Lehrbuch formuliert worden waren. Vielmehr unterstrichen die Kritiker seine gleichzeitig erkennbare eigene Skepsis und Zurückhaltung und bestätigten seine Zweifel.

Wäre es nach dem Willen Kraepelins gegangen, wäre der weit verbreitete und populäre Begriff der Melancholie zur Diagnose einer Krankheit geworden, die nur „per exclusionem" gestellt werden durfte, der alles zugeordnet wurde, was nicht in den manisch-depressiven Formenkreis hineinpaßte: Vielleicht eine Verlegenheitsdiagnose. Kraepelin meinte dazu 1905: „Die sichere Abgrenzung dieser Formen, die wir einstweilen unter der Bezeichnung der Melancholie zusammenfassen und in ursächliche Beziehung zu Rückbildungsvorgängen, vielleicht auch zu den arteriosklerotischen Erkrankungen bringen, ist bisher immer noch ein frommer Wunsch."

Trotzdem versuchte Kraepelin fast beschwörend den aus der Praxis kommenden Argumenten entgegenzutreten und dem Melancholiebegriff in der siebten Auflage seines Lehrbuches (1904) einen so weit als möglich positiven Inhalt zu geben. Vor allem ließ ihn die schlechte Prognose der Erkrankung zu der Gewißheit kommen, daß es sich bei der Melancholie um ein selbständiges Krankenbild handelte. Die senilen Depressionszustände mit ihrem abweichenden klinischen Bild und ihren anderen pathologisch-anatomischen Verhältnissen als beim zirkulären Irresein drängten zu der Annahme einer neuen, eigenartigen Krankheitsform.

Als wesentliche Kriterien für die Zuordnung zum Krankheitsbild der Melancholie wurden von Kraepelin zusammenfassend genannt: langsame Entwicklung, einförmiger Verlauf, lange Dauer, nur allmähliche Besserung, zweifelhafte Prognose, innere Unruhe, spezifische Färbung der Stimmung und die fehlende Willenshemmung.

In der Zwischenzeit jedoch hatte sich der Begriff des manisch-depressiven Irreseins in der Formulierung Kraepelins als Bezeichnung für ein eigenständiges Krankheitsbild durchgesetzt und wurde, von einigen Ausnahmen (Pilcz 1901, Lipschitz 1905, Thalbitzer 1905, Wernicke 1906, Ziehen 1907, Becker 1908) abgesehen, allgemein anerkannt. Immer wieder jedoch wiesen Kliniker darauf hin, daß Melancholien, wie sie Kraepelin beschrieben hatte, auch in jüngeren Lebensjahren beobachtet werden konnten (Gaupp 1905, Kölpin 1905, Wollenberg 1906). Fauser (1906) machte den Vorschlag, den Begriff der Melancholie nicht nur auf bestimmte Depressionsformen des höheren Lebensalters einzuschränken, sondern alle prognostisch ungünstigen Verlaufsformen ohne Berücksichtigung des Lebensalters im Gegensatz zu den manisch-depressiven Erkrankungen zu einer gemeinsamen Gruppe unter der Bezeichnung Melancholie zusammenzufassen.

Zwar fand Kraepelin in Albrecht (1906) weiterhin einen Befürworter seiner Vorstellungen. Besonderes Gewicht legte dieser auf „das Lebensalter und die mit ihm zusammenhängenden physiologischen Rückbildungsvorgänge“ als Auslöser oder „ursächliches Hauptmoment“. Bei vielen Patienten aber, so merkte Albrecht skeptisch an, sah man keine Hinweise auf Involution. Auch ältere Menschen hatten gute Gesundungschancen. So konnte das Lebensalter allein nicht das Entscheidende sein. Irgendeine andere ausgleichbare Störung mußte als Hauptursache angesehen werden.

Hübner (1907a, 1907b) äußerte Zweifel an der Verwertbarkeit des Symptoms „psychomotorische Hemmung“ als Unterscheidungsmerkmal zwischen der Involutionsmelancholie und der manisch-depressiven Erkrankung. Dieses Merkmal fehlte häufig auch bei zirkulär erkrankten Patienten. Weiterhin konnte die Tatsache, daß sich eine melancholisch gewordene Frau im Klimakterium befand, nicht die Eigenständigkeit ihres Krankheitsbildes beweisen. Es stand nur fest, daß bei dem betreffenden Individuum die Rückbildung des Körpers, somit auch diejenige des Gehirns, begonnen hatte.

Rehm (1907) andererseits wies auf eine Patientengruppe hin, deren Beschwerdebild einförmig war, bei der psychomotorische Störungen zurücktraten und wie schwachsinnig erscheinende Kleinheits- und Verfolgungsideen im Vordergrund standen. Gleichzeitig stellte er fest, daß manche zirkuläre oder depressive Erkrankung in der Involutionsphase durch sekundäre senile oder arteriosklerotische Schwächezustände kompliziert war. Er meinte, daß diese Fälle dann möglicherweise das Krankheitsbild der Melancholie darstellten.

Offenbar zunehmend geriet die Diskussion der Melancholiefrage aber in ein Stadium der Stagnation (Specht 1906, 1907, Becker 1912). Zwar fand

Kraepelin auch Befürworter in Frankreich (Deny und Camus 1907, Régis 1905, Authéaume 1907), insgesamt jedoch schien er mit den bereits genannten und Masselon (1906), Heilbronner (1907) und Walker (1907) immer mehr Gegner zu bekommen.

Die kraepelinsche Einschränkung des Melancholiebegriffs wollte sich nicht einbürgern. Sie stand mit der psychiatrischen Tradition wie mit der populär-psychologischen Ausdrucksweise in Widerspruch. Es lag „eben einmal im Blute, den psychopathologischen Symptomenkomplex, in dessen Mittelpunkt der seelische Schmerz steht, mit Melancholie zu bezeichnen", als daß man „so schlankweg wieder davon loskommen" konnte (Specht 1906).

3.2 Die Revision des Melancholiebegriffes und die restaurative Kritik

Die erste Phase der Melancholiediskussion wurde mit dem Erscheinen einer Studie von Dreyfus (1907) beendet. Dieser hatte die gleichen Patienten untersucht, deren Befunde Kraepelin zur Abgrenzung des Krankheitsbildes der Rückbildungsmelancholie geführt hatten. Aufgrund einer eingehenden Analyse seiner eigenen Untersuchungsergebnisse kam Dreyfus zu dem Ergebnis, daß alle bei der Melancholie beobachteten Symptome sich zwanglos und wie selbstverständlich auch den sogenannten zirkulären Mischzuständen zuordnen ließen. Das Symptom der Hemmung war auch bei älteren Patienten zu beobachten gewesen. Das Hinzutreten einer arteriosklerotischen Hirnerkrankung zur Melancholie, das den Ausgang der Melancholie in Schwachsinn bedingte, fand er relativ selten, bei nur acht Prozent der untersuchten Patienten. Häufiger wurde ein derartiger geistiger Schwächezustand bei langdauernden Melancholien nur vorgetäuscht. Er machte im weiteren Verlauf einer völligen Genesung Platz. Dreyfus hatte den Verlauf der Erkrankung jeweils länger beobachten können als Kraepelin.

Daraufhin gab Kraepelin im Vorwort zu dem Buch von Dreyfus (1907) den Begriff der Involutionsmelancholie auf. Später (1913) schrieb er in souveräner Weise: „Die Tatsache, daß Depressionszustände in den höheren Lebensaltern besonders häufig sind, hat mir schon früher die Vermutung aufgedrängt, daß die Rückbildungsvorgänge im Körper geeignet seien, traurige oder ängstliche Verstimmung zu erzeugen. Sie war einer der Gründe, die mich dazu veranlaßten, einem Teil dieser Formen eine klinische Sonderstellung unter Bezeichnung der Melancholie einzuräumen. Nachdem die rein klinischen Grundlagen dieser Auffassung durch Untersuchungen von Dreyfus erschüttert worden sind, läßt unsere Darstellung nunmehr auch die ursächliche Bedeutung des Lebensalters in etwas anderem Licht erscheinen als ich sie früher auffaßte. Es ist allerdings unverkennbar, daß nach dem fünfundvierzigsten Lebensjahre, also mit dem Beginn des Klimakteriums, bei dem die Zahlen in erster Linie beherrschenden weiblichen Geschlechte, eine starke Häufung von Depressionszuständen einsetzt . . . Die Zunahme der Depressionszustände ist schon im dritten und vierten Jahrzehnt eine so ausgesprochene, und sie schreitet verhältnismäßig so regelmäßig fort, daß sich eine Abtrennung der Rückbildungsjahre von den frühen Lebensabschnitten unter diesem Gesichtspunkte nicht wohl durchführen läßt. Wir müssen daher zu dem Schluß kommen, daß die Zunahme der Depressionszustände nicht durch die besonderen Verhältnisse der Rückbildungsjahre bedingt ist, wenn sie auch dadurch begünstigt zu werden scheint, sondern daß sie in einer gewissen Beziehung zu der Entwicklung der psychischen Persönlichkeit überhaupt steht . . . Die Neigung, die Lebensreize und wohl auch krankhafte Störungen im Sinne depressiver Zustände zu verarbeiten, scheint demnach mit der Reifung und der schließlichen Erstarrung der psychischen Persönlichkeit zuzunehmen, sei es, daß mit dem allmählichen Verluste der schmiegsamen Anpassungsfähigkeit an die Lebensverhältnisse die inneren und äußeren Kämpfe härter werden, sei es, daß im reicher entwickelten Bewußtsein der Nachklang trüber Stimmung sich weniger leicht verwischt, sei es endlich, daß mit den höheren Anforderungen des Daseinskampfes auch die Wunden tiefer werden, die er schlägt." Er habe geglaubt, die von ihm als Melancholie bezeichneten Erkrankungen der Rückbildungsjahre als besondere klinische Formen, als „Melancholie im engeren Sinne", von manisch-depressivem Irreseins abtrennen zu sollen, da hinsichtlich der Zusammensetzung des Zustandsbildes, des Verlaufes und Ausganges im gewissen Sinne auch hinsichtlich der Entstehungsgeschichte auch wesentliche Abweichungen zu bestehen schienen. Zwar habe er sich bemüht, „brauchbare Unterscheidungsmerkmale aufzufinden, allerdings ohne befriedigenden Erfolg". Die weitere Erfahrung habe gezeigt, daß die für die Abtrennung der Melancholie genannten Gründe nicht stichhaltig waren.

Damit schien das gut ein Jahrzehnt bestehende Melancholie-Problem gelöst zu sein. Berger (1909) meinte, die wechselnden Anschauungen der kraepelinschen Schule hätten „ihr Gutes insofern gehabt, als ein großes klinisches Material von den einzelnen Bearbeitern dieser Frage herbeigeschafft wurde". Man hoffte, nunmehr könnte „der altehrwürdige Ausdruck Melancholie wieder in seine Rechte einrücken" (Specht 1908). Die Diskussion ging jedoch weiter: „Bei dieser Sachlage, die sich durch ein Wechselspiel zwischen Verengung und Erweiterung klinischer Gruppen kennzeichnet, ist es am einfachsten, das Wort Melancholie ganz beiseite zu lassen und zunächst von dem allgemeinen Ausdruck der traurigen Gemütsverstimmung (Depression) auszugehen. Findet sich bei Ausschaltung der vielen Fälle, in denen dieser Zustand als Symptom bestimmt charakterisierbarer Krankheiten auftritt, eine engere Gruppe, bei der diese Gemütsdepression als das Wesentliche und Bestimmende aller anderen Erscheinungen sich zeigt, so kann man diese Fälle unter dem Wort Melancholie als Teil der spezifischen Pathologie hervorheben. Verwendet man dagegen letzteren Begriff zur Bezeichnung anderer Gruppen, bei denen die Gemütsdepression lediglich als Nebensymptom auftritt, zum Beispiel bei den Formen fortschreitender Wahnbildung, so entsteht ein völliges Durcheinander, welches in diagnostisch und prognostischer Beziehung nur Verwirrung stiftet" (Sommer 1908). Das zeigte sich tatsächlich in der nun folgenden Zeit:

Während Döblin (1908) sich kritisch mit dem alten Melancholiebegriff Kraepelins auseinandersetzte, plädierten Chwiliwizkaja (1908), Kirby (1909) und Popp (1909) für eine Trennung der Involutionsmelancholie von den einzelnen Anfällen manisch-depressiven Krankseins. Wilmanns (1907) und von Bechterew (1910) akzeptierten die von Kraepelin vorgenommene Korrektur. In Frankreich hatte Ducoste (1907) ähnliche Vorstellungen wie Dreyfus (1907). Homburger (1910) ging in seinem Sammelreferat gar nicht mehr auf das Melancholieproblem ein. Stransky (1911) sprach sich wie Strohmeyer (1914) für eine Einreihung der Melancholie in das manisch-depressive Irresein aus: Neben körperlichen Störungen und „schweren gemütlichen Traumen" in jüngeren Jahren spielte das beginnende Rückbildungsalter bzw. die klimakterische Periode beim weiblichen Geschlecht „als zweite Prädilektionszeit" eine wesentliche Rolle. Dadurch boten sich für die krankmachenden Noxen besonders ausgedehnte Angriffsflächen.

Trotz der durch die klinische Erfahrung erzwungenen Revision des Melancholiebegriffes wurde die Korrektur Kraepelins von einigen Autoren nicht mitvollzogen. Initiator dieser unter neuer Akzentsetzung weitergeführten Diskussion („2. Melancholie-Debatte") war Bumke (1909), der sich damit gegen die „strengen Anhänger der engeren kraepelinschen Schule" stellte. Er vertrat eine in gewisser Weise konservativ-restaurative Haltung, indem er auf der „klinischen Forschungsrichtung" Kraepelins beharrte, nach der nicht nur gleichartige Zustandsbilder eine Krankheitseinheit darstellten, sondern auch Verlauf und Ausgang als Ordnungskriterien hinzugezogen werden sollten. Gleichzeitig aber wollte er aufzeigen, „wie dieses Prinzip in der ganzen Frage später immer mehr und nicht ohne Schaden zurückgedrängt" wurde. Bumke (1909) fand die begriffliche Fassung des manisch-depressiven Krankheitsbildes zu weit. Bis zur Studie von Dreyfus (1907) sei „wenigstens die klimakterische Melancholie aus dem Formenkreis des manisch-depressiven Irreseins ausgeschieden" worden. Für ihn war die Abgrenzung der Involutionspsychosen eine notwendige Voraussetzung für die Annahme des neuen Krankheitsbildes, und Bumke sah auch die Möglichkeit einer symptomatologischen Trennung. Ihm erschien der kraepelinsche Hemmungsbegriff zu diffus. Das von diesem akzeptierte Symptom der „partiellen subjektiven Hemmung", das Dreyfus (1907) auch bei älteren Depressiven beobachtet hatte, war nach Meinung Bumkes „gar kein Krankheitssymptom sondern vielmehr die normale psychologische Begleiterscheinung der meist gemütlichen Verstimmungen". Auch die von Dreyfus beschriebene Periodizität des Verlaufs wurde von Bumke bezweifelt.

Der Auffassung von Dreyfus, bei Entwicklung einer Demenz im Verlauf der depressiven Erkrankung sei eine Arteriosklerose hinzugetreten, stellte Bumke die Alternative entgegen, daß auch eine Sklerose der Gehirngefäße Depressionszustände hervorzurufen vermochte, die sich klinisch, wenigstens lange Zeit hindurch in nichts von zirkulären Depressionen unterschieden. Natürlich gab es für ihn auch Anfälle von manisch-depressivem Irresein in den Rückbildungsjahren, doch hielt er „für ausgeschlossen, daß die verschiedenen Formen . . . insgesamt in den Kreis des manisch-depressiven Irreseins hineingezwängt werden" konnten. Für ihn umfaßte die alte Melancholie Kraepelins keineswegs nur melancholische Zustandsbilder im symptomatologischen Sinne, sondern ebenso paranoide, hypochondrische, hysterische und Mischungen aus allen diesen Zuständen. Die Melancholie war für ihn keine rein endogene Störung. Man mußte annehmen, daß die ursprüngliche, zu Depressionen oder paranoiden Auffassungen disponierende Anlage allein nicht ausreichte, um das betreffende Individuum psychisch entgleisen zu lassen. Das Hinzutreten der Involution brachte das Faß zum Überlaufen. Eine organische Ursache, oder zumindest Teilursache, war anzunehmen.

Einen Beweis für seine Thesen sah Bumke auch in der unterschiedlichen Heredität. Bei manisch-depressiven Krankheitsbildern stellten Kraepelin und andere Autoren eine höhere erbliche Belastung fest als bei Melancholien.

In diesen Überlegungen wurde Bumke von Reiss (1910) und Rehm (1907, 1910) unterstützt. Rehm war im Gegensatz zu Dreyfus und Kraepelin der Meinung, daß „die Melancholie nicht einfach aus der Systematik der Psychosen" gestrichen werden durfte. Es gab eine Gruppe von Fällen, bei der eine schwere allgemeine Arteriosklerose mit Depression vorlag. Solche Fälle hoben sich aus der Masse der Depressionszustände heraus.

Voller Ironie stellte Hoche (1910) zur "Melancholiefrage" fest, daß die kraepelinschen Lehren trotz vielfachen Widerspruchs „literarisch siegreich" waren. Ältere Psychiater verständen aber kaum mehr die Fragestellung. Denn das Allerneueste des Auflösungsprozesses der Melancholie war nun die schwindende Selbständigkeit der Involutionsmelancholie.

Aus kritischer Distanz zeigte sich in der klinischen Psychiatrie nach Hoche ein seltsames Bild: „Lebhaftes Arbeiten, heißes, ehrliches Bemühen, beinahe Geschäftigkeit im Werten und Umwerten mit der Wirkung fortgesetzten Wechsels der Inhalte und der Grenzen der Krankheitsbegriffe, aber ohne die Wirkung, irgendeinen sich ehrlich Selbstprüfenden zu befriedigen.“ Andererseits aber wurde die Melancholiefrage auch durch Hoches Gedanken zu einer neuen Syndromlehre nicht gelöst.

Spielmeier (1912) meinte, daß die Rückkehr Kraepelins zu der Auffassung, daß die Involutionsmelancholie ein Zustandsbild des manisch-depressiven Formenkreises sei, für viele Autoren keine grundsätzliche Bedeutung mehr habe. Das Hin und Her habe, wie bereits Berger (1909) betonte, die Forschung nicht wesentlich berührt: „So divergierend die Anschauungen bezüglich der Melancholie bei den einzelnen Autoren sein mögen, so erkennen doch nahezu alle an, daß der Involutionsmelancholie besondere Züge eigentümlich sind, die eben von dem Lebensalter, d. h. von der Involution abhängig sein dürften.“

Bis hierher wird deutlich, daß sich nach der Korrektur des Melancholiebegriffes durch Kraepelin unter Führung von Bumke eine Gruppe von Autoren gebildet hatte, die am kraepelinschen Melancholiebegriff letztlich festhielt und der Auffassung war, daß die Involutionsmelancholie eine eigenständige Krankheit sei, bei der hirnorganische Ursachenfaktoren eine wesentliche Rolle spielten.

Zwar war nach Albrecht (1914) die differentialdiagnostische Trennung zwischen dem manisch-depressiven Krankheitsbild und der Melancholie außerordentlich schwierig, für die Selbständigkeit der Melancholie sprach jedoch die auffallende Häufigkeit der einmalig auftretenden Depressionen und der große Anteil der Fälle, die in Demenz übergingen. Auch Gaupp (1915), Westphal (1915, 1923), Seelert (1919, 1922), Ritterhaus (1921) und Hoch und MacCurdy (1922) meinten, daß involutive organische Störungen eine ätiologische Bedeutung hatten. Rehm (1919) dagegen gab, entgegen seinen früheren Äußerungen (1907, 1910), die Melancholie als eigenes Krankheitsbild auf. Ähnlicher Auffassung waren MacDonald (1918), Delmas (1921) und Abely (1923).

Kritisch abwägend meinte dazu E. Bleuler (1916), man hätte einige Gruppen oder gar Krankheiten nach dem Alter, in dem sie auftraten, abgrenzen wollen, das aber nur mit teilweiser Berechtigung. Unter Kraepelins Führung sei namentlich der Verlauf einer Erkrankung in den Vordergrund gestellt worden. Daher widerstrebte es, „die anscheinend selbständigen Depressionen des Involutionsalters alle zusammen unter einen Hut zu bringen und dem manisch-depressiven Irresein anzuschließen“. Es gäbe auch recht gewichtige Gründe, wie z. B. den schleppenden Verlauf, die Hemmung, die durch Unruhe überdeckt war, die geringere Zahl der Rezidive sowie die häufig nur einmaligen Erkrankungen, um diese Depression für etwas anderes zu halten. Das träfe auch für das sogenannte „Klimakterium virile“ zu, einer in ähnlicher Form verlaufenden, aber meist leichten Depression der Männer, die Ende der fünfziger, Anfang der sechziger Jahre aufträte, seltener in die Anstalt führte, die Lebensfreude und Leistungsfähigkeit aber doch deutlich herabsetzte, meist eine andere Erkrankung (Arteriosklerose) vorspiegelte, dann jedoch in zwei bis drei Jahren restlos ausheilte. Solange das Wesen der affektiven Psychosen nicht bekannt wäre, würden nur Hereditätsforschungen Klarheit bringen können. Noch erschien diese Abtrennung aber ebenso unmöglich wie eine innere Gruppierung der unzweifelhaft im weiteren Rahmen zusammengehörigen Fälle.

Zur Frage der organischen Verursachung depressiver Erkrankungen des höheren Lebensalters meinte Kehrer (1921), daß das ausgesprochene Senium, das einer Häufung krankmachender Faktoren im besonderen Maße ausgesetzt erschien, der systematischen Einordnung viel geringere Schwierigkeiten als das diesem vorangehende Lebensalter bereitete. Die Melancholie des Rückbildungsaltes hätte bei Kraepelin und seinen Schülern ihre Aufteilung zwischen dem manisch-melancholischen, präsenilen und arteriosklerotischen Irresein erfahren. Kehrer stellte sich gegen die rein organisch orientierte Betrachtungsweise von Bumke (1909) und Seelert (1919, 1922), weil er bei diesen Autoren die „gänzliche Vernachlässigung psychogener Momente im weitesten Sinne des Wortes“ sah. Kehrers Gedanken blieben in jener Zeit jedoch ohne wesentliche Resonanz.

Bumke erhielt Unterstützung von Medow (1922), später von Halberstadt (1928, 1930) und Boumann (1929), die Patientengruppen mit der Symptomatik einer „erstarrenden Rückbildungsdepression“ (Medow) beschrieben und meinten, daß diese der älteren, von Kraepelin revidierten Involutionsmelancholie entsprachen. Diese Position wurde von Bumke (1924) noch einmal umrissen: Exogene und endogene Ursachen vermischten sich grundsätzlich bei der von ihm als eigenständiges Krankheitsbild angesehenen Involutionsmelancholie. Es gab alle möglichen Grade der Verteilung. Bei der Involutionsmelancholie trat zu der vor der Psychose vorhandenen psychopathischen Konstitution stets noch eine neue exogen-schädigende Ursache hinzu, und das allein mußte ihre Einordnung in dieses System der endogenen Reaktionsformen verbieten. Die Involutionsmelancholie nahm zwischen den zerebral-organischen, in erster Linie arteriosklerotischen Krankheiten, und den endogenen Depressionen ohne Anzeichen einer exogenen Hirnschädigung eine Mittelstellung ein.

Eine solche wissenschaftliche Position wäre für den Fall zu halten gewesen, daß hinreichende Beweise für ein derartiges Ineinandergreifen von Ursachenfaktoren hätte vorgelegt werden können. In der Regel jedoch argumentierte man weiterhin mit dem sehr diffusen Involutionsbegriff. Methodenbewußte Kritiker wie Bleuler (1916) und Kehrer (1921) wiesen aber auf dessen Fragwürdigkeit hin. Nach Courtney (1916) wurde er sehr konventionell immer nur dann benützt, wenn es darum ging, das Bedürfnis nach Differenzierung in der klinischen Psychiatrie zu befriedigen. Für Kehrer (1921) drängte sich daher die Frage auf, ob die klassifikatorischen Unsicherheiten gegenüber zahlreichen Fällen nicht vielmehr auf der Unklarheit der pathogenetischen Betrachtung beruhten: „Betrachten wir die vielfachen Divergenzen der Auffassung einmal von diesem Gesichtspunkt, so ergibt sich, daß die biogenetischen Faktoren, die für die Abgrenzung dieser Geistesstörungen doch überhaupt das logische Prinzip bedeuten, sehr verschieden bewertet und nicht minderhäufig sehr willkürlich in die pathogenetische Berechnung eingestellt werden. Am deutlichsten zeigen das die verschiedensten Lesarten desjenigen Begriffes, der biologisch für die Differenzierung der Psychosen des absteigenden Lebensastes von der ausschlaggebendsten Bedeutung ist, der Involution." Eine Reihe „selbst moderner" Autoren hätte damit ganz selbstverständlich das Klimakterium gemeint, während andere ebenso unbedenklich darunter Vorgänge verstanden, die ganz zweifellos dem Altern der Hirnsubstanz entsprächen. Kehrer meinte daher, man müßte biologisch scharf trennen zwischen dem Klimakterium als isolierter Involution der Geschlechtsorgane in der Umbildungsphase bis zu einem Indifferenzstadium, in dem normalerweise nur die physiologische Gefäßrückbildung einsetze, und der nach Jahrzehnten schleichend einsetzenden senilen Involution des funktionstragenden Hirnrindengewebes.

Eine Änderung der traditionellen Perspektive zeigte sich auch bei Lange (1926), der das Vorkommen psychisch provozierter Melancholien hervorhob; ein Aspekt, der in jener Zeit außerhalb der allgemeinen Diskussion stand. Gleichzeitig wies er aber auch auf grundsätzliche Unterschiede zwischen Melancholien und psychogenen Depressionen hin.

Bei diesem Streit ging es offenbar um das Verharren auf eher akademischen Positionen, die von den in der Praxis Tätigen kaum noch verstanden werden konnten. Eine Neuorientierung erschien notwendig.

Für die Praxis bedeutete das ein Nachlassen des Interesses an der Klassifikation und den Problemen depressiver Erkrankungen des höheren Lebensalters. Das ist auch an der Zahl und Art der wissenschaftlichen Veröffentlichungen zu erkennen. Die breite Anerkennung der Nosologie Kraepelins, aber auch äußere Faktoren, zum Beispiel der Erste Weltkrieg, vor allem aber die Zentrierung des wissenschaftlichen Interesses auf Einzelfragen, ließen die Diskussion um das Melancholieproblem immer unübersichtlicher werden. Es wurden jetzt nicht mehr nur Klassifikationsprobleme diskutiert. Denn nachdem die „erste, nächstliegende allgemeine Aufgabe der Psychiatrie" mit der „Einteilung und Gruppierung ihres Stoffes durch die rein klinische Forschungsrichtung" gelöst schien, bahnte sich die schon 1887 von Kraepelin geforderte Verbreiterung der Forschungsbasis an, nämlich die „Zurückführung der Krankheitsform auf ihre pathologischen Grundlagen" durch das systematische „Zusammenwirken . . . all jener Hilfswissenschaften . . ." (Kraepelin 1920).

3.3 Die methodische Neuorientierung

Die in der deutschsprachigen Psychiatrie entstandene Polarisierung, für die Namen wie Bumke und Seelert einerseits und Kraepelin andererseits standen, schien sich im Laufe der Jahrzehnte, vielleicht auch bedingt durch den Generationswechsel, zu entspannen. Die Alternativen „hirnorganische Störung“ und/oder „depressives Syndrom“ und deren Ursachenzusammenhänge wurden zunehmend weniger, unspezifischer, aber auch auf immer einfacherem wissenschaftlichen Niveau diskutiert. Man wandte sich den großen, den endogenen Psychosen zu. Der breite klinische Ansatz Kraepelins wurde von der sogenannten Heidelberger Schule, zudem von Jaspers (1913) und anderen bis zu K. Schneider (1971), auf ein besonders großes Interesse an den sogenannten endogenen Psychosen eingeengt und brachte auf diesem Gebiet durch die intensive deskriptiv-phänomenologische Analyse endogen-psychotischer Störungen einen großen Erkenntnisfortschritt.

Einen anderen Weg gingen E. Kretschmer (1919) und Birnbaum (1919, 1920) einerseits und Freud sowie A. Meyer (s. Kap. 3.5) andererseits. Ihre Gedanken, vor allem die der letztgenannten Autoren, prägten in den folgenden Jahren den theoretischen und auch praktischen Umgang mit der Melancholiefrage in besonderem Maße. Ihr Wirkungsfeld war die amerikanische Psychiatrie. Die Gedanken von E. Kretschmer und Birnbaum konnten sich neben dem zunehmenden Einfluß K. Schneiders in Deutschland nur bedingt durchsetzen.

E. Kretschmer (1919) beschrieb den Ansatz zu einer „mehrdimensionalen Diagnostik, die verschiedenartige ätiologische Gesichtspunkte bei der Beurteilung eines psychischen Krankheitsbildes berücksichtigen sollte.“ Damit folgte er den Gedanken seines Lehrers Gaupp, die dieser bereits 1903 in Ansätzen formuliert hatte: Es sollte versucht werden, die körperlichen und seelischen Symptomreihen so innig wie möglich zusammenzusehen, anhand körperlicher Reaktionen psychologische Zusammenhänge aufzuspüren und die somatischen Untersuchungen an psychologischen Prüfsteinen kritisch zu verbessern. Angestrebt wurde eine Schichtdiagnose, die alle am Krankheitsbild beteiligten Komponenten nach ihrer Lagerung und führenden Wichtigkeit, jede nach ihren eigenen Gesetzen, deutete und am Schluß in der Gesamtdiagnose zum Ausdruck brachte.

Den größten Nutzen einer Schichtdiagnose erhoffte sich Kretschmer für diejenigen Krankheitsgruppen, „denen die bisherige Diagnostik am wenigsten gerecht zu werden vermochte: die Rückbildungs- und Alterspsychosen“. Obwohl Kraepelin diese Krankheitsbilder in den Rahmen des manisch-depressiven Irreseins eingefügt hatte, wäre die Diskussion um das Problem der Rückbildungsmelancholie dadurch kaum zur Ruhe gekommen. Einerseits hatten nach Meinung Kretschmers die frühen Kritiker Kraepelins zu Recht Übergänge zum zirkulären Formenkreis nachgewiesen. Andererseits war Kraepelins Meinung richtig, in der Involutionsmelancholie etwas Besonderes gegenüber den gewöhnlichen zirkulären Depressionen zu sehen. Eine Melancholie, auch wenn sie auf dem Boden einer zirkulären Anlage erwuchs, stellte eben nicht bloß eine zirkuläre Psychose dar, sondern zeigte Züge einer zirkulären Depression in der Färbung spezifischer Psychismen der Involutionsperiode.

Für Kretschmer konnten die verschiedenen klinischen Krankheitsbilder des Rückbildungsalters aus der Interferenz verschiedener konstitutioneller und charakterologischer Typen mit dem einheitlichen „Involutionsvirus" verstanden und Diagnosen formuliert werden wie etwa: „Rückbildungsmelancholie auf konstitutionell-depressiver Grundlage mit reaktiv-psychogenen Einschlägen." Auf dieser Linie lag, so meinte Kretschmer, die Zukunft der kraepelinschen Systematik: „Nicht Symptomkomplexe, aber auch nicht Krankheitseinheiten, sondern Krankheitszweiheiten und -vielheiten. Statt künstlicher Grenznahmen den freien Blick in das verschlungene und doch gesetzmäßig gebundene Spiel freier seelischer Einzelkräfte, und das alles unter dem Zeichen der lebendig schauenden Empirie und des unermüdlichen Forschungsoptimismus Kraepelins."

Nach Birnbaum (1920) hatte die Eigenart der so ertragreich gewordenen sogenannten klinischen Forschungsrichtung sich im wesentlichen als vorwiegende Einstellung auf die Gesamtbilderfassung, und zwar in der Hauptsache auf die Erfassung von Symptomen- und Verlaufsbild beschränkt. Die äußere Einheit des Krankheitsbildes entsprach in den weitaus meisten Fällen aber nicht einer eben solchen Einheit der zugrunde liegenden Vorgänge und Erscheinungen. Nach seiner Meinung war dieser äußere Erscheinungskomplex das Produkt eines komplizierten und vielseitig variierenden Zusammenwirkens von Momenten verschiedenster Art, verschiedenster Wirklichkeit und verschiedensten Ursprunges: „Wie diese einzelnen Momente – endogene und exogene, psychische und physische, funktionelle und organische – mit verschiedenem Anteil und verschiedenartigen Mechanismen an dem besonderen Krankheitsvorgang beteiligt sind, wie sie verschiedener klinischer Dignität teils ursächlich (pathogenetisch), teils bild- und verlaufsgestaltend (pathoplastisch), teils vorbereitend (prädisponierend), teils vorbildend (präformierend), teils auslösend (provozierend) wirksam sind und wie die aus ihnen sich ergebenden pathologischen Resultate selbst sich zum Gesamtkomplex der Psychose im Krankheitstypus, in der Spielart, im Individualfall zusammenordnen und zusammenschließen", müßte weiter untersucht werden. An die Stelle der klinischen Gesamtbilderfassung hätte die klinische Strukturanalyse zu treten. Die Zerlegung jedes Einzelfalles, jeder zusammengestellten Gruppe in ihre einzelnen Krankheitselemente, die Klarlegung von Ursprung, Mechanismus, klinischer Dignität und sonstiger

Eigenart von Symptomenbild- und Verlaufsbestandteilen, die scharfe Differenzierung und strenge Trennung derselben, speziell im Hinblick auf ihre pathogenetische und pathoplastische Herkunft wären die Grundprinzipien, „um die wahren und echten Träger der Krankheitsformen herauszuholen und in diesen selbst die echten pathologischen Einheiten zu erfassen".

Beeindruckend erscheint in diesem Zusammenhang, wie Kraepelin (1920) auf die Gedanken Birnbaums (1920) einging: Dieser habe mit Recht darauf hingewiesen, daß die Gestaltung der klinischen Erscheinungen außer durch die maßgebende pathogenetische Krankheitsursache in weitem Umfange auch durch die angeborenen und erworbenen Eigenschaften des Erkrankten sowie durch alle möglichen dauernden und vorübergehenden Einflüsse, also durch die pathoplastischen Umstände mitbedingt wurde.

Durch die Öffnung Kraepelins für die von Birnbaum vorgetragenen Gedankengänge wurde ein Signal gesetzt, das der psychiatrischen Forschung neue Wege zu weisen schien. So konnte Ewald (1921) in Würdigung der zuvor geschilderten Diskussion schreiben: „Eine Einheit dieser Krankheitsvielheiten wird meist vorherrschen und dem klinischen Gesamtbild das Gepräge geben. So kommen wir nicht etwa zu einer Auflösung der alten Krankheitseinheiten, wohl aber zu einer fortschreitenden Erkenntnis des Aufbaues der Psychosen und einer Fortentwicklung unserer Diagnostik, ohne das, was Kraepelin in seinem großen Lebenswerk geschaffen, auf die Seite zu schieben und gar als unmodern ablehnen zu müssen."

Dennoch: Klarheit war nicht geschaffen. Methodische Fragen wurden intensiv diskutiert, Meinungen und neue Erklärungsansätze standen neben- und gegeneinander. Kehrer (1923) meinte: „Die gegenwärtige Phase der klinischen Psychiatrie steht noch unverkennbar im Zeichen der Unsicherheit über die Wahl derjenigen Forschungswege, die am ehesten Aussicht bieten, über die Schwierigkeiten einer Systematik der Seelenstörungen hinwegzuhelfen."

3.4 Die Klassifikationsdiskussion in der nach-kraepelinschen Zeit

In der Zeit nach dem Ersten Weltkrieg verlor (zumindest in der deutschsprachigen Psychiatrie) die Diskussion um die Klassifikation spätdepressiver Krankheitszustände ihre Eigenständigkeit. Mit dem Fehlen eines weitergehenden Interesses an allgemeinen Klassifikationsproblemen geriet auch die Frage der depressiven Erkrankungen älterer Menschen in die Peripherie des wissenschaftlichen Interesses. Die Interessen der wissenschaftlichen Psychiatrie jener Zeit lagen auf einem anderen Gebiet, nämlich dem der Beschreibung, Abgrenzung und Klassifikation der sogenannten endogenen Psychosen. Depressive Störungen des höheren Lebensalters wurden am ehesten noch mit der Frage diskutiert, wie ihre diagnostische Zuordnung zum manisch-depressiven Krankheitsbild möglich erschien.

Runge (1930) sah im Gegensatz zu Jacobi (1930) trotz „spezifischer Psychismen der Involutionsperiode“, in der Aufstellung besonderer typischer Formen von depressiven Psychosen des Um- und Rückbildungsalters nur einen bedingten Wert. Mauz (1930) faßte, wie Anglade (1931), Halberstadt (1934), Couleon (1935) und Hoven (1936, 1940) im französischen Sprachraum, die ein- bzw. erstmaligen Depressionen nach dem fünfundvierzigsten Lebensjahr als eine Manifestation der manisch-depressiven Erkrankung auf. Ewald (1931) tendierte bei den leichteren Verlaufsformen zu einer Einordnung in das manisch-depressive Irresein, betrachtete die Erkrankung bei schwerem Verlauf und schlechter Prognose aber wie Bumke als eigenständiges Krankheitsbild.

Leonhard (1937) kam in einer klinischen Studie zu dem Schluß, daß es im Rückbildungsalter neben den einfachen gehemmten Depressionen, die zum manisch-melancholischen Irresein gehörten, die Angstpsychose gab, die in gleicher Ausgestaltung auch in früheren Lebensaltern auftreten konnte, aber eine besondere Affinität zum höheren Lebensalter besaß. Eine klimakterische Depression im engeren Sinne mit kataton gefärbter Hemmung und ängstlicher Unruhe, die beim Mann gar nicht vorkam, trat möglicherweise nur in späteren Lebensjahren auf und nahm dadurch eine andere Gestaltung an. Diese Vorstellungen fanden jedoch kaum Resonanz.

Manchmal nahm das Klassifikationsbedürfnis extreme Formen an. So teilte Hutter (1939) die depressiven Erkrankungen in fünfunddreißig Unterformen ein, davon wurden sechs dem Begriff der Involutionsmelancholie untergeordnet.

Welche Probleme nach wie vor bei einer sinnvoll erachteten diagnostischen Zuordnung auftreten konnten, stellte Kehrer (1939) dar. Er setzte sich insbesondere mit der Rolle der altersspezifischen Faktoren auseinander, die zu der gesonderten Betrachtung depressiver Krankheitszustände in den Rückbildungsjahren geführt hatten, und fragte, ob es überhaupt klimakterisch bedingte psychische Krankheiten gab. Bisher waren auf körperlichem Gebiet keine positiven Hinweise für ein pathologisches Klimakterium, das als einzige haltbare Grundlage für die Anerkennung echter klimakterisch bedingter Psychosen gelten konnte, beigebracht worden. Viele psychische Ausnahmezustände im Klimakterium waren nach seiner Meinung „reine Erwartungsneurosen aufgrund eines Massenaberglaubens“. Bei der Beurteilung der Involutionsmelancholie wurde wie allenthalben dem Faktor Lebensalter eine zu große Bedeutung zugewiesen. Dagegen sollte der Geschlechtszugehörigkeit für die Nosoplastik der Involutionsmelancholie eine wesentliche Rolle zugesprochen werden: Ängstlichkeit, hysterische Leidseligkeit und Neigung zum Jammern und bis zu einem gewissen

Grad auch zu hypochondrischen Deutungen waren eher weibliche als männliche Züge. Schließlich spielten Milieueinflüsse eine wesentliche Rolle. Künftig mußte genauer erforscht werden, ob dem Vorgang des Alterns in Form disponierender, präformierender und nosoplastischer Einflüsse, die in der Praxis sehr schwer voneinander zu trennen waren, wirklich ein solcher Vorrang neben Geschlecht, Volksstamm, Abkunft und gesamtem Milieu zukam, wie er ihm traditionsgemäß zugesprochen wurde. Mit dem Neuaufstellen von Unterformen dieser Erkrankung lediglich aufgrund der Bildgestaltung würde man nicht weiterkommen. Hier lag ein Krisenpunkt vor, „insofern durch Namen ein Wissen um Sachverhalte vorgetäuscht" wurde, das man einfach nicht besaß: „Denn kein Psychiater, der sich ehrlich selbst prüft, vermag aus den ängstlichen, hypochondrischen, agitierten und anderen Gesamtsymptomen auch nur mit einiger Sicherheit erstens auf eine involutive Ursache zu schließen und zweitens aus deren Auftreten eine bestimmte Prognose zu stellen. Man denke nur einmal daran, zu welcher Diagnose wohl gerade auch die zur Aufstellung aller möglichen Untergruppen geneigten Forscher kämen, wenn sie das gleiche Zustandsbild bei einem Menschen beobachteten, von dem sie nichts über dessen Alter wüßten und auch nicht aufgrund der körperlichen Verfassung etwas über das Lebensalter des Betreffenden mutmaßen könnten."

Diese eher skeptische, praxisbezogenere Diskussion, wie sie in Deutschland vor dem Zweiten Weltkrieg herausragend von Kehrer (1939) gefordert wurde, hatte unter einigen Aspekten in England ihre Parallele in den Gedanken von A. Lewis (1934b, 1936, 1938), der zumindest einen großen Teil seiner Vorstellungen aus der kontinentaleuropäischen (deutsch-sprachigen) Psychiatrie entwickelte, andererseits vor dem Hintergrund der grundsätzlichen Kritik an der psychiatrischen Klassifikation depressiver Erkrankungen von Mapother (1926) zu verstehen ist. Pragmatisch orientiert sah Lewis den Sinn der Klassifikation in der Erkennung der Depression selbst, und solange ätiologische Faktoren nicht genau definiert waren, mußte sie sich allein auf das Studium der Symptome stützen. Aufgrund der psychopathologischen Symptomatik und hereditärer Faktoren erschien es ihm nicht möglich, eine exakte nosologische Differenzierung der Melancholie vorzunehmen. Deshalb riet er, eine diagnostische Zuordnung solcher Krankheitszustände zu vermeiden. Statt dessen sollte gefragt werden, ob es sich um eine schwere oder leichtere Melancholie handelte; ob andere Ursachen, eventuell körperliche Erkrankungen, vorhanden waren; welche Einflüsse auf das Krankheitsbild wirkten, zum Beispiel das Lebensalter oder konstitutionelle Faktoren; ob es sich um lebenslange Faktoren aus der Umgebung oder um akute handelte; wie sich exogene Faktoren und angeborene gegenüberstanden; ob die Konstitution eine gewisse Autonomie im Krankheitsprozeß entwikkelte usw. Erst weitere Erkenntnisse ermöglichten eine verbesserte und vielleicht stabile Klassifikation. Bestimmte, für eine Involutionsmelancholie typische Erscheinungen waren wahrscheinlich vom Lebensalter, von degenerativen Veränderungen des Gehirns oder von schizophrenen Beimischungen abhängig. Diese als Klassifikationskriterien überzubetonen, erschien ihm daher nicht sinnvoll.

3.5 Die diagnostische Klassifikation in den USA

In den USA nahm die Entwicklung der diagnostischen Zuordnung depressiver Erkrankungen des höheren Lebensalters einen völlig anderen Weg als in Europa. Im deutschen Sprachraum gab es, ging es nach dem Willen Kraepelins und seiner Anhänger, keine Involutionsmelancholie, oder sie wurde von Bumke und anderen als nosologische Einheit mit vorwiegend hirnorganischen Ursachen aufgefaßt. Dennoch war zu Beginn des Jahrhunderts noch eine gewisse Konvergenz der europäischen und amerikanischen Anschauung zu erkennen (Dana und Meyer 1905, Kirby 1909).

Die weitere Entwicklung der Vorstellungen über die Involutionsmelancholie wurde in den USA durch grundlegende Gedanken von A. Meyer (1903, 1908) geprägt. Er hatte unter anderem unter Anlehnung an die Psychoanalyse Freuds schon sehr früh eine charakterologische Analyse des depressiven Patienten gefordert, weil er nach Persönlichkeitsfaktoren suchte, die zur Entstehung der Krankheit beitragen und ihre psychopathologischen Erscheinungen beeinflussen konnten. Verkürzt formuliert vertrat er in seiner „genetisch-dynamischen" Betrachtungsweise die Auffassung, daß eine wie auch immer entstandene Persönlichkeitsstruktur zur Erkrankung disponierte und die Lebensumstände diese verursachten. „Reaktionstypen" traten an die Stelle von „Krankheitseinheiten". Exogene, organogene, neurogene, psychogene und konstitutionelle Faktoren spielten eine ätiologische Rolle, die in jedem individuellen Falle variierten. Depressive Erkrankungen wurden so durchgehend als depressive Reaktionstypen angesehen (Diethelm 1972).

Von besonderer Relevanz zeigte sich dieser „psychobiologische" Zugangsweg für die Therapie: Sie berücksichtigte den Verlauf und das Querschnittsbild der Erkrankung. Die Behandlung konnte auf jeder Integrationsebene, die für die Verursachung der Krankheit gesehen wurde, angewendet werden. Die gleichzeitige Anwendung von (analytischer) Psychotherapie und Somatotherapie (Elektrokrampfbehandlung oder Pharmakotherapie) war möglich, ohne daß es von einem theoretischen Standpunkt her Inkompatibilitäten gab (Muncie 1974).

A. Meyers Denken wirkte in starkem Maße und prägte die offizielle Klassifikation der amerikanischen Psychiatrie bis in die jüngste Zeit. Durch ihn gewann die Psychoanalyse in der klinischen Psychiatrie der USA zunehmend an Bedeutung (Mendelson 1974).

Wie zuvor schon Hoch und MacCurdy (1922), die entgegen den Auffassungen von Dreyfus und Kraepelin (s. Kap. 3.2) an dem Krankheitsbild der Involutionsmelancholie festhielten, definierte White (1924) die Melancholie als eine Depression des höheren Lebensalters, die nicht befriedigend klassifiziert und nicht der manisch-depressiven Erkrankung zugeordnet werden konnte. Das Ersterkrankungsalter lag bei Frauen zwischen dem vierzigsten und fünfzigsten Lebensjahr, bei Männern nicht vor dem fünfzigsten Lebensjahr. Die Menopause war bei an sich geringer erblicher Disposition ein wesentlicher ätiologischer Faktor. Psychische Auslösungsfaktoren waren außerordentlich häufig. Sie schienen auf das Gehirn unter dem allgemeinen Streß der Involutionsperiode einzuwirken. Zentrale Symptome waren ängstliche Besorgtheit, Versündigungswahn, Angst und Agitation. Die Prognose erschien nicht gut. Eine Besserung trat nur bei knapp der Hälfte der Erkrankten auf. Psychologisch handelte es sich bei den Melancholien um das Resultat der Einsicht in das eigene Versagen. Sie waren Ausdruck für das Nichtgelingen einer neuen Anpassung an die Lebenserfordernisse des höheren Lebensalters. Waren schon in der ersten Lebenshälfte Erkrankungsphasen aufgetreten, mußten die im späteren Lebensalter auftretenden Phasen als manisch-depressive Erkrankungen angesehen werden.

Diese Auffassung beherrschte die amerikanische Psychiatrie in den folgenden Jahrzehnten. Hinzu kamen Aussagen über die spezifische prämorbide Persönlichkeitsstruktur. Dennoch war nach Hinsie und Katz (1931/32) nie eine echte Einigkeit oder Einstimmigkeit über die Position der Involutionsmelancholie gefunden worden. Saunders (1931/32) z. B. wollte das Wort Involutionsmelancholie durch Depression in der zweiten Lebenshälfte ersetzt wissen, denn nur spezifische, alterstypische Faktoren prägten das Symptombild dieser Depressionsform. Eine Sonderstellung nahm sie nicht ein. In ähnlicher Weise argumentierte auch Steen (1933). Dennoch blieb die begriffliche Grundkonzeption der Involutionsmelancholie über Jahrzehnte konstant. Garmany (1958) nannte folgende diagnostische Kriterien: typisches Alter, spezifische prämorbide Persönlichkeitsstruktur, Fehlen früherer depressiver Phasen, Agitiertheit und Hypochondrie. Dabei wurde im allgemeinen nicht zwischen reaktiven oder endogenen Depressionen getrennt, sondern allein nach der Intensität der Beschwerden in leichte (= neurotische) und schwere (= psychotische) Depressionen. Die Diagnosen „Involutionspsychose“ oder „manisch-depressive Psychose“ berücksichtigten nach Gottlieb und Tourney (1959) nicht deutlich genug die leichteren Formen dieser Erkrankungen, bei denen die Verhaltensstörungen nicht das Stadium einer Psychose erreichten. Eine Einteilung nach endogener oder exogener (= psychogener) Verursachung konnte nach Auffassung dieser Autoren ebenfalls nicht aufrechterhalten werden (siehe auch Muncie 1963), da es zu schwierig erschien, die auslösenden Umstände genauer zu interpretieren. Diese Klassifikationsprobleme mußten daher umgangen werden.

Eine Alternative war die Einteilung in primäre Störungen, d. h. in Trauerreaktionen und akute situationsbedingte Depressionen, reaktive Depressionen, manisch-depressive Erkrankungen und involutionsdepressive Erkrankungen. Sekundäre Depressionen waren assoziiert mit Schizophrenien, toxischen Zuständen, organischen Hirnerkrankungen und anderen körperlichen Störungen.

Die bis hierher referierten Auffassungen wurden in Einzelveröffentlichungen und Lehrbüchern durch die Jahrzehnte von zahlreichen angloamerikanischen Autoren vertreten (Strecker und Ebaugh 1928, 1943, Gillespie 1929, 1963, Young 1930, Farrar und Franks 1931, Morgan 1931, Jameison und Wall 1931/32, Bowman und Bender 1932, Harrowes 1933, Noyes 1934, Malzberg 1937, Palmer und Sherman 1938, Davidson 1939, Hemphill und Reiss 1940, Heaver 1940, Palmer und Mitarb. 1940/41, Malamud und Mitarb. 1941, Eyman und Mitarb. 1942, Strecker 1942, Drobness 1943, Stern 1944/46, Sadler 1945, Stern und Menzer 1946, Hamilton und Ward 1948, Malamud und Mitarb. 1949, Young 1950, Polatin und McDonald 1951, Moody 1953, Himler und Morrisey 1955, Orme 1955, Lancaster 1957, Bigelow 1959, Straker 1959, 1963, Ayd jr. 1961, Modine und Mitarb. 1963, Friedman und Mitarb. 1963, Daly und Cochrane 1968, Kolb 1968, Butler und Lewis 1973).

In den Untersuchungen über die Östrogentherapie (s. Kap. 6.2), die Krampfbehandlung (s. Kap. 6.3) und die übrigen Therapieformen wurde die Existenz einer Involutionsmelancholie als selbstverständlich vorausgesetzt, wie z. B. von Davidoff und Russ (1954), und eine „pragmatische“ Einteilung involutiver Störungen vorgeschlagen. Sie sahen einmal ein involutives Syndrom mit zeitweiliger Depression und ohne psychotische Störungen, das vorübergehend auftrat und als Östrogen-Mangeltyp umschrieben wurde. Dann gab es eine Involutionsdepression mit psychotischer Symptomatik, die einerseits auf Östrogenmangel, andererseits auf exogene, d. h. reaktive Faktoren zurückgeführt werden mußte. Weiterhin bestanden ein gemischter Typ, bei dem nicht nur depressive, sondern auch andere psychopathologische Symptome eine Rolle spielten, und ein schwerer Typ, zu dem die Gruppe der paranoiden Erkrankungen zählte. Zuletzt aber konnten auch andere seelische Erkrankungen im höheren Lebensalter beobachtet werden.

3.6 Die Entwicklung der Klassifikationsdiskussion nach 1940

Während des Zweiten Weltkrieges und kurz danach erschienen zwangsläufig nur wenige Arbeiten zum Problem der diagnostischen Klassifikation depressiver Erkrankungen. Weitbrecht (1941) sah in den Rückbildungspsychosen eine seelische Erkrankung von unspezifischer, höchstens typologischer Symptomgestaltung, die in den Rückbildungsjahren erstmals in Erscheinung trat. Die degenerativen Vorgänge, die Psychologie des Rückbildungsalters und psychische Ursachenfaktoren überhaupt spielten eine gewisse ätiologische Rolle. Daher erschien es ihm nicht eingängig, diese einfach „in die Erbkreise der endogenen Psychosen eingehen" zu lassen. Nach seiner Meinung handelte es sich bei den Erkrankungen nicht um nosologische Entitäten in strengem Sinn. Lange (1942) wies auf die Besonderheiten des Vererbungsmodus bei den Rückbildungsmelancholien hin. Driess (1942) sah sie als besonderes Krankheitsbild im Sinne von Leonhard (1959). Krauss (1947) erschien der Ausdruck Rückbildungspsychose allzu vieldeutig. Behringer und Mallison (1949) trennten bewußt zwischen ihren „vorzeitigen Versagenszuständen" und der Involutionsmelancholie. Lechler (1950) wies auf Unterschiede zwischen endogenen manisch-depressiven und hirnorganisch bedingten Depressionen hin, und Orelli (1954) sah unter seinen „reinen Melancholien" neben manisch-depressiven Formen auch „rein depressive Involutionspsychosen ohne senile oder präsenile Veränderungen". Kornhuber (1955) fand unter Berücksichtigung und Analyse äußerer Anlässe keinen Grund für eine Sonderstellung der Involutionsdepressionen. Staehelin (1955) hingegen wollte diese von anderen depressiven Störungen getrennt sehen. Unter seinem Einfluß stellten Kielholz (1969) und Kielholz und Hole (1973) die Involutionsdepression als besonderes Krankheitsbild heraus. Sie war eine depressive Erkrankung, die erstmals im Rückbildungsalter auftrat, bei der weder eine hereditäre Belastung aus dem cyclothymen Formenkreis noch eine manische oder depressive Krankheitsphase nachzuweisen war. Sie mußte gegenüber Spätschizophrenien und beginnenden senil-arteriosklerotischen (symptomatischen) Psychosen abgegrenzt werden. Die Diagnose war also „durch Abklärung der Heredität, der prämorbiden Charakterstruktur, des Verlaufes und der Psychophänomenologie zu erhärten". Hormonellen Störungen, aber auch psychoreaktiven Faktoren wurde ätiologische Relevanz beigemessen. Kielholz verwendete damit diagnostische Kategorien, wie sie in dieser Zeit auch im internationalen, speziell amerikanischen Schrifttum gefunden wurden.

Im allgemeinen jedoch fand in Deutschland eine Zentrierung der klinisch-psychiatrischen Fragestellungen auf Problemkreise statt, die von K. Schneider (1971) mit Hinweis auf Jaspers (1913) definiert worden waren. Seine Anschauungen stimmten im Grundsätzlichen mit dem nosologischen

System Kraepelins überein, erfuhren bei ihm mit der rigorosen Anwendung eines (biologisch-)medizinischen Krankheitsbegriffes dann aber eine starke Vereinfachung und beherrschten die deutsche Psychiatrie über einige Jahrzehnte (de Boor 1954). Die spätere, an Kretschmer (1919) und Birnbaum (1919, 1920) orientierte Sicht Kraepelins (1920, s. Kap. 3.3) wurde nicht mehr berücksichtigt. Psychogenetische oder vom biologisch-medizinischen Krankheitskonzept abweichende Vorstellungen wurden allgemein nur halbherzig anerkannt oder radikal abgelehnt. Die von der Psychoanalyse begründete Auffassung, daß sogenannte abnorme Seelenzustände, insbesondere die Neurosen, ebenfalls als Krankheiten zu verstehen seien, konnte sich kaum durchsetzen. Auch die in wesentlichen Grundsätzen von V. von Weizsäcker (1940) geprägte Lehre, die subjektive wie ärztlich beobachtete „objektive" Phänomene gleichzeitig (und auch hinsichtlich ihrer Bedeutung für den Kranken) zu beachten versuchte, führte ein karges Schattendasein; auch wenn, wie Böker (1976) meinte, keine radikal-antithetischen Positionen zwischen der „klassischen" (statischen oder phänomenologisch-deskriptiven) und der dynamischen Psychiatrie nachgewiesen werden könnten. Es bleibt aber festzuhalten, daß die Psychiatrie in Deutschland bis in die sechziger Jahre hinein von einem nahezu monistischen Krankheitsbegriff und Ordnungsprinzip beherrscht wurde und weiterführende Konzepte hinsichtlich depressiver Erkrankungen des höheren Lebensalters kaum Bedeutung erlangten. Nahezu alle weiteren Diskussionen über die nosologische Stellung depressiver Erkrankungen des höheren Lebensalters bestätigten das.

Weitbrecht (1959, 1960, 1972) schlug, um die Zuordnung der sogenannten Involutionsmelancholie zur manisch-depressiven Krankheitsgruppe nicht vorwegzunehmen, eine rein symptomatologische Betrachtung vor und wählte den diagnostischen Begriff der Rückbildungspsychosen. Man bewegte sich nach seiner Meinung aber auf einem recht unsicheren Gelände. Ätiologische Beziehungen zwischen der Involution und dem Krankheitsbild konnten jedoch zugrunde gelegt werden, wenn eine depressive Psychose erstmals in einem unmittelbaren zeitlichen Zusammenhang, z. B. mit dem Klimakterium, auftrat. Für die Diagnose einer Rückbildungspsychose waren zwei Voraussetzungen erforderlich: Es mußte sich um eine echte Ersterkrankung handeln, und sie durfte sich nicht phasisch weiterentwickeln. Anderenfalls handelte es sich um späte Manifestationen einer manisch-depressiven Erkrankung.

Erscheinungsbildlich standen nach Weitbrecht nicht wenige Rückbildungspsychosen zwischen dem Typus der Affektpsychosen und dem der Schizophrenien. Mitunter trat zu einer ursprünglich rein cyclothymen eine paranoide Symptomatik hinzu. Durch paranoide Symptome wurde die Prognose verschlechtert. Mitunter erwuchsen Depressionen aus verständlichen depressiven Dauerreaktionen, die insbesondere Folgen beschwerender, nicht mehr kompensierbarer Entwurzelungs-, Entfremdungs- oder Verlustsituationen waren. Leichtere Formen von Rückbildungspsychosen zeigten oft zu Beginn in ihren Ängsten und depressiven Grübeleien eine ausgeprägt lebenssituativ gefärbte Problematik. Bei stärker werdender psychotischer Symptomatik schienen aber immer wieder gleichartige, auch an Zahl beschränkte Symptome aufzutreten, die mehr und mehr die individuellen Akzente auslöschten.

Weitbrecht sah die depressiven Erkrankungen in der zweiten Lebenshälfte also überwiegend vor dem Hintergrund der Vorstellungen von der manisch-depressiven Erkrankung im Sinne der Lehre K. Schneiders (1971) und gestand ihnen höchstens dann eine gewisse Eigenständigkeit zu, wenn es sich mit ihnen um ein einmaliges Geschehen handelte. Wesentlich erschien ihm daher, Syndrom- und Verlaufstypologien herauszuarbeiten, die am ehesten dem Cyclothymiebild K. Schneiders entsprachen. Die Diagnose einer depressiven Involutionspsychose wurde nur per exclusionem gestellt. Bei erkennbaren allgemein-körperlichen oder hirnorganischen Erkrankungen handelte es sich um eine körperlich begründbare Psychose im Sinne K. Schneiders. Von reaktiven depressiven Erkrankungen wurde in den umfangreichen Sammelreferaten Weitbrechts nicht gesprochen. Derartige Störungen fanden auch nicht das wissenschaftliche Interesse der Schneiderschen Psychiatrie. Weitbrecht (1949, 1960, 1972) formulierte die Vorstellungen einer ganzen Psychiatergeneration. Damit aber wurde er den klinischen Problemen dieses Krankheitskomplexes schon vom Ansatz her nicht gerecht. Die Darstellung wirkt praxisfern. Die Beschäftigung mit den klinischen Problemen depressiver Erkrankungen des höheren Lebensalters geriet immer wieder zu einer Auseinandersetzung mit der Frage, ob Möglichkeiten einer Zuordnung der depressiven Störungen zur Cyclothymie bestanden, oder wie sie in das nosologische System K. Schneiders eingepaßt werden konnten (Lechler 1950, Sattes 1955, Bronisch 1958, 1959, 1962, Müller-Hegemann 1964, Huhn und Böcker 1967, Kranz 1970, Glatzel 1971, 1972, 1973a, 1973b, 1974, Vogel und Lungershausen 1974a und 1974b). Die gleiche Tendenz ist auch bei zahlreichen ausländischen Autoren zu erkennen, die sich einerseits an den Thesen K. Schneiders, andererseits aber auch – insbesondere in früheren Jahrzehnten – an der noch allein auf Kraepelin basierenden Nosologie orientierten (Saunders 1931/32, Steen 1933, Anderson 1936, Lundquist 1945, Bellak 1952, Tait und Mitarb. 1957, Roth 1960, Hopkinson 1963, Nadsharow und Sternberg 1964, Choumsky 1965, Choumsky und Morozova 1967, Kutko 1969, Mendels 1970, Plutschik und Conte 1973). Andere Autoren plädierten für eine Sonderstellung der Involutionsmelancholie (Parhon-Stefanescu 1959, Parhon-Stefanescu und Neicu 1959, Swierczik 1960, Sjögren 1961, 1964, Baumann und Baumann 1963, Cotte 1963, Lundquist 1963, Dabrowsky und Obuchowsky 1964, Vencovsky 1964,

Sternberg 1964, 1970, Ogrizek 1965, Dedieu-Anglade 1966, Filippini 1968 und Fresneau 1972).

Einen praxisrelevanten Erkenntnisgewinn stellten alle diese Versuche jedoch nicht dar. Das gilt auch für die Überlegungen von Oesterreich (1975), der sich an das Melancholiekonzept Tellenbachs (1961) anlehnte.

Die theoretischen Konzeptionen von K. Schneider (1971) und Tellenbach (1961) sind Interpretationsversuche der klinischen Wirklichkeit, die, werden sie von der empirischen Forschung nicht gleichzeitig in Frage gestellt, eine Einengung der Sicht und eine allzu theoriegeprägte Interpretation der tatsächlich vorhandenen Phänomene bewirken.

Auch der Begriff der klimakterischen Depression (Jacobi 1930, Fessler 1950, Garcia 1951, Kielholz 1960b, Destunis und Weissenborn 1960 und Hiddemah 1969) konnte sich, unter welchen Gesichtspunkten auch immer, nicht durchsetzen (Meyer 1972).

3.7 Die Auflösung des Begriffes der Involutionsmelancholie

Parallel zu den oft abstrakten Diskussionen um die nosologische Zuordnung depressiver Erkrankungen der zweiten Lebenshälfte bahnte sich allmählich eine einfachere, praxisbezogenere Betrachtungsweise an. Davidoff und Russ (1954) meinten, mit den neuen Therapieformen, der Pharmako- und Psychotherapie, sei die frühere Bedeutung der Diagnose zurückgegangen. In den alten, fruchtlosen und langatmigen Diskussionen, ob und gegebenenfalls an welcher spezifischen Form einer seelischen Erkrankung ein Mensch litt, habe das streitende Personal oft den armen Kranken vergessen. Für den Patienten wurde mit solchen akademischen Diskussionen nichts bewirkt.

Für die klinische Praxis erwies sich ein Einteilungsschema depressiver Erkrankungen als sinnvoll, das zugrunde liegende Theorien nicht exzessiv diskutierte. Es teilte erstens ein in depressive Syndrome, die als Initialsymptome eines hirnorganischen Abbauprozesses (symptomatische oder organische Depressionen) verstanden wurden, zweitens in sogenannte Spätdepressionen im Rahmen endogener unipolar-periodischer Depression und drittens in depressive Erlebnisreaktionen bzw. neurotische Depressionen im höheren Lebensalter. Die manisch-depressive Erkrankung, die sich auch in der zweiten Lebenshälfte manifestieren konnte, blieb davon unberührt.

Diese praxisorientierte Klassifikation (s. Abb. 1) wurde von zahlreichen Autoren immer wieder angeführt (Schulte 1969a, 1969b, 1971a, 1971b, Pöldinger 1972, Lauter 1973a, 1973b, Rudolf 1974a, Kanowski 1979, Burns 1981 u. a.), wobei stets darauf hingewiesen wurde, daß die genannten ätiologischen Faktoren vielfach gleichzeitig wirken konnten (Schulte 1972a).

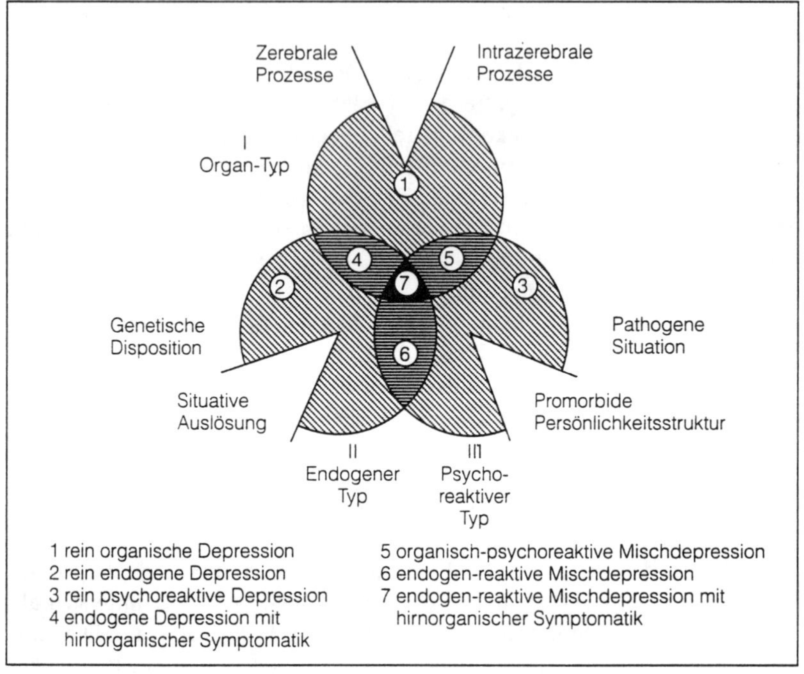

Abb. 1: Klassifikation depressiver Erkrankungen im höheren Lebensalter. I–III: zugrundeliegende ätiologische Faktoren. 1–7: mögliche Varianten mit mono- oder multifaktorieller Ätiologie (aus Kanowski 1989).

Grundsätzliche Widersprüche gegen dieses vereinfachte Einteilungsschema depressiver Erkrankungen des höheren Lebensalters gab es kaum, entsprach eine solche Sichtweise doch weitgehend den Vorstellungen, wie sie auf internationaler Ebene von speziell sich mit alterspsychiatrischen Problemen beschäftigenden Autoren vertreten wurden (Roth 1960, Post 1965, Müller 1967, 1971, Ciompi 1972, Pfeiffer und Busse 1973, Kendell und Post 1973). Für die psychiatrische Forschung jedoch erscheint ein solches Klassifikationsschema bereits zu kompliziert. Es enthält zu viele Hypothesen, die in dieser Komplexität nicht geprüft werden können (Roth 1979).

Müller (1967, 1971) hält die Frage nach erweiterter und verengter Klassifizierung, nach endogen oder nicht endogen, für wenig praxisrelevant; die Prognose der psychotischen Störungen im Alter erscheine vom hypothetischen Prinzip der Endogenität weitgehend unabhängig. Die ausgeprägte Einheitlichkeit des manisch-depressiven Krankseins sei offenbar nicht vorhanden. Neben den als endogen zu bezeichnenden zyclothymen Psychosen träten andere, insbesondere solche depressiven Bilder auf, die ätiologisch ganz verschieden interpretiert werden müßten. Jede Altersdiagnostik, die nicht wie selbstverständlich die vorangegangene Lebensepoche mitberücksichtige, sei ungenügend und führe zu Irrtümern. Das Gewicht der gelebten Vergangenheit, welche dem alten Menschen anhänge, sei enorm. Zudem wisse man, daß der alternde Mensch körperliche Veränderungen durchmache, an seiner Gebrechlichkeit leide, zugleich auf die unveränderte Umwelt reagiere und schließlich die ganze angesammelte Lebenserfahrung im guten und im schlechten in sich trage. Alle diese sich mischenden Noxen und Einflüsse könnten zu einem außerordentlich bunten Bild führen: Allen gemeinsam seien die Grundsymptome, nämlich die heitere oder depressive Verstimmung, die Ideenflucht oder Hemmung des Gedankenganges und schließlich die abnorme Erleichterung oder Hemmung der zentrifugalen Funktionen des Entschließens, Handelns und des psychischen Teils der Motilität. Akzessorisch könnten Wahnideen und Halluzinationen hinzutreten.

Wenn eine „involutive Depression", so Müller, von anderen Depressionsformen abgetrennt werde, drücke diese Bezeichnung nichts anderes als den relativ banalen Tatbestand aus, daß eine Psychose im Rückbildungsalter auftrete, mit diesem Lebensalter also wohl auch ätiologisch verknüpft sei. Trotzdem scheine der Begriff der Involution nicht so ohne weiteres mit dem, was man unter Alter verstehe, übereinzustimmen. Sicher gebe es eine Involution im körperlichen und seelischen Bereich, die bereits vor dem fünfundsechzigsten Lebensjahr, d. h. vor dem Senium eintrete. Daß es in dieser Zeit zu krisenhaften Entwicklungen wie in anderen Lebensphasen, zum Beispiel der Pubertät, komme, sei unbestritten. Betrachte man also die Möglichkeit des lebensgeschichtlich mitdeterminierten Auftretens von Depressionen, müsse auch die Involutionsphase berücksichtigt werden. Im höheren Lebensalter sei es demzufolge unlogisch, eine künstliche Unterscheidung zum Beispiel involutiver und anderer Depressionen aufrechtzuerhalten. Daher schlägt Müller vor, zwischen (1) den im Senium erstmals entstandenen depressiven Erkrankungen ohne Demenzzeichen, (2) den mit Demenzsymptomen entstehenden depressiven Syndromen und (3) im Senium weiterhin auftretenden Rezidiven und chronischen Fortentwicklungen von im jüngeren Lebensalter bereits durchlebten depressiven Psychosen zu unterscheiden. Ähnliche Gedankengänge entwickelte auch Post (1972b).

Strenge Klassifikationskriterien lassen sich also bei Depressionen der zweiten Lebenshälfte nur schwer anwenden. Eine Diagnose nach den in der Psychiatrie allgemein gültigen Regeln zu erstellen, wird mit steigendem Alter zunehmend schwieriger, weil mit diesem die Zahl möglicher ätiologischer Faktoren größer und damit alles unübersichtlicher wird (Epstein 1976). Somit ist ein rigides Diagnosenschema nicht mehr anzuwenden. Mit der Lösung von „Ordnungszwängen“ wird eine diagnostische Klassifizierung unter polyätiologischen Aspekten möglich. Sie löst sich von einem monomanen Diskutieren über endogene und neurotische Krankheitsbilder, ohne genauer zu wissen, was mit endogen exakt gemeint ist, von einer Überakzentuierung der Bedeutung hirnorganischer Ursachenfaktoren, ohne diese genau zu kennen, aber auch von allein psychogenetischen Betrachtungsweisen. Die Folgen für die Praxis: Weil die älteren rigiden Ordnungskriterien auf die depressiven Zustände der zweiten Lebenshälfte nicht angewendet werden konnten, versiegte das Interesse an einer Klassifikation dieser Erkrankungen (Kendell 1976).

Im Laufe der zurückliegenden Jahrzehnte änderte sich aber nicht nur die Einstellung zur Frage der Klassifikation, sondern auch das Erscheinungsbild depressiver Erkrankungen des höheren Alters, das sich mit den Vorstellungen Kraepelins und der frühen amerikanischen Psychiatrie von der Involutionsmelancholie nicht mehr deckte: Mit dem Schwinden der extrem ausgeprägten Krankheitsbilder näherte sich die „involutionsmelancholische“ Symptomatik der der leichteren (neurotischen oder psychoreaktiven) Depressionszustände und machte eine Unterscheidung zwischen beiden noch schwieriger (Rosenthal 1974). Damit rückten die leichteren Depressionszustände stärker in das Blickfeld. Die Veränderungen waren auf die seit der Einführung der Krampftherapien offensichtlich bessere Behandelbarkeit zurückzuführen, durch die die langen Verläufe verkürzt und damit die durch den unbeeinflußten Verlauf bedingten extremen Ausgestaltungen der Krankheitsbilder gemildert wurden. Fragen der Verursachung wurden zunehmend kritischer diskutiert und weitere erfolgreich anzuwendende Therapieformen stellten die depressiven Erkrankungen in der zweiten Lebenshälfte mit den Depressionsformen des jüngeren Lebensalters in eine Reihe (Rosenthal 1974).

So wurde die Involutionsmelancholie in den neueren Therapiestudien entweder nicht mehr berücksichtigt oder den anderen Formen psychotischer Depressionen zugeordnet (Paykel 1977).

Die schwindende Attraktivität der Diagnose „Involutionsmelancholie“ bringt Vorteile: Es ergibt sich nun die Chance, die depressiven Krankheitszustände des höheren Lebensalters weitgehend „vorurteilsfrei“ zu interpretieren, und zwar eingedenk aller Unklarheiten, ohne daß der diffuse, aber alles erklärenwollende Begriff der Involution allein ins Spiel gebracht wird. Mit zunehmender Kenntnis der Ursachen, so ist für die Zukunft zu hoffen, wird sich eine bessere diagnostische Klassifikation von selbst entwickeln. In ihr werden auch die Phänomene ihren Platz finden, die heute noch unscharf als ätiologischer Faktor „Involution“ umschrieben werden.

Man ist also – und das erscheint konsequent – von den älteren Vorstellungen der Krankheitseinheit abgerückt und wieder zu einer Syndrombeschreibung oder strukturalen Interpretation des Krankheitsgeschehens zurückgekehrt, ähnlich wie das etwa A. Meyer, E. Kretschmer und Birnbaum zu Anfang des Jahrhunderts gefordert hatten. Dieser Schritt kann einerseits als Verlust angesehen werden, und zwar insofern, als ein Ordnungsprinzip aufgegeben wurde. Bei den depressiven Erkrankungen der zweiten Lebenshälfte jedoch war diese Ordnung, wie die historische Entwicklung des Klassifikationsproblems zeigt, eher fiktiv und entsprach weitgehend einem Wunschdenken, das die wirklichen Probleme zu verschleiern schien. Die praxisorientierte Psychiatrie und die Therapieforschung, die das Klassifikationsproblem heute oft einfach umgehen, zeigen das sehr deutlich. Sie zwingen aber zu neuen Überlegungen, denn ohne eine allgemein akzeptierte diagnostische Klassifikation ist eine überindividuelle wissenschaftliche Kommunikation unmöglich.

Die traditionellen Klassifikationsschemata (Lehmann 1959, Stengel 1959, Brill 1974, Schatzbeg 1978), in denen die Involutionsmelancholie (WHO – ICD, 8. Rev., Ziff. 296.0) oder die "involutional psychotic reaction" (DSM I, II) aufgeführt wurden, sind überprüft worden. In den revidierten Fassungen (WHO – ICD, 9. und 10. Rev., DSM III und III-R) sind diese Krankheitsbezeichnungen nicht mehr anzutreffen (Kendell 1976, Lehmann 1977, Spitzer et al. 1977), doch werden die Kriterien von DSM III jetzt offenbar auch bei Depressionen des höheren Lebensalters sinnvoll angewendet (Spar und La Rue 1983).

Die alte Involutionsdepression ist in dem Begriff der unipolaren depressiven Erkrankungen aufgegangen. Ihre Identität der nach traditioneller Auffassung „endogenen" Involutionsdepressionen mit der Gruppe der phasischen unipolaren Depressionen ist durch die Arbeiten von Leonhard (1959), Perris und D'Elia (1964) und später von Angst (1966) und Perris (1966) wissenschaftlich eindeutig dargelegt worden. In neueren wissenschaftlichen Klassifikationssystemen (z. B. bei Baker und Mitarb. 1971, Feighner und Mitarb. 1972, Winokur 1972, Klein 1974, van Praag 1977) findet die Involutionsmelancholie ebenfalls keinen Platz mehr. Eine Ausnahme macht das Klassifikationsschema von Schildkraut (1970), der die Involutionsmelancholie aber auch im Rahmen der unipolaren Depressionen sieht. Von der insbesondere in England geführten Diskussion über das Vorhandensein nur einer Depressionsform (Kiloh und Garside 1963, Kendell 1968a, b, Roth und Mitarb. 1974 u. a.) oder einer Möglichkeit der Aufteilung in endogene und neurotische Depressionsformen wurde die Involutionsdepression nicht berührt.

Die Diskussion über die diagnostische Zuordnung der Involutionsmelancholie war historisch, wie sich gezeigt hat, ein Streit um die Unterteilung endogener Depressionen. Dabei wurde offenbar übersehen, daß ein großer Teil depressiver älterer Menschen unter reaktiven Depressionen leidet. Es bleibt zudem das Problem der Abgrenzung organisch bedingter, „symptomatischer“ Depressionen von endogenen oder „funktionellen“ Störungen. Die Vorschläge zur Klassifikation depressiver Erkrankungen des höheren Lebensalters von Müller (1967, 1971) scheinen hier jedoch eine Lösung anzubieten.

Heute wird die Frage der diagnostischen Klassifikation depressiver Erkrankungen des höheren Lebensalters zunehmend im Rahmen allgemeiner Klassifikationsprobleme depressiver Störungen diskutiert. Zahlreiche Autoren sind der Auffasung, daß es keine rationale Basis für das Fortbestehen eines selbständigen Krankheitsbildes im Sinne der Involutionsmelancholie mehr gibt (Ellard 1965, Kiloh 1965, Beck 1967, Kendell 1968a, b, 1976, Mendels 1970, Sym 1974, Epstein 1976, Schatzberg 1978, Weissman 1979, Rudolf 1980, 1982a, b, 1985, Blazer 1989, Conwell und Mitarb. 1989, Greenwald und Kramer-Ginsberg 1989, Brodaty und Mitarb. 1991). Andere Autoren, zum Beispiel Agius und Mitarb. (1970), Nikula-Baumann (1971), Ey und Bernard (1974), Pull und Pichot (1975, 1976), Pichot und Pull (1976), Pull und Mitarb. (1976), Mayor (1978), Pull (1978), Bron (1980), Pichot (1981) und Alexopuolos und Mitarb. (1988) versuchten, über den Hinweis auf psychopathologische oder hormonale Besonderheiten zumindest „nosographische Einheiten“ darzustellen. Bei ihren Vorstellungen handelt es sich wieder um den Versuch einer Herauslösung einer Involutionsmelancholie aus der Gruppe der endogenen Depressionen. Neurotische und symptomatische Depressionen werden von ihnen nicht diskutiert.

Ob auf dieser deskriptiven Ebene eine Klassifikation möglich ist, muß vorerst offenbleiben. Zahlreiche Untersuchungen sprechen dagegen. Auch faktorenanalytische Studien konnten keine neuen Einsichten bringen (Hamilton 1960, Friedman und Mitarb. 1963, Kiloh und Garside 1963, Hordern 1965, Rosenthal und Klerman 1966, Rosenthal und Gudeman 1967, Roth 1983).

Eingedenk der zunehmend häufigeren Überlegungen, ob es sich bei dem depressiven Syndrom jeden Lebensalters nicht doch nur um die gemeinsame, aus dem Verhalten des Erkrankten wahrnehmbare Endstrecke unterschiedlichster pathologischer Prozesse handelt (Blumenthal 1971, Akiskal und McKinney 1973, 1975, Whybrow und Mitarb. 1984), ist eine Klassifikation auf der phänomenologischen Basis höchst unwahrscheinlich. Die methodischen Probleme der psychiatrischen Diagnostik sind komplexer Natur (Kendell 1975). Die Heterogenität der Ansatzmöglichkeiten für eine differenzierte, auch realitätsgerechtere Diagnostik wird offenbar und auch bei der Beschreibung weiterer Einzelaspekte von Erscheinungsbild, Verursachung und Therapie depressiver Erkrankungen des höheren Lebensalters zu erkennen sein. Da eine Klassifikation auf phänomenologischer Ebene sehr wahrscheinlich nicht möglich sein wird, erhofft man sich weitere Erkenntnisse und Anhaltspunkte für eine sinnvollere Diagnostik aus den zukünftigen Erkenntnissen biologischer Forschung (Murphy 1986a).

Zusammenfassung

Bei dem von Kraepelin definierten Krankheitsbild der Involutionsmelancholie handelte es sich um eine sogenannte Krankheitseinheit (mit gleichen Ursachen, Symptomen, Verläufen und Prognosen), wie sie von der somatisch orientierten Medizin gefordert und beschrieben wurde. Gegen die Übertragung dieser Vorstellungen auf den Bereich der Psychiatrie erhoben sich allgemeine Widersprüche, da die gewünschte Eindeutigkeit und Vereinfachung der diagnostischen Probleme nicht voll erreicht werden konnte. Dennoch war es Kraepelin gelungen, mit der Umschreibung einzelner Krankheitsbilder, u. a. des manisch-depressiven Irreseins und der Melancholie, eine zuvor nicht erkennbare Ordnung in der Klassifikation psychischer Erkrankungen zu erreichen.

Ab 1896 grenzte Kraepelin die Melancholie vom manisch-depressiven Krankheitsbild als erstmalig auftretende Depression des höheren Lebensalters ab, deren Ursache überwiegend in altersbedingten hirnorganischen Störungen zu sehen war. Ihr Beginn war zögernd, der Verlauf protrahiert, die Symptomatik durch fehlende Hemmung (oder Agitiertheit) und typischen Wahn charakterisiert. Die Prognose erschien schlecht. Die Diagnose einer Melancholie war nur gerechtfertigt, wenn die Zugehörigkeit der Erkrankung zu „anderen Formen des Irreseins" ausgeschlossen werden konnte.

Unter den Klinikern gingen die Meinungen über den Wert und die Richtigkeit dieser diagnostischen Abgrenzung und begrifflichen Prägung der Melancholie auseinander. Kraepelin fand Befürworter aber auch radikale Ablehnung, für die vor allem das Auftreten „melancholischer" Zustandsbilder auch in jüngeren Lebensjahren angeführt wurde.

Nach erneuter Untersuchung der Patienten Kraepelins durch Dreyfus (1907), bei der sich herausstellte, daß die schlechte Prognose der Melancholie trotz eines zwar deutlich protrahierten, aber nicht ungünstigen Verlaufes nicht als Trennkriterium gegenüber anderen depressiven Erkrankungen verwendet werden konnte, korrigierte Kraepelin seine Auffassung von der Sonderstellung der Melancholie. Er ordnete diese Krankheitsbilder nun überwiegend dem manisch-depressiven Formenkreis zu.

Angeführt von Bumke plädierte jedoch eine recht große Gruppe von Psychiatern für die Beibehaltung des Kraepelinschen Melancholiebegriffes. Sie sahen auch weiterhin einen wesentlichen Ursachenfaktor in der altersbedingten hirnorganischen Beeinträchtigung. Die erhoffte Vereinheitlichung der diagnostischen Auffassungen blieb aber aus. Es entstand eine Polarisierung der Meinungen zwischen den Anhängern Kraepelins und den Vertretern dieser „restaurativen" Kritik.

Aus dem Engpaß der rigide vertretenen Auffassungen über den Sinn einer gesonderten Betrachtung der früheren Kraepelinschen Melancholie führte eine methodische Neuorientierung im Sinne der „mehrdimensionalen Diagnostik" (Kretschmer) und „klinischen Strukturanalyse" (Birnbaum). Der späte Kraepelin übernahm diese Denkansätze.

In der Zeit nach Kraepelin verlagerte sich das Interesse der psychiatrischen Forschung. Unter dem Einfluß neuer Denkansätze und der Ausrichtung der klinischen Psychiatrie auf neue Fragestellungen ließ das Bemühen um eine strenge Klassifikation depressiver Störungen des höheren Lebensalters deutlich nach. Zwar wurde der sog. Altersfaktor im weitesten Sinne als ebenfalls ursächliches Moment weiterhin berücksichtigt, doch war unter verschiedensten neueren Aspekten, die von den sich langsam entwickelnden Einzeldisziplinen innerhalb der Psychiatrie entwickelt worden waren, eine einheitliche Sicht nicht mehr möglich. Spätere Klassifikationsversuche, die in sich zwar verständlich, insgesamt aber unübersichtlich und sehr kompliziert erschienen, konnten sich nicht durchsetzen.

Unter dem Einfluß der „psycho-biologischen" Betrachtungsweise A. Meyers nahm das psychiatrische Denken in den USA eine eigenständige Richtung. Psychogenetische Besonderheiten, endokrinologische Erwägungen, aber auch symptomatologische Gesichtspunkte wurden als Gründe für die in den USA weiterhin vertretenen Auffassungen von der Sonderstellung der Involutionsmelancholie angeführt. Als diagnostische Kriterien galten: höheres Lebensalter, typische prämorbide Persönlichkeitsstruktur, Agitiertheit, Hypochondrie und das Fehlen früherer Krankheitsphasen. Eine hirnorganische Ursachenkomponente spielte in den diagnostischen Erwägungen eine nur sehr periphere Rolle. Es bestanden also eindeutige Unterschiede zwischen den Auffassungen in der deutschsprachigen und amerikanischen Psychiatrie. In den USA wurde die Involutionsmelancholie in der dargestellten begrifflichen Fassung bis in die jüngste Vergangenheit diagnostiziert.

In den Jahren nach 1940 verringerte sich das Interesse an der Klassifikation depressiver Erkrankungen des höheren Lebensalters weiterhin. Überwiegend retrospektiv orientiert wurden ältere Ansätze diskutiert und ausgebaut. Eine spezifische Richtung erhielten die Überlegungen zur diagnostischen Zuordnung durch K. Schneider. In seiner Nachfolge zentrierte sich das Bemühen darauf, nach Möglichkeiten einer Einordnung depressiver Erkrankungen der zweiten Lebenshälfte in den Bereich der von K. Schneider definierten Cyklothymie zu suchen.

Während sich die Klassifikation in der Praxis entgegen allen hochdifferenzierten Erörterungen nach einfachen ätiologischen Gesichtspunkten richtete, geriet der Begriff der Involutionsmelancholie fast in Vergessenheit. Alterspsychiatrische Forschungen gewannen Raum und holten in ihrem Bereich viel von dem nach, was an wissenschaftlicher Arbeit über psychische Erkrankungen der mittleren Lebensjahre bereits zwei Generationen früher geleistet worden war. Die rationale Basis für die Beibehaltung des alten Krankheitsbegriffes der Involutionsmelancholie löste sich auf. Eine Klassifikation unter nur phänomenologischem Aspekt erscheint nicht mehr sinnvoll. Die Zukunftsperspektive bleibt offen.

4. DAS ERSCHEINUNGSBILD

Wenn die allgemeine Tendenz dahin geht, depressive Erkrankungen des höheren Lebensalters nicht in einem diagnostisch gesonderten Rahmen zu sehen, muß dennoch nach möglichen Besonderheiten in einem sehr weit gefaßten Sinn gefragt werden. Es sollen zuerst Fragen der Häufigkeit des Auftretens depressiver Störungen (Epidemiologie), dann die sich dem Untersucher unmittelbar darstellenden Symptome depressiven Krankseins und zuletzt der Krankheitsverlauf beschrieben werden.

4.1 Die Häufigkeit

Die exakte Häufigkeitsrate depressiver Erkrankungen im höheren Lebensalter ist nicht bekannt. Noch weniger weiß man von den Beziehungen zwischen dem höheren Lebensalter als ursächlichem oder modifizierendem Faktor und dem vermuteten häufigeren Auftreten depressiver Erkrankungen. Die nachfolgende Darstellung einzelner wissenschaftlicher Studien kann daher nur als ein Mosaik angesehen werden, das ein Bild der Epidemiologie depressiven Krankseins im höheren Lebensalter lückenhaft wiedergibt. Gerade auf diesem Gebiet ist wissenschaftliche Forschung dringend erforderlich.

Zwar scheinen depressive Erkrankungen ohne spezifische diagnostische Differenzierung und ohne Berücksichtigung des Ersterkrankungsalters nach zahlreichen Autoren gerade in der zweiten Lebenshälfte vermehrt aufzutreten (Hare und Shaw 1965, Silverman 1968, Blazer und Williams 1980, Finlayson und Martin 1982, Freedman und Mitarb. 1982, Kitchnell und Mitarb. 1982, Ben-Arie und Mitarb. 1983, 1987, 1990, Ban 1984, Henderson und Kay 1984, Shamoian 1985, Magni und Mitarb. 1985, 1986, Ames und Mitarb. 1990, u. a.). Das Erkrankungsrisiko steigt möglicherweise mit zunehmendem Alter. Diese Feststellung, gestützt durch die vorerwähnten und zahlreiche weitere Untersuchungsergebnisse, unter anderem von Jaco (1960), Juel-Nielsen und Mitarb. (1961), Kramer und Mitarb. (1968), Hare und Mitarb. (1971), Wing und Helay (1972) und anderen, wurde in der Grundtendenz dieser Aussage weitgehend akzeptiert (Lehmann 1971, Gurland 1976, Ripley 1977, Evans und Whitlock 1983), andererseits wurde ihr in neueren Studien aber auch widersprochen (Robins und Mitarb. 1984, Sturt und Mitarb. 1984, Holzer und Mitarb. zit. nach Angst 1986). Insgesamt mag ein kumulativer Effekt verschiedenster Eindrücke die Meinung erzeugen, daß depressive Erkrankungen in der zweiten Lebenshälfte häufiger auftreten (Gertz 1990).

Zurückhaltend äußert sich auch Angst (1986a, b) hinsichtlich der Sicherheit der Annahme, daß depressive Erkrankungen im höheren Lebensalter häufiger auftreten. Ob nämlich eine Zunahme oder gar Abnahme von depressiven Erkrankungen im höheren Lebensalter wahrscheinlich sei, sah er unter wissenschaftsmethodischen Gesichtspunkten als nicht bewiesen an. So gab es eben auch gegenlautende Befunde, die darauf hinwiesen, daß die Prävalenz depressiver Symptome mit steigendem Alter eher geringer wurde (Sörensen und Strömgren 1961, Craig und van Natta 1979). Weissman (1979) sah keine erkennbaren Unterschiede in der Häufigkeit depressiver Erkrankungen bei jüngeren und älteren Patienten.

Grundsätzlich sind exakte Angaben über die Häufigkeit psychischer Krankheiten, und damit auch depressiver Erkrankungen, in der Bevölkerung außerordentlich schwer zu erhalten. Die als Wissenschaft noch junge psychiatrische Epidemiologie steht vor großen methodischen Schwierigkeiten (s. Tab. 2, Lauter 1974, Gurland 1976, Helmchen 1977, Cooper 1977, Bebbington 1978, Häfner 1978, Marsalla 1978, Weissman und Klerman 1978, Boyd und Weissman 1982, Dilling und Mitarb. 1984, Swartz und

Tab. 2: Ungelöste methodische Probleme in der epidemiologischen Depressionsforschung (aus Angst 1986)

- Lehrmeinungen und Voreingenommenheit des Forschers
- Falldefinition und Definition depressiver Syndrome
- Klassifikation depressiver Störungen:
  kategorial vs. multidimensional
  hierarchisch oder nicht hierarchisch
  (Koexistenz, Komorbidität)
- Zweifelhafte ätiologisch-spekulative Ansätze:
  neurotisch vs. psychotisch (Intensität)
  reaktiv vs. endogen
  primär vs. sekundär
  symptomatisch vs. funktionell
- Abgrenzung gegenüber
  Persönlichkeitsstörungen (Kontinuum)
  psychoorganischen Syndromen (Pseudodemenz)
- Geschlecht und Depression (geschlechtsspezifische Verzerrungen, z. B. selektives Vergessen, Verdrängen)
- Unzuverlässigkeit anamnestischer Informationen (Lebenszeit-Prävalenz)
- Untersuchungsinstrumente
- Transkulturelle Variabilität

Blazer 1986, Angst 1986a, 1987b, DeLeo u. Diestra 1990 u. a.), doch erhält sie ein immer größeres Gewicht (Freedman 1984), zumal sie heute durch möglichst repräsentative Stichproben die alten, an Klinikpopulationen oder anderen hoch selektierten Gruppen gewonnenen Erkenntnisse zu korrigieren versucht.

Aber selbst wenn epidemiologisch repräsentativ und methodisch exakt geplant wird, bleibt das größte Problem die Diagnostik der zu erfassenden Erkrankungen. Sie hat für die Untersuchung von Häufigkeiten psychischer Erkrankungen eine zentrale Bedeutung, und eine Idealforderung an die Diagnose „wäre, daß sie objektiv, quantitativ gültig, trennscharf und zuverlässig" ist (Häfner 1978). Daß diese Forderung von der psychiatrischen Diagnostik nicht erfüllt werden kann, ist aus der Darstellung der diagnostischen Klassifikationsprobleme im vorangegangenen Kapitel deutlich geworden: Bisher bestand keine ausreichende Übereinstimmung in der diagnostischen Zuordnung depressiver Syndrome, vor allem nicht der des höheren Lebensalters. Bekannte Diagnosen werden von verschiedenen Psychiatern je nach Schule oder Nationalität unterschiedlich verwendet (Kramer 1965, Rawnsley 1968, von Cranach und Strauss 1978).

In Deutschland und Frankreich wurde die Diagnose einer Involutionsdepression früher häufiger gestellt als in England (Kendell und Mitarb. 1974). Dort andererseits wurden funktionelle psychische Erkrankungen (affektive, schizophrene und andere Psychosen) gegenüber den organischen Erkrankungen des höheren Lebensalters häufiger diagnostiziert als in den USA (Copeland und Mitarb.1975). Wie unterschiedlich klassifiziert wurde, ist auch nach einer Untersuchung von Duckworth und Ross (1975) zu erkennen: In New York wurden zum Beispiel im Vergleich zu anderen Städten bei depressiven älteren Patienten viel häufiger psychoorganische Störungen als andere, eher funktionell bedingte Erkrankungen festgestellt.

Ein Grund für diese Unausgewogenheit liegt in der geringen Übereinstimmung der Psychiater hinsichtlich mancher Grundannahmen ihrer Krankheitslehre (Kendell 1975); eine weitere Ursache ist in der in der Vergangenheit recht geringen empirisch-wissenschaftlichen Orientierung der Psychiatrie und der damit nicht ausreichend vorhandenen Fähigkeit zu sehen, größere Datensätze exakt, das heißt unter anderem auch mit hoher Untersucherübereinstimmung, zu erfassen und zu verarbeiten. Häufig wurden vorwiegend theoretisch begründete Konstrukte und nur lokal verbreitete Einteilungskriterien zur Klassifizierung herangezogen (Häfner 1978). International akzeptierte Klassifikationssysteme könnten dem jedoch abhelfen (s. z. B. Weissman und Myers 1978b). Ob das in der Tat möglich ist, wird die Zukunft erweisen.

Die genannten Schwierigkeiten zeigen sich bereits bei relativ einfachen Untersuchungen. Wird nämlich versucht, in der Vergangenheit erhobene

Daten mitzuverwerten, stellt sich sehr bald heraus, daß dies kaum möglich ist (Spitzer und Fleiss 1974). Die Daten sind, da unter verschiedenen Voraussetzungen, von verschiedenen Populationen und noch nicht übereinstimmenden diagnostischen Kriterien erfaßt, nicht miteinander vergleichbar. Eine differenzierende, vielleicht vergleichende Aussage ist somit unmöglich. Die jeweils untersuchten Populationen sind für sich allein gesehen zu klein und können, eben wegen der bereits geschilderten Mängel, nicht zur Begründung einer allgemeingültigen Aussage herangezogen werden. Dennoch sollen einige weitere Daten aus älteren und jüngeren Untersuchungen dargestellt werden, auch auf die Gefahr hin, daß aus ihnen kein einheitliches Bild über die Epidemiologie depressiver Erkrankungen des höheren Lebensalters abgeleitet werden kann.

Aus Studien zur Erfassung aller depressiver Erkrankungen in unterschiedlichen Populationen ergaben sich Häufigkeitsangaben, die von 4,6% bis 48% reichen (Hare und Shaw 1965, Zung 1967, Zung und Grenn 1973, Schwab und Mitarb. 1973, Wahrheit und Mitarb. 1973, Stenbäck 1979, Blazer und Williams 1980, Nielsen und Williams 1980, Frerichs und Mitarb. 1981, Murell und Mitarb. 1983, O'Hara und Mitarb. 1985, Kivelä und Mitarb. 1986, Blazer und Mitarb. 1987, Kua 1990, Bekaroglu und Mitarb. 1991). In Studien, in denen die Patienten von psychiatrisch Ausgebildeten untersucht wurden, wurden Häufigkeiten depressiver Erkrankungen in einem Rahmen von 1,4% bis 24% genannt (Essen-Möller und Hagnell 1961, Kay und Mitarb. 1964a, b, Bollerup 1975, Persson 1980, Boyd und Weissman 1981, Gurland und Mitarb. 1983, Nilson und Persson 1983, Maule und Mitarb. 1984, Myers und Mitarb. 1984, Kay und Mitarb. 1985, Weissman und Mitarb. 1985, Bond 1987, Regier und Mitarb. 1988, Kennedy und Mitarb. 1989). Insbesondere in Skandinavien wurden methodisch differenzierte epidemiologische Untersuchungen über die Häufigkeit depressiver Erkrankungen durchgeführt (Bremer 1951, Larsson und Sjögren 1954, Ödegard 1961, Essen-Möller und Hagnell 1961, Sörensen und Strömgren 1961, Helgason 1961, 1964, Nielsen 1963, Hagnell 1966, Juel-Nielsen und Mitarb. 1975, Weeke und Mitarb. 1975, Nilsson und Pearson 1984, u. a.). Ihre Prävalenzrate wird von den Untersuchern auf Werte zwischen 0,6 bis 2,0% bei psychotischen (endogenen) Depressionen, bei neurotischen Depressionen zwischen 1,9 bis 3,8% geschätzt.

Aber noch allzuoft werden die depressiven Patienten von den Hausärzten oder den Ärzten im Krankenhaus als solche übersehen, ihre Beschwerden diagnostisch falsch eingeordnet (MacDonnald 1986b, Barsa und Mitarb. 1986, Borsin und Mitarb. 1986, Rapp und Mitarb. 1988b, Rapp und Davis 1989, Small 1991). Eine Verbesserung der Diagnostik scheint sich jedoch durch die Entwicklung spezieller Rating-Skalen anzubahnen (Kitchnell und Mitarb. 1982, Yesavage und Mitarb. 1983a, b). Häufig leiden die Patienten unter körperlichen Erkrankungen und/oder tragen körperliche Beschwerden vor (s. auch Kap. 4.2.3; Williamson und Mitarb. 1964, Hare und Shaw 1965, Gruer 1975, Williamson 1978, Blazer 1980, Lehmann 1982, Tölle 1983, Mann und Mitarb. 1984, u. a.).

Bei der epidemiologischen Erfassung depressiver Erkrankungen des höheren Lebensalters ergeben sich zudem zahlreiche weitere Probleme: Recht einfach sähe es aus, wenn sich die Depressionen als relativ gut abgrenzbare, homogene Krankheitstypen darstellten, wie sie bei Patienten in mittleren Lebensjahren – jedoch auch dort nur mit großer Mühe – zu erkennen sind. Dem steht bei älteren Menschen aber einmal die Tatsache entgegen, daß auch in diesem Lebensabschnitt Depressionen jedweder Ausgestaltung und Ätiologie vorkommen können, und es hängt sehr stark von dem jeweiligen Untersucher ab, ob er ein depressives Syndrom als (endogene) Affektpsychose, als Involutionsdepression, als reaktiv-neurotische Erkrankung oder organisch bedingte Depression bezeichnet. Ein weiterer komplizierender Faktor ist zum anderen aber auch die häufig gegebene Multimorbidität des älteren Menschen (s. Kap. 4.2.3 und 5.2). Zwar weiß man, daß es bei älteren Menschen depressive Zustände gibt, ohne daß an eine anderweitige organische Krankheit gedacht werden muß (Gaitz 1977). Welche Rolle aber andererseits die häufigen und typischen körperlichen Erkrankungen der älteren Menschen bei der Entstehung krankhafter depressiver Verstimmungszustände in dieser Lebensphase tatsächlich spielen, muß eher offen bleiben. Heute rettet man sich am besten aus diesem diagnostischen Dilemma, indem man von sog. Begleitdepressionen (Rudolf 1989) spricht. Aus diesen Überlegungen ist der Schluß zu ziehen, daß die gezählten Häufigkeiten depressiver Erkrankungen bei älteren Menschen weitgehend davon abhängt, ob diese überhaupt und wie oft sie als solche diagnostiziert werden.

Weniger genaue epidemiologische Daten findet man, je differenzierter Diagnosen und/oder Krankheitsverläufe dargestellt werden. Der exakte Diagnostiker ist in der Regel kein guter Epidemiologe. Er hat seine Untersuchungen wahrscheinlich auch an nicht einmal angenähert repräsentativen Stichproben durchgeführt. Macht er auch Aussagen zur Epidemiologie, handelt es sich in der Regel um Häufigkeiten in vorausgewählten Patientenkollektiven, zum Beispiel in Krankenhaus-, Praxispopulationen oder Pflegeheimen (Cooper 1966, Fahy 1974a, Dilling und Mitarb. 1975, Dilling 1978, Koenig und Mitarb. 1988). Globale Aussagen über die Häufigkeit depressiver Erkrankungen in der Bevölkerung sind aufgrund dieser Untersuchungen nicht möglich und wahrscheinlich zum Teil auch nicht beabsichtigt gewesen. Das Einweisungsverhalten der Ärzte (Fahy 1974b), die Schichtspezifität des Krankheitsverhaltens (Ödegaard 1956, 1975) und die Auswahl der Patienten für private oder staatliche Krankenhäuser mit oder ohne allgemeine Aufnahmepflicht (Clow und Mitarb. 1949, Lechler 1950, Myers und Mitarb. 1963), die Qualität der ambulanten Versorgung der Patienten und auch dort die Frage der soziologischen Zuordnung der Patienten zu bestimmten Praxistypen oder die fachärztliche Differenzierung der Praxen sind neben der richtigen Diagnostik (s. o.) nur wenige weitere Gesichtspunkte, die zur Beurteilung der allgemeinen Repräsentativität einer Population berücksichtigt werden müssen. Jedenfalls ist das dann notwendig, wenn die einfache Frage nach der Häufigkeit depressiver Erkrankungen in der älteren Bevölkerung beantwortet werden soll.

Ein weiterer Aspekt ist die Beobachtung, daß die diagnostische Klassifizierung unter der Voraussetzung exakterer epidemiologischer Kriterien, zum Beispiel größerer Zahlen von untersuchten oder befragten Personen, offenbar ungenauer wird. Es werden dann nur noch Häufigkeiten von „depressiven Syndromen“ oder von „Depressivität“ gezählt, die nach Weissman und Myers (1978a) bei ca. 16 bis 18 Prozent der untersuchten repräsentativen Bevölkerungsgruppen gefunden wurden (siehe dazu auch Gurin und Mitarb. 1960, Blumenthal 1975, Comstock und Helsing 1976, Weissman und Myers 1979, Blazer und Williams 1980 u. a.). Es zeigt sich also, daß Dysphorie oder depressive Reaktionen und Befindlichkeitsstörungen – also recht unspezifische Syndrome – relativ häufige Phänomene sind. Das heißt, die Aussagekraft der Untersuchungen wird hinsichtlich der Spezifität der diagnostischen Zuordnungen geringer. Man weiß dann zwar, daß ältere Menschen vielleicht häufiger in einem weitgefaßten Sinn depressiv sind, Depressionen im engeren Sinn der üblichen klinischen Klassifikationskriterien jedoch nicht unbedingt vermehrt gegenüber den Zahlen bei jüngeren Patientengruppen auftreten müssen (Parsons 1965, Weissman und Myers 1978a, Blazer und Williams 1980, Myers und Mitarb. 1984, Swartz und Blazer 1986). So ist bekannt, daß bipolare Affektpsychosen im höheren Alter seltener zu beobachten sind (Winokur und Mitarb. 1969, Landoni und Ciompi 1971, Spicer und Mitarb. 1973, Ayuso-Guiterrez 1983, Gurland und Mitarb. 1983).

In einer neueren Studie fanden Kivelä und Mitarb. (1988) bei älter als 60jährigen Finnen eine Depressionsprävalenz von 22,9% bei Männern und 29,7% bei Frauen. Nach dem DSM III waren es überwiegend dysthyme Störungen (17,2% bei Männern, 22,9% bei Frauen). Dagegen betrugen die Zahlen für die typischen (“major”) Depressionen bei Männern 2,6%, bei Frauen 2,5% und für sog. zyklothyme Störungen 0,4% bei Männern und 0,0% bei Frauen. Dieser Befund deckt sich wieder mit den oben dargestellten Gedanken und entspricht den Daten, die auch Blazer und Williams (1980) erhoben haben (s. Tab. 3). Nach Angst (1986) zeigen Depressionen bei 65 Jahre alten und älteren Patienten eine Punktprävalenz von etwa 2% für affektive Psychosen oder primäre Depressionen (“primary depression”) und eine Punktprävalenz von 5% bis 15% für mildere und sekundäre depressive Störungen. Dabei sind Depressionen, die mit körperlichen oder

Tab. 3: Punkt-Prävalenz (PP) für verschiedene Altersgruppen (aus Angst 1986)

Untersucher	Raten	Alter	N	Diagnosen	Prozente
Nielsen 1962,	6 Mon.	65–69	385	affektive Psychose	0,5
Samsø		70–74	250	affektive Psychose	2,0
		75–79	184	affektive Psychose	1,1
		80+	175	affektive Psychose	1,1
Blazer und	PP	65–74	581	primäre Depression	2,4
Williams 1980		75+	269	primäre Depression	1,5
Durham County					
Gurland et al.	PP	65–69	142	"pervasively depressed"	15,5
1980, New York		70–74	123	"pervasively depressed"	12,2
		75–79	95	"pervasively depressed"	8,4
		80+	83	"pervasively depressed"	15,7*
Nilsson und Pers-	PP	70	392	affektive Störung	1,0
son 1984, Göte-		75	302	affektive Störung	2,3
borg (Longitudi-		79	203	affektive Störung	0,5
nalstudie an					
einer Kohorte)					
Holzer et al.	6 Mon.	65–74	1584	schwere Depression	1,2
New Haven		75+	908	schwere Depression	0,8–1,1

* Männer 24%

anderen psychischen Störungen einhergehen, nicht berücksichtigt worden. Werden diese eingeschlossen, ergeben sich für alle depressiven Syndrome zusammen Punktprävalenzen um 15–17%. Reine Depressionen scheinen mit steigendem Alter etwa gleich häufig zu bleiben oder abzunehmen, körperlich oder psychoreaktiv mitbegründete depressive Syndrome scheinen dagegen zuzunehmen (Blazer und Mitarb. 1985, 1987, Tab. 4).

Tab. 4: Punkt-Prävalenz für Altersdepressionen (aus Angst 1986, nach Blazer und Williams 1980)

	65–74 J.	75 + J.
	N 581 %	N 269 %
Dysphorie	6,4	3,0
Primäre Depression	2,4	1,5
Sekundäre Depression	1,9	3,0
Symptomatische Depression	6,4	10,4
Total	17,0	17,8

Eine andere Darstellungsweise der Häufigkeit depressiver Erkrankungen ergab sich aus der Einweisungsrate in psychiatrische Krankenhäuser, bezogen auf den von ihnen versorgten Bezirk. Malzberg (1963) berechnete für 1919 eine Einweisungsrate von 2,4/100.000, die zwischenzeitlich sank und 1940 6,1/100.000 betrug. Unter den Ersthospitalisierten umschriebener Aufnahmebezirke in den USA fanden sich in den Jahren von 1940 bis 1965 nach Silverman (1968) Aufnahmeraten von Patienten mit Involutionspsychosen entsprechend den amerikanischen Diagnosekriterien zwischen 5,3 und 18,6/100.000, wobei die Autorin auf einen Trend hinweist, der eine Zunahme von Hospitalbehandlungen in der Mitte der fünfziger Jahre zeigte.

Die Aussagen über die absolute Häufigkeit bzw. den prozentualen Anteil depressiver Erkrankungen des höheren Lebensalters, insbesondere der Involutionsdepressionen, sind eben dadurch außerordentlich erschwert, daß der diagnostische Bezugsrahmen für die Prozentangaben in nahezu jeder Studie verschieden ist. So sah Stucki (1956) während der Jahre 1937–1952 eine Zunahme der endogenen Depressionen bei den Anstaltpatienten, vermißte aber trotz zunehmender Überalterung der Bevölkerung ein Ansteigen der Zahl der Altersdepressionen (klimakterische, involutive und arteriosklerotische Formen). Er meinte, daß diese Erkrankungen wahrscheinlich einer anderen, organisch bedingten Psychose zugeordnet worden waren. Unabhängig von der Frage, ob es sich dabei um Erst- oder Wiederaufnahmen handelte, fand sich die größte Zahl der Patienten mit endogenen Depressionen zwischen dem 50. und 60. Lebensjahr, bei den reaktiven Depressionen um das 40. Lebensjahr herum.

Der Anteil der als involutionsdepressiv bezeichneten Patienten an der Zahl aller stationären Patienten nahm nach Rosenthal (1966) in den Jahren zwischen 1945 bis 1965 ab (s. dazu auch Oltman und Friedman 1965). Die Zahl der Involutionspsychosen aller Art war von 1945 bis 1955 um etwa zwei Drittel gestiegen, sank dann jedoch ab und betrug nur noch die Hälfte der Zahl von 1945. Eine große Zunahme gab es bei den depressiven Reaktionen. Gleichzeitig änderte sich damit das mittlere Alter aller depressiv Erkrankten von 49 Jahren (1955) auf 33 Jahre (1965). Ein gutes Viertel der Gesamtpopulation Depressiver hatte 1945 Involutionsdepressionen. 1955 waren es gut zwei Fünftel und 1965 weniger als ein Zehntel. Änderungen der Diagnostik, Fortschritte der Therapie (Elektrokrampftherapie, Antidepressiva), ein besseres, positives Verständnis depressiver Störungen, das die Patienten schneller in die Behandlung brachte, sowie die besseren Möglichkeiten der ambulanten Behandlung, aber auch ein Geburtenrückgang waren als Gründe dafür anzuführen. Ein Jahrzehnt später bestätigte Klerman (1976) diesen Trend.

Nach Barraclough und Kreitman (1967) blieb dagegen die Rate der ersteingewiesenen Involutionsmelancholie gleich. Der Anteil der Involutionsdepressionen lag bei Morrison und Mitarb. (1972) bei 29,9 % aller unipolaren affektiven Erkrankungen. Helmchen (1977) fand einen Anteil von 19 %. Der Rest der Patienten hatte endogene, unipolare, bipolare sowie reaktive Depressionen.

Der Zeitpunkt, wann eine Depression, zum Beispiel schon in jüngeren Jahren oder erst im höheren Alter, begonnen hat, ist nicht leicht zu bestimmen, insbesondere dann nicht, wenn die Datenerhebung retrospektiv erfolgt. Daher wurde von einigen Autoren, weil andere exakte Angaben nicht gegeben waren, der Zeitpunkt der ersten Hospitalisierung als exakt zu definierender Termin herangezogen. Ciompi und Lai (1969) verwendeten das fragliche Erstmanifestationsdatum und den Ersthospitalisierungstermin nebeneinander (s. Tab. 5).

Das mittlere Alter lag zu Beginn der Erkrankung bei allen depressiven Erkrankungen (einschließlich der Involutionsdepressionen) bei 42,9 Jahren. Bei ca. 60 % der Patienten hatte die Depression erstmals nach dem 45. Lebensjahr begonnen. Die Ersthospitalisierung erfolgte mit zeitlicher Verzögerung. Zu ihrem Zeitpunkt betrug das mittlere Alter 53,0 Jahre. Vier Fünftel der erstaufgenommenen depressiven Patienten waren 45 bis 65 Jahre alt (siehe auch Landoni und Ciompi 1971). Dieser Befund stimmt mit den Angaben von Silverman (1968) überein. In London sah Norris (1959) dagegen die höchsten Einweisungsraten bei den älter als 60jährigen. In der Gruppe der Involutionsmelancholiker, die von Silverman (1968) gesondert angeführt wurde, betrug das mittlere Ersterkrankungsalter 54,3 Jahre, bei den stationären Patienten mit gleicher Diagnose 62,2 Jahre. 1930 lag es bei den stationären Patienten des Staates New York mit 58,8 Jahren zwölf Jahre über dem der manisch-depressiv Erkrankten (Malzberg 1937). Nach einer Studie von Joyce (1984) betrug der Zeitraum zwischen der Erstmanifestation der Erkrankung und der stationären Aufnahme bei bipolaren Affektpsychosen 2,5 Jahre.

Auch Kielholz (1971) stellte eine Häufung depressiver Manifestationen verschiedenster Genese in der Zeit um das 45. Lebensjahr fest, wobei die sogenannten Involutionsdepressionen entsprechend seiner Definition nach dem 45. Lebensjahr besonders häufig auftreten mußten. Demgegenüber ging der Anteil der sogenannten endogenen Depressionen zurück. Angst (1980) sah bei unipolaren Affektpsychosen einen Erstmanifestationsgipfel zwischen dem 50. und 60. Lebensjahr. Derjenige der bipolaren Affektpsychosen war früher, das heißt zwischen dem 20. und 30. Lebensjahr zu beobachten. In der Studie von Rudolf (1980) zeigte sich ein Erstmanifestationsgipfel bei Frauen zwischen dem 45. und 55. Lebensjahr, bei Männern zwischen dem 55. und dem 65. Lebensjahr. Hallström (1970) dagegen fand bei Frauen verschiedensten Alters keine solchen Phänomene. Seine Population bestand aber auch nicht aus Krankenhauspatienten.

Tab. 5: Diagnosen und Alter bei Erkrankungsbeginn und Erstaufnahme (nach Ciompi und Lai 1969)

Diagnose bei Erstaufnahme

Diagnose	Anzahl der Fälle	%
Endogene Depression (Melancholie)	18	39,3
Unspezifisches depressives Syndrom	18	14,2
Involutionsdepression	18	14,2
Organische Depression (bei Arteriosklerose, Enzephalopathie oder Anfallsleiden)	3	2,4
Depression im Rahmen einer schizophrenen Erkrankung	10	7,9
Psychogene Depression (reaktiv oder neurotisch)	28	22,0
Summe	127	100,0

Alter bei Erkrankungsbeginn

Alter	Anzahl der Fälle	%
0–14 Jahre	–	–
15–24 Jahre	7	5,6
25–34 Jahre	20	15,7
35–44 Jahre	20	15,7
45–54 Jahre	37	29,1
55–64 Jahre	39	30,7
unsicher	4	3,2
Durchschnitt: 42,9 Jahre	127	100,0

Alter bei Erstaufnahme

Alter	Anzahl der Fälle	%
0–14 Jahre	–	–
15–24 Jahre	–	–
25–34 Jahre	10	7,9
35–44 Jahre	16	12,6
45–54 Jahre	34	26,8
55–64 Jahre	67	52,7
Durchschnitt: 53,0 Jahre	127	100,0

Nach Eagles und Whalley (1985) nahm die Zahl der stationären Erstaufnahmen wegen depressiver Erkrankungen von 1969 bis 1978 mit steigendem Alter linear zu. Das stand nach Meinung der Autoren in einem deutlichen Zusammenhang mit der allgemeinen altersabhängigen Zunahme affektiver Psychosen. Ob dieses aber eine absolute Zunahme war oder nur eine relative, muß offen bleiben.

Durch die Veränderungen der Altersstruktur in der Bevölkerung und die Zunahme der Lebenserwartung hat sich das mittlere Lebensalter der Patienten in den Untersuchungen nach oben verschoben. Darauf wies bei hospitalisierten Patienten bereits Jung (1952) hin.

Der Ersterkrankungsbeginn lag in der Studie von Jung (1952) bei Männern überwiegend zwischen dem 40. und 60. Lebensjahr, bei Frauen zwischen dem 35. und 55. Lebensjahr. Klimakterische, Rückbildungs- und Altersdepressionen waren bei Frauen häufiger, bei Männern ebenso häufig wie manisch-depressive Erkrankungen. Hertrich (1962) sah bei poliklinischen Patienten mit endogenen Depressionen neben Gipfeln des Ersterkrankungsalters in jüngeren Lebensjahren auch einen Gipfel zwischen dem 50. und 55. Lebensjahr, der bei Männern stärker ausgeprägt war als bei Frauen. Bei reaktiven Depressionen war der Einfluß des Rückbildungsalters auf die Entstehung der Erkrankung deutlicher zu erkennen. Auch (1962) sah den höchsten Anteil manisch-depressiver Ersterkrankungen zwischen dem 40. und 50. Lebensjahr. Etwa gleiche Zahlen wurden von Barraclough und Kreitman (1967) berichtet. Blazer und Williams (1980) und Dilling und Mitarb. (1984) sahen ebenfalls häufigere Erstmanifestationen in der zweiten Lebenshälfte. Anderer Meinung waren dagegen Perris (1968), Levanger und Levine (1978) und Hallström (1984). Angst (1986a) fand in seinen epidemiologischen Studien ein Ersterkrankungsalter um 29 Jahre bei Patienten mit bipolaren Affektpsychosen und um 45 Jahre bei Patienten mit unipolaren affektiven Psychosen. Insgesamt aber beurteilte er die Repräsentativität dieser Aussagen unter methodologischen Aspekten recht skeptisch (Angst 1986b).

Zur Frage der Abhängigkeit des Auftretens depressiver Erkrankungen vom Lebensalter fanden Dilling und Mitarb. (1984) in einer Feldstudie über die Stichtagsprävalenz psychischer Krankheiten in Bayern einen Häufigkeitsanstieg von affektiven Störungen mit zunehmendem Alter. Auch Zung (1967), Warheit und Mitarb. (1973), Ban (1978), Gurland und Mitarb. (1980) u. a. fanden in höheren Altersgruppen häufiger depressive Syndrome. Aus der Perspektive der Allgemeinpraxis war der Anteil der älter als 45jährigen bemerkenswert hoch (Watts 1956). Bei Prout und Boucier (1940) waren 41,9 % der Patienten im Alter zwischen 40 und 60 Jahren. Ein großer Anteil von ihnen war affektiv gestört. Dilling (1978) bestätigte diese Beobachtungen. Blazer und Mitarb. (1985) und Griffith und Mitarb. (1987) dagegen sahen weniger depressive Erkrankungen. Hinterhuber (1982) sah Häufigkeitsgipfel im 5. und 8. Lebensjahrzehnt. Es ist bei allen diesen Untersuchungen aber zu fragen, in welchem Umfang ihre Ergebnisse auf andere Regionen übertragbar sind, d. h. letztlich eine generelle Aussage über die Häufigkeit depressiver Erkrankungen im höheren Lebensalter zulassen. Offen bleibt damit auch weiterhin die oben bereits angedeutete Frage, ob depressive Erkrankungen in der älteren Bevölkerung absolut zugenommen haben oder ob die Zahl der depressiven Erkrankungen deshalb ansteigt, weil der Anteil der älteren Menschen größer geworden ist.

In einer Gemeindeübersicht fanden Roth und Kay (1962) und Kay und Mitarb. (1964a) bei etwa 30% der älter als 65jährigen funktionelle Störungen leichter bis schwerer Ausprägung. Neurotische Störungen waren am häufigsten. Etwa 5% hatten affektive Störungen im Sinne depressiver Erkrankungen. Gut 10% der Untersuchten zeigten hirnorganische Veränderungen. Die Krankheitsbilder wurden jedoch nicht nach dem Ersterkrankungszeitpunkt differenziert dargestellt. Ivanys und Mitarb. (1964) sahen eine Prävalenzrate von 0,45/1.000 für Involutionsdepressionen gegenüber 0,95/1.000 für manisch-depressive Patienten. Aus Neu-Delhi wurden die Prävalenzraten für Involutionsmelancholien von Sethi und Mitarb. (1975) mit 2/1.000 angegeben, für affektive Störungen oder andere Psychosen betrug sie 7,8/1.000, für neurotische Depressionen 8,9/1.000. Der Gesamtanteil der affektiven Störungen betrug 12%, der der Neurosen 41%. Bei älter als 70jährigen fand Bollerup (1975) eine Prävalenz manisch-depressiver Erkrankungen in Höhe von 5,9/1.000. Depressive Zustände gab es bei 17,6% aller Untersuchten. Bei über 60jährigen Finnen fanden Kivelä und Pahkala (1989) eine Prävalenz von Dystymien ("dysthymic disorder" nach DSM-III) bei 17,2% der Männer und 22,9% der Frauen. Nach Gaitz (1977) berichteten ältere Menschen häufiger über depressive Symptome. Ob es sich dabei aber um Krankheitserscheinungen oder um „normale“ Begleiterscheinungen des Altersprozesses handelte, mußte offen bleiben.

Die Häufigkeitsverteilungen wurden auch unter anderen Gesichtspunkten diskutiert: Während Frumkin (1954) ein häufigeres Auftreten von Involutionspsychosen bei Personen mit geringerem Einkommen, geringerem Sozialprestige, schlechterer Ausbildung und gestörten Familienverhältnissen fand, sahen Pederson und Mitarb. (1972) keine Abhängigkeit von der sozialen Schichtzugehörigkeit. Nach Frumkin (1954) war der Anteil von Patienten mit Involutionsdepression bei Stadtbewohnern doppelt so hoch wie bei Menschen aus ländlichen Verhältnissen. Henderson und Gillespie (1932, 1969), aber auch Dewar und MacCammond (1962) beschrieben umgekehrte Verhältnisse. Ob soziale, berufliche (Briggs und Mitarb. 1965) oder ethnische Faktoren (Gibson 1943a, 1945) eine Rolle spielen können, muß offen bleiben; auch die Frage, warum z. B. bei farbigen Amerikanerinnen die

Häufigkeit von Involutionsmelancholien signifikant geringer war als bei weißen Frauen (Simon 1965). Dem Problem der besonderen Häufung depressiver Erkrankungen bei Frauen sind in einer ausführlichen Studie Weissman und Klerman (1977) nachgegangen. Involutionsdepressionen sind jedoch nicht gesondert berücksichtigt. Das durchschnittliche Verhältnis zwischen Frauen und Männern lag bei 2:1. Physiologische Altersveränderungen, zum Beispiel die Menopause, schienen keine Erhöhung der Erkrankungsraten zu bewirken.

Über die Involutionsdepression im engeren Sinn hinaus wurde unter epidemiologischen Aspekten auch über andere Erscheinungsformen depressiven Krankseins im Alter berichtet: Meyer und Reisinger (1957) beobachteten mit zunehmendem Alter eine Abnahme psychoreaktiver Störungen. Dieser Annahme stehen Daten von Hertrich (1962) aus einer Poliklinikpopulation entgegen. Auch Williams und Jaco (1957, 1958) wiesen gerade auf das häufigere Vorkommen von funktionellen depressiven Störungen hin. Nach Kay und Mitarb. (1964a, 1964b) waren neurotische Störungen die bei weitem häufigsten Erkrankungen der älteren Menschen. In allen diesen Studien (s. auch Madden und Mitarb. 1952, Foulds 1960, Stenbäck 1963) ist, wie bereits mehrfach betont, ein weitgehender Mangel an diagnostischer Übereinstimmung festzustellen.

Zusammenfassung

Die äußerst heterogenen Daten über die Häufigkeit depressiver Erkrankungen des höheren Lebensalters weisen darauf hin, daß sie typische psychopathologische Manifestationen der zweiten Lebenshälfte sind. Verbindliche Aussagen über die Häufigkeit bestimmter Depressionsformen im höheren Lebensalter sind kaum möglich. Das Fehlen eindeutiger Ergebnisse ist mit großer Wahrscheinlichkeit darin begründet, daß wegen der diagnostischen und methodischen Probleme eine nach modernen Vorstellungen systematische wissenschaftliche Bearbeitung der hier behandelten Fragen nicht möglich war. So bleibt bis heute unklar, ob depressive Erkrankungen mit steigendem Alter zunehmen. Auch hinsichtlich der Verlagerung des Erstmanifestationstermins in die zweite Lebenshälfte sind keine systematischen Trends, die eine Verallgemeinerung zulassen, zu erkennen. Eine Zunahme oder Abnahme von Depressionen im höheren Lebensalter ist also nach heutigem Kenntnisstand nicht erwiesen.

4.2 Die Symptome

Eine umfassendere und differenziertere Beschreibung der Symptomatik des seit Kraepelin (1896, 1904) als Involutionsmelancholie bezeichneten depressiven Syndroms als seine eigene gibt es nicht. In späteren Jahren jedoch sind von zahlreichen Autoren unter dem Begriff der Melancholie oder der melancholischen Phase über die Deskription Kraepelins hinaus Phänomene geschildert worden, die heute wesentlicher Bestandteil unseres psychopathologischen Wissens über die endogenen Depressionen geworden sind (Kuhs und Tölle 1987). Genannt seien die Werdenshemmung (von Gebsattel 1954), das Nicht-traurig-sein-Können (Schulte 1961), die Störungen des Zeiterlebens (Strauss 1928, Minkowski 1933, von Gebsattel 1954) oder die mit den Begriffen „Remanenz“ und „Inkludenz“ umschriebenen Persönlichkeitszüge der Melancholiker (Tellenbach 1961). Diese Phänomene spielten in den Diskussionen über die Psychopathologie der Involutionsmelancholie jedoch keine wesentliche Rolle.

4.2.1 Das „typische“ Syndrom der Depression im höheren Lebensalter

Kraepelins Beschreibung der Involutionsmelancholie scheint nach heutigem Verständnis dem Prototyp des allgemeinen, stark ausgeprägten depressiven Syndroms zu entsprechen, worauf aber auch schon seine ersten Kritiker hingewiesen haben (s. Kap. 3.2). Eine deskriptive Psychopathologie war daher wohl kaum in der Lage, eine Trennung der verschiedenen Depressionsformen entsprechend den in der Nosologie postulierten Krankheitsbildern zu ermöglichen. Lewis (1934b) merkte kritisch an, daß er nach intensiven psychopathologischen Studien keine Möglichkeit sah, die angestrebten Typisierungen zu bestätigen. Andererseits beobachtete aber auch er in der Involutionsphase gewisse psychopathologische Besonderheiten, so paranoide und zwanghafte Symptomakzentuierungen. Themen wie Tod, Armut, drohende Impotenz usw. hatten nach seiner Meinung Einfluß auf die erscheinungsbildliche Ausgestaltung der Psychosen. Andererseits mußte an eine Symptomakzentuierung durch das (biologische) Lebensalter an sich und die daraus resultierenden degenerativen Veränderungen des Gehirns gedacht werden (Lewis 1938, Garmany 1938).

Trotz der Bedeutung, die sich die psychopathologische Forschung in Deutschland durch ihr Selbstverständnis als „eigenständiger Grundlagenwissenschaft der Psychiatrie“ gab (Janzarik 1976, Blankenburg 1978), handelte es sich bei ihrer differenzierten Beschreibung auf Phänomen-Ebene (wohl nur) um die Bemühung, mit wissenschaftlichen Methoden „zu Protokollaussagen über gestörtes seelisches Leben“ zu gelangen und diese in einen geordneten Zusammenhang zu bringen. Die methodischen Grundlagen und Probleme einer solchen Psychopathologie, vor allem aber ihre Grenzen, die bei den hier zu diskutierenden Fragen deutlich werden, hat Heimann (1979) eindrucksvoll dargestellt. Dennoch bestand immer wieder die Hoffnung, Involutionsdepressionen durch ihre symptomatologische Ausgestaltung als spezifisches, eigenständiges Krankheitsbild abgrenzen zu können.

In der frühen Phase der Diskussion über die diagnostische Abgrenzung der sogenannten Involutionsmelancholie von der manisch-depressiven Erkrankung wurde immer wieder auf das Fehlen der Hemmung psychischer Funktionen als einer wesentlichen psychopathologischen Besonderheit der Involutionsmelancholie hingewiesen. Ihr Fehlen ließ vermehrt ängstlich agitierte Symptome hervortreten (s. dazu Kap. 3.2 und 3.5). Nach E. Bleuler (1916) jedoch wurde die depressive Hemmung vielfach durch große Unruhe überdeckt, so daß die Hemmung letztlich vorhanden war, aber nicht erkannt werden konnte. Solche agitierten Erscheinungsbilder wurden bei älteren depressiv Ersterkrankten häufiger beobachtet, wenn auch seltener als bei senilen, das heißt organisch bedingten Melancholien. Für Bumke (1924) hatte die Hoffnung getrogen, die klimakterische Melancholie, also eine Melancholie in der frühen Phase der Involution, am Fehlen der Hemmung erkennen zu können. Die besondere Färbung der klimakterischen Depressionen wurde nach seiner Auffassung durch hysterisch anmutende Züge wie rücksichtsloses, aufdringliches, theatralisches Jammern (s. dazu auch Payk 1990), durch das Überwiegen hypochondrischer und paranoider Verhaltensweisen, durch das verhältnismäßig häufige Vorkommen von Sinnestäuschungen, das Vorwiegen ängstlicher Erregungen, die sich bis zu deliranter Verwirrtheit steigern konnten, und durch das Hinzutreten katatoner Symptome geprägt. Bedeutender jedoch erschien ihm die spezifische Art des Krankheitsverlaufes mit seiner schlechten Prognose (s. Kap. 3.2).

Die bereits genannte ängstliche Unruhe und Agitiertheit wurde in zahlreichen Studien als besonderes Merkmal der Involutionsmelancholie hervorgehoben (Henderson 1920, Prados und Ruddick 1947, Staehelin 1955, Kielholz 1957, 1959, Ogrizek 1965, Bigelow 1959, Swierczek 1960, Baker und Mitarb. 1971, Ayd 1961, Baumann und Baumann 1963, Friedman und Mitarb. 1963, Ford 1967, Glatzel 1971, Post 1972, Fanai 1973, Winokur 1973, Bronisch 1974, Lowry und Mitarb. 1978, Mayor 1978, Ayuso-Gutierrez 1983, Avery und Silverman 1984, Brown und Mitarb. 1984, u. a.). Böszörmenyi (1979) wies auch auf früher erkennbar gewesene nationalitätsabhängige, möglicherweise kulturspezifische Unterschiede hin, die später nicht mehr beobachtet werden konnten. Andererseits wurde aber auch vom Vorliegen einer Hemmung bei involutiver Depression berichtet (Tait und Burns 1951, Tait und Mitarb. 1957, Stenstedt 1959, Swierczek 1960).

Allgemein verbreitet war die Auffassung, daß gerade bei Involutionsmelancholien ein grandioser, oft religiös gefärbter Wahn mit Schuld- und Versündigungsvorstellung auftrat, der zusätzlich durch häufig sehr bizarre, hypochondrische Äußerungen und nihilistische Gedankeninhalte gekennzeichnet war. Paranoide Züge wurden ebenfalls beschrieben (Seelert 1919, Hoch und MacCurdy 1922, Medow 1922, Kryspin-Exner 1923, 1924, White 1924, Halberstadt 1928, Gillespie 1929, Jacobi 1930, 1931, Runge 1930, Farrar und Franks 1931, Heaver 1940, Cotte 1963, Malamud und Mitarb. 1941, Palmer und Mitarb. 1941, Stern 1944/46, Weitbrecht 1960, Winokur und Mitarb. 1980, Post 1982, Meyers und Mitarb. 1984, 1985, Meyers und Greenberg 1986, Bron 1990, u. a.). Nach Scheid (1934), der sich intensiv mit dem Schuldwahn bei depressiven Erkrankungen befaßte, hob auch Glatzel (1971, 1972) die besondere Ausgestaltung des Wahns, geprägt durch wahnhafte Eigenbeziehung, Mißtrauen, Angst und Unsicherheit, hervor. Sjögren (1961), Choumski (1962) und Post (1972 a) wiesen auf das häufige Auftreten des Cotard-Syndroms (nihilistischer Kleinheits- und Minderwertigkeitswahn) hin. Andererseits konnten bezüglich der Häufigkeit von Wahn und Halluzinationen bei endogenen depressiven Psychosen in Abhängigkeit vom Ersterkrankungsalter keine wesentlichen Unterschiede nachgewiesen werden (Kathol und Winokur 1977, Musetti und Mitarb. 1989). Auch die Möglichkeit des Vorliegens einer schizo-affektiven Erkrankung wurde diskutiert (Post 1971).

In jüngerer Zeit sind erneut wahngeprägte depressive Syndrome ("delusional depressions") intensiver untersucht und ihre diagnostische Zuordnung diskutiert worden. Man verglich diese Syndrome mit solchen Depressionen, die keine Wahnsymptome zeigten (Charney und Nelson 1981, Francis und Mitarb. 1981, Glassman und Roose 1981, Coryell und Tsuang 1982, Coryell und Mitarb. 1984, Meyers und Greenberg 1986, Baldwin 1988), und meinte, es könnte sich um ein eigenständiges, möglicherweise sogar von anderen depressiven Erkrankungen abgrenzbares Krankheitsbild handeln. Bei depressiven Patienten mit einem Ersterkrankungsbeginn nach dem 60. Lebensjahr waren Wahnsymptome häufiger zu beobachten als bei Patienten, die vor diesem Alter erstmals erkrankten (Meyers und Mitarb. 1984, 1985).

Diese Beobachtungen und Überlegungen werden aber nicht in einem Kontext mit der Diskussion über die diagnostische Abgrenzung involutiv bedingter depressiver Erkrankungen gemacht bzw. angestellt. Anders die Studie von Pichot und Pull (1976, 1981, Pull und Mitarb. 1976), die speziell den Altersdepressionen nachgeht und vermehrte Schuldgefühle bei Frauen mit Involutionsdepressionen schildert. Brown und Mitarb. (1984) und Small und Mitarb. (1986) dagegen sahen bei älteren Depressiven weniger Schuldgefühle.

Hypochondrie wurde als ein häufiges und für depressive Erkrankungen des höheren Lebensalters typisches Symptom bezeichnet. (Sattes 1955, Kielholz 1957, 1959, 1971, Ayd 1961, Stenbäck und Jalava 1962, Post 1962, 1963, Baumann und Baumann 1963, Friedman und Mitarb. 1963, De Alarcon 1964, Ford 1967, Gurland 1976, Pichot und Pull 1976, Pull und Mitarb. 1976, Salzman und Shader 1978a, Mayor 1978, Brown und Mitarb. 1984, Costa und McCrae 1985, Kramer-Ginsberg und Mitarb. 1989.) Musetti und Mitarb. (1989) wenden gegen diese Feststellungen jedoch ein, daß die Befunde bei stationär behandelten Patienten erhoben worden seien. In ihrer eigenen Untersuchung sei bei ambulant behandelten, älteren depressiven Patienten Hypochondrie nicht, zumindest nicht erkennbar häufiger zu beobachten gewesen.

Bemerkenswert häufig wurde als weiteres, relativ wichtiges Depressionssymptom bei älteren Menschen auch die Unterernährung genannt (Hamilton und Ward 1948, Hamilton und Man 1954, Gottlieb und Tourney 1959, Fowlie und Mitarb. 1963). Dieses Symptom in seiner Umkehrung, nämlich die Gewichtszunahme, wurde bereits von Kraepelin als Indiz für den einsetzenden Gesundungsprozeß angesehen.

Agitiertheit, bizarrer Wahn und Hypochondrie standen also im Zentrum der psychopathologischen Symptomatik der Involutionsdepression. Dieses Syndrom bekam seinen festen Platz in der amerikanischen Psychiatrie (s. auch Kap. 3.5), z. B. bei MacCurdy 1925, Strecker und Ebaugh 1928, Henderson und Gillespie 1932, 1969, Noyes 1934, Palmer und Sherman 1938, Strecker 1942, Palmer 1946, Polatin und MacDonald 1951, Basombrio 1956, Kolb 1968 u. a.). Insbesondere der Agitiertheit wurde in den USA für die Diagnostik eine so wesentliche Rolle zugesprochen, daß Eyman (1942) formulieren konnte, alle seine Patienten seien selbstverständlich „entsprechend der Natur dieser Erkrankung depressiv und agitiert“. Davidson (1939) setzte den Begriff der agitierten Depression mit dem der Involutionsmelancholie gleich. Andererseits aber fand er Agitiertheit auch bei einer Gruppe jüngerer Patienten. Musetti und Mitarb. (1989) fanden dieses Symptom bei älteren ambulant behandelten Patienten ebenfalls nicht besonders häufig. Tait und Mitarb. (1957) und Grauer (1966) sahen es sogar extrem selten. Sjögren (1961, 1964) und Choumski (1962) fanden Agitiertheit und Apathie bei den Involutionsmelancholikern gleichmäßig verteilt. Hopkinson (1963) beobachtete bei Patienten mit spätem Krankheitsbeginn häufiger eine Hemmung. Daly und Cochrane (1967) sahen Hemmung und Agitiertheit gleichmäßig verteilt mit besonderer Häufung bei älteren Patienten. Bei Cassidy und Mitarb. (1957) waren Hemmungssymptome bei älteren und jüngeren Menschen gleichmäßig verteilt. Für Beck (1967) war Agitiertheit ein allgemein verbreitetes Symptom bei depressiven Erkrankungen.

In der eigenen klinischen Studie (Rudolf 1980) an 210 endogen und neurotisch-reaktiv depressiven Patienten, von denen 104 ambulant und 106 stationär behandelt wurden, konnte zur Psychopathologie folgendes festgestellt werden:

Bei einem Vergleich der zum Zeitpunkt der Untersuchung jünger bzw. älter als 45 Jahre alten Patienten ergaben sich folgende Befunde:

Die Ausprägungsgrade der Depression, ermittelt durch Fremdbeurteilung mit Hilfe der „Bewertungsskala für Depressionszustände“ von Bojanovsky und Chloupkowa (1966) wurden in vier Abstufungen des Depressionsindex eingeteilt und als leicht, mittel, schwer und sehr schwer bezeichnet. Zwischen den Geschlechtern bestanden keine signifikanten Unterschiede. Bei einer Gegenüberstellung der jüngeren und älteren Depressiven zeigte sich in der Häufigkeitsverteilung der Schweregrade keine wesentliche Differenz. Das galt für die Gesamtheit wie für die Untergruppen der endogen und neurotisch-reaktiv Depressiven. Wurde jedoch nach den Geschlechtern differenziert, werden deutliche Unterschiede bei den Frauen sichtbar: ältere Frauen sind eher leicht (24,5% gegenüber 14,0%, $p < 0{,}05$) oder mittelgradig (48,0% gegenüber 26,0%, $p < 0{,}05$) depressiv, während jüngere Frauen schwerer erkrankt waren (60,0% gegenüber 27,5%, $p < 0{,}05$). Das galt für endogen wie für neurotisch-reaktiv depressive Frauen.

Die Selbsteinschätzung der Depressionsintensität wurde mit der PD-Skala von von Zerssen (1973b, 1976a) ermittelt. Bei analoger Auswertung der Befunde wie bei der Fremdeinschätzung ergaben sich beim Vergleich zwischen jüngeren und älteren Depressiven, auch in einer getrennten Berechnung nach Geschlechtern und Diagnosen, keine signifikanten Unterschiede.

Paranoidität, gemessen mit dem Paranoiditäts-Index der PD-Skala (von Zerssen 1973b, 1976a), zeigte zwischen Männern und Frauen ebenfalls keine wesentlichen Abweichungen. Das war auch beim Vergleich jüngerer und älterer Depressiver, auch differenziert nach Diagnosen und Geschlecht, der Fall.

Die Merkmale „Depressives Verstimmtsein – Niedergeschlagenheit“, „Angst-Agitiertheit“, „Interesselosigkeit“, „Hypochondrie“, „Zwang“, „depressiver Wahn“, „Paranoidität“, „Krankheitseinsicht“, „somatische Beschwerden“ und „Schlafstörungen“ waren hinsichtlich der Häufigkeit ihres Vorkommens bei jüngeren und älteren Depressiven, auch wenn diese Gruppen nach Diagnosen und Geschlechtern getrennt verglichen wurden, nicht unterschiedlich verteilt. Es ist daher anzunehmen, daß die genannten Symptome unabhängig vom aktuellen Lebensalter gleich häufig vorkommen. Einige Unterschiede fanden sich bezüglich der folgenden Symptome: „Suizidalität“ wurde von jüngeren neurotisch-reaktiv Depressiven mit 86,7% häufiger angegeben als von älteren mit 51,6% ($p < 0{,}05$). Auf eine

Abhängigkeit vom aktuellen Lebensalter der Untersuchten wiesen die unterschiedlichen mittleren Alter bei Patienten mit Suizidalität (46,7 J.) gegenüber den Patienten ohne dieses Symptom (50,7 J.) hin. Für endogen Depressive allein betrug die Relation 41,1 Jahre gegenüber 51,2 Jahre (beide signifikant nach T-Test, $p < 0,05$). Die Patienten mit „psychomotorischer Hemmung" sind im Durchschnitt mit 46,3 Jahren jünger als diejenigen ohne dieses Symptom mit 51,1 Jahren (signifikant nach T-Test, $p < 0,05$). „Appetitstörungen" traten überwiegend bei weiblichen Patienten auf. Jüngere depressive Frauen gaben diese Störungen häufiger an als ältere (79,6% gegenüber 60,2%, $p < 0,05$). Dementsprechend lag das mittlere Alter der Patienten mit Appetitstörungen niedriger als das der Patienten ohne dieses Symptom (47,5 J. gegenüber 53,3 J., signifikant nach T-Test, $p < 0,05$). „Wahrnehmungsstörungen" wurden nur bei jüngeren Männern beobachtet. Dieses Ergebnis muß jedoch mit Vorbehalt gesehen werden, da das Merkmal insgesamt nur bei 5 Patienten festgestellt wurde. Die deutlichsten Unterschiede waren erwartungsgemäß bei den „Sexualstörungen" vorhanden. Diese wurden von 83,9% aller jüngeren Patienten geschildert, gegenüber nur 64,6% der älteren Depressiven ($p < 0,05$). Das galt insbesondere für Frauen. Ebenfalls signifikant waren die Unterschiede zwischen jüngeren und älteren endogenen Depressiven insgesamt; auch hier besonders deutlich zwischen den jüngeren und älteren endogen depressiven Frauen.

Insgesamt erscheinen die Unterschiede in Abhängigkeit vom aktuellen Lebensalter zum Zeitpunkt der Untersuchung hinsichtlich der Häufigkeit des Vorkommens einzelner Symptome wenig eindrucksvoll. Deshalb wurde nicht nur das Vorkommen der einzelnen Depressionssymptome ausgezählt, sondern auch deren Ausprägungsgrad statistisch vergleichend untersucht. Aber auch hier zeigten sich keine wesentlichen Unterschiede. In Abhängigkeit vom Lebensalter sind also auch wenig eindrucksvolle Befunde hinsichtlich des Ausprägungsgrades der einzelnen Symptome zu erkennen.

Wurden die Patienten in Gruppen nach dem Ersterkrankungsalter (vor dem 45. bzw. nach dem 45. Lebensjahr ersterkrankt) miteinander verglichen, so ergaben sich folgende Befunde:

Der mit der „Beurteilungsskala für Depressionszustände" von Bojanovsky und Chloupkowa (1966) durch Fremdbeurteilung ermittelte Ausprägungsgrad der depressiven Störung (Depressions-Index) zeigte bei einer Gegenüberstellung von früh- und späterkrankten endogen Depressiven deutliche Unterschiede:

Die Intensität der depressiven Störung war bei endogen depressiven Späterkrankten insgesamt deutlich schwächer ausgeprägt. Dieser Befund blieb auch nach „Alterskorrektur", das heißt, wenn zum Zeitpunkt der Untersuchung älter als 45jährige, sog. Früh- und Späterkrankte, miteinander verglichen wurden, erhalten. Bei nach Geschlechtern getrennter Berechnung zeigte er sich signifikant nur bei den Frauen. Der mit der PD-Skala selbstgeschätzte Ausprägungsgrad der depressiven und paranoiden Symptomatik war in den verglichenen Gruppen endogen depressiver Früh- und Späterkrankten nicht unterschiedlich verteilt.

Die Symptome „Depressives Verstimmtsein – Niedergeschlagenheit", „Suizidalität", „Interesselosigkeit", „Zwang", „Paranoidität, „Wahrnehmungsstörungen", „somatische Störungen" und „Schlafstörungen", also die wichtigsten Depressionssymptome, waren in den verglichenen Gruppen endogen depressiver Früh- und Späterkrankter gleichmäßig verteilt.

Auffallend waren jedoch die Befunde hinsichtlich der hypochondrischen Einstellung. Derartige Beschwerden waren wesentlich häufiger von endogen depressiven Späterkrankten (66,7% gegenüber 45,3%, $p < 0,05$) geschildert worden. Dieser Befund war auch nach Ausschluß der jünger als 45jährigen, endogen depressiven Früherkrankten zu bestätigen (66,7% gegenüber 41,4%, $p < 0,05$). Die Krankheitseinsicht war wesentlich häufiger bei früherkrankten (weiblichen) endogen Depressiven (26,4% gegenüber 5,7%, $p < 0,05$) herabgesetzt. Dieser Trend zeigte sich auch nach „Alterskorrektur" unter Ausschluß der jünger als 45jährigen, endogen Depressiven (beide Geschlechter gemeinsam: 36,7% gegenüber 13,1%, $p < 0,05$; Frauen: 38,1% gegenüber 10,4%, $p < 0,05$). Früherkrankte, endogen Depressive klagten, wie wegen des niedrigen mittleren Alters zu erwarten, häufiger über Sexualstörungen (89,5% gegenüber 63,1%, $p < 0,05$; Frauen: 89,5% gegenüber 54,0%, $p < 0,05$; Männer: nicht signifikant). Diese Unterschiede waren nach „Alterskorrektur" nicht mehr zu erkennen.

Bei der Gegenüberstellung von endogen depressiven Früh- und Späterkrankten mit stark divergierendem, mittleren Alter ergaben sich hinsichtlich der Intensität der Einzelsymptome keine wesentlichen Unterschiede. Nach Altersausgleich, also Vergleich der älter als 45jährigen Früherkrankten mit Späterkrankten, zeigten sich jedoch folgende signifikante Divergenzen: Depressives Verstimmtsein und Niedergeschlagenheit waren bei den früherkrankten Frauen stärker ausgeprägt. Angst und Agitiertheit dagegen waren bei Früherkrankten insgesamt, insbesondere aber bei Frauen, stärker vorhanden. Das gleiche galt für Appetitstörungen, hier jedoch akzentuiert bei den Männern. Depressiver Wahn war bei älteren, endogen depressiven Früherkrankten insgesamt stärker ausgeprägt, in der nach Geschlechtern getrennten Berechnung überwiegend aber nur bei Frauen.

In faktorenanalytischen Untersuchungen depressiver Erkrankungen konnte kein Faktor erkannt werden, der agitierte involutive Depressionen repräsentierte (Hamilton 1960, Kiloh und Garside 1963, Rosenthal und Klerman 1966, Rosenthal und Gudeman 1967a, b, Kendell 1968a). Innerhalb der Gruppe depressiver Erkrankungen des höheren Lebensalters fanden Good und Mitarb. (1987) Faktorengruppierungen, die jeweils durch Depression, Angst, kognitive Defizite oder psychosomatische Beschwerden geprägt waren. Clusteranalytisch zeigten sich vier Patientengruppen, beeinträchtigt von leichteren depressiven Symptomen bis hin zu schwersten depressiven Zuständen mit Demenzerscheinungen. Besonders die leichteren depressiven Verstimmungen waren stark von Angst geprägt. Kendell (1968) fand bei Patienten mit Involutionsdepressionen, endogenen Depressionen und neurotischen Depressionen auch diskriminanzanalytisch keine Gruppenunterschiede. Das wurde von Roth (1983) erneut bestätigt.

4.2.2 Die Suizidalität

Aus den Symptomen des depressiven Syndroms ragt die Suizidalität besonders heraus. Sie bedeutet nicht nur Leidenszustand, sondern ist wegen ihrer direkten Gefahr für das Leben ein Faktor, der die Prognose der Erkrankung wesentlich mitbestimmt. So zeigte sich, daß in einer Untersuchung an 210 endogen und neurotisch-reaktiv depressiven Patienten bei 86,7 % der neurotisch-reaktiv und bei 51,6 % der endogen Depressiven Suizidalität festgestellt werden konnte (Rudolf 1980). Aus einer Mortalitätsstudie konnte zudem deutlich abgeleitet werden, daß bei Depressiven, nach rechnerischer Eliminierung von Suiziden und Todesfällen durch Verkehrsunfälle, sonst keine signifikanten Unterschiede zwischen der zu erwartenden und der tatsächlichen Mortalität der untersuchten Gruppe vorhanden waren (Tsuang und Woolson 1978). Für die Langzeitprognose hinsichtlich der Lebenserwartung kommt es also darauf an, therapeutische Maßnahmen zu ergreifen, die die Durchführung eines Suizids verhindern.

Das Problem der Suizidalität kann unter verschiedenen Aspekten gesehen werden: Einmal epidemiologisch, indem Häufigkeiten und Verteilungen von versuchten oder vollendeten Suizidhandlungen in umschriebenen Populationen untersucht werden; weiterhin unter dem eher symptomatologischen Aspekt, indem das Vorhandensein, der Ausprägungsgrad oder das Fehlen des Symptoms Suizidalität beschrieben wird; dann aber auch mit der Fragestellung, welche Bedeutung das Symptom und seine Folgen, die Suizidhandlung, für den Verlauf und die Prognose der Erkrankung haben können. Die Literatur zur Frage der Erkennung und Verhütung der Suizidhandlungen ist unübersehbar (Cavan 1928, Radelis 1930, Ringel 1953, Castairs 1961, Stengel 1969, Pöldinger 1968, Resnik 1968, Farberow und Shneidman 1970, Sainsbury 1975, Pohlmeier 1978, 1983, Faust 1984, Kreitmann 1986, Haenel 1989, u. a. m.). Auch Probleme des Zusammenhanges von depressiven Erkrankungen und Suizidalität wurden ausführlich diskutiert (Walton 1958, Pokorny 1964, Pitts und Winokur 1964, Sainsbury 1968,

1975, Bunney und Fawcet 1968, Paykel und Dienelt 1971, Silver und Mitarb. 1971, Achté 1973, Leonard 1974, Barraclough und Mitarb. 1974, Stenbäck 1980, Pohlmeier 1983, Murphy und Mitarb. 1986, Böhme und Lungershausen 1988, Vogel und Wolfersdorf 1989, Wolfersdorf 1991, u. a.).

Während der vergangenen Jahrzehnte sind mit dem Zurücktreten des Interesses an der spezielleren Klassifikation depressiver Zustände und der dadurch auch seltener gewordenen Diagnose einer Involutionsmelancholie Aussagen über das Suizidrisiko dieser Patientengruppe schwieriger, wenn nicht unmöglich geworden. Demgegenüber sind eine Reihe von Untersuchungen bekannt, die sich mit der Suizidhäufigkeit bei älteren Menschen im allgemeinen beschäftigen (Gruhle 1942, Hagenbuchner 1967, Hedri 1967, Weiss 1968, Wiendieck 1970, 1973, Farberow und Shneidman 1970, Feuerlein 1977, Shulman 1978, Blazer 1982, Böhme und Lungershausen 1988, De Leo und Diekstra 1989, u. a.), ohne dabei eine Krankheitsdiagnose im o. g. Sinne zu berücksichtigen. Allgemein wird festgestellt, daß die Suizidrate bei älteren Menschen höher ist als bei jüngeren.

Die wahrscheinlich für unseren Lebensraum wesentlichste Untersuchung zum Problem der Altersabhängigkeit von Suiziden und Suizidversuchen durch Dotzauer und Mitarb. (1963) macht folgendes deutlich: Mit steigendem Lebensalter nimmt die Neigung zu Suizidversuchen ab (s. auch Kockott und Mitarb. 1970, Sainsbury 1975, Kockott 1981, Blazer 1982, u. a.). Offenbar sind Todeswünsche im höheren Lebensalter aber stärker ausgeprägt. Die Wahrscheinlichkeit, daß ein Suizidversuch gelingt, nimmt mit höherem Alter zu (Achté 1986). Von älteren Menschen werden auch „härtere“ Suizidmethoden angewendet (Bron 1990). So steigt die Zahl der vollendeten Suizide mit zunehmendem Alter, wobei sich in bestimmten Lebensphasen (Pubertät, Klimakterium, Senium) Akzentuierungen erkennen lassen (siehe auch Böcker 1975, Ross und Kreitman 1975, Sainsbury 1975, Lindesay 1986, Murphy und Mitarb. 1986, u. a.). Die Suizidrate soll nach Kohorten-Analysen bei älteren Patienten aber niedriger sein als bei einer jüngeren Population (Wetzel und Mitarb. 1987). Dieses ist sicherlich ein verblüffender Befund. Weitere Studien müssen die Diskrepanz zwischen den erhobenen Daten aufklären.

Gruhle (1942) meinte, daß psychotische Erkrankungen als Ursache für Suizidhandlungen nur eine relativ geringe Rolle spielten. Dabei stützte er sich auf die offiziellen Statistiken. Als Gründe nannte er eher allgemeine Alternsprobleme: Vitalitätseinbuße, Lebensüberdruß, Verlust von Angehörigen und Beschäftigung usw. Dieser Auffasung stehen jedoch die Erfahrungen anderer Studien gegenüber: Einerseits wurde immer das Vorhandensein depressiver Erkrankungen im Vorfeld der Suizidhandlungen beobachtet, andererseits wurden als Ursachen für die Suizidhandlung von nahezu allen Autoren auch zusätzliche körperliche und psychosoziale Probleme des

Alterns angeführt, die mittelbar, über die Entwicklung eines depressiven Syndroms, zu einer Suizidhandlung führten (Resnik 1970, Motto 1975). Altersbedingte Faktoren und die Entwicklung depressiver Störungen bilden somit die Basis für die Entstehung der Suizidneigung und müssen als gemeinsame Bedingungsfaktoren nebeneinander gesehen werden (Bron 1990a, b), wobei alle Faktoren, sich jeweils noch verstärkend, aufeinander einwirken. Verlusterfahrungen des älteren Menschen sind besonders gravierende Ereignisse (Bron 1989, 1991). Nach Schaub (1955) muß als weiterer wesentlicher Faktor für die Entstehung suizidaler Impulse insbesondere Angst angesehen werden. Hinzu kommt die Tendenz zu Selbstbeschuldigungen. Diese typischen depressiven Symptome und die Unfähigkeit des Erkrankten (und vielleicht auch seiner Umwelt), mit den daraus resultierenden Problemen in adäquater Weise umzugehen, bringen die autodestruktive Dynamik in Gang.

Depressives Syndrom und Suizidgefährdung werden eng miteinander korreliert. Nach Pohlmeier (1971) gibt es keine Suizidhandlungen ohne Depressivität, wobei der Autor nicht ein bestimmtes depressives Krankheitsbild meint, sondern eine depressive seelische Verfassung, die vielerlei Ursachen haben kann. Depressionen im engeren Sinn haben einen hohen prozentualen Anteil an den bei durch Suizid Verstorbenen gefundenen psychischen Erkrankungen. In der Literatur wird ihr Anteil nach Sainsbury (1956) mit 20 bis 44% angegeben. In seiner eigenen Untersuchung betrug der Anteil depressiver Störungen 27%. Robins und Mitarb. (1959), Helgason (1964) und Seager und Flood (1965) fanden Anteile von 45, 41 bzw. 74% depressiver Erkrankungen bei erfolgreichen Suiziden. Zwar weist Sainsbury (1962) darauf hin, daß die Häufigkeit depressiver Erkrankungen unter Patienten nach Suizidversuchen geringer ist, doch ist eine scharfe Trennung zwischen Suizidversuchen und vollendeten Suiziden nicht möglich, weil bei nachträglicher Betrachtung vollendete Suizide häufig nur als Suizidversuch ohne tiefgehende Selbsttötungsabsicht angelegt gewesen sein können.

In der vom Autor durchgeführten Untersuchung (Rudolf 1980) an reaktiv-neurotisch und endogen Depressiven hatten 58 von 210 Patienten (27,6%) in der Zeit vor der Untersuchung einen oder mehrere Suizidversuche unternommen. Die Häufigkeit war bei Männern und Frauen etwa gleich. Jüngere Patienten hatten mit 39,0% wesentlich häufiger Suizidhandlungen durchgeführt als ältere mit 21,2% ($p < 0,05$). Dieser Unterschied war bei Frauen besonders deutlich (17,0% gegenüber 6,9%, $p < 0,05$). Differenziert nach Diagnosen wiesen jüngere und ältere endogen Depressive die etwa gleiche Frequenz von Suizidversuchen auf. Bei den neurotisch-reaktiv Depressiven dagegen waren Suizidhandlungen von jüngeren Patienten wesentlich häufiger (23,3% gegenüber 0,0%, $p < 0,05$). Auch hier wurde die besondere Häufung von Suizidversuchen bei jüngeren Frauen deutlich (bei Männern keine signifikanten Unterschiede). Die Befunde stimmen mit der Erfahrung überein, daß Suizidversuche mit steigendem Alter seltener werden. Wenn andererseits von einer mit dem Alter zunehmenden Suizidgefährdung gesprochen wird, ist diese Aussage sicherlich auf die größere Zahl vollendeter Suizide bei älteren Menschen zurückzuführen, die in der Studie nicht erfaßt wurden.

Die Zahl der Suizidversuche zeigte bei endogen depressiven Früh- und Späterkrankten jedoch signifikant unterschiedliche Häufigkeiten. 44,2% der früherkrankten endogen Depressiven hatten Suizidversuche durchgeführt, dagegen nur 14,1% der späterkrankten. Diese Verteilungstendenz wurde auch in den nach Geschlecht getrennten Berechnungen deutlich. Auch hier wurden nur Suizidversuche aber keine vollendeten Suizide erfaßt. Da die Zahl vollendeter Suizide mit steigendem Alter sehr wahrscheinlich zunimmt, darf aus den Befunden keinesfalls geschlossen werden, daß das Suizidrisiko bei endogen depressiven Späterkrankten, die ein höheres mittleres Alter haben, niedriger ist. Dennoch blieben, wenn die jünger als 45jährigen von der weiteren Berechnung ausgeschlossen wurden, die Unterschiede insgesamt und getrennt nach dem Geschlecht erheblich (53,4% bei älteren Früherkrankten gegenüber 14,1% bei Späterkrankten, $p < 0,05$). Die Differenz kann einmal auf den längeren Krankheitsverlauf der früherkrankten Depressiven zurückgeführt werden; denn je länger die Krankheit andauert, desto öfter kommt es bei dem wohl stets vorhandenen Suizidrisiko auch zu Suizidversuchen; überdies ist anzunehmen, daß Suizidversuche bei langem Krankheitsverlauf nicht nur im Sinne einer Summation statistisch häufiger werden, sondern daß das Suizidrisiko selbst mit längerer Krankheitserfahrung, also häufigen Wiedererkrankungen, ansteigt. Schließlich könnte die größere Depressionstiefe bei jüngeren endogen Depressiven, die sich in der referierten Untersuchung zeigte (s. Kap. 4.2.1) eine Rolle spielen.

Die älter als 60jährigen Patienten in der Untersuchung von O'Neal und Mitarb. (1956), die nach einem Suizidversuch untersucht wurden, zeigten zu 70% schwere depressive Störungen. Der Anteil in der gleichen Altersgruppe betrug bei Capstick (1960) 48%, bei Batchelor und Napier (1953) 80% und bei Barraclough (1971) 63%. Innerhalb der Gruppe der depressiv Erkrankten nahm nach Meinung verschiedener Autoren das Suizidrisiko mit steigendem Alter zu (Robins und Mitarb. 1959, Sainsbury 1962, Gardener und Mitarb. 1964, Elozo 1973, Hagnell und Rorsman 1978, 1979).

Bezogen auf die Gruppe späterkrankter Depressiver meinten Brown und Mitarb. (1984), daß die Suizidalität bei diesen weniger vorhanden sei als bei früherkrankten. Das konnte durch die eigene Untersuchung (Rudolf 1980) nicht bestätigt werden. Gleichalte Depressive sind in gleichem Ausmaß suizidal. Nur neurotisch-reaktiv jüngere Depressive erscheinen nach einem Vergleich mit älteren gleichartig Erkrankten in stärkerem Maße suizidgefährdet. Schließt man jedoch aus der Zahl der bis zum Untersuchungszeitpunkt durchgeführten Suizidhandlungen (Suizidversuche) auf die Suizidalität, mag die Aussage zutreffend sein.

Nach Dublin (1963) war die Suizidrate in den psychiatrischen Krankenhäusern des Staates New York zwischen 1919 und 1929 in der Gruppe der Involutionsmelancholiker am höchsten, gefolgt von der der Manisch-Depressiven. 1957 bis 1959 betrug die Suizidrate für stationär behandelte Involutionsmelancholiker 80,4/100000, die der manisch-depressiv Erkrankten 87,4/100000. Die jährliche Suizidrate bei allen stationär behandelten Patienten lag bei 34,0/100000. Ähnliche Daten fanden Gardener und Mitarb. (1964).

Katamnestische Untersuchungen über den Verlauf depressiver Erkrankungen (Taschew und Rogelew 1973) zeigten, daß 6,4% der erfaßten Patienten durch Suizid starben. Angst und Frey (1977) fanden bei nach dem 40. Lebensjahr endogen depressiven Ersterkrankten (Spätdepressiven) einen Anteil von 12 bis 13%, der durch Suizid gestorben war. Die Beobachtungszeit dauerte 13 bis 17 Jahre. Zu ähnlichen hohen Zahlen (14%) kamen auch Pederson und Mitarb. (1972).

4.2.3 Sogenannte larvierte Depressionszustände und der Syndromwandel depressiver Erkrankungen

Bemerkenswert ist die von zahlreichen Autoren beobachtete Tendenz zu einer Symptomverschiebung, das heißt, zu einem Erscheinungswandel depressiver Erkrankungen im höheren Lebensalter: Mit fortschreitendem Alter änderte sich das Beschwerdebild von einer eher rein psychischen zu einer körpernäheren, vegetativ-funktionellen Symptomatik. Der akute seelische Leidenszustand trat zurück und machte einer stärker dysphorischen, auf körperliche Beschwerden konzentrierten Klagehaltung Platz (Raskin und Sathananthan 1979, Zemore und Eames 1979, Birkmeyer und Mitarb. 1973, Blazer und Willians 1980, Gillis und Zabour 1982, Brown und Mitarb. 1984, Mann und Mitarb. 1984, Helmchen 1986, Pitt 1986, Good und Mitarb. 1987, Conwell und Mitarb. 1989, Bron und Wetter-Parasie 1989a, b, u. a.). Das Krankheitsbild wirkte in seinen psychopathologisch umschreibbaren Konturen eher verschwommen und weniger tief depressiv (Finestone und Blazer 1982, Murphy 1983, Helmchen 1986, Bron 1990a, b). Die Verschiebung zeigte sich auch intraindividuell im Verlauf der Erkrankung (Ciompi und Lai 1969, Ciompi und Müller 1969). Dieses Phänomen ist auch von älteren Autoren (von Krafft-Ebing 1874, Schüle 1886, Mendel 1890,

Ziehen 1896, Kraepelin 1896, 1904, Baskova 1927) und in der Folgezeit von nahezu allen anderen Autoren, die sich mit der Involutionsdepression beschäftigt haben, beschrieben worden. Auch Weitbrecht betonte 1941 das Überwiegen der körperlichen Beschwerden, doch meinte er, daß die psychopathologischen Symptome für das Krankheitsbild letztlich unspezifisch seien. Diese Veränderungen des Erscheinungsbildes depressiver Erkrankungen können jedoch nicht allein auf die individuellen Altersveränderungen zurückgeführt werden, sondern auch auf zeitgeschichtliche und therapiebedingte Einflüsse (Bron und Wetter-Parasie 1989a, b).

Das mit dem Alter vermehrte Auftreten körperlicher vegetativ-funktioneller Erscheinungen brachte neue diagnostische Probleme mit sich, wenn zum Beispiel, wie Kral (1958) beobachtete, hinter einer scheinbar neurotischen Angstreaktion mit vegetativen Beschwerden eine dem Krankheitsbild zugrundeliegende depressive Erkrankung maskiert blieb. Oft wurden nach Goldfarb (1967a) die vorgetragenen Klagen als normale Begleiterscheinungen des Alterns angesehen. Die funktionellen Störungen wurden ätiologisch einer physischen Erkrankung, einer Hirnschädigung oder den sozialen und wirtschaftlichen Verhältnissen zugeordnet. Weiterhin begünstigten auch psychodynamische Mechanismen eine „Larvierung" des tatsächlichen Krankheitsbildes, z. B. kulturell bedingte Verhaltensweisen, exzessive Toleranz für persönliches Leiden oder das Leiden anderer, aber auch Unkenntnis und fehlende Spezialisierung, Mangel an Geld, Institutionen und Personal für eine richtige Behandlung, zudem die fehlende allgemeine Einsicht, daß bestimmte Probleme sozialmedizinisch gelöst werden müßten. Goldfarb (1974a) sah während der Entwicklung eines depressiven Syndroms häufig folgende Symptome und Verhaltensweisen: Apathie, Lustlosigkeit, Darstellung von Hilflosigkeit, Verschlechterung des körperlichen Zustandes, Hypochondrie, subjektiv empfundene und/oder objektiv erkennbare Bedrücktheit der Stimmung, deprimierte Selbstwahrnehmung, hypomanisches, manisches, paranoides Reagieren, anklammerndes und forderndes oder hartes, kommandierendes und herrschendes Verhalten.

Nach Lesse (1968, 1974) konnten in jeder Altersgruppe organisch bedingte seelische Störungen, verursacht durch neoplastische Prozesse, Gefäßinsuffizenz, metabolische Störungen, degenerative oder infektiöse Erkrankungen oder körperliche Traumen ein darunter liegendes depressives Geschehen verschleiern. Depressionen, die auf organische Hirndefizite zurückzuführen waren, wurden bei geriatrischen Patienten besonders oft gesehen, am häufigsten bei Patienten mit einer cerebrovaskulären Insuffienz. Patienten, deren Symptome häufig wechselten, benötigten besondere Aufmerksamkeit. Mit dem Auftreten eines Verwirrtheitszustandes konnte oft ein Nachlassen der Depressionsintensität und der suizidalen Impulse beobachtet werden. Nach Beseitigung der Verwirrtheit und erneuter Einsicht in die Art und Intensität der Probleme konnte die Depression aber wieder stärker hervortreten, die von hypochondrischen Beschwerden, erhöhter Irritierbarkeit, zwanghaft anmutendem Verhalten oder aber erkennbarem Nachlassen der psychomotorischen Aktivität wiederum verschleiert sein konnte. Man wies besonders darauf hin, daß auch als normale Alterssymptome aufzufassende Störungen, z. B. Libidoverlust, Müdigkeit, Abgeschlagenheit und allgemeine körperliche Beschwerden, Zeichen für depressive Reaktionen seien. Der psychiatrisch nicht erfahrene Untersucher neigte aber allgemein eher dazu, körperliche Erkrankungen zu diagnostizieren und die Frage des Vorliegens einer depressiven Erkrankung unbeantwortet zu lassen. (Epstein 1976; zur Frage der Diagnostik siehe auch Steer 1980, Blumenthal 1980 und Steuer und Mitarb. 1980).

Zur Erkennung sogenannter larvierter Depressionszustände des höheren Lebensalters müssen nicht nur die vorhandenen Symptome, sondern auch die Darstellungsweise der Beschwerden, also die Arzt-Patienten-Interaktionen und andere Variablen, zum Beispiel die sprachlichen Ausdrucksmöglichkeiten, in die Betrachtung einbezogen werden. Insgesamt wies man darauf hin, daß Patienten mit vage angedeuteten, immer wieder neuen Symptomen besonders beachtet werden sollten. Wenn zusätzlich Äußerungen über Vereinsamung, Niedergeschlagenheit, Verlust an Initiative usw. hinzukämen, könnte sich nach weiterer Befragung ein depressives Syndrom zeigen. Hirnorganisch Gestörte dagegen neigten eher zu Verwirrtheit, Verschlechterung der intellektuellen Funktionen oder äußerer Vernachlässigung, während funktionell Depressive die erhaltene intellektuelle Leistungsfähigkeit zur Darstellung ihres aktuellen Zustandes gegenüber dem früheren Befinden benutzten (s. dazu auch Kap. 5.2.2).

In neueren Untersuchungen wird die früher als typisch für depressive Erkrankungen angesehene Symptomatik kaum noch beschrieben. Rosenthal (1968, 1974) nannte dafür einige Gründe: Für viele Psychiater war es frustrierend, Diagnosen allein nach dem klinischen Aspekt zu stellen. Zudem gehörte die Involutionsmelancholie zu jenen Beschreibungen von klinischen Krankheitsbildern, an die die meisten Kliniker nicht mehr glaubten (Tait und Mitarb. 1957). Allgemein war insbesondere in den USA die klinische Beschreibung von spezifischen Syndromen in Verruf geraten. Aufmerksamkeit und Interesse der Psychiatrie hatten sich von den älteren, häufiger psychotischen, zu den jüngeren, weniger tief depressiven Patienten, zu verbaler Psychotherapie und sozialpsychiatrischen Fragestellungen verlagert.

Diese Entwicklung führte zu einem Verlust des Forschungsinteresses im Bereich involutiv-depressiver Krankheitsbilder. Das vollentwickelte Bild der Involutionsdepression entsprach am ehesten der unbehandelt verlaufenden depressiven Erkrankung der während des Klimakteriums erstmals erkrankten Patienten, das unter verschiedensten Therapieeinflüssen abgewandelt erschien. Die Faktoren Alter und sozialkulturelle Situation übten einen zusätzlichen Einfluß aus. Man fand dieses Krankheitsbild aber auch bei jüngeren Patienten (Jensen und Mitarb. 1963). Auch die eigene Untersuchung (Rudolf 1980) bestätigt die schon früher gemachten Beobachtungen.

Der Gedanke, daß das fortgeschrittene Alter zu typischen Symptomakzentuierungen führen kann, klang schon bei Kretschmer (1919) und Birnbaum (1920) in den Ausführungen über die mehrdimensionale Diagnostik bzw. Strukturanalyse der Psychosen, aber auch bei noch älteren Autoren an (s. Kap. 3.3). Bostroem (1938), der sich ausführlicher mit diesem Problem beschäftigte, sah gerade depressive Erkrankungen den Alterseinflüssen besonders stark ausgesetzt. Die (physiologischen) Altersveränderungen, deren extreme Ausprägung Gruhle (1938) für seine Zeit programmatisch dargestellt hatte, mußten als pathogenetische, provozierende oder pathoplastische Faktoren auf psychischem oder biologischem Gebiet in Rechnung gestellt werden. Ähnliche Gedanken finden sich bei Pfersdorff (1943). Zeh (1957) wies auf durch das höhere Lebensalter bedingte leichte Abweichungen quantitativer Art hin, auf ein Nachlassen der Affekte, ein Eintönigwerden der Inhalte und ein Längerwerden der depressiven Phasen. Leere, Angst, Verzweiflung, motorische Erregung, Getriebenheit, absonderliche Selbstvorwürfe, Wahnideen und paranoide Züge traten in den Vordergrund. Dabei handelte es sich jedoch nur um Veränderungen der Symptome nach Grad und Dauer. Die Alterung schien aber auch bei der Inhaltsgebung mitzuwirken. Der alte Mensch lebte mehr als der jüngere aus seiner Erinnerung (Lunn 1961). Die „normale" Emotionalität erschien jedoch nicht verändert, die sog. Altersfärbung war mit den modernen psychologischen Testinstrumenten sehr wahrscheinlich auch nicht zu erkennen (Barocka 1990).

Neuere Untersuchungen zur Psychopathologie der Involutionsmelancholie bemühten sich, die Wirkung des Altersfaktors methodisch zu eliminieren (Agius und Mitarb. 1970, Pichot und Pull 1976, Pull und Pichot 1976). Auch wurden spezifische Untersuchungsinstrumente (Rating-Skalen) für die Diagnostik von depressiven Erkrankungen älterer Menschen entwickelt (Yesavage und Mitarb. 1983a, 1983b, Scogin 1987). Es wurden bewährte Skalen für den Gebrauch bei älteren Patienten überprüft (Kitchnell und Mitarb. 1982, Gallagher und Mitarb. 1982, 1983, Snowdon und Donnelly 1986, Harper und Mitarb. 1986, Norris und Mitarb. 1987, Geiger-Kabisch und Weyerer 1991). Sicherlich fand man ebenfalls Unterschiede zwischen den sogenannten endogenen und involutiven Depressionen (Alexopoulos und Mitarb. 1988), daraus aber den Schluß auf eine unabhängig von anderen Depressionsformen vorhandene involutive, also alterstypische Erkrankung zu ziehen, erscheint nicht berechtigt. Wenn nämlich, wie zahlreiche Studien gezeigt haben, auf der Symptomebene kaum signifikante Unterschiede zwischen den einzelnen Depressionsformen gesehen werden (Greenwald und Kramer-Ginsberg 1988, Blazer 1989, Conwell und Mitarb. 1989, Brodaty und Mitarb. 1991), und zudem anzunehmen ist, daß es sich bei dem mit den Mitteln der Psychopathologie beschreibbaren depressiven Syndromen wahrscheinlich um die gemeinsame Endstrecke verschiedenster pathologischer Prozesse handelt (Blumenthal 1971, Akiskal und McKinney 1973, 1975, Heimann 1979, Whybrow und Mitarb. 1984), dann ist der Versuch einer Differenzierung von einzelnen depressiven Erkrankungen mit dieser Methode ein wenig sinnvolles Unternehmen. Wie aus den großen wissenschaftlichen Debatten über diagnostische Zuordnung (s. Kap. 3) zu erkennen ist, hatten sich Generationen von Psychiatern vergeblich darum bemüht. Die psychopathologische Forschung kann zwar auf einige symptomatologische Besonderheiten depressiver Erkrankungen des höheren Lebensalters aufmerksam machen, dem Problem der Heterogenität der dem depressiven Syndrom des höheren Lebensalters zugrunde liegenden krankhaften Störungen kommt sie damit aber wohl nicht näher.

Zusammenfassung

Überwiegend in älteren Studien wurde immer wieder auf die ängstlich-agitierte Symptomatik als besonderes Merkmal depressiver Erkrankungen des höheren Lebensalters hingewiesen. Weiterhin fiel ein typisch geprägter Wahn mit Schuld- und Versündigungsideen auf. Häufig zeigten sich auch hypochondrische und paranoide Symptome. Diesen Untersuchungsbefunden wurde aber auch von zahlreichen Autoren widersprochen. Insgesamt unbestritten war jedoch die Beobachtung, daß mit zunehmendem Alter körperlich-funktionelle Symptome gegenüber den rein psychischen stärker hervortraten.

Die mit dem Alter zunehmende Suizidgefährdung in der Gesamtbevölkerung, vor allem aber bei depressiv Erkrankten, ist aus einem komplexen Bedingungsgefüge zu erklären, wobei typische Belastungen des Älterwerdens sich mit der depressiven Krankheitssymptomatik kombinieren. Rein rechnerisch würde es sich um einen additiven Effekt von depressiver Verstimmung mit dem Faktor „höheres Lebensalter" handeln. Ausführliche vergleichende Studien, die den einen oder anderen Faktor genauer analysieren, gibt es dazu jedoch nicht.

Häufig entstand der Eindruck einer „larvierten" Depression. Durch die Symptomgestaltung wurden Fehldiagnosen möglich. Die Symptomatik schien durch organisch-involutive Veränderungen, psychosoziale Konflikte und das alterstypische seelische Reagieren auf die vorgenannten Faktoren geprägt zu werden.

Einige Untersuchungen der jüngeren Zeit wiesen darauf hin, daß sich die früher als typisch angesehene Symptomatik insofern verändert hatte, als sich die depressiven Syndrome bei jüngeren und älteren Depressiven in ihrem Erscheinungsbild einander angenähert hatten.

Die Wirkung eines „Altersfaktors“ wurde seit Jahrzehnten hervorgehoben. Erst in jüngeren Studien über die Psychopathologie depressiver Erkrankungen wurde versucht, den Einfluß dieses Altersfaktors in der statistischen Analyse durch gezielte methodische Maßnahmen zu eliminieren. Insgesamt aber erbrachten auch diese Bemühungen keine Möglichkeiten zu einem vertieften Verständnis depressiver Erkrankungen des höheren Lebensalters.

4.3 Der Verlauf

Die Verlaufsgestalt einer Erkrankung wird durch die Art ihres Beginns, die Art und Intensität ihrer Symptome und deren Abklingen bis hin zur Heilung oder zum chronifiziert-statischen Endzustand (Residualzustand) geprägt. Da von den Erkrankten immer wieder auch nach dem Ausgang des aktuellen Krankheitsgeschehens gefragt wird, hat das Wissen über den Krankheitsverlauf eine besondere praktische Bedeutung. In der älteren Psychiatrie beschreibt Kreuser (1900) Spätgenesungen bei Melancholien nach einer Verlaufszeit von sieben bis neun Jahren. Derartige lange Verläufe waren nach seiner Auffassung nicht nur mitteilenswerte Kuriositäten, sondern sachliche Fakten, die für die Prognoseinterpretation herangezogen werden sollten.

Einen herausragenden Stellenwert bekam die Verlaufsbeobachtung jedoch erst durch Kraepelin (s. Kap. 3.1), der den Verlauf der depressiven Erkrankung als Klassifikationskriterium benutzte, wobei weniger die Art des Beginns als die des Ausgangs beachtet wurde.

Da die Melancholie Kraepelins als eine depressive Erkrankung angesehen wurde, die neben anderen Besonderheiten per definitionem auch eine schlechte Prognose aufwies, war es selbstverständlich, daß auch nur solche Krankheitsbilder in die Studien übernommen wurden. Die begriffliche Fassung der Involutionsmelancholie verhinderte in der Folgezeit also eine weitere Untersuchung möglicher anderer Verlaufsformen von depressiven Erkrankungen des höheren Lebensalters. Insgesamt waren Verlaufsuntersuchungen über längere Zeiträume relativ selten. Das erklärt sich aus den großen praktischen Schwierigkeiten, die solchen Untersuchungen entgegenstehen: die starke Mobilität der Bevölkerung, Krieg und soziale Umwälzungen, dadurch bedingte, nicht ausreichende Bevölkerungsübersicht, die diagnostischen Unklarheiten und weitere methodische Unzulänglichkeiten

(Ciompi 1973, Angst 1980, Müller 1981). Wenn früher Verläufe depressiver Erkrankungen des höheren Lebensaltes beschrieben wurden, dann nur am Rande und methodisch unzureichend. Die Ergebnisse stammten vorwiegend aus Querschnitts- oder nur kurzen Längsschnittuntersuchungen. Die nicht ausreichende Dauer der Verlaufsbeobachtungen war zum Beispiel einer der Gründe, weshalb Kraepelin die Trennung der Melancholie vom manisch-depressiven Krankheitsbild wieder zurücknehmen mußte (s. Kap. 3.2). Hätte er den Verlauf länger bobachtet, wäre er wahrscheinlich nicht zu seinen anfänglichen Ansichten über die schlechte Prognose der Erkrankung gekommen.

Seit jener Zeit haben sich nicht nur die Untersuchungsmethoden, sondern mit großer Wahrscheinlichkeit auch die Verläufe depressiver Erkrankungen selbst verändert. Exogene Einflußfaktoren, vor allem wirksame Therapien, haben das Verlaufsbild depressiver Erkrankungen des höheren Lebensalters entscheidend beeinflußt (Rosenthal 1968, 1974). Das gilt insbesondere seit jener Zeit, seit der die Elektrokrampfbehandlung als schnell wirksame Behandlungsmethode bei den sogenannten Involutionsmelancholien angewendet wurde (s. Kap. 6.3). Die antidepressive Pharmakotherapie wirkte in die gleiche Richtung und veränderte die Erscheinungsbilder psychischer Erkrankungen in beeindruckender Weise.

Die Tendenz, kein eigenständiges depressives Krankheitsbild im höheren Lebensalter mehr anzuerkennen, ließ das Interesse an der Involutionsmelancholie schwinden und wirkte sich auch im Bereich der Verlaufsforschung aus. Dennoch wurden diese Depressionszustände immer noch einmal erwähnt, später aber gemeinsam mit den manisch-depressiven Erkrankungen oder affektiven Psychosen als gemeinsame Krankheitsgruppe behandelt (z. B. bei Holt und Holt 1952, Beck 1967, Bratfos und Haug 1968).

Lundquist (1945) erschienen die Aussagen über die Verläufe der Erkrankungen inkonsistent, eben weil Unterschiede in der diagnostischen Zuordnung erkennbar und die methodischen Ansätze in der Beobachtungsphase heterogen waren. Zum Problem der diagnostischen Zuordnung siehe auch und vor allem die Studien von Angst (z. B. Angst und Mitarb. 1978). Weitere Untersuchungen folgten von Stenstedt (1952), Kinkelin (1954), Matussek und Mitarb. (1965), Perris (1966), Angst (1966, 1978, 1980) und Ciompi und Lai (1969). Eine aktuelle Übersicht über den gegenwärtigen Stand der Verlaufsforschung gibt es bei Angst (1987a, b).

Somit zentrierte sich die Fragestellung nach den Verlaufsbesonderheiten bei Depressionen des höheren Lebensalters weniger auf ein eng umschriebenes Krankheitsbild als vielmehr auf den Einfluß des Altersfaktors auf den Verlauf depressiver Erkrankugnen ganz allgemein, ohne daß das Ersterkrankungsalter besonders berücksichtigt wurde.

Der Beginn einer psychischen Erkrankung scheint in der wissenschaftlichen Psychiatrie nie ein so großes Interesse geweckt zu haben wie ihr weiterer Verlauf bzw. ihr Ausgang, denn er ist schwer zu erfassen (Angst 1987a). Zwar wurde seit je von schleichendem oder auch akutem Beginn depressiver Erkrankungen des höheren Lebensalters berichtet, in jüngerer Zeit vorwiegend von Kielholz (1957b, 1959, 1960b, 1971), der bei der Involutionsdepression wie den sogenannten Erschöpfungsdepressionen (Kielholz 1960a, Beck 1962, Martin 1968) ein „psychosomatisches Prodromalstadium" beobachtete. Offenbar können diese Vorstadien aber nicht als Trennkriterien zur Abgrenzung einzelner Depressionsformen verwendet werden.

Das Vorstadium einer Erkrankung wird vom Untersucher sehr selten und kaum persönlich beobachtet. Er erfährt davon im Rahmen der Anamneseerhebung, doch sind die Patientenschilderungen meistens recht ungenau und unter wissenschaftlichen Aspekten deshalb nur mit Zurückhaltung zu bewerten. Denn es ist eine Frage der subjektiven Wahrnehmung und Interpretation, ab wann ein zu Anfang fraglos noch sehr diffuses Beschwerdebild als erstes Anzeichen der Krankheit erkannt und bewertet wird. Im Rahmen einer retrospektiven Interpretation nennt der Kranke Störsymptome, über die er nicht berichten würde, wäre nicht das spätere Beschwerdebild in Erscheinung getreten. Er hätte diese als unspezifische Befindlichkeitsstörungen aufgefaßt, wie sie immer wieder einmal ohne erkennbaren Grund aufzutreten pflegen. Wohl deshalb sind Untersuchungen über den Beginn einer depressiven Erkrankung, d. h. ihren Verlauf seit der Erstmanifestation der Symptome bis zur Hospitalisierung (oder der Aufnahme in ein Untersuchungsprogramm), äußerst selten. Neue Studien haben gezeigt, daß Angaben von Patienten oder Angehörigen über den Ersterkrankungszeitpunkt trotz der vorangegangenen Überlegungen dennoch relativ zuverlässig sind (Farrer und Mitarb. 1989, Warshaw und Mitarb. 1991). Weiteren Studien steht somit dieser methodische Einwand nicht mehr entgegen.

In der eigenen Untersuchung (Rudolf 1980) an 210 reaktiv-neurotisch und endogen Depressiven wurde nach der Dauer der aktuellen Krankheitsphase gefragt. Sie war bei Männern und Frauen ungefähr gleich lang. Bei jüngeren und älteren Depressiven fanden sich keine wesentlichen Unterschiede, auch wenn nach Diagnosen und Geschlecht differenziert wurde. In dieser Untersuchung wurde aber nicht die gesamte Zeitdauer der Erkrankungsphase erfaßt, sondern nur die Zeit bis zum eigentlich zufälligen Untersuchungstermin. Vielleicht ist daraus jedoch ein anderer, für die Therapie wichtiger Schluß zu ziehen: Depressiv Kranke kommen unabhängig vom Lebensalter nach etwa gleich langer Dauer der akuten Krankheitsphase in ärztliche Behandlung.

Hays (1964) fand, daß ein plötzlicher Krankheitsbeginn eng mit dem Vorliegen endogen-depressiver Zustände im Sinne des manisch-depressiven Krankheitsbildes korrelierte. Ein langsamer Beginn war häufig bei phasischen Depressionen mit zahlreichen reaktiven oder exogenen Bedingungsfaktoren zu beobachten, die er als monophasische Depressionen (Melancholien) im Sinne Leonhards (1959) ansah. Die von ihm diagnostizierten Involutionsmelancholien zeigten einen langsamen oder „neurotischen" Beginn, wie er zuvor schon von Kiloh und Garside (1963) beobachtet worden war. Kendell (1968 a) dagegen sah bei Erkrankungen im höheren Lebensalter eine nicht signifikante Tendenz zu akutem Beginn, jedoch erschien ihm der Zeitraum vom ersten Auftreten der Krankheitssymptome bis zur Hospitalisierung bei älteren Patienten länger als bei jüngeren.

Häufiger als mit der initialen Entwicklung depressiver Erkrankungen beschäftigte man sich mit der Beobachtung des Verlaufs von dem Zeitpunkt an, an dem der Erkrankte dem Untersucher bekannt war. Nahezu einhellig wurde die Auffassung vertreten, daß der Krankheitsverlauf mit zunehmendem Alter länger dauerte als in jüngeren Lebensjahren. Langfristige Beobachtungszeiträume ließen Gesetze einer spezifischen Periodizität im Auftreten der Erkrankung erkennen (s. u.).

Auf die Anschauungen Kraepelins bis zum Jahr 1907, die Revision seiner Meinung durch die Befunde von Dreyfuß (1907) und das weitere Festhalten Bumkes (1909, 1924) an den älteren Vorstellungen Kraepelins ist oben bereits ausführlich eingegangen worden (s. Kap. 3.1 bis 3.4).

Unabhängig von dieser Diskussion, eher im Rahmen der allgemeinen klinischen Betrachtungsweise jener Zeit, hatte das Lebensalter für Kreuser (1914) für den Verlauf psychischer Krankheitsbilder des höheren Lebensalters insofern Bedeutung, als die Zahl der „Lebensschicksale" das Bild prägte und die Stoffwechselveränderungen des Gehirns die „Selbstempfindung" veränderten. Die Depressionszustände unter den psychischen Störungen des höheren Lebensaltes gewährten am ehesten noch „Aussicht auf Wiederherstellung und nachhaltige Besserung". Die höhere Sterblichkeit wurde dem höheren Lebensalter mit seiner allgemein verminderten Widerstandskraft zugeschrieben. Sie lag weniger im Wesen der Erkrankung. Deshalb aber auch gingen nach Meinung Kreusers Depressionen häufiger in Dauerzustände über, ohne daß hirnorganisch bedingte Altersveränderungen hinzutreten mußten. Immerhin wurden 10% der älter als 60jährigen wieder völlig gesund. Nach Kreuser waren diese Depressionszustände von der senilen Demenz abzugrenzen. Ihre Prognose erschien günstiger als allgemein angenommen. Nicht umsonst wurde deshalb in einem „Editorial" (Anonymus 1929) ausdrücklich auf diese Tatsache hingewiesen.

In einem Übersichtsreferat stellte Runge (1930), der das Wissen jener Zeit über den Verlauf depressiver Erkrankungen des höheren Lebensalters repräsentativ zusammenfaßte, fest, daß auch im Um- und Rückbildungsalter Depressionszustände von relativ kurzer Dauer und günstigem Ausgang vorkamen. Eine besondere Eigentümlichkeit aber war doch der oft langsame, schleichende, schleppende Verlauf. Zwar gab es häufig Rückfälle nach der Entlassung, also erneute Phasen und somit auch eine Periodizität dieser erstmals im Klimakterium oder später auftretenden Depressionen. Ein Ausgang in sogenannte depressive Schwächezustände, die jedoch nicht der Demenz gleichzusetzen waren, wurde ebenfalls beobachtet. Die zurückbleibende Verzagtheit und ängstlich-hypochondrische Stimmung konnte sich oft durch rein äußerliche Anlässe verschlimmern. Einen tödlichen Verlauf nahmen häufig Fälle von agitierter Melancholie bzw. Angstmelancholie. Ausgänge in Schwachsinn wurden beobachtet, wenn eine Kombination mit Arteriosklerose oder seniler Demenz auftrat.

Malzberg (1937) wies auf die hohe Sterblichkeitsrate der Involutionsmelancholiker hin, die er in einem ursächlichen Zusammenhang mit zusätzlichen körperlichen Erkrankungen sah. Der Altersfaktor, d. h. die mit dem Alter unabhängig von der Depression auftretenden Erkrankungen, schien die Prognose negativ zu beeinträchtigen (Steen 1933, Eyman und Mitarb. 1942). Das wurde durch weitere Befunde bestätigt (Stenstedt 1959, Kay 1959, 1962, Kay und Bergmann 1966 , Dreyfuss und Mitarb. 1969, Kerr und Mitarb. 1969, Post 1972b, 1986, Avery und Winokur 1976, Hendrikson und Mitarb. 1979, Jacoby und Bird 1981, Blessed und Mitarb. 1982, Murphy 1983, Siegfried und Mitarb. 1984, Reding und Mitarb. 1985, Rabins und Mitarb. 1985, Bird und Mitarb. 1986, Phifer und Murrel 1986, Cameron 1987, Murphy und Mitarb. 1988). Hemsi und Mitarb. (1968) hatten jedoch keine Korrelation zwischen dem Schweregrad der Depression und organischen Erkrankungen gesehen.

Eine frühe, klinisch jedoch sehr subtile Studie über die „Prognostik der endogenen Psychosen" von Mauz (1930) ließ zudem deutlich erkennen, daß die Verlaufsformen depressiver Erkrankungen außerordentlich heterogen sein konnten, so daß keine eindeutige Verlaufstendenz depressiver Erkrankungen mit spätem Erstmanifestationstermin festzustellen war. Mit dieser Untersuchung wurde weiterhin der Blick für ein Bedingungsgefüge aus exogenen und endogenen Faktoren geöffnet, die auf den Verlauf der Erkrankung einwirkten. Immer war, wie hier deutlich zu erkennen ist, die Diskussion des Verlaufes gleichzeitig auch eine Diskussion über die den Verlauf modifizierenden Faktoren.

Über eine allgemein schlechte Remissionstendenz depressiver Störungen im höheren Lebensalter und eine höhere Mortalität berichteten z. B. Gaunt (1923), Kryspin-Exner (1924), Lewis (1936), Malamud und Mitarb. 1941), Doty (1942) Eyman und Mitarb. (1942), Rennie (1942), Strecker (1942), Strecker und Ebaugh (1943), Lundquist (1945), Tait und Burns (1951), Watts (1956), Post (1962), Taschev und Roglew (1973), Achté (1974), Jolley und Arie 1976, Blessed und Williams 1982, Murphy 1983, Baldwin und Jolley 1986, Kiloh 1988, Lee und Murray 1988, Robinson 1989, Murphy und

Lindsay 1989, Alexopoulos und Mitarb. 1989, Burvill und Mitarb. 1991, Meats und Mitarb. 1991, u. a. Deren Vorstellungen widersprachen nach Gordon (1981) auch Musetti und Mitarb. (1989), die 400 ambulante Patienten untersucht hatten.

Weitere Informationen über den Verlauf und die Prognose depressiver Erkrankungen des höheren Lebensalters sind zumeist in klinischen Studien zu finden, die sich überwiegend mit anderen klinischen Fragestellungen beschäftigten. Aussagen über Verlauf und Prognose orientierten sich bei den Autoren z. B. an der Symptomgestaltung (Hoch und McCurdy 1922, Kryspin-Exner 1924, Anderson 1936, McKendree 1936, Brussel 1940, Hoch und Rachlin 1941, Rennie 1942, Strecker 1942, Strecker und Ebaugh 1943, Drobnes 1943, Polatin und McDonald 1951, Cameron und Mitarb. 1954, Kolb 1968, Ford 1967, Glück 1973, Coryell und Tsuang 1982, Kiloh und Mitarb. 1988, u. a.), der prämorbiden Persönlichkeitsstruktur (Gaunt 1923, Malamud und Mitarb. 1941, 1949, Drobnes 1943, Young 1946, Polatin und McDonald 1951, Kolb 1968, Ford 1967, Post 1972a, 1972b u. a.), der Heredität (Gaunt 1923, Kryspin-Exner 1924, Anderson 1936, Foitjanov 1965, Dorzap und Mitarb. 1971) oder der Art sozialer Beziehungen (Mc Kendree 1936, Malamud und Mitarb. 1941, Cameron und Mitarb. 1954, Kay und Mitarb. 1956, Burke und Mitarb. 1967, Greger 1971b, Murphy 1983, 1986b, Goldberg und Mitarb. 1985, George und Mitarb. 1989, Joraschky 1990, u. a.). Spezifisch altersabhängige Veränderungen, z. B. das Klimakterium oder die Menopause, wurden ebenso genannt (Jacobi 1931, Malamud und Mitarb. 1941, 1949, Weitbrecht 1941, Doty 1942, Tait und Burns 1951, Himler und Morrissey 1955, Ford 1967, u. a.) wie hirnorganische Störungen (Kryspin-Exner 1924, Young 1930, Weitbracht 1941, Strecker 1942, Strecker und Ebaugh 1943, Tait und Burns 1951, Kay und Mitarb. 1956, Roklina 1965, Taschew 1965, 1974, Greger 1971b, Cole und Hickie 1976, Cole 1984, u. a.).

Das alles sind jedoch sehr globale Feststellungen, d. h. recht weite Interpretationen von möglicherweise verlaufsbestimmenden Einflußfaktoren, an die keine hohen methodischen Ansprüche gestellt werden dürfen. Es bleibt weiterhin unklar, welche altersbedingten Faktoren für die spezifischen Veränderungen des Verlaufes und der Prognose im einzelnen verantwortlich zu machen sind. Der Altersfaktor oder die sogenannte Involution sind auch heute noch so unklar definiert wie vor Jahrzehnten (Kehrer 1921, 1939, Courtney 1926, Bleuler 1916, Müller 1967, 1971, Quandt 1967). Was tatsächlich die Verlaufsgesetzlichkeiten verändert, muß bis heute mit der diffusen Metapher Altersfaktor umschrieben werden, weil die bisher erfaßten Daten für eine befriedigendere Aussage nicht ausreichen (Post 1972b).

Auf einem methodisch wesentlich differenzierteren Niveau setzten sich Matussek und Mitarb., dann aber insbesondere Ciompi und Müller sowie

Angst mit dem Verlauf und den die Verlaufsgestalt depressiver Erkrankungen im höheren Lebensalter modifizierenden Faktoren auseinander (Ciompi 1969a, 1969b, 1970, 1973, Ciompi und Lai 1969, Ciompi und Müller 1969, Müller 1981, Angst 1966, 1978, 1980).

Zwischen den einzelnen depressiven Unterformen, namentlich zwischen endogener und involutiver Depression, sahen Matussek und Mitarb. (1965) in bezug auf die Altersentwicklung keine Unterschiede. Nur die als reaktiv-psychogen diagnostizierten Depressionen zeichneten sich durch statistisch etwas günstigere Verlaufstendenzen aus. Andere, traditionell als wichtig betrachtete Variablen wie Konstitution, Heredität, Erkrankungsbeginn usw. hatten überraschend wenig Gewicht.

In ihrer Langzeitstudie zur Altersentwicklung depressiver Krankheiten stellten Ciompi und Lai (1969) und Müller (1981) fest, daß das Klimakterium und die Involutionszeit im Längsschnitt die am meisten depressionsgefährdeten Lebensphasen sind. Häufigkeit und Intensität depressiver Krisen aller Art erreichten in ihnen einen Höhepunkt. Bemerkenswert jedoch war die Tatsache, daß ein Drittel der früheren Patienten im Alter überhaupt keine Rückfälle mehr zeigten. Bei einem weiteren Drittel wurden sie seltener und leichter, und nur bei ungefähr einem Drittel blieb die Situation stationär oder verschlechterte sich. Über die Dauer der einzelnen depressiven Phasen konnte retrospektiv keine genaue Information gewonnen werden. Wenn depressive Syndrome im Alter fortbestanden, erschienen sie im allgemeinen nivellierter und monotoner. Das hatten auch Matussek und Mitarb. (1965) beobachtet.

Die Untersuchungen von Ciompi, Lai und Müller heben sich hinsichtlich ihrer methodischen Exaktheit und der kritischen Einstellung zu ungeklärten Fragen von allen davor bekannten Untersuchungen ab.

Gleichermaßen differenziert hat lediglich Angst (1966) phasenspezifische Unterschiede zwischen endogenen Depressionen untersucht, die erstmals vor und nach dem fünfzigsten Lebensjahr aufgetreten waren. Die Phasen- und Intervalldauer bei diesen sogenannten Spätdepressionen waren zwar länger, die Phasenfrequenz dagegen niedriger als bei früh erstmanifestierten periodischen Depressionen (siehe auch Angst 1980, Angst und Weis 1968, 1969, Angst und Mitarb. 1969, Grof und Mitarb. 1974). Mit zunehmender Periodizität jedoch ähnelte der Verlauf der (endogenen) Spätdepressionen immer mehr dem der manisch-depressiven Psychosen. In einer späteren Studie (Angst und Frey 1977) konnte bei den Patienten, die der Untersuchung von 1966 zugrunde lagen, die frühere Vermutung bestätigt werden, daß zwischen den Gruppen der Früh- und Späterkrankten hinsichtlich des Krankheitsverlaufes viele Gemeinsamkeiten bestanden. Ähnliche Gedanken finden sich bei Carlson und Mitarb. (1977). Spätdepressionen verliefen nach den Beobachtungen von Angst (1980) ebenso oft periodisch wie früher aufgetretene Depressionen. In einem Fünftel der Fälle verliefen sie einphasisch, in einem weiteren Fünftel zweiphasisch und in 60% der Fälle drei- oder mehrphasisch. Sie nahmen also in der Mehrzahl einen periodischen Verlauf. Rückfallfreiheit über fünf Jahre gab es bei immerhin 40% der spätdepressiven Störungen. Die Chronifizierungstendenz war im Alter höher. Ein Viertel der zuletzt beobachteten Phasen dauerte ein Jahr oder länger, und in einem weiteren Viertel fand sich ein Übergang in ein organisches Psychosyndrom. Die zeitlichen Abstände von einer Phase zur nachfolgenden (freie Intervalle) variierten stark und zeigten mit steigendem Alter und mit zunehmender Phasenzahl eine starke Tendenz zur Verkürzung.

In der eigenen klinischen Untersuchung (Rudolf 1980) an 210 reaktivneurotisch und endogen Depressiven zeigten sich folgende Verlaufseigenschaften der Erkrankung:

Die Häufigkeitsverteilung depressiver Phasen war zwischen den Geschlechtern nicht signifikant unterschiedlich. Zwischen jüngeren und älteren endogen Depressiven ohne Berücksichtigung des Ersterkrankungsalters bestanden keine signifikanten Unterschiede in der Häufigkeitsverteilung depressiver Phasen. Dieser Befund könnte überraschen, ist mit den Ergebnissen von Angst (1966) aber in Einklang zu bringen. Nach seinen Ergebnissen war offensichtlich keine Veränderung der Phasendauer in Abhängigkeit von der Phasenzahl anzunehmen. Anders dagegen die Dauer des freien Intervalls: Sie verkürzte sich in Abhängigkeit von der Phasenzahl. Diese Regeln gelten offenbar unabhängig vom Ersterkrankungsalter. Das heißt: Bei gleich langer Krankheitsdauer seit der Erstmanifestation und gleicher Anzahl von Ersterkrankungen in den verglichenen Stichproben war unabhängig vom Ersterkrankungsalter auch eine gleich große Zahl von Phasen zu erwarten.

Die Phasenhäufigkeit zeigte bei den endogen depressiven Früh- und Späterkrankten keine signifikanten Unterschiede. Das war ein bemerkenswerter Befund. Zu erwarten war, daß früherkrankte endogen Depressive eine größere Phasenzahl aufwiesen, zumal die Dauer der Erkrankung seit ihrer Erstmanifestation größer war. 76,6% der untersuchten Früherkrankten, aber auch 69,0% der Späterkrankten litten unter periodischen Depressionen. Offensichtlich nahm die endogene Depression in beiden Stichproben etwa gleich häufig einen periodischen Verlauf. Dabei fiel sogar auf, daß späterkrankte endogen Depressive häufiger als früherkrankte über 5 und mehr Phasen berichteten. Das Erstmanifestationsalter hat scheinbar keinen Einfluß auf die phasische Entwicklung der depressiven Erkrankung. Daraus ist der Schluß zu ziehen, daß entgegen den früheren Auffassungen (Leonhard 1937, Staehlin 1955, Kielholz 1959, Weitbrecht 1960) Spätdepressionen ebenso zu Wiedererkrankungen neigen wie die in jüngeren Lebensjahren erstmals aufgetretenen endogenen Depressionen und, bezogen auf die kürzere Krankheitsdauer seit der Erstmanifestation, Wiedererkrankungen sogar häufiger sind. Auch Angst (1966) und Angst und Frey (1977) stellten fest, daß sich periodisch verlaufende Involutionsdepressionen mit zunehmender Periodizität den Verlaufssformen manisch-depressiver Psychosen annäherten. Älter als 45jährige Patienten, die aber früherkrankt unter endogenen Depressionen litten, hatten deutlich mehr ($p < 0,05$) depressive Erkrankungsphasen als Späterkrankte. Das ist angesichts ihrer sehr viel längeren absoluten Krankheitsdauer zu erwarten gewesen.

Die Krankheitsdauer seit der Erstmanifestation unterschied sich signifikant zwischen Spät- und Früherkrankten. Die Dauer der Depression Früherkrankter war erwartungsgemäß häufig länger. Sie ging besonders oft über fünf Jahre hinaus (63,6% gegenüber 25,4%, $p < 0,05$). Aber auch Spätdepressive hatten nur selten kurze Krankheitsdauern; über die Hälfte der Erkrankungen dauerte länger als ein Jahr und bis zu fünf Jahren. Das zeigt sich auch in den nach Geschlechtern getrennten Berechnungen. Die Krankheitsdauer der älter als 45jährigen endogen depressiven Früherkrankten mußte zwangsläufig wesentlich größer sein, weil aus methodischen Gründen hier nur Patienten mit längerer Krankheitsdauer in der Gruppe anzutreffen waren.

Alle Verlaufsuntersuchungen kranken einerseits an den Unsicherheiten der diagnostischen Klassifizierung depressiver Erkrankungen des höheren Lebensalters (Angst und Mitarb. 1978). Shulman und Post (1980) stellten fest, daß depressive Krankheitsepisoden mit einer Latenz von etwa 10 Jahren sehr häufig auch von manischen Phasen abgelöst wurden, uni- und bipolare Verläufe also nicht exakt voneinander getrennt werden können. Eine möglichst exakte Diagnostik ist aber gerade unter Prognoseaspekten notwendig. Es hängt eben doch sehr viel davon ab, ob ein Mensch zum Beispiel früh oder spät in seinem Leben erkrankt, ob er unter psychotischen Symptomen leidet oder nicht oder ob seine Erkrankung uni- oder bipolar verläuft (Angst 1986b).

Vor allem aber bleiben Probleme, die weniger das Krankheitsbild an sich als vielmehr die Methodik von Verlaufsuntersuchungen betreffen. Darauf haben Ciompi (1973) und Angst (1987) ausführlich hingewiesen.

Festzuhalten bleibt jedoch, daß ein Altersfaktor im weitesten Sinne, d. h. spezifische körperliche wie psychosoziale Konstellationen, die zwangsläufig im Rahmen des Alterungsprozesses auftreten, eine das Verlaufsbild depressiver Erkrankungen zumindest modifizierende Rolle spielen. Eindeutige Aussagen darüber, welche Ereignisse eine herausragende Rolle spielen und in welche Richtung die einzelnen Faktoren wirken, sind nach dem bisher Bekannten kaum möglich.

Für die Prognose depressiver Erkrankungen des höheren Lebensalters spielt eine sinnvolle und gezielt eingesetzte Therapie eine zentrale Rolle. Vor allem die Psychopharmakotherapie, sicherlich auch die anderen Behandlungsverfahren, haben starke Wirkungen auf den Verlauf der jeweiligen Erkrankung. Das gilt in besonderem Maße für die Lithiumprophylaxe, die auch für ältere Patienten empfohlen wird (Shulman und Post 1980, Abou-Saleh und Coppen 1983). Post (1978) und Millard (1983) sahen trotz aller therapeutischen Bemühungen bei älter als 60jährigen recht pauschal immer wieder die gleichen Erfolgsquoten: ein Drittel gesund, ein Drittel bleibt in etwa gleich, ein letztes Drittel verschlechtert sich. Dem widersprach Godber (1983), der aus seiner klinischen Erfahrung einen anderen, positiveren Eindruck hatte.

Zusammenfassung

Über die Art des Beginns depressiver Erkrankungen gibt es bisher sehr wenige Untersuchungen. Einzelne Autoren beschrieben ein „psychosomatisches Prodromalstadium“. Bei älteren Depressiven bestand wahrscheinlich die Tendenz zu einem langsameren Beginn der Erkrankung.

In älteren Verlaufsuntersuchungen wurde immer wieder auf den protrahierten Verlauf depressiver Erkrankungen bei älteren Menschen hingewiesen. Daraus ergab sich eine schlechte Prognose. Die Sterblichkeitsrate war bei Involutionsmelancholikern besonders hoch. Die Verlaufseigenart depressiver Erkankungen im höheren Lebensalter wurde von zahlreichen Autoren in Abhängigkeit von unterschiedlichen Faktoren gesehen, wobei stets auf alterstypische Bedingungskonstellationen verwiesen wurde. Alle diese Studien haben jedoch zahlreiche methodische Mängel.

Neuere Untersuchungen zeigen bei Depressionen, getrennt nach dem Ersterkrankungsalter, keine wesentlichen Verlaufsunterschiede. Die Symptomatik wirkt mit steigendem Alter nivellierter und monotoner. Mehr als die Hälfte der Patienten zeigt sich im Alter chronisch unzufrieden, verstimmt, mißtrauisch usw., aber nur bei einem Fünftel der Erkrankten sind ausgeprägte Residualzustände vorhanden. Die Lebenserwartung ist verkürzt, insbesondere dann, wenn körperliche Erkrankungen hinzukommen. Todesursache sind häufig Suizide. Die krankheitsfreie Intervalldauer nimmt bei periodischem Verlauf mit steigendem Alter ab. Offenbar besteht ein erhöhtes Risiko für eine Chronofizierung der Verläufe. Alle diese Befunde sind mit unterschiedlichen Methoden erhoben worden, so daß bis heute kein einheitliches Bild über den Verlauf und die Prognose depressiver Erkrankungen im höheren Lebensalter gezeichnet werden kann.

5. DIE URSACHEN

Nicht nur die Andersartigkeit des Befindens und Verhaltens, die pathetischen und die phänomenologischen Aspekte, sondern auch Antworten auf die Frage nach dem Warum, d. h. nach den Ursachen des Andersseins, prägen die Vorstellungen vom Wesen eines Krankheitsbildes.

Seit etwa einem Jahrhundert ist die Frage nach den Ursachen seelischer Störungen stärker in das Zentrum der wissenschaftlichen Bemühungen gerückt. Sie bildet heute die Achse, um die herum sich auch andere Fragestellungen anordnen. Nicht eine neue, umordnende Beschreibung der Phänomene, nicht die auf der Phänomenologie beruhende Klassifizierung der Krankheitserscheinungen, sondern allein die neuen Ergebnisse der Ursachenforschung haben, gleichzeitig die klinische Diagnostik prägend und den Stellenwert der Phänomenologie relativierend, positive Konsequenzen für die Behandlung der Erkrankten gebracht. Insofern stellt das Kapitel über die Verursachung depressiver Erkrankungen im höheren Lebensalter den praktisch relevantesten Teil dieser Studie dar, wenngleich gerade hier die meisten Fragen wahrscheinlich noch unbeantwortet sind.

Die Ursachenforschung in der wissenschaftlichen Psychiatrie hat schon immer Schwerpunkte gebildet, die durch Fortschritte in der allgemein-medizinischen Forschung geprägt wurden, doch hat die somatisch orientierte Forschung noch nicht die schon von Kraepelin erhofften Erfolge gebracht. Sie scheint aber dank neuer methodischer Fortschritte am Anfang einer heute eher erfolgversprechenden Entwicklung zu stehen. Dennoch: Fragen der Vererbung oder der Beziehung zwischen (hirn-)organischen und hormonalen Veränderungen und seelischen Krankheitsphänomenen waren in unserem Jahrhundert schon immer Gegenstand wissenschaftlicher Bemühungen. Ihnen sind die drei ersten Abschnitte dieses Kapitels gewidmet.

Mit den neuen Denkansätzen S. Freuds wurde erstmals ein Modell der innerseelischen Entstehung von Krankheitsphänomenen eingeführt, und selbstverständlich wurde dieser Bereich einer psychologisch-psychogenetischen Betrachtungsweise in das Fragen nach den Ursachen einbezogen. In einem engen Zusammenhang damit sind Überlegungen zu der zumindest prädisponierenden Rolle der prämorbiden Persönlichkeitsstruktur zu sehen. Über diese enger umgrenzten Fragestellungen hinaus wurde immer wieder diskutiert, wie und warum ein Krankheitsprozeß, fraglos einer inneren Gesetzmäßigkeit folgend, in Gang kommen kann. Die Diskussion über die Auslösung geht von der Frage aus, ob und welche Faktoren, die genetisch, organisch, innerseelisch bedingt oder durch eine spezifische Persönlichkeitsstruktur präformiert sind, die irgendwie gearteten Krankheitsprozesse in Bewegung bringen können.

5.1 Die Erblichkeit

Seit je wurde, zwar wissenschaftlich wenig fundiert, doch recht bestimmt, darauf hingewiesen, daß genetische Anlage und Konstitution für die Entstehung der Melancholie eine wesentliche ursächliche Rolle spielen (von Krafft-Ebing 1874, Kraepelin 1883, Schüle 1868, Mendel 1890, Ziehen 1896). Zur differentialdiagnostischen Trennung der Involutionsmelancholie von den Erkrankungen des manisch-depressiven Formenkreises wurden insbesondere von Bumke (1909) hereditäre Belastungen herangezogen. Albrecht (1914) und Farr und Mitarb. (1930) sahen bei Melancholien des Rückbildungsalters eine geringere genetische Belastung als bei anderen Psychosen. Luther (1914) und Hoffmann (1921) fanden in der Verwandtschaft von Patienten mit Melancholien im Rückbildungsalter häufiger auch schizophrene Erkrankungen. Lange (1926) beobachtete bei Melancholikern häufig gleichartige Belastungen in der Familie. Im Rahmen der klinischen Fragestellungen wurde an der Erblichkeit als ätiologischem Faktor von kaum einem Autor gezweifelt.

Den Stand der Forschung bis zum Jahr 1924 stellten Kehrer und Kretschmer (1924) dar. In der Diskussion über die Ätiologie depressiver Erkrankungen, also auch über die Entstehung depressiver Erkrankungen der zweiten Lebenshälfte, wurde von ihnen noch einmal auf die nicht nur in der Psychiatrie (sondern auch oft in der somatischen Medizin) vertretene Überzeugung hingewiesen, daß „nicht eine, sondern mehrere Ursachen die Geisteskrankheit schaffen", wie das Gaupp (1903) bereits formuliert hatte. Man konnte das, so die Autoren, in dem Grundgedanken von der Verstrikkung heterogener und polyvalenter ursächlicher Koeffizienten zusammenfassen, und man war genötigt, aus Einzelbeobachtungen eine Wertigkeitsskala von Determinanten der seelischen Erkrankungen aufzustellen, aus denen sich dann bestimmte Typen gewinnen ließen. Zu dem Begriff der Disposition meinten die Autoren, daß diese „die ganz spezifische Bereitschaft [sei], unter bestimmten alltäglichen und außergewöhnlichen Lebensbedingungen, bald aus vorwiegend erblicher, bald als vorwiegend erworbener Anlage in einen krankhaften, d. h. das Individuum und die Rasse gefährdenden Zustand zu verfallen, dessen Symptome und Verlauf ebenfalls durch individuelle Eigenschaften bestimmt" würden.

Unter modernen wissenschaftlichen Gesichtspunkten waren alle diese Aussagen jedoch äußerst unsicher, so daß verwertbare und vergleichbare

Daten erst nach der Entwicklung der Genetik zu einem eigenständigen Forschungsgebiet mit speziellen Untersuchungsmethoden erhoben werden konnten.

Erste systematische Familienuntersuchungen an Involutionsmelancholikern, deren Ergebnisse, mit Ausnahme der Studie von Palmer und Jardon (1941) über den Erbgang in einer einzelnen Familie, in einer Tabelle von Zerbin-Rüdin (1967, s. auch 1969, 1971, 1972) dargestellt sind (s. Tabelle 6), begannen mit einer Studie von Schnitzenberger (1937). Die Häufigkeit affektiver Psychosen in der Verwandtschaft betrug bei ihm 5,3%. Es fanden sich in der Familie keine zirkulären Erkrankungen und keine Manien. Alle Verwandten hatten ebenfalls Melancholien. Eine Nähe zur Schizophrenie wurde erbbiologisch nicht festgestellt.

Brockhausen (1937) berichtete über hereditäre Zusammenhänge bei „erstmalig in der Involution auftretenden reinen Melancholien". Er kam zu dem Ergebnis, daß, würden die Ergebnisse auch von anderer Seite bestätigt, die Annahme berechtigt sei, dem Typus der untersuchten Involutionsmelancholie eine Sonderstellung im Rahmen des cyclothymen Erbkreises zu belassen. In einer weiteren Untersuchung (1939) meinte er, erbbiologisch hätten die einmalig auftretenden Depressionen im Rückbildungsalter nicht die Färbung, wie sie dem manisch-depressiven Irresein zukäme. Sie müßten daher gesondert betrachtet werden.

Eine weitere Untersuchung von Bischoff (1939) stellte die Frage, ob aus erbbiologischer Perspektive eine Trennung zwischen manisch-depressivem Irresein und der Involutionsmelancholie möglich sei. Er ging von den diagnostischen Kriterien Leonhards (1937) aus, der die gehemmte Depression ohne Angst zur manisch-depressiven Erkrankung, die Depression mit ängstlicher Erregung ohne Hemmung zur Angstpsychose und die Depression mit Hemmung und ängstlicher Unruhe zur Involutionsdepression mit klarster Beziehung zum Klimakterium zählte. Gleichzeitig teilte er in klimakterische und involutive Formen ein. Diese Untersuchungsergebnisse legten eine Sonderstellung der klimakterischen und involutiven Psychosen nahe.

Nach Majer (1941) bewegte man sich bei den klimakterischen und involutiven Depressionen „mit erbbiologischen Forschungen noch auf einem ganz unsicheren Boden", doch glaubte er, daß die erbliche Bedingtheit der klimakterischen und involutiven Depressionen nach seinen Ergebnissen vielleicht doch größer war, als nach den Untersuchungen der vorgenannten Autoren anzunehmen sei. Die Belastung der klimakterischen Depressionen erschien bedeutend geringer als die der Involutionsdepressionen; noch geringer war sie bei reaktiven Depressionen. Daher konnte diese Gruppe wohl nicht endogener Natur sein.

Luxemburger (1942) sah zwischen Manie und Melancholie erbbiologisch keine Trennungsmöglichkeiten. Eine Sonderstellung nahm seiner Meinung

Tab. 6: Gefährdung für Involutionsmelancholien, affektive Psychosen und Schizophrenien unter den Verwandten von Involutionsmelancholikern (aus Zerbin-Rüdin 1967)

Autoren	Zahl der Prob.	Involutionsmelancholien unter				Affektive Psychosen unter				Schizophrenien unter			
		Geschwistern	Eltern	Onkeln, Tanten	Vettern, Basen	Geschwistern	Eltern	Onkeln, Tanten	Vettern, Basen	Geschwistern	Eltern	Onkeln, Tanten	Vettern, Basen
Brockhausen	31		3,6*	1,9	1,2	3,3	5,4	2,5	2,0	0,9	1,6	1,8	1,1
1937*			4,3*	2,4	1,8	4,9	6,5	3,2	3,0				
Schnitzenberger 1937	30		1,8**	1,3		2,3	5,3	2,7		1,05			
Leonhard 1937	42	2,8	3,9			3,7	3,9			<1,0			
Brockhausen 1939 †													
Gruppe A	108	2,1	4,0	1,2	0,4	3,8	4,0	1,4	1,1	2,1	0,5	0,5	0,5
Gruppe B	73	2,2	1,5	1,4	0,5	3,6	1,5	1,4	0,7	2,3	1,4	0,8	0,8
Bischof 1939	109	2,8	3,5°			6,3	5,5			0,9			
Klimakt. Probanden	65		2,4°			1,7	5,6			1,5			
Involut. Probanden	44	7,3	4,2°			13,8	4,2			0,8			
Majer 1941	28	7,5	9,5	2,7		16,3	11,4	2,7					
Stenstedt 1959	307	3,0	1,6			7,1	6,0			1,3	0,2		

Korrigierte Prozentziffern. Die Autoren setzten zwar den Gefährdungszeitraum nicht alle gleich an und benutzten gelegentlich neben der Methode von Weinberg auch die von Strömgren. Die sich daraus ergebenden Abweichungen dürften jedoch nicht allzu groß sein.

* Die Probandenziffern der oberen Reihe sind unter Annahme einer Gefährdungsperiode vom 21. bis 50. Jahr errechnet, die der unteren Reihe mit einer Gefährdungsperiode vom 21. bis 69. Jahr.

** Dazu ein Verdachtsfall (1,8 %).

° Einschließlich klimakterischer Psychosen.

† Gruppe A enthält Probanden ohne paranoide Züge, Gruppe B solche mit paranoiden Zügen.

nach lediglich die Involutionsmelancholie ein. Sie gehörte zwar zum Erbkreis der genannten Erkrankungen, wies jedoch erbbiologische Verschiedenheiten gegenüber dem manisch-depressiven Irresein auf.

Fast zwei Jahrzehnte später veröffentlichte Stenstedt seine Studie über die Erblichkeit bei Depressionen im höheren Lebensalter, „die weder als manisch-depressiv oder als exogen angesehen werden" konnten (Stenstedt 1959, 1961, 1969a, 1969b): Das Erkrankungsrisiko lag für Eltern und Geschwister von Involutionsmelancholikern bei 6,0 bzw. 7,1%. Damit befand es sich im gleichen Prozentbereich wie frühere Studien über die Involutionsmelancholie. Zwischen männlichen und weiblichen Patienten fanden sich keine Unterschiede, doch spielten andere Faktoren eine Rolle: Nach Untergruppen eingeteilt war das Erkrankungsrisiko für Verwandte älterer Patienten, die zwischen dem 55. und dem 60. Lebensjahr ersterkrankten, deutlich geringer. Ein ebenfalls geringeres Risiko bestand für die Angehörigen von Patienten, die an einer einzigen depressiven Phase im Zusammenhang mit der Menopause erkrankten. Von Stenstedt wurden psychogene Faktoren, höheres Lebensalter und das Klimakterium als zusätzliche ursächliche Momente für die Entwicklung der Involutionsmelancholie angesehen. Einen verhältnismäßig größeren Einfluß hatten die genetischen Faktoren bei agitiert Depressiven, während das Erkrankungsrisiko bei gehemmt Depressiven geringer erschien. Stenstedt kam aufgrund seiner Untersuchungen zu der Auffassung, daß das traditionell beschriebene klinische Syndrom der Involutionsmelancholie aus genetischer Perspektive heterogen war. Verschiedene sowohl genetische als auch Umweltfaktoren mußten für die Entstehung jedes einzelnen Krankheitsbildes berücksichtigt werden. Diese Ergebnisse glichen denen der Untersuchungen von Kay (1959).

Weitere interessante Aspekte der Erblichkeit depressiver Erkrankungen des höheren Lebensalters erbrachte die Zwillingsforschung (Kallman 1959, 1954, 1956). Bei 96 involutionspsychotischen Zwillingsprobanden fand der Autor, daß die Belastung mit Schizophrenien, nicht jedoch mit manisch-depressiven Psychosen erhöht war.

In einer kritischen Analyse der Untersuchungen von Kallman kam Zerbin-Rüdin (1967) aber zu dem Schluß, daß in der Population Kallmans echte Manisch-Depressive mit spätem Erkrankungsbeginn offenbar nicht oder kaum vorhanden waren, dagegen eine große Zahl atypischer Melancholien und möglicherweise einige späte, abortiv verlaufende Schizophrenien, worauf Kallman selbst hingewiesen hätte. Er hätte, amerikanischen Gepflogenheiten folgend, den Schizophreniebegriff in einem erweiterten Sinne verwandt und rechnete zum Beispiel schizoaffektive Zustände, „akute Verwirrtheiten" und „panneurotische Grenzfälle" dazu. Besonders hoch zeigte sich die Belastung mit involutiven Sekundärfällen und senilen Psychosen. Offenbar war die Abgrenzung gegen etwa organisch bedingte Zustände nicht so scharf durchgeführt worden wie in den meisten übrigen Arbeiten. So hätte Kallman bei den Involutionspsychosen auf eine geringere Homogenität und größere Komplexität als bei Schizophrenie und manisch-depresiver Psychose geschlossen und zumindest eine indirektere Verbindung eher mit manisch-depressiven Psychosen angenommen. Nach Kallman wäre eine Kombination mehrerer Faktoren, von denen jeder allein nicht ausreichte, zur Entstehung einer Involutionspsychose notwendig. Die physische und psychische Streßsituation des Alterns könnte in Verbindung mit dem nachlassenden Adaptionsvermögen der älteren Leute und bei entsprechender erblicher Veranlagung eine Involutionspsychose entstehen lassen. Besonders gefährdet wären daher schizoide, affektiv unausgeglichene und sensitive Persönlichkeiten. Nach Zerbin-Rüdin (1967) hatte Kallman somit weit stärker als andere Autoren die reaktiven und entwicklungsbedingten Aspekte betont. In der Situation des Alterns bzw. des Altgewordenseins sah er gewissermaßen die Conditio sine qua non, die zur Realisierung der anlagemäßig vorgegebenen psychotischen Reaktionsmöglichkeiten führte, andererseits aber der Psychose auch ihre besondere Färbung verlieh.

Zum Wissensstand über die Genetik der Involutionsmelancholien stellte Zerbin-Rüdin (1967) zusammenfassend fest, daß die erbbiologischen Befunde bei der Involutionsdepression einerseits auf Verwandtschaft zu anderen affektiven Psychosen, insbesondere zu den manisch-depressiven, schließen ließen; andererseits wären eine gewisse Spezifität, verhältnismäßig starke exogene Einflüsse und in manchen Untersuchungsserien eine geringe Erhöhung der Schizophreniebelastung zu erkennen. Die Involutionsmelancholien entbehrten also wohl der Einheitlichkeit. Teilweise schien es sich um echte manisch-depressive Psychosen zu handeln, die ihren eigenartigen Charakter durch das späte Erkrankungsalter, durch exogene Einflüsse und modifizierende Erbfaktoren erhielten. Durch ein Zusammenwirken dieser Faktoren mit der manisch-depressiven Anlage könnten die Spezifität und die relativ hohe Zahl von sekundären Involutionsmelancholien sowie nicht näher bestimmbare affektive Psychosen zustande kommen. Reaktive Momente spielten offenbar besonders bei den klimakterischen Depressionen eine Rolle; gelegentlich läge eine organische Basis zugrunde. Schließlich mochten auch einige atypische Spätschizophrenien darunter sein.

Hier zeigt sich wiederum das Dilemma der spezialisierten Forschung, die von allgemeinen Voraussetzungen auszugehen hat, in diesem Falle von der diagnostischen Klassifizierung mit ihren Unsicherheiten und Unschärfen der Begriffsbestimmung. Mit den bis 1967 vorliegenden Forschungsergebnissen konnte die Involutionsmelancholie offenbar nicht positiv definiert werden.

Die an anderer Stelle dargestellte Reintegration der Involutionsmelancholie in die Gruppe der unipolar-periodischen Depressionen (s. Kap. 3.7) war ein grundlegender Einschnitt für die Diskussion über den Vererbungsmodus dieser Erkrankung. Angst (1966) konnte nachweisen, daß Involutionsmelancholiker wesentlich weniger mit manisch-depressiven Erkrankungen belastet waren als die manisch-depressiv Erkrankten. Seine Befunde zur Genetik zeigten bei den Involutionsmelancholien ähnliche Daten, wie sie auch bei monophasischen und periodisch auftretenden Depressionen beobachtet werden konnten. Diese ihrerseits hoben sich deutlich von dem Erbbild der bipolaren (manisch-depressiven) Erkrankungen ab. So sprachen die von Angst erhobenen Befunde „für den fließenden Übergang von den endogengen monophasischen und periodischen Depressionen (die früher dem manisch-depressiven Kreise zugeordnet waren) und den Spätdepressionen (Involutionsmelancholien)“. Nach Angst konnten die meisten Argumente für eine Sonderstellung der Involutionsmelancholien auf die Pathoplastik des Alterns reduziert werden. Eine nosologische Sonderstellung der Involutionsmelancholien schien daher nicht positiv beweisbar. Die in früheren Untersuchungen behauptete Nähe der Involutionsmelancholien zur Schizophrenie konnte, wie schon zuvor von Stenstedt (1959) und Kay (1959), nicht bestätigt werden.

Unabhängig von den Fragen der Klassifikation, die, wie gezeigt wurde, zahlreiche Unklarheiten in sich bergen, wendet sich die Erbforschung heute besser zu handhabenden Kriterien zu. 1950 hatten Jarvie und Glas manisch-depressive Zustandsbilder nur nach dem Ersterkrankungsalter unterteilt. Sie fanden in der Verwandtschaft von vor dem 45. Lebensjahr Erkrankten häufiger (44%) psychisch Kranke als in der Verwandtschaft von Späterkrankten (34%). Eine etwa gleiche Tendenz sahen Schulz (1951), Stenstedt (1952), Bland und Mitarb. (1986), Greenwald und Kramer-Ginsberg (1988), Conwell und Mitarb. (1989), Musetti und Mitarb. (1989), Brodaty und Mitarb. (1991), Maier und Mitarb. (1991).

Roth (1955) und Kay (1959) hatten Kranke mit affektiven Psychosen, die älter als 60 Jahre alt waren, in zwei Gruppen eingeteilt, nämlich in vor und nach dem sechzigsten Lebensjahr erstmals Erkrankte. In der zweiten Gruppe war das Erkrankungsrisiko von Kindern der Erkrankten niedriger als in der ersten Gruppe, während die familiäre Belastung mit Schizophrenie geringgradig erhöht war. Körperliche Krankheiten und seelische Belastungen waren in der Gruppe der Späterkrankten häufiger. Offenbar war erhöhter Streß notwendig, um Personen erkranken zu lassen, die einer psychotischen Erkrankung bis zum sechzigsten Lebensjahr erfolgreich widerstanden hatten. Nach Meinung der Autoren waren exogene Faktoren in der Gruppe der Späterkrankten wichtiger als konstitutionelle. Die Autoren meinten, daß die Gruppe der Späterkrankten klinisch, prognostisch und genetisch heterogen war. Kay schätzte den Anteil endogener Psychosen auf weniger als 50%.

Post (1968a, 1968b, 1972), Hopkinson (1964a) und Chesser (1965) bestätigten diese Befunde. Sie gingen von Gruppen aus, die vor bzw. nach dem 50. Lebensjahr erstmals erkrankt waren. Hopkinson und Ley (1969) fanden signifikante Unterschiede im Erkrankungsrisiko von Angehörigen bei Gruppen von Patienten mit Ersterkrankungen vor oder nach dem vierzigsten Lebensjahr (10,7% bzw. 14,8%).

Die bis hierher referierten Arbeiten gehen von Patientengruppen aus, die bi- wie unipolare Erkrankungsformen umfaßten. Für eine Trennung von manisch-depressiven (bipolaren) Erkrankungen nach frühem bzw. spätem Ersterkrankungsalter gibt es offenbar keine hinreichenden Beweise (Mendlewicz und Mitarb. 1972, Goetzl und Mitarb. 1974, Lorengar 1975, Gershon und Mitarb. 1975, 1976, Carlson und Mitarb. 1977, James 1977). Demgegenüber wurden von Woodruff und Mitarb. (1964, 1971), Winokur und Mitarb. (1971) und Winokur (1975, 1979) Unterschiede zwischen unipolar depressiven früh und spät Erkrankten diskutiert. Aufgrund der Untersuchungsergebnisse meinte man, zwischen zwei Gruppen unipolar Erkrankter unterscheiden zu können, von denen die Gruppe mit frühem Ersterkrankungsbeginn stärker von genetischen Faktoren abhängig war als die mit spätem (s. dazu auch Hayes 1976, Baron und Mitarb. 1981, Mendlewicz und Baron 1981, Stancer und Mitarb. 1987). In einer Studie der gleichen Arbeitsgruppe (Cadoret und Mitarb. 1977) fand sich eine langsame, fast lineare Verringerung des Erkrankungsrisikos mit zunehmendem Lebensalter. Ähnliche Ergebnisse berichteten Smeraldi und Mitarb. (1977). Umgekehrt stellte Winokur (1979) fest, daß Patienten mit depressiven Erkrankungen in der Familie häufiger früh erkrankten, Patienten ohne sog. familiäre Belastung dagegen erst später. Stancer und Mitarb. (1987) fanden eine genetische Homogenität zwischen uni- und bipolar verlaufenden Psychosen, sahen aber eine höhere genetische Belastung bei den früherkrankten Patienten.

Die in der eigenen Untersuchung (Rudolf 1980) bei 210 reaktiv-neurotisch und endogen depressiven Patienten erhobenen Daten, die allein auf Auskünften der Patienten beruhten, waren dann, wenn es die eigene Krankheit betraf, wahrscheinlich noch relativ zuverlässig. Die Angaben über Erkrankungen von Familienmitgliedern oder weiteren Verwandten mußten dagegen als vielfach unvollständig und unscharf angesehen werden (s. auch Mendlewicz und Mitarb. 1975, Andreasen und Mitarb. 1977). In der Gesamtstichprobe fiel auf, daß die Zahl psychischer Störungen ohne Berücksichtigung der Diagnosen in den Familien (Verwandte 1. und 2. Grades), die insgesamt von annähernd der Hälfte der Patienten angegeben wurden, bei Männern größer war als bei Frauen. Der Anteil von Depressionen in den Familien der Männer war mit 36,8% gegenüber dem der Frauen mit 21,6% ebenfalls erhöht. Umgekehrt war der Anteil anderer, z. T. nicht genauer spezifizierbarer seelischer Erkrankungen in den Familien der Männer geringer (19,3%) als in denen der Frauen (23,5%). Eingang in die Dokumentation fanden die Angaben nur, wenn der Schweregrad der geschilderten seelischen Störungen der Angehörigen deutlich ausgeprägt war, das heißt, akzentuierte Persönlichkeitszüge, sonderlingshaftes Verhalten oder andere, leichtere Abweichungen von der Verhaltensnorm wurden nicht berücksichtigt. Doppelnennungen, daß z. B. Depression und andere seelische Störungen in einer Familie gleichzeitig vorlagen, waren nicht gemacht worden. Bei den Vergleichen zwischen den jüngeren und älteren Depressiven ohne Berücksichtigung des Ersterkrankungsalters (in weiteren Analyseschritten zugleich nach Diagnosen und Geschlecht getrennt) ergaben sich keine wesentlichen Unterschiede hinsichtlich der Häufigkeit der Angaben.

Auf die Frage nach seelischen Erkrankungen der Eltern gaben 22,4% der Patienten eine positive Antwort. Die Häufigkeiten waren bei Männern und Frauen annähernd gleich, außer daß von Männern häufiger Depressionen bei Eltern genannt wurden. Auch hier waren keine wesentlichen Unterschiede beim Vergleich jüngerer und älterer Depressiver (auch nach Diagnosen und Geschlecht getrennt) zu erkennen. Die Häufigkeit seelischer Erkrankungen bei Geschwistern der Patienten, die insgesamt 24,3% betrug, zeigte die gleichen, oben bereits dargestellten Verteilungsmuster. Wenn von älteren Depressiven häufiger Depressionen bei Geschwistern angegeben wurden (10,8% gegenüber 6,9 %, $p < 0,05$), so entsprach das der im Lebenslauf ansteigenden Wahrscheinlichkeit, depressiv zu erkranken. Jüngere Depressive übersahen ein kürzeres Zeitintervall als ältere. Sie berichteten häufiger als ältere Patienten von „anderen seelischen Erkankungen" (25,0% gegenüber 10,0%, $p < 0,05$). Psychische Erkrankungen bei einem ihrer Kinder gaben die depressiven Patienten selten an. Die weitere statistische Analyse zeigte keine Stichprobenunterschiede.

Zur Interpretation der erhobenen Befunde muß, abgesehen von den einleitenden Einschränkungen, unter dem Aspekt des aktuellen Lebensalters bedacht werden, daß die Angaben der Untersuchten vom jeweiligen Lebensalter abhängig sind. Die Häufigkeitsangaben jüngerer Patienten mußten, da sie einen wesentlich kürzeren Lebensabschnitt überblickten, zwangsläufig niedriger ausfallen. Mitbestimmend für den Umfang der Informationen war weiterhin das Alter der Eltern, Alter und Anzahl der Geschwister bzw. Kinder der einzelnen Patienten. Letzteres mußte besonders deshalb beachtet werden, weil depressive Erkrankungen psychopathologische Manifestationen bevorzugt der zweiten Lebenshälfte sind. Weitere Folgerungen waren daher aus den Ergebnissen nicht möglich.

Endogen depressive Früh- und Späterkrankte machten über die Häufigkeit seelischer Erkrankungen in der Familie divergierende Angaben. Früherkrankte endogen Depressive berichteten signifikant häufiger über seelische Störungen in der Familie (60,6% gegenüber 49,3%, $p < 0.05$). Bei späterkrankten endogen Depressiven fiel gegenüber früherkrankten aber auf, daß der Anteil der Depressionen in der Familie vielleicht etwas größer (33,8% gegenüber 26,8%, $p < 0,05$), derjenige „anderer" seelischer Erkrankungen jedoch geringer war (15,5% gegenüber 33,8%, $p < 0.05$). Diese Akzentuierung zeigte sich bei Frauen besonders deutlich. Die späterkrankten endogen Depressiven insgesamt waren wesentlich älter, überblickten also einen größeren Zeitraum. Es wäre deshalb zu erwarten gewesen, daß diese über eine größere Zahl von psychischen Erkrankungen bei Angehörigen berichteten. Das Gegenteil war aber der Fall. Das hieß: Seelische (depressive und andere) Erkrankungen waren in den Familien von späterkrankten Depressiven deutlich seltener anzutreffen. Die hereditäre Belastung war bei ihnen wahrscheinlich geringer als bei früherkrankten Depressiven ausgeprägt. Nach Eingrenzung der Angaben auf die psychischen Erkrankungen bei Eltern fanden sich nur bei endogen depressiven Frauen signifikante Unterschiede. Während der Anteil der Depressiven mit je 11,1% gleich groß war, wurde von diesen gehäuft über „andere seelische Erkrankungen" berichtet (20,4% bei früherkrankten gegenüber 3,7% bei späterkrankten Frauen, $p < 0.05$).

Angaben über unterschiedliche Häufigkeiten von seelischen Störungen bei Geschwistern gab es nicht. Hinsichtlich des Auftretens von seelischen Erkrankungen bei Kindern war bemerkenswert, daß allein bei älteren früherkrankten endogen depressiven Frauen die Kinder häufiger „andere" seelische Erkrankungen aufwiesen (20% gegenüber 1,9%, $p < 0.05$). Eine Erklärungsmöglichkeit für diesen Befund wäre, daß die schon länger bestehende depressive Erkrankung der Mutter vielleicht einen negativen Einfluß auf die seelische Entwicklung der Kinder genommen hatte. Andererseits paßt dieser Befund aber auch zu der Beobachtung, daß bei früherkrankten endogen Depressiven möglicherweise eine stärkere genetische Belastung vorliegt.

Insgesamt erschienen die Vorstellungen von Jarvie und Glas (1950), Stenstedt (1952, 1959, 1961), Roth (1955), Kay (1959), Hopkinson (1964a), Angst (1966), u. a. bestätigt, die die geringere Häufigkeit von seelischen Störungen in den Familien späterkrankter endogen Depressiver hervorhoben. Die von Stenstedt (1959) und Angst (1966) beobachtete Abnahme des Morbiditätsrisikos in Abhängigkeit vom steigenden Ersterkrankungsalter war im Hinblick auf eindeutig zu umschreibende Depressionen in der Verwandtschaft nicht zu erkennen. Demgegenüber wurden die von Stenstedt (1959) und Angst (1966) beobachteten Tendenzen hinsichtlich anderer seelischer Erkrankungen aber sichtbar. Wegen der unterschiedlichen methodischen Ansätze und der geringen Differenziertheit der Informationen mußten diese Beobachtungen jedoch nur mit Vorbehalten interpretiert werden.

Die Daten über die Erblichkeit depressiver Erkrankungen in der zweiten Lebenshälfte sind ausschließlich mit Methoden der traditionellen Forschung, das heißt durch Untersuchung von Familienhäufigkeiten, durch Zwillings- und Adoptionsstudien erhoben worden. Die moderne psychiatrische Genetik versucht heute die Vererbungswege psychischer Erkrankungen mit neuen Methoden zu erforschen und diskutiert zur Zeit zum Beispiel über gengebundene oder heterogene Vererbungswege (Winokur und Mitarb. 1969, Mendlewicz und Fleiss 1974, Goetzl und Mitarb. 1974, Lorengar 1975, Mendlewicz 1976, Reich und Mitarb. 1975, Cadoret und Tanna 1976, Gershon und Mitarb. 1975, 1976, Perris 1976, Tsuang 1976, Kidd und Weissman 1978, Feldberg und Mitarb. 1979). Mit James (1977) muß beim Studium der Literatur jedoch festgestellt werden, daß die bisher benutzten Parameter, unter anderem das Ersterkrankungsalter, kaum eine Möglichkeit bieten, die anstehenden Probleme zu lösen, obwohl nach Mendlewicz (1976) das Ersterkrankungsalter unter therapeutischen Fragestellungen eine gewisse Bedeutung zu haben scheint.

Die Fortschritte der genetischen Forschung während der beiden letzten Jahrzehnte (Zerbin-Rüdin 1987) geben zu Hoffnungen auf weiteren Erkenntnisgewinn berechtigten Anlaß. Mit der Eliminierung spezifischer Diagnosekategorien für depressive Erkrankungen des höheren Lebensalters scheint aber gleichzeitig die Diskussion über genetische Besonderheiten dieser Erkrankungen beendet zu sein.

Zusammenfassung

Nach den bisher gewonnenen Erkenntnissen der Genetik bestehen die depressiven Erkrankungen der zweiten Lebenshälfte aus einer heterogenen Gruppe. Teilweise scheint es sich um echte endogene Psychosen zu handeln, die ihren eigenartigen Charakter durch spätes Erkrankungsalter, exogene Einflüsse und modifizierende Erbfaktoren erhalten. Zumindest ein Teil von ihnen hat die gleichen genetischen Grundlagen wie die früh auftretenden endogenen Psychosen. Doch spielen offensichtlich auch exogene Einflüsse, wie reaktive Momente und organische Veränderungen, eine große Rolle. In den zurückliegenden Jahren sind keine spezifischen Aussagen zu genetischen Fragen der im höheren Lebensalter auftretenden depressiven Erkrankungen hinzugekommen.

5.2 Hirnorganische und (allgemein-)körperliche Ursachen

5.2.1 Methodische und begriffliche Probleme

Seit der Griesinger (1867) zugeschriebenen Feststellung, Geisteskrankheiten seien Gehirnkrankheiten, und seit Kraepelin (1896) meinte, daß sich die Psychosen nach den möglicherweise zugrundeliegenden somatischen Störungen unterscheiden ließen, gleichzeitig aber auch angeregt von den Erfolgen der medizinischen Grundlagenforschung, wurde in der Psychiatrie versucht, Beziehungen zwischen psychopathologischen Symptomen und den möglicherweise zugrundeliegenden hirnorganischen Veränderungen aufzudecken. Das geschah immer in dem Maße und mit dem technischen Aufwand, den die soeben entwickelten Untersuchungsverfahren der allgemeinen medizinischen Grundlagenforschung und benachbarter Fächer zuließen. Der Diskussion über die depressiven Erkrankungen des höheren Lebensalters lag stets auch eine Diskussion über die organischen Korrelate seelischen Krankseins im allgemeinen zugrunde.

Bonhoeffer (1908, 1909) konnte nachweisen, daß einer großen, fast unüberschaubaren Zahl von krankhaften organischen Einwirkungen nur eine begrenzte Zahl psychischer Reaktionsmöglichkeiten gegenüberstand. Dieser „akute exogene Reaktionstyp", abgelöst von dem ebensowenig benutzten Begriff des „Durchgangssyndroms" (Wieck 1956), wird nach heutigem Sprachgebrauch unter den Begriffen „körperlich begründbare Psychose" (K. Schneider 1971) oder „somatogene Psychose" (Walther-Büel 1968) umschrieben.

Die von Kraepelin vorübergehend vorgenommene Abtrennung der Melancholie von der manisch-depressiven Erkrankung (s. Kap. 3.1 bis 3.3) war ein Versuch, die in der zweiten Lebenshälfte auftretenden depressiven Erkrankungen in einen ursächlichen Zusammenhang mit den für diesen Lebensabschnitt typischen organischen Rückbildungsphänomenen zu bringen. Solche vielleicht möglichen Zusammenhänge zwischen Hirnerkrankung (z. B. Arteriosklerose, seniler Hirnabbau) und depressiver Erkrankung wurden immer wieder gesehen und diskutiert (Spielmeyer 1912). Nach Rosenfeld (1913) mußte eine getrennte Anlage für beide Leiden angenommen werden, deren Kombination erst zu einem „deletären Bild" führte, da eine schwere zerebrale Arteriosklerose ohne nennenswerte psychische, besonders affektive Störungen verlaufen konnte, andererseits tiefe Depressionen ohne arteriosklerotische Veränderungen beobachtet wurden.

Menzies (1920) deutete kritisch, aber doch zuversichtlich den Horizont somatischer Forschungsmöglichkeiten aus. Kehrer (1921) wies früh darauf hin, „daß eventuell gerade die feineren, bis dahin im anatomischen Gesamtbild wohl viel zu wenig berücksichtigten Arteriosklerosen des Gehirns in seinen verschiedenen Teilen zu depressiven Zuständen führen; diese können verschwinden, wenn der arteriosklerotische Hirnprozeß ein schwerer wird".

Das Wissen um die Beziehungen zwischen depressiven Krankheitserscheinungen und hirnorganischen Störungen war zu jener Zeit also außerordentlich gering. Es bewegte sich im Bereich einfachster Hypothesenbildung aufgrund allgemeiner klinischer Erfahrungen. Kehrer (1921) meinte daher, „allein die Betrachtung unter dem Gesichtspunkt eines außerordentlich komplizierten In- und Durcheinanderwirkens aller nur denkbaren psychophysischen Koeffizienten" verspräche „eine Klärung der dunklen funktionellen oder funktionell beginnenden Seelenstörungen des Um- und Rückbildungsalters". Fünfgeld (1930, 1933) konnte keine direkten Beziehungen zwischen pathologisch-anatomischen Veränderungen bei arteriosklerotischen Erkrankungen und ängstlich-depressiven Syndromen feststellen.

Man stand vor einem Problem, in einem Grenzgebiet zwischen noch Gesundheit und schon Krankheit, aber auch vor der Frage, welche psychischen Störungen auf die organischen Altersveränderungen zurückzuführen waren. Das zu entscheiden, gestaltete sich viel schwieriger, als es schon hinsichtlich der allgemeinen körperlichen Störungen der Fall war (Kehrer 1939).

Die Suche nach Veränderungen von Strukturen des Nervensystems, von Funktionsabläufen auf physikalischer oder chemischer Ebene hat sich heute vor allem auf die Erfassung biochemischer Veränderungen konzentriert (Coppen 1967, Schildkraut 1965, 1975, Beckmann 1978, Matussek und Holsboer 1987). Dabei wurden aber nur selten Altersaspekte berücksichtigt (z. B. von Smith und Mitarb. 1956, Nedbaylova 1965, Nies und Mitarb. 1971, 1973), und man benutzte über die grobe Einteilung in neurotisch-reaktive, endogene und organisch bedingte Depressionen hinaus kaum andere diagnostische Kriterien. Die Folge war, daß aus den wesentlichen Untersuchungen über die den depressiven Erkrankungen zugrundeliegenden neurobiologischen Prozesse kaum eine spezielle Information über depressive Erkrankungen des höheren Lebensalters zu erhalten ist.

Auf der anderen Seite weiß man, daß exogene Faktoren, zum Beispiel Konflikte im psychosozialen Bereich, Erlebnisse von Verlusten, Bedrohungen der materiellen und emotionalen Geborgenheit oder starke psychische und körperliche Belastungen, zu einer depressiven Verstimmung führen können (s. Kap. 5.6). Dabei erscheint es unwichtig, ob diese Ereignisse tatsächlich vorhanden sind, d. h. von einem weiteren Beobachter festgestellt werden können, oder ob sie von dem Betroffenen selbst als solche erlebt werden. Es ist aber auch bekannt, daß dieses Erleben nur möglich ist, wenn das Gehirn im weitesten Sinne funktioniert.

Damit stand und steht man auch heute noch vor der seit der Antike unbeantworteten Frage nach der Beziehung zwischen Leib und Seele, Körper und Geist. Rothschuh (1963) hat dieses Problem in seinen Ausführungen über den psychophysischen Parallelismus zu einer Theorie zusammenzufassen versucht. Andere, wesentlich abstraktere Theorien, die das Problem im Sinne eines Identismus (Rensch 1977), der Theorie der psychophysischen Beziehungen von Popper und Eccles (1977) oder anderer, moderner philosophisch geprägter Vorstellungen (Übersicht s. Seifert 1989) zu lösen versuchen, haben in der klinischen Praxis bis heute keine wesentlichen Spuren hinterlassen. Auch aus klinischer Sicht ist immer wieder versucht worden, praxisrelevante Denkmodelle zu entwickeln (Engel 1980, Hill 1981, Goodman 1991).

Vor dem Hintergrund all dieser Überlegungen bleibt als Ergebnis eine sprachliche und das Denken beeinflussende Gewohnheit fragwürdig: das Reden von „psychogen" und „somatogen", weil dadurch das Leib-Seele-Problem einseitig und letztlich zu schlicht gelöst zu sein scheint. Werden im Nachfolgenden Begriffe wie Psycho- oder Somatogenese verwendet, geschieht das im referierenden Sinn und gibt nicht die Meinung des Autors wider.

Neben der psychogenetischen Betrachtungsweise, die mit Freud (1916) zwar eine direkte Somatogenese depressiver Erkrankungen nicht kategorisch ausschloß, sie jedoch in ihrem in sich schlüssigen Lehrgebäude nicht berücksichtigte (Colbert und Harrow 1966), brachte eine naive klinische Haltung, die die mit dem Abbau der Hirnsubstanz parallelgehenden psychopathologischen Ausfallerscheinungen beschrieb, ohne jedoch die möglichen Ursachenzusammenhänge tiefer zu reflektieren, eine große Gefahr mit sich: Nämlich eine zu einfache Sicht, die dann fast dogmatisch, wie die Lehre K. Schneiders (1971) von den organisch bedingten Psychosen, weitergegeben wurde. Diese vereinfachende und damit verführerische Interpretation der Ursachenzusammenhänge wird der klinischen Wirklichkeit kaum gerecht. Zumindest ist das für den Bereich depressiver Erkrankungen festzustellen.

Natürlich darf die Tatsache bisher noch fehlender exakter Beweise für eine direkte ursächliche Beziehung zwischen organischer Störung und depressiver Erkrankung nicht zu dem falschen Schluß führen, daß keine derartigen Beziehungen bestehen. Falsch wäre es bis heute aber auch, wollte man aufgrund des Vorhandenseins hirnorganischer Befunde den radikalen Schluß ziehen, depressive Syndrome grundsätzlich als organisch bedingte Psychosen aufzufassen (Oesterreich 1977). Die Beobachtung einer „organischen Färbung", bedingt durch das gleichzeitige Auftreten von hirnorganisch verursachten psychopathologischen Störungen im Sinne eines organischen Psychosyndroms und von psychopathologischen Symptomen, die ein depressives Syndrom charakterisieren, berechtigt nicht zu der Annahme einer hirnorganischen Genese des depressiven Syndroms. Denn in der Klinik wird immer wieder gesehen, daß Patienten mit schwersten hirnorganischen Störungen völlig frei von depressiven Symptomen sind (Knesevich und Mitarb. 1983), andererseits bei diesen Patienten aber auch Bilder schwerster melancholischer Zustände vorliegen können (Bronisch 1974, Ladurner und Mitarb. 1981, Marneros 1982). Noch komplizierter wird die Frage nach einem Ursachenzusammenhang dann, wenn trotz schwerster depressiver Erkrankung keine organischen Veränderungen zu erkennen sind.

Weiterhin ist zu fragen, von welchem Stadium der biologischen Hirnalterung an eine ätiologische oder pathogenetische Relevanz für die Entstehung depressiver Erkrankungen anzunehmen ist. Die Grenzen zwischen physiologischer organischer Involution und pathologischem Alterungsprozeß sind fließend. Der Begriff der Involution ist unter diesem Aspekt unklar wie seit Generationen (Kehrer 1922, 1939, 1959, Quandt 1967).

Die Vorschläge von Post (1972) und C. Müller (1967, 1971), die Umschreibung depressiver Erkrankungen des höheren Lebensalters dadurch aus der oben skizzierten und noch nicht beendeten Diskussion herauszunehmen, daß zu der Definition des Syndroms die weitere hirnorganische Erkrankung hinzugefügt wird (zum Beispiel: agitierte Depression bei zerebraler Gefäßsklerose, seniler Demenz o. ä.), weisen den z. Z. für die ärztliche Praxis wohl einzig gangbaren Ausweg (s. Kap. 3.7). Die diagnostische Klassifikation in den USA, das Diagnostic and Statistical Manual III (DSM III,) und die 10. Revision der Internationalen Klassifikation psychiatrischer Erkrankungen der WHO (ICD-10) (Dilling und Mitarb. 1991) gehen in dieser Weise vor.

Moderne Konzepte der organisch orientierten psychiatrischen Forschung führen also über die recht einfachen älteren ätiologischen Beziehungshypothesen zwar hinaus, aber insgesamt ist es der Forschung bisher noch nicht gelungen, über z. B. neurobiologische Hypothesen, die bisher noch nicht ausreichend schlüssig sind, hinauszukommen (Matussek und Holsboer 1987). Das gilt um so mehr, als über die den Alterungsprozeß darstellenden, neurobiologischen Prozesse noch relativ wenig bekannt ist (Lipton 1976, Matussek 1986, Müller und Mitarb. 1987). Andererseits wird zur Zeit gerade in diesem Bereich mit großem Aufwand geforscht. Auch intensive und breit angelegte neuro-physiologische Untersuchungen werden durchgeführt (Hendrickson und Mitarb. 1979). Die somatischen Forschungsansätze sind vielversprechend (s. z. B. bei Hoffmeister und Müller 1979, Gispen und Traber 1983, Müller und Mitarb. 1987, u. a.), die Fülle der Einzeldaten ist kaum mehr zu übersehen, geschweige denn den in der klinischen Praxis erkennbaren Fragenkomplexen zuzuordnen.

5.2.2 Klinische Studien

Weitbrecht (1953) und Aresin (1959) gaben dem cyclothymen manisch-depressiven Syndrom grundsätzlich auch einen Platz in der Symptomgestaltung körperlich begründbarer Psychosen. Für Weitbrecht (1953) waren psychopathologische Symptome aufgrund dieser Beobachtungen nicht auf exakt zu umschreibende Ursachen zurückzuführen. Auch Walter-Büel (1954) meinte, daß die hirnorganischen Prozesse je nach Alter verschiedene psychopathologische Bilder erzeugen könnten. Smith (1954) beschrieb die Parallelität von agitiert depressiven Syndromen und hirnorganischen Störungen.

Neben den depressiven Syndromen wurden zu etwa gleicher Zeit von Beringer und Mallison (1949) und Mallison (1954) auch „vorzeitige Versagenszustände" geschildert, die Symptome wie nachlassende Leistungsfähigkeit, gesteigerte Ermüdbarkeit, Merkschwäche, Konzentrationsstörungen, Reizbarkeit, Arbeitsunlust und vermehrtes Schlafbedürfnis zeigten. Pneumenzephalographische Untersuchungen wiesen erhebliche Erweiterungen der Hirnvertrikel auf. Ätiologisch wurden neben den im Rückbildungsalter wirksamen, psychologisch verständlichen Momenten somatogene Faktoren hervorgehoben (s. auch Funk 1964). Offenbar gab es auch postdepressive Versagenszustände. Auf depressive Zustände als Reaktionen auf die vielfach erlebten Leistungsdefizite bei hirnorganischen Störungen wies Straker (1959) hin.

Alsen (1958) nannte verschiedene Möglichkeiten des Zusamenhanges von depressiven Syndromen mit organischen Hirnprozessen: zufälliges Zusammentreffen von endogener Depression und Hirnprozeß; klinische Manifestation eines Hirnprozesses durch eine endogene Depression im Sinne einer endogen bewirkten zerebralen Dekompensation; depressives Syndrom als unmittelbares Symptom des Hirnprozesses; depressive Reaktion auf den durch gestörten Hirnprozeß bedingten Leistungsabfall; reaktive Depression als Auslösungsfaktor für ein hirnorganisches Zustandsbild, als eine reaktiv bedingte zerebrale Dekompensation; zufälliges Zusammentreffen von reaktiver Depression mit Hirnprozessen und zuletzt Verstärkung und Enthüllung einer depressiven Konstitution durch einen Hirnprozeß.

Diese Aufzählung ätiologischer Zusammenhangskonstellationen weist auf ein breites Feld theoretischer Interpretationsmöglichkeiten hin.

Die Vielgestaltigkeit der möglichen Ätiologie depressiver Störungen wurde durch die Beschreibung einer „erstarrenden Rückbildungsdepression" (Medow 1922, Petrilowitsch 1959a) erweitert. Sie war durch depressive Verstimmung und extrapyramidal-akinetische Symptome gekennzeichnet. Die präpsychotische Persönlichkeitsstruktur sowie die familiären Belastungen der Erkrankten wiesen auf pathogenetische Beziehungen zur

Cyclothymie hin. Die Mehrzahl von ihnen hatte früher schon mehrere typische melancholische Phasen durchgemacht. Es fanden sich hydrozephale Erweiterungen der Liquorräume. Die erstarrenden Rückbildungsdepressionen stellten eine durch die Wirkung involutiver Vorgänge abgewandelte Form der Cyclothymie dar (siehe dazu auch Marneros 1982). Es erschien nicht gerechtfertigt, die erstarrende Rückbildungsdepression als eine selbständige Depressionsform aufzufassen.

Auch Jakob (1960) beobachtete depressive Krankheitsbilder, die in einer senilen Demenz endeten, die also mit den erstarrenden Rückbildungsdepressionen und dem sogenannten depressiven Wahnsinn der älteren Psychiatrie klinisch vergleichbar erschienen (s. Kap. 3.1). Vallet und Mitarb. (1960) jedoch meinten, es bestünde keine direkte Beziehung zwischen seelischen Störungen des Greisenalters und der Arteriosklerose. Oft zeigten sich scheinbar organisch bedingte Altersstörungen als funktionelle Veränderungen (Butler 1963). Die Differentialdiagnose zwischen hirnorganisch bedingten und funktionellen Störungen erschien schwer (Meyer 1961, 1965, Peter und Midenet 1972). So stellte Böcker (1966) heraus, daß nach K. Schneider (1971) „belangvolle" körperliche Störungen für die Annahme einer sogenannten körperlich bedingten Psychose gefordert wurden. Die Entscheidung darüber, welche körperliche Störung nun „belangvoll" war oder auch nicht, wurde dem einzelnen Untersucher überlassen.

Alsen (1960) und Alsen und Eckmann (1961) berichteten über „endoforme Psychosyndrome" bei zerebralen Durchblutungsstörungen. Ihnen erschien nicht gerechtfertigt, ein nur zufälliges Zusammentreffen einer im engeren Sinne endogenen Psychose mit zerebralen Durchblutungsstörungen anzunehmen. Die organischen Veränderungen waren nach ihrer Meinung pathogenetisch wirksam. Aber erst das Zusammenspiel der zerebralen Schädigung mit einer besonderen familiären und individuellen Bereitschaft, mit einer durch die zerebrovaskulär bedingte Wesensänderung gegebenen, erhöhten seelischen Anfälligkeit sowie einer allgemeinen pathogenen Konstellation schienen die Manifestation einer endoformen Psychose zu ermöglichen.

Leonhard und Briewig (1964) kamen zu anderen Ergebnissen: Sie warnten vor einer allzu raschen Diagnosenstellung im Sinne einer organisch bedingten Krankheit. Auch sie fanden fragliche, durch hirnorganische Störungen verursachte Symptome beigemengt, meinten jedoch, daß sich die meisten depressiven Krankheitsbilder nicht von denen jüngerer Jahre unterschieden. Die schweren Depressionen konnten den leichteren Verstimmungszuständen affektinkontinenter älterer Patienten mit Hirnarteriosklerose und größeren hirnorganischen Ausfallerscheinungen gegenübergestellt und von ihnen abgetrennt werden.

Mit den herkömmlichen Methoden klinischer Forschung, das heißt mit dem Versuch, deskriptiv-phänomenologisch erhobene psychopathologische Befunde mit gleichzeitig erkennbaren hirnorganischen Störungen in Beziehung zu setzen, war offensichtlich kein weiterer Fortschritt in der Lösung des Problems zu erreichen. Dennoch bewegte sich die Diskussion auf dieser Ebene weiter (Becker 1964, Schipkowenski 1964, Köknell und Polvan 1966, Pakesch 1968, Salm 1970). Gleichzeitig wurde die fehlende Spezifität der psychopathologischen Symptomatik hinsichtlich der Zuordnung zu einem organischen Befund (Weitbrecht 1941, 1953) betont.

Auch intensivere Untersuchungen von Stoffwechselfunktionen des Gehirns bei Involutionspsychosen (Schrappe 1968, 1973) brachten kaum neue Aspekte. Birkmeyer und Neumayer (1968) sahen Parallelen zwischen der Involutionsdepression und der Parkinsonschen Erkrankung und erklärten, daß es wie bei dieser Erkrankung wohl auch einen „systematischen Prozeß" gäbe, der zum klinischen Bild der Involutionsdepression führte.

Oesterreich (1973) fand keine Korrelation zwischen zahlreichen somatischen Einzelbefunden und bestimmten Klassifizierungen klinischer Krankheitsbilder. Er sah in der Depression des höheren Lebensalters eine unspezifische Reaktion auf multikausale Faktoren. Wiederholt wurde auf die Notwendigkeit einer mehrdimensionalen Betrachtungsweise hingewiesen (Hirschmann und Klages 1957, Weise und Müller 1967, Epstein 1976). Nach Jakob (1973a, 1973b) kam es im höheren Lebensalter nicht selten zu einer Überschichtung zwischen dem hirnorganischen Psychosyndrom und depressiven Syndrom im Sinne von „Intermediärsyndromen".

Abely und Mitarb. (1955) beschrieben einen Melanomkranken mit melancholischer Symptomatik. Prokop (1958) wies auf eine positive Korrelation zwischen der Entfernung der Schilddrüse und dem Auftreten von endogenen Depressionen hin. Plotnikov (1965) sah bei Patienten mit depressiven und paranoiden Psychosen des höheren Lebensalters eine Überfunktion der Schilddrüse. Der Körperbau als konstitutionelles Element hatte keine Beziehungen zum Ausbruch einer depressiven Erkrankung (Lodge Patch und Mitarb. 1965). Auf ursächliche Beziehungen zwischen Bluthochdruck und dem Auftreten depressiver Störungen machte Kidd (1963) aufmerksam. Dovenmuehle und Verwoerdt (1962, 1963) und Verwoerdt und Dovenmuehle (1964) beobachteten bei hospitalisierten Herzkranken depressive Syndrome mäßigen bis schweren Ausmaßes. Die Patientengruppe der älter als 60jährigen unterschied sich hinsichtlich der Ausprägung der Symptome nicht von einer jüngeren. Die Autoren faßten die depressiven Symptome als depressive Reaktionen auf die physische Erkrankung auf, ähnlich der Trauerreaktion oder einer akuten situationsbedingten Depression. In frühen endokrinologischen Untersuchungen an Involutionsmelancholikern waren von Nikula-Baumann und Mitarb. (1964) und Nikula-Baumann und Hiisi-Brummer (1968) Funktionsstörungen der Schilddrüse, der Nebennierenrinde und der Geschlechtshormone bobachtet worden (s. auch Taban 1957). Bei Besserung der seelischen Verfassung näherten sich die pathologischen Parameter den Normalwerten. Umgekehrt wurde beobachtet, daß mit dem Zurücktreten der depressiven Symptome auch die körperliche Verfassung besser wurde (Moffic und Paykel 1975). Salzman und Shader (1978) machten auf die mögliche Beteiligung von Medikamenten, die ältere Menschen oft einnehmen müssen, an der Entstehung von depressiven Syndromen aufmerksam. Cook und Mitarb. (1991) wiesen auf den negativen, zu chronischen Verläufen führenden Einfluß der Alkoholabhängigkeit hin. Eine Übersicht über die Beziehungen zwischen allgemein körperlichen Erkrankungen und seelischen Störungen findet sich in dem Sammelband von Cameron (1987).

Die bis hierher dargestellten Untersuchungsergebnisse über die Beziehungen von hirnorganischen und allgemein-körperlichen Veränderungen mit der Entstehung depressiver Syndrome in der zweiten Lebenshälfte weisen auf ein großes, vor allem methodisch bedingtes Wissensdefizit hin, das gegenüber dem Fortschritt auf anderen Gebieten der wissenschaftlichen Psychiatrie deutlich wird. Das hat unter anderen wahrscheinlich auch folgende Gründe:

1. Der Begriff der Involution war nach wie vor unklar und unscharf (Kehrer 1921, 1939). Noch 1967 warnte Quandt in seiner Kritik an dem von Weitbrecht (1941 ff.) verwendeten Involutionsbegriff davor, in der gegenwärtigen Situation psychische Zustandsbilder des fortgeschrittenen Lebensalters durch Begriffe zu kennzeichnen, die bei kritischer Betrachtung die pathologischen Vorgänge nicht exakt definieren.

2. Die wissenschaftlichen Bemühungen in der deutschen, nach 1945 im wesentlichen von K. Schneider geprägten Psychiatrie waren mehr den endogenen Psychosen zugewandt. Der durch K. Schneider nicht hinreichend exakt umschriebene Begriff der körperlich begründbaren Psychosen entwickelte wegen seiner Einfachheit eine besondere Anziehungskraft, die am ehesten aus dem in der Psychiatrie vergeblichen Bemühen bei der Suche nach faßbaren Ursachen für die bekannten Krankheitsbilder zu verstehen ist. Der organische Alterungsprozeß oder die sog. Involution wurden zu einem Fetisch. Aus ihm wurden organische Veränderungen postuliert, die dann zu schwachen, nicht beweisbaren Behauptungen über pathogenetische Zusammenhänge führten. Die Vorstellungen über die organische Bedingtheit depressiver Störungen wurde in starkem Maße von außen, d. h. durch aktuelle Denkströmungen mit modischen Akzentuierungen, durch philosophisch-weltanschauliche Konzeptionen usw. (Kleist 1925, Wissfeld 1957), aber auch durch Autoritätenmeinungen geprägt. Offenbar hat insbesondere in der deutschsprachigen Psychiatrie kein Forscher den Versuch unternommen, das Vorkommen funktioneller Störungen einerseits und orga-

nisch bedingter Erkrankungen andererseits oder aber das wie auch immer zu beschreibende pathogenetische Zusammenwirken somatischer und psychischer Faktoren exakt zu untersuchen. Die Tendenz jener Psychiatrie war vielfach restaurativ nach rückwärts gerichtet. Statt neue methodische Ansätze zu entwickeln, suchte man Bestätigung bei älteren Autoritäten.

Die Ansprüche an die Methoden der wissenschaftlichen Forschung waren gering, insbesondere so lange, wie man sich innerhalb der klinischen Psychiatrie recht einseitig mit den Begriffen „Verstehen“ und „Erklären“ beschäftigte und die Notwendigkeit einer exakten empirisch-wissenschaftlichen Beweisführung auch für die Psychiatrie nicht sah. Kontrollgruppen oder statistische Analysen waren in den genannten Arbeiten nicht vorhanden, obwohl in jener Zeit auch in der Psychiatrie schon methodenbewußter gearbeitet wurde. So blieben die Arbeiten zum Thema kasuistisch, Populationen und Untersuchungsmethoden wurden nicht definiert. Ansprüche an Wissenschaftlichkeit wurden mit einem indirekten Appell an das persönliche Evidenzerleben des Lesers zu befriedigen versucht.

In dieser Phase der Forschung, in der die Psychiatrie zudem nur ein relativ geringes Interesse für geriatrische Probleme zeigte, wurden schon Anfang der fünfziger Jahre in England Studien durchgeführt, die an die Namen von Roth, Post und Kay und Mitarbeiter geknüpft sind. In Deutschland wurden ihre Arbeiten jedoch kaum zur Kenntnis genommen oder diskutiert.

Post (1944) hatte bereits die Beobachtung gemacht, daß bei älteren Menschen neben hirnorganisch bedingten auch funktionelle Störungen gesehen werden konnten. Ähnlich äußerten sich Allen (1947), der hinter „organischen Syndromen“ funktionelle Psychosen sah, dann aber auch Boyd und Braceland (1950) und Tilkin (1952). Unter epidemiologischen Aspekten wiesen Williams und Jaco (1958a, b) auf die große Häufigkeit von funktionellen, nicht organisch bedingten depressiven Störungen im höheren Lebensalter hin. In späteren systematischen Studien wurden die aufgestellten Hypothesen bestätigt: Post (1951) untersuchte über 60jährige Patienten, deren Beschwerdebilder er in hirnorganisch bedingte affektive und funktionell-affektive aufteilen konnte. Roth und Morrissey (1952) fanden in einer Studie bei 54% der älter als 60jährigen psychiatrisch Kranken affektive Psychosen. Nur 24% der Patienten hatten Psychosen, die in einem ursächlichen Zusammenhang mit hirnorganischen Störungen gesehen werden mußten. Der prognostisch schlechte Verlauf der organisch bedingten Störungen einerseits und der prognostisch günstige Verlauf der funktionellen affektiven Störungen andererseits führte zu der Annahme, daß es sich bei den Erkrankungen um unterscheidbare Krankheitsbilder handelte und daß dort, wo beide Erkrankungen gleichzeitig im klinischen Bild zu beobachten waren, ihr Zusammentreffen eher zufällig war. Auch testpsychologisch konnten Unterschiede zwischen beiden Patientengruppen festgestellt werden (Roth und Hopkins 1953). Bei den funktionellen Störungen wurden durch eine aktive Therapie gute Behandlungserfolge erzielt (Norris und Post 1954). Körperliche Begleiterscheinungen wurden von Kay und Roth (1955) aber auch bei affektiv gestörten Patienten gesehen. Sie konnten als Auslöser wirken, die einen affektiven Zusammenbruch provozierten. Roth (1955) stellte in einer katamnestischen Studie fest, daß die affektiven Psychosen weitgehend unabhängig von den hirnorganischen Störungen, zum Beispiel der progressiven senilen oder arteriosklerotischen Demenz, verliefen. Überschneidungen der hirnorganischen und der funktionellen Gruppen waren relativ selten.

Um für die Entstehung depressiver Störungen nach dem 60. Lebensjahr einen möglicherweise organischen Faktor als ätiologisches Moment herauszufinden, untersuchten Kay und Mitarb. (1955) älter als 60jährige Patienten mit frühem und spätem Krankheitsbeginn. Beide Gruppen zeigten eine gleich große Häufigkeit von psychopathologischen Symptomen, die auf eine hirnorganische Erkrankung hinwiesen. Auch psychologische Testuntersuchungen ergaben keine Unterschiede. Beide Gruppen hatten ein gleich großes Risiko für zerebrovaskuläre Erkrankungen, das dem der Normalbevölkerung glich. Zudem ähnelten sich beide Gruppen hinsichtlich der Entlassungsfrequenz aus stationärer Behandlung und der niedrigen Mortalitätsrate. Sie unterschieden sich damit scharf von der Vergleichsgruppe mit hirnorganischen Erkrankungen. Die etwas größere Mortalität der späterkrankten Patienten stellte eine deutliche, jedoch nicht signifikante Differenz dar. Sie war an die größere Häufigkeit physischer Begleiterkrankungen gekoppelt. Die Autoren meinten, daß zerebrale Störungen, wie sie bei senilen arteriosklerotischen Psychosen gefunden wurden, kaum als ätiologische Faktoren für die Entstehung der affektiven Psychosen des höheren Lebensalters anzusehen waren, unabhängig davon, ob diese erstmals früh oder spät auftraten. Depressive oder manische Psychosen des höheren Lebensalters waren daher den affektiven Störungen des früheren Lebensalters gleichzusetzen und damit Erkrankungen, die sich von Psychosen mit zerebraler Degeneration unterschieden.

In einer weiteren Studie kamen Roth und Kay (1956) zu dem Schluß, daß bei Patienten mit später Erstmanifestation ein stärkerer Streß körperlicher Art für die Entstehung einer affektiven Psychose notwendig war. Dabei spielten sogenannte exogene Faktoren eine wichtigere Rolle als konstitutionelle. Bei den Früherkrankten war das umgekehrt. Die Prognose wurde durch schwere körperliche Erkrankungen, akute organische Konfusionszustände und das hohe Lebensalter des Patienten verschlechtert. Die Prognose für Patienten mit reinen funktionellen Störungen war im Hinblick auf Überleben und Gesundung gut. Die gemischten Syndrome hatten eine relativ schlechtere Prognose. Leichte intellektuelle Einbußen schienen die Prognose nicht zu beeinflussen, während eine eindeutige organische Demenz einen negativen Einfluß ausübte (siehe auch Müller 1981).

Die bis hierher referierten Erkenntnisse konnten in weiteren Studien von Kay (1959, 1962), Roth und Kay (1962) und Kay und Mitarb. (1964b) bestätigt werden. Roth (1959a, 1959b) faßte die Ergebnisse seiner Arbeitsgruppe zusammen: Entgegen den auf Kraepelin, E. Bleuler und Bumke zurückzuführenden Auffassungen (s. Kap. 3.1 bis 3.2), die depressiven Erkrankungen des höheren Lebensalters, deren Ursachen die senile oder arteriosklerotische Involution des Gehirns waren, als eine Einheit zu sehen, wäre in den letzten Jahren deutlich geworden, daß die depressiven Erkrankungen älterer Menschen denen im jüngeren Lebensalter gleichzusetzen wären. Es gäbe einige Gründe für die Annahme, daß gerade diejenigen Patienten, die im Senium erstmals eine seelische Erkrankung funktioneller Art erlitten, Menschen mit einer relativ stabilen und festen Persönlichkeitsstruktur wären. Spätdepressive schienen vor ihrer Erkrankung relativ gut integriert und emotional robust zu sein.

Die wiederholt von Post (1963, 1965, 1968a, b, 1972a, 1972b, 1976, 1978, 1982, Post und Shulman 1985) dargestellten Gedanken wurden von unabhängigen Untersuchern bestätigt (Gibson 1961, Lodge Padge und Mitarb. 1965, Grauer 1966, Ciompi 1968, Vanini 1975, u. a.). Besonders hervorzuheben sind die Bemühungen von Goldfarb (1959a, 1960, 1974b, 1975) zur Differenzierung zwischen den Folgen hirnorganischer Störungen, chronischer körperlicher Erkrankungen und (funktionell-)depressiven Zustandsbildern.

In der zweiten Hälfte des vergangenen Jahrzehnts scheint es, wahrscheinlich auch mit der wachsenden Bedeutung der geriatrischen Medizin, erstmals eine breite Hinwendung zu Fragen der Korrelation zwischen allgemein-körperlichen und hirnorganischen Erkrankungen und gleichzeitig zu beobachtenden depressiven Störungen gegeben zu haben. So gerieten sogenannte organische Depressionen (Tölle 1990) oder Begleitdepressionen bei schweren körperlichen Erkrankungen (Rudolf 1989) stärker in das Blickfeld der klinischen Forschung. Daß unter den körperlich Erkrankten die Gruppe älterer Menschen am größten war, ist naheliegend, bedingt durch das mit dem Alter allgemein steigende Erkrankungsrisiko, die Multimorbidität älterer Menschen und die allgemein höhere Lebenserwartung, die den Anteil älterer Menschen in der Bevölkerung relativ und absolut ansteigen läßt. Die Zahl der Publikationen, die sich mit der Problematik des gemeinsamen Auftretens körperlicher Erkrankungen und depressiver Syndrome befaßt, nahm in bemerkenswerter Weise zu (Eastwood und Corbin 1986, Berkman und Mitarb. 1986, Kinzie und Mitarb. 1986, Borsin und Mitarb. 1986, Kukull und Mitarb. 1986, Phifer und Murrel 1986, Cameron 1987,

Copeland 1988, Gurland und Mitarb. 1988, Harris und Mitarb. 1988, Rapp und Mitarb. 1988a, Derogatis und Wise 1989, Roth 1989, Kennedy und Mitarb. 1989, 1990, Gatz und Hurwicz 1990, Pressman und Mitarb. 1990, Turner und Beiser 1990, Brodaty und Mitarb. 1991, Wolfersdorf 1992, u. a.). Die Frage, ob und wie Ursachenzusammenhänge gesehen werden müssen, bleibt offen und wird eher am Rande diskutiert. Die Diagnostik depressiver Erkrankungen wird durch das gleichzeitige Vorhandensein körperlich bedingter Symptome erschwert (Rapp und Vrana 1989). Zu der körperlichen Erkrankung hinzutretende depressive Störungen können die Mortalität und Morbidität erhöhen (Silverstone 1990).

Nach Post (1962, 1966) bestanden die größten Schwierigkeiten einer differenzierenden Diagnostik darin, daß die zerebralen Funktionen bei älteren Menschen häufig beeinträchtigt waren, insbesondere das Kurzzeitgedächtnis und die daraus resultierende Verschlechterung der kognitiven Funktionen. Gleichzeitig war aber auch bekannt, daß es in der akuten depressiven Krankheitsphase Störungen der kognitiven Funktionen gab (Friedman 1964, Kendrick und Post 1967, Hemsi und Mitarb. 1968, Cawley und Mitarb. 1973, Whitehead 1973a, 1973b, 1974, Kahn und Mitarb. 1975, Sternberg und Jarvic 1976, Miller und Lewis 1977, Strömgren 1977, McAllister 1981, Cohen und Mitarb. 1982, Donneley und Mitarb. 1982, Reifler und Mitarb. 1986, Rovner und Mitarb. 1989, Lopez und Mitarb. 1990, O'Connor und Mitarb. 1990, Olbrich und Mitarb. 1990, Berrios und Bakshi 1991, Wertheimer 1991), auch ohne daß gravierende organische Hirnveränderungen gesehen wurden (Blessed und Mitarb. 1968). Diese Symptome machten die Differentialdiagnostik zwischen beginnender Demenz und depressiver Erkrankung in der zweiten Lebenshälfte offensichtlich schwer (Midenet 1973, Dietrich 1974, Nott und Fleminger 1975, Kahn und Mitarb. 1975, Gurland und Toner 1976, Salzman und Shader 1979, Reisberg und Mitarb. 1980, Shraberg 1980b, Ladurner und Mitarb. 1981, Snow und Wells 1981, Wells 1982, LaRue 1982, Weingartner und Silberman 1982, Weingartner und Mitarb. 1982, Popkin und Mitarb. 1982, Rabins 1983, Heim und Morgner 1983, Kral 1983, Rabins 1983, Feinberg und Goodman 1984, Rabins und Mitarb. 1984, Siegfried und Mitarb. 1984, Zimmer und Lauter 1984, Reding und Mitarb. 1985, Devanand 1985, Siegfried 1985, Bruder 1987, Griffiths und Mitarb. 1987, Reynolds und Mitarb. 1988, Wragg und Jeste 1989, Ames und Mitarb. 1990, Annen und Mitarb. 1991, Kurz und Mitarb. 1991, Kortus 1982, Kuhs 1992, u. a.).

Versuche, mit testpsychologischen Verfahren eine Differenzierung nach organisch bedingten und funktionellen Störungen zu erreichen, brachten auch keine eindeutigen Ergebnisse (Hall 1952, Orme 1955, Botwinik und Thompson 1967, Weckowicz und Mitarb. 1972, Whitehead 1973a, 1973b, Kahn und Mitarb. 1975, Davis und Mitarb. 1978, und von Ammon Cavanaugh und Wettstein 1983, Hart und Mitarb. 1987, Emery und Breslau 1989, Abas und Mitarb. 1990, Lopez und Mitarb. 1990, Harper und Mitarb. (1990). Have und Mitarb. (1991) sahen dagegen solche Möglichkeiten.

Es gab zudem Fehler in der diagnostischen Zuordnung, denn man sah unter den als dement oder präsenil dement diagnostizierten Patienten immer wieder einen recht großen Anteil, bei denen im Verlauf der Erkrankung die Diagnose einer Demenz infolge eines progredienten hirnorganischen Abbauprozesses nicht bestätigt werden konnte (Marsden und Harrison 1972, Nott und Fleminger 1975, Haward 1977, Ron und Mitarb. 1979, Gurland und Mitarb. 1980, Kral 1982, Gurland und Toner 1983, Rabins 1983). Bereits Gaupp (1905) hatte von älteren Depressiven berichtet, die dement wirkten, die aber nach Besserung der Depression keine derartigen Symptome mehr zeigten.

Allgemein ist aus der Literatur bekannt, daß zwischen 10% und 20% der depressiven älteren Patienten deutliche kognitive Defizite zeigen und 3% bis 25% der Patienten mit degenerativen Hirnerkrankungen depressive Symptome entwickeln können (Roth 1955, 1976, Katzman und Karasu 1975, Folstein und McHugh 1979, Demuth und Rand 1980, Rabins 1981, Snow und Wells 1981, Reifler und Mitarb. 1982, Knesevich und Mitarb. 1983, Reding und Mitarb. 1985, Thielman und Blazer 1986, Lazarus und Mitarb. 1987, Oppenheim 1989, Wragg und Jeste 1989, O'Connor und Mitarb. 1990, Burns und Mitarb. 1990, Fischer und Mitarb. 1990). So kann ein hirnorganisches Psychosyndrom im Sinne einer Demenz durch eine depressive Erkrankung nur vorgetäuscht werden (Cavenar und Mitarb. 1979, Good 1981, McAllister und Price 1982), oder umgekehrt kann ein depressives Syndrom auch eine organisch bedingte Demenz verdecken (Liston 1978, 1979, Kiloh 1981, Morstyn und Mitarb. 1982). Andererseits weiß man, daß depressive Syndrome auch die intellektuelle Leistungsfähigkeit hirnorganisch Kranker reduzieren können (Robinson und Mitarb. 1986, Rubin und Mitarb. 1991), es nach aktiver Behandlung der Depression zu einer Besserung kommt, die aber im Laufe der Zeit jedoch wieder schwindet (Reischies und von Spieß 1990). Der einzig sichere Beweis für das Vorliegen einer nicht progredienten, funktionellen Störung war allein durch die Besserung der affektiven und kognitiven Krankheitssymptome durch eine adäquate antidepressive Therapie und die Abwesenheit fortschreitender kognitiver Defizite im weiteren Verlauf der Erkrankung zu führen (Post 1975, Folstein und Mitarb. 1975, Wells 1979, Caine 1981, LaRue und Mitarb. 1986, Reynolds und Mitarb. 1987, Kral und Emery 1989, Georgatos und Mitarb. 1989, Lauter und Dame 1991).

Man sprach in der wissenschaftlichen Diskussion, ging es um die obengenannten Fragen, vom Problem der sog. depressiven Pseudodemenz. Mit diesem diagnostischen Begriff setzten sich auch unter historischen Aspekten Bulbena und Berrios (1986) auseinander: Bereits Wernicke (1906) hatte nach Bleuler (1916) den Begriff der Pseudodemenz verwendet, offenbar aber in Zusammenhang mit der Vorspiegelung von Schwachsinn durch Unfallopfer (Schuppius 1914, Kammerer 1975), womit die Pseudodemenz in die Nähe hysterischer Verhaltensweisen (Ganser-Syndrom) gestellt wurde. Im Zusammenhang mit depressiven Erkrankungen wurde der Begriff der Demenz aber auch immer wieder dann erwähnt (Berrios 1985), wenn es um kognitive Defizite als Komplikationen bei primär als depressiv eingeschätzten Erkrankungen ging.

Nach Bulbena und Berrios (1986) zeigten sich nach der Analyse der neueren Literatur folgende unterschiedliche, jedoch nur unscharf abzugrenzende Vorstellungen von der Pseudodemenz: Sie galt einmal als Beschreibung reversibler kognitiver Defizite im Rahmen von „Involutionspsychosen" (Madden und Mitarb. 1952, Caine 1981), wurde zum anderen als Umschreibung für parodieartige Verhaltensweisen im Sinne der Pseudodemenz von Wernicke benutzt (Kiloh 1961) und zuletzt als Synonym für delirante oder andere Bewußtseinsstörungen (z. B. Vewirrtheitszustände).

Über das Wesen der Pseudodemenz gab es nach den obengenannten Autoren zwei unterschiedliche Vorstellungen: Einmal nahm man an, daß die Pseudodemenz eine eigenständige Form kognitiver Störungen sei (Post 1975, McAllister 1981, 1983, Kramer 1982, Janowsky 1982), zum anderen sah man die Pseudodemenz als ein klinisches Trugbild an, das dadurch entstand, daß es Unklarheiten in der traditionellen begrifflichen Umschreibung der Demenz gab, die Leistungsfähigkeit der benutzten klinischen Untersuchungsinstrumente begrenzt war und biologische Marker fehlten, die zwischen wirklichen, das heißt organisch bedingten, oder nur scheinbaren, das heißt funktionellen kognitiven Defiziten zu trennen halfen. Beide Sichtweisen, so die Autoren, schienen partiell richtig zu sein (s. auch Kiloh 1961, Shraberg 1978, 1980a, 1980b, Wells 1979, 1982, McAllister und Price 1982, McAllister und Mitarb. 1982, LaRue 1982, Azorin und Mattei 1983, Carney 1983, Cummings und Benson 1983, Mahendra 1983, 1984, 1985, Jorm 1986, Lauter und Dame 1991).

Bis heute ist keine Lösung des Pseudodemenzproblems zu erkennen. Mit Sicherheit wird sie nicht dadurch erreicht werden können, daß Extrempositionen eingenommen werden. Mit großer Wahrscheinlichkeit gibt es in der Praxis rein depressionsbedingte scheinbare Demenzphänomene, umgekehrt werden im Rahmen organischer Hirnabbausyndrome auch depressive Verstimmungszustände beobachtet werden können, sogenannte Mischzustände werden aber die Regel sein (Blazer 1980, Feinberg und Goodman 1984). Die diagnostische Einordnung wird daher unter Berücksichtigung ätiologischer Erwägungen sehr wahrscheinlich nur auf einem Kontinuum möglich sein, das von der rein funktionellen depressiven Erkrankung über funktionell-organische Mischzustände bis zu den nahezu ausschließlich organisch bedingten Störungen reicht (s. Abb. 2, Emery und Oxman 1992). Es sollte also immer doppelt diagnostiziert werden. Depression und Demenz müssen jeweils für sich intensiv untersucht werden (Reifler und Mitarb. 1982). Das hatte bereits Müller (1967, 1971) vorgeschlagen.

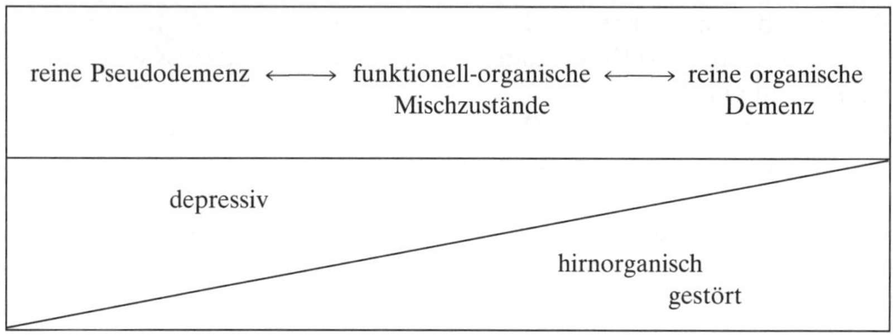

Abb. 2: Das Kontinuum zwischen rein funktionellen und organisch bedingten Demenzzuständen

In der Praxis der Depressionsdiagnostik hat sich der hinsichtlich seiner Aussagekraft intensiv untersuchte Dexamethason-Hemmtest (Carrol 1983) allgemein nicht bewährt. Versuche, zwischen primärer, durch Hirnabbauprozesse bedingter Demenz und funktioneller, reversibler Demenzsymptomatik im Rahmen einer depressiven Erkrankung zu unterscheiden, brachten keine brauchbaren Ergebnisse (Rudorfer und Clayton 1981, 1982, Spar und Gerner 1982, McAllister und Mitarb. 1982, Jenike 1983, Carnes und Mitarb. 1983, Keith 1984, Allen und Pitts 1984, Alexopoulos und Mitarb. 1984a, 1984b, 1985).

EEG-Untersuchungen könnten differentialdiagnostisch hilfreich sein (O'Connor und Mitarb. 1979, Hendrickson und Mitarb. 1979, Nyström und Mitarb. 1986, Brenner und Mitarb. 1986, 1989, Patterson und Mitarb. 1988, Prinz und Vitiello 1989, Kraiuhin und Mitarb. 1990, Pollock und Schneider 1990, Olbrich und Mitarb. 1990, Have und Mitarb. 1991).

Die moderne Schlaflaborforschung machte ebenfalls Anstrengungen, (funktionell-)depressive Patienten von denen zu unterscheiden, die primär unter hirnorganischen Abbauprozessen mit einem Demenzsyndrom litten (Gillin und Mitarb. 1979, Reynolds und Mitarb. 1985a, 1985b, 1986, 1987, 1988a, 1990, Buysse und Mitarb. 1988, Kupfer und Mitarb. 1989).

Weiterhin fanden Jacoby und Levy (1980) mit Hilfe der zerebralen Computer-Tomographie bei depressiven Patienten mit Erstmanifestation nach dem 60. Lebensjahr häufiger eine Erweiterung der Hirnventrikel (Jacoby

1981, Jacoby und Mitarb. 1981, 1983, Calloway und Mitarb. 1981, Jacoby und Bird 1983, Shima und Mitarb. 1984, Dolan und Mitarb. 1985, 1986, Jacoby und Schmidt 1985, Pearlson und Mitarb. 1989, Abas und Mitarb. 1990), nach Jacoby und Ley (1980) und Shima und Mitarb. (1984) häufiger bei Depressiven mit später Erstmanifestation, während Abas und Mitarb. (1990) gerade bei früh Ersterkrankten die erweiterten Ventrikel häufiger sahen.

Die wegen der Exaktheit der Befunde über die CT-Befunde hinausgehende Magnet-Resonanz-Tomographie konnte die computertomographischen Befunde bestätigen (Dupont und Mitarb. 1987, Coffey und Mitarb. 1988a, b, 1990, Coffey und Figiel 1990, Figiel und Mitarb. 1991, Rabins und Mitarb. 1991, McDonald und Krishnan 1992).

Ob man jedoch mit den bildgebenden Verfahren differentialdiagnostisch wesentlich weiter kommt, muß offenbleiben. Zuvor schon hatten Wells und Duncan (1977) vor einer Überbewertung computertomographischer Befunde gewarnt.

Mit der PET-Technik sind bisher erst wenige ältere Patienten untersucht worden. Die Befunde organisch Depressiver unterscheiden sich offenbar von denen der Patienten mit uni- oder bipolaren Affektpsychosen (Pawlik und Mitarb. 1986, Ensle und Foerster 1988).

Gezielte neurobiologische Untersuchungen an Patienten mit einer sogenannten Altersdepression liegen nicht vor (Matussek 1986). Es erscheint auch so, daß ältere Patienten bewußt ausgeschlossen werden, um bei den sehr speziellen Fragestellungen unnötigerweise störende Variablen (altersbedingte Funktionsstörungen) zu eliminieren. Zwar werden gelegentlich auch Daten über die Altersabhängigkeit einzelner neurobiochemischer, -endokrinologischer oder -immunologischer Parameter veröffentlicht (Sachar 1975, Samorajski 1975, Lipton 1976, Langer und Mitarb. 1976, Bartrop und Mitarb. 1977, Robinson und Mitarb. 1977, Checkley 1979, Laakmann 1980, Halbreich und Mitarb. 1980, 1984, Winokur und Mitarb. 1980, Matussek und Mitarb. 1980, Carlson 1981, Gottfries 1981, Katz 1983, Matussek 1983, Brown und Mitarb. 1983, Burch und Goldschmidt 1983, Georgotas und Mitarb. 1984, Philpot 1986, Alexopoulos und Mitarb. 1987, Evans und Nemeroff 1988, Guidi und Mitarb. 1991, u. a.). Bis heute ist es aber kaum möglich, sich ein auch nur schemenhaftes Bild von spezifischen neurobiologischen Veränderungen bei depressiven älteren Menschen zu machen.

Für den klinischen Alltag haben verschiedene Autoren (Ehrenteil 1957, Wells 1978, Lipowski 1980, Blazer 1982, Helmchen 1986, Bruder 1987) differentielle Merkmale der sog. Pseudodemenz und der Demenz zusammengestellt, deren Beachtung eine erste diagnostische Einordnung erleichtern kann (s. Tab. 7). Letztlich aber werden weiterhin allein die Beobachtung des Therapieeffektes der evtl. eingeleiteten antidepressiven

Tab. 7: Differentialdiagnostische Abgrenzung zwischen depressiver Pseudodemenz und Demenz (aus Bruder 1987, nach Wells 1979)

Depressive Pseudodemenz	*Demenz*
– Angehörige erkennen Störungen	– Angehörige erkennen Störungen und ihr Ausmaß oft nicht
– Beginn kann recht genau festgelegt werden	– Datierung des Beginns nur vage
– relativ kurze Dauer der Symptome bis zum Arztkontakt	– normalerweise lange Symptomdauer vor Hilfesuche
– anfänglich schnelles Voranschreiten der Störungen	– schleichende Zunahme der Symptome über gesamte Krankheitsdauer
– anamnestisch evtl. ähnliche Krankheitsperioden	– psychiatrische Anamnese meist leer
– Patient klagt über kognitive Einschränkungen	– normalerweise keine Klagen über kognitive Einschränkungen
– Klagen über diese Einschränkungen sind detailliert	– wenn, dann nur sehr vage Klagen über die kognitiven Störungen
– starke subjektive Betonung des Unvermögens	– das Unvermögen wird eher vertuscht
– auch bei einfachen Aufgaben keine Bemühung	– Freude an der Bewältigung auch trivialer Aufgaben
– Patient versucht nicht, leistungsfähig zu bleiben	– versucht Defizite z. B. mit Erinnerungshilfen (Notizen) auszugleichen
– bedrückte oder gequälte Stimmung	– Stimmung oft gleichmütig
– Selbstabwertung	– eher Selbstüberschätzung (oft als Kompensation)
– Affektveränderung anhaltend	– Affekt schwankend und flach
– Verlust sozialer Aufgeschlossenheit oft früh und auffällig	– soziale Aufgeschlossenheit oft unbeeinträchtigt
– Verhalten stimmt nicht mit Ausmaß der kognitiven Einschränkungen überein	– meist Übereinstimmung zwischen Verhaltensstörung und kognitiver Einschränkung
– nächtliche Zunahme der Störungen selten	– nächtliche Zunahme der Störungen häufig
– Aufmerksamkeit und Konzentration oft gut erhalten	– Aufmerksamkeit und Konzentration normalerweise gestört
– „ich-weiß-nicht"-Antworten typisch	– Beinahe-richtig-Antworten häufig
– Erinnerungsschwäche für frische und weit zurückliegende Ereignisse gleich ausgeprägt	– Erinnerungsschwäche für frische Ereignisse ausgeprägter als für weit zurückliegende
– Erinnerungslücken für spezielle Zeiträume und Ereignisse häufig	– Erinnerungslücken für bestimmte Perioden und Ereignisse ungewöhnlich
– auffällige Leistungsschwankungen bei Aufgaben gleichen Schwierigkeitsgrades	– etwa gleichmäßige Leistungsminderung bei Aufgaben gleichen Schwierigkeitsgrades

Behandlung und des weiteren Verlaufs der Erkrankung die einzige Sicherheit über die Richtigkeit der anfänglichen diagnostischen Zuordnung geben können.

Nach Post (1987) wird den offenen Fragen über die sog. depressive Pseudodemenz und über ihre Stellung auf dem organisch-funktionellen Kontinuum weiterhin wissenschaftlich nachgegangen werden müssen. Das gilt in gleicher Weise für die Frage nach der organischen Genese depressiver Störungen des höheren Lebensalters überhaupt. Die zur Zeit aktuelle Diskussion stellt nur einen Teilaspekt dar. Offensichtlich sind die reversiblen kognitiven Defizite anderer Natur als diejenigen, die im Rahmen hirninvolutiver Prozesse (z. B. beim Morbus Parkinson) auftreten. Daher erscheint es sinnvoller, nicht von Pseudodemenz, sondern von einem „Demenzsyndrom bei depressiver Erkrankung" (Folstein und McHugh 1978) oder einfach von kognitiven Defiziten im Rahmen depressiver Erkrankungen zu sprechen.

Zusammenfassung

Die Suche nach einem Ursachenzusammenhang zwischen somatischen Hirnstörungen und dem Auftreten depressiver Syndrome wurde seit je systematisch vorangetrieben. Die erhobenen organischen Befunde sind jedoch zu grob, als daß sie mit den sehr subtil beschriebenen psychopathologischen Phänomenen korreliert werden könnten. In Anlehnung an einen biologischen Krankheitsbegriff erschien es daher gerechtfertigt, auch von symptomatischen oder körperlich begründbaren Depressionen zu sprechen. Dieser von K. Schneider geprägte Begriff ist aber zu einfach und zudem zu unscharf definiert, so daß er das komplexe, methodische und begrifflich noch nicht ausreichend erfaßte Problem lösen kann. Am ehesten kann daher nach dem heutigen Kenntnisstand von sogenannten Begleitdepressionen bei körperlichen Erkrankungen gesprochen werden.

Neuere Studien weisen darauf hin, daß körperliche und seelische Phänomene zwar in einer irgendwie gearteten Beziehung zueinander stehen können, daß hirnorganisch bedingte und funktionelle depressive Syndrome aber auch unabhängig voneinander vorhanden sein können.

Eindeutige Aussagen über wahrscheinliche ursächliche Zusammenhänge sind erst dann möglich, wenn einmal das eher wissenschaftstheoretisch-philosophische Problem der psychophysischen Beziehungen einer Lösung nähergebracht sein wird und zweitens gleichzeitig die somatischen Untersuchungsmethoden so weit entwickelt sind, daß Ergebnisse aus Untersuchungen so differenziert und spezifisch sind, daß sie mit den subtil beschriebenen psychopathologischen Phänomenen in Beziehung gesetzt werden können. Die moderne Forschungspraxis verhält sich heute eher pragmatisch. Sie registriert gleichzeitig körperliche und seelische Phänomene, entwickelt aber nicht vorschnell irgendwelche, den Beurteilungsspielraum einengenden Zusammenhangshypothesen. Das ist auch in der jüngsten Diskussion über die sog. depressive Pseudodemenz zu erkennen.

5.3 Veränderungen des Hormonhaushaltes (Klimakterium und Menopause)

Die mit steigendem Alter defizitären Veränderungen im Hormonhaushalt des Menschen wurden schon immer als typische Zeichen des Alterungsprozesses angesehen. Deshalb war es kein Zufall, daß bei der Frage nach den Ursachen depressiver Phänomene des höheren Lebensalters auch die menopausalen Zyklusveränderungen der Frau, aber auch die weniger gut erkennbaren, jedoch stets vermuteten hormonalen Veränderungen beim Mann in die Überlegungen einbezogen wurden.

5.3.1 Der Beginn endokrinologischer Fragestellungen

In der älteren Psychiatrie wurden Melancholie und Klimakterium in keinem direkten ursächlichen Zusammenhang gesehen (Guimball 1884), obwohl bereits Schlager (1858) den „Vorgang der eintretenden Involution überhaupt" als höchst bedeutungsvoll ansah. In dieser Lebensperiode konnten Geisteskrankheiten spontan auftreten, insbesondere Melancholien und Hypochondrien (s. auch Farnham 1887, Aldrich 1897, Overall 1899). Kisch (1874) vermutete, daß die „congestive Hyperämie des Gehirns . . . zu Störungen des Seelenorgans Veranlassung geben" konnte. Auch eine „veränderte Blutmischung" wirkte auf das Gehirn. „Ein mächtig eingreifendes psychisches Moment" war der Gedanke, „nun die Jugend und ihre Freuden verloren zu haben, der Attribute der Weiblichkeit verlustig zu sein, die Fortpflanzungsfähigkeit eingebüßt zu haben". Die Furcht der Frauen vor der schweren kritischen Zeit, zum Beispiel dem Ausbleiben der Periode, dem Entstehen von Krebs der Brust, der Gebärmutter usw., spielte eine große Rolle. Frauen, die stets sehr erregbar und reizbar gewesen waren, deren Seelenzustände sich „ohnedies in exaltiertem Zustand" befanden, litten begreiflicherweise eher darunter. Die psychischen Störungen des klimakterischen Alters hatten jedoch den gewöhnlichen Charakter wie andere Geisteskrankheiten, zeigten weniger „furibunde manialkalische Formen, dafür meistens das Bild der Depression, tiefer Gemütsverstimmung, trauriger Affekte, also Bilder von Melancholie und Hysterie".

Auch von Krafft-Ebing (1878) war der Auffassung, daß es „kein klimakterisches Irresein als Krankheitsform" gab. Das Klimakterium bildete nach seiner Meinung „nur eine bald prädisponierende, bald akzidentelle Ursache, wobei allerdings gewisse, die Krankheit einleitende pathogenetische Momente sowie gewisse von den Sexualorganen ausgehende und in Zusammenhang mit dem klimakterischen Prozeß stehende, ins Bewußtsein gelangende Empfindungen oder unbewußt wirkende Erregungsvoränge dem Krankheitsbild und -verlauf Züge verleihen können, die einen Wahrscheinlichkeitsschluß auf die klimakterische Ursache" gestatteten. Schüle (1886) erwähnte zwar die klimakterischen und senilen Melancholien, die in ihrer chronischen Form „auch den Charakter des Wahnsinns" annehmen konnten, erkannte eine direkte ursächliche Beziehung zwischen diesen involutiven Vorgängen und der Krankheitsentstehung jedoch wie auch Börner (1886), Brühl (1887), Mattusch (1889) und Goodall und Craig (1894) nicht an. Trotzdem war das Klimakterium ein „höchst gefahrvoller Wendepunkt in dem Entwicklungsgange" der Frau (Brühl 1887).

Kracauer (1887) sah zwischen Lebensalter und Krankheitsbild engere Beziehungen, denn jedem Alter entsprach „eine bestimmte Durchschnittsentwicklung des Gehirns, jedem Entwicklungszustand [kam] eine ihm eigentümliche Ausbildung der Funktionen zu; daher die charakteristische Signatur der pathologischen Abweichungen". Mit diesen Überlegungen machte er wohl als einer der ersten einen Schritt hin auf die von Kraepelin intendierte nosologische Einteilung. Ein Jahr später berichtete Werth (1888) vom häufigen Auftreten psychischer Alterationen, insbesondere von Melancholien nach Operationen am weiblichen Genitale, nach Totalexstripationen und Ovariotomie.

Conklin (1889), Ziehen (1895), Hoche (1897) und MacLachlan (1897) beobachteten ein häufigeres Auftreten von periodischen Melancholien und anderen psychischen Störungen kurz vor oder bald nach dem Ausbleiben der Menses.

Die Assoziierung des Auftretens der Melancholie an eine spezifische Lebensperiode war also schon in Ansätzen vorhanden. Das Klimakterium wurde als ein Faktor angesehen, der die Erkrankung bei vorhandener Anlage auslösen und den Verlauf beeinflussen konnte.

Klinische Studien (Berger 1907) bestätigten auch noch zu Beginn des Jahrhunderts die schon frühere Skepsis gegenüber der Annahme einer direkten Wirkung klimakterischer Veränderungen auf die Entstehung der Involutionsmelancholie. E. Kretschmer (1919) meinte, daß auf dem durch biologische Ursachen (des Klimakteriums) veränderten Gemütsgrund seelische Erlebniswirkungen einen besonders geeigneten Nährboden fanden. Erst als die Erforschung endokriner Störungen Fortschritte machte, wurden eindeutigere Hypothesen entwickelt, so von Ewald (1921), der eine endokrine Genese des manisch depressiven Krankseins annahm. Schon vorher stellte Mendel (1910, 1922), nachdem nahezu übereinstimmend ein Klimakterium allein bei Frauen beschrieben worden war, auch ein

Klimakterium virile heraus, gegen dessen Vorkommen Hoche (1928) heftig polemisierte.

1922 berichteten Strecker und Keyes erstmals über eine Behandlung der Involutionsmelancholie mit Ovarialhormonen (s. Kap. 6.2). Sie gingen von der Hypothese aus, daß die endokrine Unausgeglichenheit für die Entstehung psychopathologischer Syndrome der Menopause, und damit auch der Involutionsdepression, ein Faktor von erheblichem Gewicht sein konnte. Zwischen den Symptomen der normalen Menopause und den psychotischen Störungen bestand für sie kein qualitativer, sondern nur ein quantitativer Unterschied. Mit der Injektion von Gelbkörper- und Ovarialextrakten konnten Besserungen erzielt werden, doch wurden die Ergebnisse recht kritisch interpretiert. Gaunt (1923) bestätigte die positiven Therapieeffekte mit Drüsenpräparaten. Für ihn war die Involutionsmelancholie eine hormonbedingte Erkrankung. Juarros (1924) versuchte, die Folgen von innersekretorischen Unterfunktionen gegen psychotische Krankheitsbilder abzugrenzen. Überwiegend jedoch blieb man bei den ätiologischen Erwägungen zurückhaltend (Halban 1923, Kryspin-Exner 1923, 1924, Bumke 1924, Kehrer und Kretschmer 1924).

Trotz des vermehrten Auftretens depressiver Störungen in der Zeit des Klimakteriums (Wilhelmi 1927, Wexberg 1928) oder der durch Röntgenkastration provozierten Menopause (Feldberg 1927, Krauss 1932) sah man keine Möglichkeit, ein klimakterisch bedingtes Krankheitsbild zu umschreiben (von Witzleben 1928, Pappenheim 1930, Runge 1930, Jacobi 1930, 1932). Man verwies häufig auf die klimakterisch bedingte „tiefgehende Wandlung der psychologischen Situation“ (Krauss 1932), der man ätiologisch das Hauptgewicht zuschrieb. Immer wieder aber wurde die auffällige Häufigkeit reaktiver und psychotischer Störungen in der Zeit des Klimakteriums hervorgehoben (Jameison und Wall 1931/32, Farrar und Franks 1931, Fünfgeld 1931, Saunders 1932, Mazer und Israel 1935).

5.3.2 Die Hormondefizit-Theorie

Nach ersten Therapieerfahrungen mit Ovarialhormonen von Strecker und Keyes (192) und Fortschritten der Grundlagenforschung versuchten Bowman und Bender (1932) die Hormontherapie bei Patienten mit depressiven Erkrankungen der zweiten Lebenshälfte erneut anzuwenden. Die Involutionsmelancholie definierten sie nach den Kriterien von Hoch und MacCurdy (1922, s. Kap. 3.5). Die Behandlungsergebnisse waren unterschiedlich. Depressive mit Symptomen wie Entschlußlosigkeit, Wahn und hypochondrischen Zügen wiesen keinen guten Therapieeffekt auf.

Einerseits war damit ein erster ätiologisch orientierter Ansatz für das

Verständnis der Entwicklungsbedingungen depressiver Erkrankungen in der zweiten Lebenshälfte zumindest in Andeutungen gefunden worden. Andererseits aber war die deutlich erkennbare Zurückhaltung von Strecker und Keyes (1922) und Bowman und Bender (1932) hinsichtlich pathogenetischer Mutmaßungen berechtigt. Kehrer (1939) meinte für seine Zeit zusammenfassend, daß die Grundlagen für die Umschreibung von Psychosen, deren wesentliche Ursachen im Klimakterium als solchem lägen, von vornherein sehr schwach wären. Positive Hinweise auf ein pathologisches Klimakterium wären als „einzige haltbare Grundlagen für die Anerkennung echter klimakterischer Psychosen" auf körperlichem Gebiet bislang nicht beigebracht worden. Das Klimakterium würde als krankmachendes Agens außerordentlich überschätzt. Der wichtigste krankmachende Faktor in den Übergangsjahren wäre nicht das Altern der Ovarien, sondern die überwertige Idee von den großen Gefahren dieses Überganges für das ganze weitere Lebensglück. Viele psychische Ausnahmezustände im Klimakterium wären daher als „Erwartungsneurosen aufgrund des matten Aberglaubens von der krankmachenden Wirkung der Übergangsvorgänge" aufzufassen, entständen mit Hilfe einer „dunklen Macht der hypochondrisierenden Idee". Für die Entstehung der klimakterischen Psychosen und Psychoneurosen spielte der ovarielle Faktor die geringste Rolle. Dennoch hätte die Idee von der hormonalen Genese insbesondere in den USA eine solche Ausstrahlungskraft, daß sich in ihrer Folge ein großer therapeutischer Enthusiasmus breitmachte, dem aber nach wenigen Jahren eine herbe Ernüchterung folgte.

Die Hormondefizit-Theorie, wie sie von Werner und Mitarb. (1934, 1936, 1941) und in differenzierterer Form von Davidoff und Russ (1954) vertreten wurde, konnte sich nicht durchsetzen (s. Kap. 6.2). Immer wieder jedoch wurde auf die ätiologische Bedeutung der hormonalen Veränderungen, d. h. der Menopause, hingewiesen (Dickmeiss 1940, Novak 1940, Hemphill und Reiss 1940, Burckhardt 1941, Kluge 1942, Ripley und Papanicolaou 1942, Sadler 1942, Ulrich 1942, Werner 1945, Malleson 1953, Cotte 1963, Nikula-Baumann 1964, 1971, Nikula-Baumann und Hiisi-Brummer 1968, Achté 1970, Ballinger 1975). Dagegen äußerten Alcober (1943), Rush (1952), Wright (1954), Meyer und Reisinger (1958), Sjögren (1964), Rustige (1966), J. E. Meyer (1972), Winokur (1973) und Winokur und Cadoret (1975) Bedenken gegen eine zu enge Korrelation von Häufigkeit der Entstehung depressiver Störungen und Eintritt in die Menopause. Hallström (1973) und McKinley und Jeffreys (1974) lehnten einen Zusammenhang zwischen dem Auftreten der Menopause und einer Häufung depressiver Ersterkrankungen ab. Neuere Untersuchungen zeigten jedoch eine leicht erhöhte Prävalenzrate von Depressionen während der Zeit des Klimakteriums und der beginnenden Menopause (Weissmann und Mitarb. 1984, Hallström und Samuelsson 1985).

Auch heute noch kann mit M. Bleuler (1964) festgestellt werden, daß es bisher nicht überzeugend gelungen ist, „bei Patientinnen mit Verstimmungen und anderen psychischen Störungen im Klimakterium . . . wesentlich andere Hormonbefunde zu erheben, als sie auch oft bei Frauen erhoben werden, die diese endokrinen Umstellungsphasen ohne psychische Störungen durchmachen“. Es müssen also andere Ursachenfaktoren dafür verantwortlich gemacht werden.

Die Diagnostik einer klimakterisch oder menopausal bedingten Depression ist fraglos schwierig. Wenn nämlich ein Arzt mit psychischen Symptomen einer Frau in einem für das Auftreten des Klimakteriums oder der Menopause typischen Alter konfrontiert wird, hat er zu überlegen, ob die Frau nach dem Hormonstatus tatsächlich in der Menopause ist, ob die Symptome möglicherweise Folgen der menopausenbedingten körperlichen Beschwerden sind, ob sie neue Symptome sind, die ein eigenständiges menopausenbedingtes Krankheitsbild konstituieren, oder ob sie Exazerbartionen einer psychiatrischen Erkrankung sind, die zuvor schon zumindest ansatzweise zu erkennen war (Schmidt und Rubinow 1991).

Andere Autoren begründeten ihre Vorstellungen über die ursächliche Beziehung zwischen psychischen Störungen und einer Negativbilanz der hormonalen Steuerung mit ihren Erfahrungen bei der Substitutionsbehandlung mit Sexualhormonen. Die Ergebnisse der systematischen Grundlagenforschung jedoch sind bis heute noch äußerst karg (Klaiber und Mitarb. 1972, Itil und Mitarb. 1974, Herrmann und Beach 1976, 1978a, 1978b, Herrmann und Mitarb. 1978).

Wie die neurochemische Forschung orientierte sich die allgemeine endokrinologische Forschung ebenfalls nicht an den vermeintlich altersspezifischen depressiven Erkrankungsformen oder diskutierte auch nicht deren besonderen diagnostischen Status (Sachar und Mitarb. 1976, Ettigi und Brown 1977, Prange und Mitarb. 1977, Mattussek 1978). Wurden zur Trennung von untersuchten Populationen altesspezifische Trennkriterien herangezogen, war das die Menopause, da die Frage, ob eine Frau sich noch vor oder schon in der Menopause befand, unter endokrinologischen Gesichtspunkten wichtig ist (Altmann und Mitarb. 1975, Gruen und Mitarb. 1975). Es sind also keine spezifischen Aussagen zu dem hier diskutierten Thema zu finden. Im zurückliegenden Jahrzehnt schwand das Interesse an der Fragestellung, ob Hormondefizite in Klimakterium oder Menopause eine spezielle Form der Altersdepression hervorrufen können, immer mehr, während die neuroendokrinologisch orientierte allgemeine Depressionsforschung weitere Fortschritte machte. In jüngerer Zeit wurde aber doch wieder versucht, eine Korrelation zwischen den klimakterisch bedingten hormonalen Veränderungen und den psychischen Störungen in dieser Lebensphase herzustellen (Schmidt und Rubinow 1991).

5.3.3 Die konvergierende Sicht im Sinne einer „psychosomatischen" Betrachtungsweise

Ungeachtet einzelner Einwände gegen die sog. Hormondefizit-Theorie wurde aber weiterhin auch die Auffassung vertreten, daß zumindest bei Frauen mit prädisponierender emotionaler Instabilität ein abruptes Absinken der Ovarialfunktionen häufig schwere psychische und somatische Reaktionen provozieren konnte. Zunehmend jedoch verlagerte sich der Blick auf die veränderte individuelle Lebenssituation und die daraus resultierende Erlebnisverarbeitung.

Losgelöst von Fragen der Klassifikation bemühte man sich um eine systematische Erfassung von menopausenbedingten körperlichen und seelischen Störungen, dem sogenannten Menopausensyndrom (Owen 1945, Greenhill 1946, Haffter 1952, Weed 1953, Davidoff und Russ 1954, Davidoff 1956, Mayer 1961, Wilson und Wilson 1963, Dalton 1964, Neugarten und Kraines 1965, Bettendorf 1967, Arnold 1969, Jaszmann und Mitarb. 1969, Schirren 1969, Maoz und Mitarb. 1970, Krüskemper 1972, Prill 1972, Maas 1974, McKinley und Jeffreys 1974, Paetz und Mitarb. 1975, Rauramo und Mitarb. 1975, Greene 1976, Dominian 1977, Greene und Cooke 1980, Bungay und Mitarb. 1980, McKinley und Mitarb. 1987).

Schwere Störungen im Sinne einer Involutionsmelancholie hatten aber eine andere Genese (Haffter 1952). Wenn Frauen über Störungen klagten, war eine Übererregbarkeit des sympathischen Nervensystems mit Störungen im psychischen Bereich, wie zum Beispiel Angst, vorhanden, die zahlreiche Gründe hatte. Die wichtigsten waren das individuelle Selbstkonzept, Veränderungen der weiblichen Rolle, Verlust der Kinder, Krankheiten in der Umgebung, Tod nahestehender Menschen und die Schwierigkeit, neue Freunde zu finden. Das Klimakterium provozierte von sich aus keine psychiatrischen Erkrankungen, offenbarte aber doch klinische Erscheinungsbilder, weil die psychischen Abwehrmechanismen wegen der zusätzlichen Belastung durch die neuen Anpassungsanforderungen nicht mehr aufrechterhalten werden konnten (Ross (1951).

Nach Greenblatt (1952) gab es drei Einflußfaktoren: die Schnelligkeit des Rückganges der Ovarialaktivität, die Empfindlichkeit des vegetativen Nervensystems und die emotionale Instabilität des Individuums. Abhängig von der Disposition, der psychosomatischen Konstitution, den prämorbiden Einflüssen, psychosozialen Faktoren usw. konnte, mußte aber nicht, jedes Individuum seine spezifischen Reaktionen entwickeln. Wie bereits Kant (1926) und die älteren Psychiater sprach Jeffcoate (1960) davon, daß das Klimakterium einen physiologischen Test der Persönlichkeit darstellte. Schlagwortartig zusammengefaßt konnten sich folgende Konflikte zeigen: Verluste der Jugendlichkeit, der Fraulichkeit, der sozialen Rolle in der

Familie durch Weggang der Kinder (Deykin und Mitarb. 1966), Verlust des weiblichen Selbstvertrauens usw.

Die Diskussion veränderte sich durch diese neuen Perspektiven in der Weise, daß die im Zusammenhang mit dem Klimakterium auftretenden psychischen (und körperlich-funktionellen) Störungen nun als neurotische Fehlentwicklungen interpretiert und behandelt werden sollten (English 1954, Israel 1954, Rogers 1956, Prill 1964, 1966, 1972, Condrau 1965, Greenblatt 1965, Osofski und Seidenberg 1970). Kehrer (1959) sprach von einer „Psychoneurotik der zweiten Lebenshälfte".

Benedek (1950, 1959, 1975) beschrieb den Begriff Klimakterium als einen psychischen Prozeß, der die Menopause begleitete. Unter Menopause verstand sie eine körperliche physiologische Involution im Rückbildungsalter. Das Klimakterium war für sie keine kritische, sondern eine normale Entwicklungsphase. Sie charakterisierte die unter klimakterischen Störungen leidenden Frauen folgendermaßen: sie wären weich, ängstlich und unsicher mit dem Gefühl, das Lebensziel nicht erreicht zu haben. Daraus entwickelten sich Pseudosexualität und Aktivität, aber auch Depressionen von melancholischem Typ: Die Frauen hätten zuerst großes Vertrauen in ihre Arbeitsfähigkeit, beherrschten die Familie, litten im Klimakterium unter innerer Frustration, würden dann intolerant, überaktiv und überproduktiv. Später entwickelte sich bei ihnen ein depressives Syndrom, eine schwere agitierte Depression. Die Menopause war aber nicht die Ursache, diese lag vielmehr in der Schwierigkeit mit der in der neuen Entwicklungsphase notwendigen psychologischen Reorganisation. Die Involutionsmelancholie war somit in den meisten Fällen eine reaktive, psychoneurotische Depression, die von den organisch bedingten Involutionspsychosen abgegrenzt werden konnte. Sie war ein somato-psychischer Prozeß, in dem Anpassungsfähigkeit und Rigidität eine gewisse Rolle spielten. Zwischen der anaklitischen Depression bei Kindern und der Depression im höheren Lebensalter bestand eine grundsätzliche Ähnlichkeit.

Zur Psychodynamik der speziell im Klimakterium auftretenden Störungen nannte McCandless (1964) folgende Stichworte: emotionale Schwierigkeiten beim Übergang von der sozio-biologischen Rolle vor und nach dem Aufhören der Menses, abrupter und traumatischer Wechsel im Selbstkonzept, Diskontinuität im Lebensbereich und das Wiederaufleben früherer ungelöster Probleme. Er sah folgende drei Entwicklungsstadien des Krankheitsbildes: die Periode der ersten Erfahrung, die Angst und Sorgen hervorrief, die Periode des Erschreckens, in der reaktive Depressionen entstehen konnten, und die Monate oder gelegentlich Jahre dauernde Periode der Reorganisation oder Reintegration, in der schwere melancholische Zustandsbilder auftreten.

Nach Dalton (1964) wurden insbesondere Frauen krank, die keine Kinder hatten, oder solche, die zuvor schon unter Wochenbettdepressionen gelitten hatten. Dieser Ansicht widersprachen die Auffassungen von Bart und Grossmann (1978) und Notman (1979), daß nämlich gerade Mütter im Zusammenhang mit der Menopause unter einem größeren Erkrankungsrisiko für Depressionen standen.

Heute wird insbesondere aus gynäkologischer Sicht angenommen, daß depressive psychische Veränderungen im Klimakterium (womit nicht Depressionen im engeren Sinne gemeint sind) in einem Zusammenhang mit einer Ovarialinsuffizienz gesehen werden müssen. In der hormonalen Involutionsphase bestünde eine Störung der Balance des hypothalamisch-dienzephalen Regelsystems (Lauritzen 1973), wodurch latente körperliche Symptome manifest würden und spezifische Abwehrmechanismen der Persönlichkeitsstruktur versagen könnten. Verborgene und frühere emotionale Krisen, Erkrankungen und Störungen könnten in Bewegung gesetzt werden (Achté 1970). Soziale Bedingungsfaktoren spielten weiterhin eine wesentliche Rolle (Kopera 1973), auch altersspezifischer Streß (Ballinger und Mitarb. 1979, El-Guebaly und Mitarb. 1984), soziokulturelle Einflüsse (Notman 1979), zum Beispiel das Fehlen eines allgemein verbreiteten Verständnisses für die physiologischen und psychologischen Veränderungen in der Menopause, und die negative Einstellung zu diesem Problem (Göppert 1966, Cyran 1974, Flint 1975). Die Streßtoleranz würde sich in einer Zeit verringern, in der die Flexibilität bei der Suche nach neuen Quellen der Befriedigung ebenfalls nachließe (Detre 1968). Die Möglichkeit der Auseinandersetzung mit der neuen Lebensphase würde weitgehend von der persönlichen Reifung des Individuums abhängen (Condrau 1969). Die erforderliche Reifung wäre nach Brown (1976) dann vorhanden, wenn der Betroffene nicht total von anderen Personen abhängig wäre und sich hinreichend flexibel in der Lage fühlte, seine Ziele und Absichten danach zu verändern, ob er sie als sinnvoll und notwendig ansähe.

Neben depressiven Symptomen, die oft hinter vegetativen Beschwerden „maskiert" sein konnten, fanden sich Depersonalisationssymptome (Prill 1964), Müdigkeit und Niedergeschlagenheit (Jaszman 1973), Nachlassen der geistigen Leistungsfähigkeit und Spannkraft in Richtung auf eine „nervöse Erschöpfung" (Kopera 1973), hypochondrische Befürchtungen (Krüskemper 1975), vermindertes Selbstwertgefühl mit depressiven, paranoiden und psychosomatischen Beschwerden (McCranie 1974, Ballinger 1977, Wenderlein 1980). Die Konflikte, die oben angedeutet wurden, erschienen „somatisiert".

Zusammenfassung

In der älteren Psychiatrie wurden zwar Zusammenhänge zwischen dem Klimakterium und dem Auftreten depressiver Störungen diskutiert, jedoch keine unmittelbaren Ursachenzusammenhänge festgestellt. Diese Diskussion setzte sich auch in der Zeit nach Kraepelin ohne wesentliche neue Ergebnisse fort. Erst die Erforschung endokriner Funktionen schien weiterzuführen.

In den USA entstand die mit großem Enthusiasmus vorgetragene Hormondefizit-Theorie depressiver Störungen. Nach dem Scheitern dieses ätiologischen Ansatzes wurde eine offenere, „psychosomatisch" orientierte Diskussion über die Einflüsse von Veränderungen des Hormonhaushaltes geführt.

Moderne endokrinologische Untersuchungen stehen erst am Anfang. Bis heute läßt sich für die Praxis feststellen, daß im Klimakterium, wahrscheinlich bedingt durch eine defizitäre Hormonbilanz, Befindlichkeitsstörungen unterschiedlichster Art auftreten können, in deren Rahmen auch depressive Symptome erkennbar sind. Sie sind Teil einer unspezifischen Reaktion auf grundlegende Veränderungen im körperlichen, aber auch im psychosozialen Bereich des alternden Menschen.

5.4 Innerseelische Entstehung und Entwicklung (Psychogenese)

Über die Entstehung psychischer Störungen auf seelischer Ebene („Psychogenese") gibt es seit Jahrhunderten zahlreiche Theorien (Birnbaum 1928, Rothschuh 1978). Besonders in der Phase der „romantischen Medizin", die der Spekulation einen weiten Raum beließ, wurden unter religiös oder philosophisch gefärbten Perspektiven Hypothesen entwickelt, die sich weitab von der Praxis in sublimen, heute kaum noch nachvollziehbaren Dimensionen bewegten. Erst durch die sich zur traditionellen Psychiatrie parallel entwickelnden Psychoanalyse wurde die Suche nach Ursachenfaktoren, später auch die Interpretation von Symptomatik und Verlauf depressiver Erkrankungen des höheren Lebensalters wirklich bereichert.

Bereits 1910 berichtete Maeder von der Psychoanalyse einer Melancholie, womit eine depressive Phase im Verlauf einer manisch-depressiven Erkrankung gemeint war. Die grundlegenden theoretischen Arbeiten von Abraham (1911, 1916, 1924) und Freud (1916), vor allem aber der neue, von der psychoanalytischen Theorie geprägte Denkstil führten alsbald dazu, daß neben der Somato- auch die Psychogenese der sogenannten Involutionsmelancholie zunehmend diskutiert wurde. Andererseits hatten die Vertreter der traditionellen Psychiatrie auch schon früher seelische Ursachen und Auslöser bei der Entstehung depressiver Erkrankungen vermutet. Die Vorstellungen Freuds standen in der Denktradition jener Zeit, denn auch er meinte, daß bei der Entstehung der Melancholie ein organischer Faktor eine wesentliche Rolle spielte (Freud 1916). Es fehlte aber eine umfassende

Theorie, die die verschiedensten Meinungen bündeln und dem psychogenetischen Denken eine bestimmte Richtung geben konnte.

Die psychoanalytische Theorie ging von der kraepelinschen Krankheitseinteilung aus und sah, zum Teil bis heute (Schilder 1940, Greenacre 1953, Jacobson 1971), in der Melancholie die depressive Verstimmung im Rahmen manisch-depressiver Krankheitsbilder (Abraham 1911, Freud 1916). Die Verlagerung der Interessen der Psychoanalyse auf die „rein neurotischen" Störungen erfolgte erst später.

Gegenüber den Zuordnungsproblemen der traditionellen Psychiatrie nahm Freud (1916) eine distanzierte Stellung ein. Aber auch gegenüber der Verbindlichkeit seiner eigenen Aussagen zeigte er sich vorsichtig: „Melancholie, deren Begriffsbestimmung auch in der deskriptiven Psychiatrie schwankend ist, tritt in verschiedenartigen klinischen Formen auf, deren Zusammenfassung zur Einheit nicht gesichert scheint, von denen einige eher an somatische als an psychogene Affektionen mahnen. Unser Material beschränkt sich, abgesehen von den Eindrücken, die jedem Beobachter zu Gebote stehen, auf eine kleine Anzahl von Fällen, deren psychogene Natur keinem Zweifel unterlag. So werden wir den Anspruch auf allgemeine Gültigkeit unserer Ergebnisse von vornherein fallenlassen und uns mit der Erwägung trösten, daß wir mit unseren gegenwärtigen Forschungsmitteln kaum etwas finden würden, was nicht typisch wäre, wenn nicht für eine ganze Klasse von Affektionen, so doch für eine kleinere Gruppe."

Das in seinen grundsätzlichen Annahmen noch heute geltende Konzept der psychodynamischen Entwicklung der Melancholie, das hier nicht noch einmal dargestellt werden kann, wurde von Rado (1927), Gerö (1936), Klein (1940, 1960), Greenacre (1953), Cohen et al. (1954) und unter ich-psychologischen Gesichtspunkten von Bibring (1952, 1953), Zetzel (1953) und Jacobson (1971) fortgeführt und erweitert (Wisdom 1967, Fischer 1976).

5.4.1 Vereinfachte Ansätze der psychoanalytischen Theorie

Die psychoanalytische Theorie der Depressionsentstehung bewegt sich auf einem sehr hohen theoretischen Niveau und setzt eine profunde Kenntnis der psychoanalytischen Theorie im allgemeinen voraus (Mendelson 1974). Der Weg von der Abstraktion zurück zur praktischen Verwirklichung dieser Gedanken ist schwierig und mit allen im Laufe der Entwicklung der psychoanalytischen Lehre hinzugekommenen Ergänzungen, Differenzierungen und Einschränkungen zunehmend komplizierter und unüberschaubarer geworden. Diese Entwicklung hat, das kann für die Probleme der depressiven Erkrankungen im höheren Lebensalter mit Sicherheit angenommen werden, zu einem Auseinanderrücken von Theorie und Praxis geführt.

Keiner der als „klassisch" geltenden Autoren der Psychoanalyse hat sich intensiv mit Depressionen der zweiten Lebenshälfte beschäftigt. Zu sehr war man noch mit allgemeinen Fragen der Theorie befaßt. Aus theoretischen Erwägungen waren zudem auch durch Freud selbst gewichtige Einwände gegen die analytische Psychotherapie bei älteren Menschen erhoben worden. Dennoch wurden Denkansätze der Psychoanalyse für die Interpretation seelischer Probleme des alternden Menschen fruchtbar angewendet. Der Boden dafür war in der psychiatrischen Praxis durch die in den USA weit verbreitete Anerkennung der „psychobiologischen" Betrachtungsweise A. Meyers, der bei den seelischen Krankheiten von Reaktionstypen statt von umschreibbaren eigenständigen Krankheitsbildern sprach, sehr gut vorbereitet (s. Kap. 3.5). In seinem polyaxiomatischen Ansatz fand die psychoanalytische Theorie ihren eigenen, wenn auch (aus der Sicht der „reinen" Psychoanalyse gesehen) relativierten Platz. Die noch abstrakte psychoanalytische Lehre wurde vereinfacht und damit operationalisierbar.

Allein H. Deutsch (1925) beschäftigte sich als bedeutende ältere psychoanalytische Autorin mit den speziellen weiblichen Problemen des höheren Lebensalters. Das Klimakterium war ihr zufolge das letzte traumatische Erlebnis der Frau als Sexualwesen, das unter dem Zeichen einer unkorrigierbaren narzißtischen Kränkung stand. Im vollen Parallelismus zum körperlichen Vorgang stellte es im Schicksal der Libido eine „Rückbildungsphase" dar. Die realen Versagungen dieser Lebensperiode, die mit dem Abbau libidinöser Bedürfnisse nicht parallel liefen, schafften eine psychische Situation, deren Bewältigung eine große seelische Leistungsfähigkeit abforderte. Im Klimakterium wurde dem weiblichen Wesen all das zurückgenommen, was ihm die Pubertät gegeben hatte. Gleichzeitig mit den genitalen Rückbildungsprozessen setzte die „schönheitsspendende Tätigkeit der inneren Drüsensekretion" aus, die sekundären Geschlechtsmerkmale standen unter dem Zeichen des Verlorengehens der Weiblichkeit.

Ansätze einer vereinfachten psychogenetischen Betrachtungsweise in der Psychiatrie sind bei MacCurdy (1925) zu erkennen, der noch gemeinsam mit Hoch (Hoch und MacCurdy 1922) für eine Eigenständigkeit der Involutionsmelancholie gegenüber den revidierten Vorstellungen von Dreyfus (1907) und Kraepelin (1913) plädiert hatte. Die prämorbide Persönlichkeitsstruktur war nach seiner Auffassung bei den Involutionsmelancholikern primär unauffällig. Ursachenfaktoren mußten, so schloß er, wahrscheinlich in einer unerträglichen aktuellen Lebenssituation zu suchen sein, die von einem spezifischen konstitutionellen Defekt im Patienten selbst unabhängig waren. Konservativismus, Angst vor dem Tod und Probleme mit der Umwelt bewirkten ein spezifisches Persönlichkeitsverhalten, denn durch die Auseinandersetzungen mit der Umwelt mußte auch der betroffene Mensch sich verändern. Unsterblichkeit wurde erreicht, wenn Meinungen und

Grundhaltungen nicht modifiziert wurden. Gleichzeitig entstanden Eigensinn, Geiz und Ruhelogiskeit, die dem Bedürfnis entsprangen, den Kontakt mit der Welt aufrechtzuerhalten. Oft konnten im persönlichen Bereich egoistische Verhaltensweisen gesehen werden. Ähnliche Gedankengänge stellte später Schilder (1940) dar.

5.4.2 Alterstypische seelische und körperliche Phänomene von offensichtlich psychogenetischer Relevanz

In der Strukturanalyse klimakterischer Psychosen durch Kant (1926) gewannen auch in Deutschland psychogenetische Gesichtspunkte an Bedeutung. Persönlichkeit, Situation und das Klimakterium selbst waren ineinander verflochten und führten zu Verhaltensänderungen, die letztlich als Krankheit erschienen. In seiner Arbeit über die Psychologie der Depression ging Kant (1928) über die nur phänomenologische Betrachtungsweise der traditionellen Psychiatrie hinaus und versuchte, die Psychogenese des Krankheitsbildes anhand der psychoanalytischen Theorie darzustellen. Dem Klimakterium kam die Bedeutung eines biologischen Vorganges im Sinne einer Umwandlung zu. Daraus entwickelten sich psychologische Folgen: „Die klimakterische Frau befindet sich in einer Situation, die durch den polaren Gegensatz von Leistungen und Bedürfnissen gekennzeichnet ist.“ Die dadurch bedingte intrapsychische Spannung bewirkte eine wesentliche Bereitschaft zu pathologischen Reaktionen.

Van der Horst (1929) wies auf drei Faktoren hin, die depressive Reaktionen im höheren Lebensalter auslösen konnten: 1. psychische Veränderungen, die durch involutive (Hirn-)Krankheiten bedingt sind, 2. psychische Reaktionen auf die körperlichen Veränderungen der Involutionsphase und 3. Reaktionen auf soziale und persönliche Veränderungen, die für die Lebensperiode typisch waren. Auf diesen letztgenannten Faktor ging auch Schultz (1930) in einer Studie über das Problem der Endgültigkeit für den alternden Menschen ein.

Bis hierher wird schon erkennbar, daß reine psychoanalytische Ansätze zu einem Verständnis seelischer Altersprobleme nicht ausreichten. Eine Interpretation der Involutionsmelancholie in orthodoxer Weise wirkte realitätsfern und scheiterte offensichtlich (Carp 1929a, 1929b). Deshalb wurde auch nicht mehr versucht, die aktuellen Probleme in einem langwierigen psychoanalytischen Prozeß auf ihre Wurzeln in den frühkindlichen Entwicklungsphasen zurückzuführen. Vielmehr nahm man das Naheliegende zum Anlaß und suchte in der Bearbeitung dieser Konflikte eine Lösung zu finden: Nicht also analytisches Standardverfahren, sondern konfliktzentrierte Kurzpsychotherapie, nicht Umstrukturierung der Person, nicht grundlegende Nachreifung, sondern aktuelle Lebensbewältigung. Dabei wurden die aus der Entwicklung der Psychoanalyse gewonnenen therapeutischen Techniken als Bereicherung empfunden (Abraham 1919, Jellife 1925, Pearson 1928). Abraham (1919) brachte die vor dem Hintergrund der immer komplizierter werdenden psychoanalytischen Theorie auftretenden Fragen auf einen sehr einfachen Nenner: Nicht das Alter des Neurotikers, sondern das Alter der Neurose ist für den Ausgang der Behandlung wichtig (s. auch Kap. 6.4).

Der schon sehr früh erkennbare mehrdimensionale Ansatz der Interpretation von Altersproblemen führte Forschungsbereiche verschiedener Ausrichtung zueinander: Von klinisch-psychiatrischer Seite wurden in jener Zeit typische Altersveränderungen der geistigen Leistungsfähigkeit infolge der Hirnalterung gesucht (Homburger 1923, Gruhle 1938). Diese Darstellungen waren überwiegend von Defizit-Feststellungen geprägt. Psychologische Aspekte, d. h. eine Veränderung der seelischen Innenwelt des Alternden, wurden von Ch. Bühler (1933) und von von Bracken (1939) dargestellt. Systematische empirische Untersuchungen des Alternsprozesses wurden zu jener Zeit überwiegend im Bereich der Psychologie durchgeführt. Es entstand das weit verbreitete, heute weitggehend revidierte (Lehr 1977) Defizit-Modell der geistig-seelischen Altersentwicklung, das auch in den klinischen, eher psychogenetisch orientierten Erörterungen seinen Platz einnahm.

Andererseits aber gewann ein „Altersfaktor“ mit allen seinen psychosozialen Implikationen für die seelische Situation des alternden Menschen zunehmend Berücksichtigung (Prout und Bourcier 1940, Diethelm und Rockwell 1943, Hoskins 1944): Unter dem Druck der psychischen Probleme des höheren Lebensalters entstanden depressive Störungen, die sich in unterschiedlichsten Symptomkombinationen manifestierten: Oft fanden sich Ängste, Furcht, Zwänge, Verstimmungen und Konversionsphänomene. Die Symptome waren sehr stark ausgeprägt und bewirkten eine Spannung, die anderen Personen auffallen mußte. Solche Zustände waren jedoch nach Meinung der Autoren von den Psychosen zu unterscheiden. Diese Psychoneurosen schienen eine teilweise Reaktion oder Abwehr gegenüber der Wirklichkeit zu sein. Ein psychotischer Patient dagegen zeigte eine totale Reaktion und baute eine totale Abwehr auf, in der er die Wirklichkeit verleugnete und diese sowohl qualitativ wie quantitativ durcheinanderbrachte (Clow und Mitarb. 1949, Clow und Allen 1951).

Stern und Menzer (1946) sahen bei den von ihnen untersuchten Depressionen im höheren Lebensalter existentielle Unsicherheit, Angst vor Krankheit oder Tod von nahen Angehörigen. Diese Faktoren dienten dazu, eine einzelne, tiefsitzende, Jahrzehnte zurückliegende Verwundung des Ichs zu aktivieren. Die Patienten hatten das Trauma bewußt unterdrückt, oberflächlich eine gute soziale Anpassung erzielt, ohne jemals eine emotionale Katharsis durchgemacht zu haben. Milizi (1950) glaubte, daß sich der Involutionsdepressive, veranlaßt durch negative Lebensumstände im höheren Alter, in eine depressive Introversion zurückzog und in eine schützende und zugleich vernichtende Todesreaktion hineingezwungen wurde. Nach Goldstein (1979) war der ältere Depressive nicht mehr in der Lage, mit verschiedensten Verlusterlebnissen adäquat umzugehen. Stern und Mitarb. (1951/52) verwendeten den erstmals von Freud (1916) und später von Lindeman (1941) besonders bearbeiteten Begriff der Trauerarbeit, die während der Trauerreaktion auf verschiedene Verlusterlebnisse geleistet werden mußte. Es wurde relativ wenig offene Trauer gefunden. Häufig sah Stern (1954) ein psychopathologisches Syndrom, das überwiegend durch Klagen oder organische Beschwerden geprägt war, weniger durch eine eigentlich zu erwartende offene depressive Reaktion. Stern versuchte dieses Phänomen nach den Konzepten der Ich-Psychologie zu erklären: Die Arbeitsfähigkeit, das Prestige und andere Bereiche der Selbstverwirklichung wurden zunehmend geringer. Mit dem Verlust von Freunden und Verwandten verringerte sich die erlebte positive Zuwendung. Jede neue Anforderung brachte weitere Gefahren für den Betroffenen. Die häufig beobachtete Somatisierung der Beschwerden sprach für eine besondere Anfälligkeit des alternden Organismus für körperliche Beschwerden einerseits, konnte gleichzeitig aber auch als Schutzmechanismus angesehen werden, der das schwache Ich vor der vollbewußten Erfahrung von Trauer und Schuld bewahrte. So konnte die häufig auch wahnhafte Idealisierung verstorbener Menschen oder die Richtungsverlagerung der Aggressivität auf einen Überlebenden aus der unmittelbaren Umgebung des Betroffenen erklärt werden. Mit diesem Verhalten konnte ein wenig Narzißmus erhalten bleiben. Die negativen Verhaltenszüge, die beim ersten Eindruck abnorm erschienen, konnten im Lichte dieser „Ökonomie der Persönlichkeit“ besser verstanden werden. Ähnliche Gedanken stellte auch Busse (1961) dar. Gillespie (1963) nahm den alten Gedanken wieder auf, daß Todesbefürchtungen neben Verlusten von Liebe oder Zuwendung als Ursachen für Regressionsphänomene im Rahmen depressiver Alterspsychosen angesehen werden konnten. Das zeigten später auch Wolff (1969), Oules (1970) und Radebold (1973).

Hiddemah (1964) sah in Entwicklung und Symptomenbild der klimakterischen Depression eine Reaktion, ein in gewisser Weise allergisches Reagieren einer spezifischen neurotischen Charakterstruktur. Levin (1963, 1964, 1965, 1974) nannte vier herausragende externe Faktoren für die Entstehung von Depressionen. Sie stellten die Grundphänomene des seelischen Stresses und existentieller Bedrohung dar: Verlust, Attacke, Einschränkung oder auch drohende Verluste, Attacken oder Einschränkungen. Ereignisse, die unter diesem Aspekt gesehen werden konnten, traten in verschiedensten

Kombinationen auf und schienen in einem gewissen Ausmaß in allen Lebensaltern vorhanden zu sein. Dennoch kamen sie häufiger im hohen Alter vor. Sie blieben in ihrer Bedeutung aber oft unerkannt.

Claghorn (1971) und Templer (1971) wiesen auf den Ursachenfaktor der erstmaligen Realisierung der eigenen Todeswirklichkeit hin. Auf einen anderen Bedingungsfaktor für die Entstehung depressiver Störungen bei älteren Frauen stellten Deykin und Mitarb. (1966) und Weissmann und Mitarb. (1972) ab: das sogenannte "Empty-nest-Syndrom" bei den Frauen, die nicht in der Lage waren, das Ende der Kindererziehung erfolgreich zu erleben, und im höheren Lebensalter den Status der kinderlosen Mutter nicht akzeptieren konnten.

Ein weiterer intensiv untersuchter Bereich von Verlusterlebnissen ist die Verwitwung, trifft sie einen Menschen doch überwiegend in der zweiten Lebenshälfte. Einige Autoren befaßten sich speziell mit diesem Problem (z. B. Parkes 1964, 1970, 1972, Bernstein und Mitarb. 1973, Clayton 1974, 1979, Clayton und Mitarb. 1971, 1974, Breckenridge und Mitarb. 1986, Bron 1989, 1990c, 1991, Nuss und Zubenko 1992). Wie später aufgrund prospektiver Studien besonders hervorgehoben wurde (Clayton 1979), traten depressive Verstimmungszustände überwiegend im ersten Jahr nach der Verwitwung auf. Auch an „Jahrestags-Reaktionen" als Ursache für die depressiven Verstimmungen mußte gedacht werden (Barraclough und Shepherd 1976, Cavenar und Mitarb. 1977). Taschew (1974) berichtete von konjugierten ehelichen Depressionen im Involutionsalter: Während ein Partner an einer (endogenen) Depression erkrankte, verhielt sich der andere ähnlich, ohne selbst wirklich erkrankt zu sein. Vergleichbare psychosoziale Aspekte klingen in zahlreichen Arbeiten (Schulte 1956, 1962, 1970, 1972b, Clow 1958, Riemann 1960, Havighurst et. al. 1964, Henry 1964, van der Horst 1964, Lowenthal 1964, Kris 1966, Schumacher 1973, Grauer 1966, 1977, Hedri 1977, Smith 1978, von Gall 1987, Delius 1990, u. a.) an und sind für die Behandlung alternder und älterer Menschen zu beachten.

In Deutschland konnten sich psychodynamische Denkansätze wegen der zeitgeschichtlichen Abläufe mit der Diskriminierung der Psychoanalyse kaum oder nur langsam durchsetzen. Frühe Versuche verloren sich in der Zeit des Nationalsozialismus. So konnte psychodynamisches Denken in breiter Weise erst nach dem Zweiten Weltkrieg Fuß fassen, wobei ihm zu jener Zeit paradoxerweise das biologisch-medizinische Denken im Sinne K. Schneiders entgegenkam: Das fehlende Interesse dieser psychiatrischen Schule an den depressiven Störungen außerhalb des Kreises endogener oder körperlich bedingter Psychosen ließ einen Freiraum entstehen, in dem psychogenetische Betrachtungsweisen zuerst ihren Platz fanden und bis zum heutigen Tage eine bedeutende Position, jetzt auch in dem Bereich schwerer psychotisch-depressiver Störungen bei älteren Menschen, einnehmen konnten.

Eine wesentlich spezifischere Lebenssituation als der Verlust im weitesten Sinne, nämlich die Pensionierung mit ihren Folgen, wurde von A. Kielholz (1954) und Stauder (1955/56) beschrieben. Der erstgenannte Autor meinte, daß solche Depressionen hauptsächlich bei hereditärer Belastung, bei Ältesten und Jüngsten einer Geschwisterreihe oder bei Einzelkindern, bei pyknischer Konstitution oder pyknisch-asthenischer Legierung auftraten. Weitere Gefährdungsfaktoren sah er, wenn schon öfter depressive Verstimmungen aufgetreten waren, eine gute Ehe bestand, die aber von einer energischen, temperamentvollen und submanischen Ehefrau beherrscht wurde, oder wenn sich langsam eine Arteriosklerose entwickelte. Besonders gefährdet erschienen Personen mit einem einseitigen, streng geregelten Beruf. Stauder (1955/56) hatte den Eindruck, daß die von ihm gemeinte Gruppe der Altersdepressionen zunahm und häufig als endogene, reaktive oder klimakterische Melancholien verkannt und vergeblichen somatotherapeutischen Versuchen unterworfen wurden. Es handelte sich aber um biographisch determinierte Neurosen, die sich unter Psychotherapie auflösten. Entscheidend dafür, ob ein Mensch eine solche Depression bekam oder von ihr verschont blieb, waren nach Stauder der innere Reichtum und die seelische Reife, mit welchem der Mensch in Alter und Ruhestand eintrat. Materielle Konsequenzen der Pensionierung wurden in ihrer Bedeutung zumeist überschätzt. Der Fortfall der Berufspflichten konnte auch als Befreiung empfunden werden.

Auf die differentialdiagnostischen Probleme bei solchen Erkrankungen ging auch Johnson (1958) ein, der ein depressives Pensionierungssyndrom beschrieb, das in mancher Hinsicht einer Involutionsmelancholie ähnlich sah, sich aber doch von ihr unterschied: Es war enger mit dem Alter und dessen Folgen, zum Beispiel der Pensionierung, assoziiert. Es zeigte Chronifizierungstendenz. Schuld und selbstbeschuldigende Verhaltensweisen waren nicht vorhanden. Während die prämorbide Persönlichkeitsentwicklung der Involutionsdepressiven gleichförmig erschien, hatten Patienten mit einem Pensionierungssyndrom während der Kindheit, der Jugend und dem vorangegangenen Erwachsenenalter schon häufiger unterschiedliche neurotische Symptome und Abwehrmechanismen gezeigt. Das Krankheitsbild ähnelte den Ferien-, Weihnachts- und Sonntagsneurosen. Ob es auftrat, war von dem Ausmaß der persönlichen Reifung abhängig (Billig und Adams 1954, Rockwell 1956). Leonhard (1960) riet zum Schutz vor seelischen Störungen, vor allem vor Depressionen, zu weiterer nutzbringender Tätigkeit auch nach der Pensionierung.

Aus der Perspektive der anthropologisch orientierten Psychiatrie, die wegen des an sich sehr globalen Ansatzes insgesamt wenig zu der hier relativ engen Fragestellung mit Blick auf die speziellen Probleme depressiver Syndrome des höheren Lebensalters beigetragen hat, fraglos aber auch dem psychodynamisch orientierten Denken verpflichtet ist, beschrieb Winkler (1958), wie bei der Entstehung klimakterischer, involutionsdepressiver Störungen neben konstitutionellen und primär somatischen Faktoren auch erlebnisreaktive Momente, zum Beispiel spezifische Probleme der zweiten Lebenshälfte und des Alterns oder andere individuelle Konflikte, wesentlich mitspielen konnten. Die „existentiellen Depressionen" (Häfner 1954), z. B. in Form von „Wertverlustdepressionen" (Lorenzer 1959), erwuchsen im Gegensatz zu endogenen Depressionen aus lebensgeschichtlich bedingten Krisen (siehe auch Perris und D'Elia 1964). Sie waren der Ausdruck eines totalen Scheiterns am seitherigen Daseinsentwurf und der damit in Zusammenhang stehenden Auswegslosigkeit. In der existentiellen Depression erschien das Dasein aller Werdensmöglichkeiten beraubt. Ein solcher Totalverlust bedeutete Einbuße jeglicher Dynamik und Verlöschen der emotionalen Teilhabe an der Welt. Voraussetzung einer solchen Krise war in der Regel eine schon früher vorausgegangene Einengung des Werthorizonts auf einen einzigen Wertbereich. Denn wo verschiedene Wertbereiche gelebt wurden, konnte der Verlust eines einzelnen Wertbereiches aus der verbleibenden Wertdynamik heraus noch überwunden werden. Allerdings gab es schicksalhafte Situationen, in denen das Dasein plötzlich der ganzen Fülle der früheren Wertverwirklichungsmöglichkeiten auf einmal beraubt wurde. Die Wertverlustdepression führte im übrigen gewöhnlich zu Bildern nach Art einer gehemmten Depression, wobei das Fehlen jeglichen Antriebes sowie das Gefühl der Leere und Lähmung im Vordergrund standen. Sie fanden sich bevorzugt bei älteren Menschen in der zweiten Lebenshälfte.

Die Schulddepression hat ihre Wurzeln im Erlebnis eigener schwerer Schuld, eigenen, nicht wiedergutzumachenden Versäumnissen. Sie entstand durch die Erfahrung der existentiellen Schuld, d. h. des Vorbeilebens am eigenen Selbst, des Versäumnisses der eigenen Daseinsentfaltung und echter Wertentwicklung.

Auch in der nihilistischen Depression war das Dasein in eine Sackgasse geraten. Im Gegensatz zur Wertverlustdepression fand der Kranke im Rückblick nichts, was seinem früheren Dasein Sinn und Wert verleihen konnte. Quint (1974) hat auf die Nähe neurotischer Depressionen des höheren Lebensalters zur existentiellen Depression hingewiesen.

Allerdings birgt die Nähe der oben referierten Gedanken zu einer recht spekulativen Philosophie bei gleichzeitigem Fehlen einer klinischen Basis die Gefahr in sich, über den Rahmen des logisch Nachvollziehbaren hinaus Interpretationsversuche zum Verständnis depressiver Störungen im höheren Lebensalter zu unternehmen. Als Beispiel dafür können die Gedanken von Naegeli-Osord (1956), die die „Opferproblematik" an zentraler Stelle depressiven Krankheitsgeschehens sehen, angeführt werden. Offensichtlich wurde von dem Autor Nicht-Verstehbares durch Irrational-Spekulatives zu interpretieren versucht. Hier wird eine der möglichen Grenzüberschreitungen zwischen wissenschaftlichem Denken und pseudowissenschaftlicher Schöngeisterei deutlich sichtbar.

5.4.3 Die Synthese klinischer, psycho- und soziogenetischer sowie empirisch-psychologischer Befunde

Wie aus den bisher referierten Darstellungen der innerseelischen Dynamik zu erkennen ist, sind die Überlegungen zur Depressionsentstehung im höheren Lebensalter relativ heterogen. Die Akzente werden nach „Schule" und Erfahrungen des Autors gesetzt. Die Zahl der Interpretationsversuche könnte willkürlich erweitert werden.

Die Unübersehbarkeit psychodynamischer Interpretationsversuche ist wahrscheinlich darin begründet, daß der jeweilige Autor stets nur Teilaspekte zu bearbeiten vermag, denn eine differenzierte Darstellung, so Szalita (1966), erforderte eigentlich eine Zusammenfassung der gesamten psychoanalytischen Lehre. Diese trennt bekanntlich nicht in die Psychodynamik der jüngeren und älteren Lebensjahre und sieht die seelischen Störungen des höheren Lebensalters bereits seit Freud (1916) nicht in einem gesonderten Kontext. Daher ist insbesondere die Involutionsmelancholie nie differenziert diskutiert worden (Fenichel 1945). Einer polypragmatischen und eklektizistischen Spekulation bleibt auch weiterhin das Feld überlassen, zumal gerade in der psychodynamischen Psychologie eine Kontrolle der Aussagen im streng empirischen Sinne kaum möglich ist. Neue Gesichtspunkte zu den hier interessierenden, die über die grundsätzlichen Aussagen von Freud und Abraham wesentlich hinausgehen, gibt es offenbar nicht. Die psychogenetisch-psychodynamische Betrachtungsweise depressiver Erkrankungen des höheren Lebensalters fällt im Niveau gegenüber dem in der psychoanalytischen Theorie sonst üblichen deutlich ab.

Die von der psychoanalytischen Theorie geforderten Voraussetzungen für eine erfolgreiche Behandlung von depressiven Alterserkrankungen können sicherlich nicht erfüllt werden. Auch werden die von der Psychoanalyse angestrebten Therapieziele bei älteren Menschen in der Regel nicht erreicht. Der Einfluß von Folgen hirnorganischer Veränderungen, die Multimorbidität, die von der Psychoanalyse selbst dargestellte Entwicklung zu Rigidität als einer Abwehrstruktur gegen das Defiziterleben in der zweiten Lebenshälfte und die zunehmende Gewissensstrenge bei älteren Menschen (Amdur und Harrow 1972) sind unkalkulierbare Variablen, die Zurückhaltung in den Erwartungen eines guten therapeutischen Effektes gebieten (s. auch

Kap. 6.4). Nur selten wagten Psychoanalytiker daher eine systematische psychoanalytische Behandlung (Dadgen und Arthur 1967). Die Gefahr eines Zusammenbruches der gesamten Abwehrstruktur, des individuell gestalteten Daseins ist zu groß. Die psychoanalytische Theorie spielte daher überwiegend die Rolle eines Verständnisvermittlers. Die Psychoanalyse als Theorie vom Menschen (Anthropologie) wurde jedoch akzeptiert und trägt für den Umgang mit älteren depressiven Kranken weiterhin Früchte.

Das in sich geschlossenste System einer überwiegend psychodynamisch orientierten Betrachtungsweise depressiven Krankheitsgeschehens beim älteren Menschen hat Goldfarb (1959b, 1967b, 1974b, 1975) entwickelt. Er sieht in depressiver Lebensart einen Anpassungsstil in belasteter Situation. Depressive Episoden sind für ihn Zeichen intensiver Bemühungen um die Bewältigung anstehender Probleme. Er unterscheidet den Alterungsprozeß vom chronologischen Alter, das Altsein von der Alterung, die beide nicht synchron verlaufen müssen. Die Alterung ist charakterisiert durch den Verlust von körperlichen und psychischen Fähigkeiten, bedingt durch zahlreiche Faktoren, die genetisch vorgegeben sind oder in der Kindheit, bzw. im Verlauf des späteren Lebens erworben werden. Zurückliegende Probleme oder Krankheiten werden wieder aktiviert oder modifiziert, neue kommen hinzu. Der hirnorganische Alterungsprozeß spielt dabei eine wesentliche Rolle. Die Symptome spiegeln sich in der Rückbesinnung auf das bisher gelebte Leben, in der Interpretation der aktuellen Situation und in den Zukunftserwartungen wider. Suizidvorstellungen sind häufig.

Solche leidvollen und ineffektiven Anpassungsbemühungen sollten nach Goldfarb besser als Stimmungs- oder Affektstörungen und nicht als Depressionen bezeichnet werden. Die Stimmungsveränderungen sind psychologisch erklärbar oder stellen Antworten auf Denkinhalte dar, die durch die prämorbide Persönlichkeitsstruktur geprägt sind und darauf auch zurückgeführt werden können. Gestimmtheit und Denken stehen in Zusammenhang mit aktuellen und tatsächlichen Lebenserfahrungen. Der Stimmungsänderung kann aber auch ein psychophysiologischer, im früheren Lebensalter erworbener Zustand zugrunde liegen, der die Wertwelt und das Ausmaß der erwünschten sozialen Bestätigung bestimmt.

Wird über den Rahmen der psychodynamisch orientierten Psychologie hinausgesehen, so ist in jüngster Zeit aufgrund systematischer Untersuchungen der empirischen Psychologie eine Wandlung in der Interpretation der Alternsphänomene zu erkennen (Lehr 1977):

Die heute gültige, durch experimentelle und kontrollierte Studien über die Psychologie des Alterns abgesicherte Sicht ist, so scheint es, noch nicht in den allgemeinen medizinisch-psychotherapeutischen Kontext integriert worden. Die somatisch bedingte Altersvariable erscheint „nur als eine unter vielen anderen Determinanten der geistigen Leistungsfähigkeit im höheren Lebensalter“ (Lehr 1977). Weitere Faktoren sind: Ausgangsbegabung, Schulbildung, berufliches Training, stimulierende Umgebung, aktueller Gesundheitszustand, biographische Gesamtsituation, motivationale Bedingungen usw. Darauf hatte zwar auch schon die psychodynamisch orientierte Psychologie, für den kritischen Leser jedoch nur teilweise evident, immer wieder hingewiesen. Ihre Hypothesen scheinen sich jetzt zu bestätigen.

Doch erst heute sind wir in der Lage, weitere Schlüsse aus den bisher ungesicherten Ergebnissen zu ziehen. Folgerichtig entwickelte Thomae (1970, 1971) eine kognitive Persönlichkeitstheorie für das Altern. Nach ihm kovariiert eine Verhaltensänderung des Individuums im höheren Lebensalter stärker mit der subjektiv erlebten als mit der objektiven Veränderung der Situation. Die Art, in der die situativen Veränderungen erlebt werden, ist einmal von dominanten Bedürfnissen und Erwartungen des Individuums, sodann aber auch von den Erwartungen der Gruppe und der Gesellschaft, denen das Individuum angehört, abhängig. Die Anpassung des Individuums an das Älterwerden ist eine Funktion des Gleichgewichts zwischen kognitiven und motivationalen Systemen des Individuums (zusammengefaßt nach Lehr 1977). Aus psychiatrischer Sicht versuchte Oesterreich (1977) die Entstehung depressiver Störungen des höheren Alters unter Einbeziehung der dargestellten neueren Vorstellungen zu interpretieren.

Die neue Perspektive, die durch die Hineinnahme klinisch-psychiatrischer, psychoanalytischer und empirisch-psychologischer Aspekte in die Betrachtung depressiver Erkrankungen der zweiten Lebenshälfte erreicht wurde, macht aus dem von der frühen Psychopathologie als Objekt von Beobachtung und Beschreibung gesehenen Menschen einen solchen mit spezifischen, sehr individuellen Konflikten und führt zu einem Verständnis depressiven Krankseins als dem Ergebnis der innerpsychischen Auseinandersetzung des alternden Individuums mit seiner Umwelt. Seit dem Bestehen der Psychoanalyse und seit der Öffnung der traditionellen Psychiatrie für psychodynamische Gedankengänge stehen nun erstmals psychogenetische Gesichtspunkte bei der Betrachtung spätdepressiver Erkrankugnen gleichberechtigt neben solchen, die ihr Hauptaugenmerk auf die Somatogenese dieser Krankheitsbilder richten.

Zusammenfassung

Nach zahlreichen höchst spekulativen Versuchen in der vorwissenschaftlichen Psychiatrie, die Psychogenese seelischer Erkrankungen nachzuweisen, gelang erst mit der Psychoanalyse ein rational nachvollziehbarer Erkenntnisfortschritt. Die „reine“ psychoanalytische Theorie mußte jedoch entsprechend den Bedürfnissen der Praxis für die Anwendung bei älteren Menschen i. S. einer Vereinfachung modifiziert werden. Im Laufe von Jahrzehnten konnten zahlreiche psycho- und soziodynamische Faktoren, aber auch somatisch bedingte Konstellationen des alternden Menschen dargestellt werden. Im Bedingungsgefüge depressiver Störungen des höheren Lebensalters stehen neben den alterstypischen Abwehrmechanismen Verluste der eigenen intellektuellen Leistungsfähigkeit (bedingt durch die hirnorganische Involution), Reaktionen auf das körperliche Altern, existentielle Bedrohungen durch Verluste im weitesten Sinne, unbewußte Todesängste u. a. m. Besondere Konstellationen wurden unter den Stichworten Pensionierungsreaktion und existentielle Depression beschrieben. Die psychodynamischen Zusammenhänge sind kaum überschaubar und bedürfen einer am Individuum orientierten Analyse. Die empirische psychologische Forschung hat zahlreiche ältere Hypothesen bestätigt, daraus aber eigenständig eine „kognitive Persönlichkeitstheorie des Alterns" entwickelt. Es bahnt sich jetzt eine Synthese klinischer, psychogenetischer und empirisch-psychologischer Betrachtungsweisen an.

5.5 Prämorbide Persönlichkeitsstruktur

Prämorbide Persönlichkeitszüge eines Menschen als prädisponierende, auslösende oder modifizierende Faktoren im Rahmen der Krankheitsentstehung wurden schon seit langem berücksichtigt (Chodoff 1972, Tellenbach 1977, von Zerssen 1977, 1982, 1991, Hirschfeld und Cross 1982, Akiskal und Mitarbeiter 1983, Kraus 1991). „Die Aufdeckung von Zusammenhängen zwischen prämorbider Persönlichkeit und Krankheitsfaktoren bzw. Krankheitsverlauf . . . [scheint] von grundlegender praktischer und theoretischer Bedeutung" zu sein (Möller und von Zerssen 1987).

5.5.1 Die prämorbide Persönlichkeitsstruktur in der älteren Psychiatrie

Bereits Ziehen (1896) und Schott (1903) schilderten spezifische prämorbide Persönlichkeitszüge bei Melancholikern. Sie fanden heitere, mittlere, vor allem aber stille, gewissenhafte Temperamente unter ihren Kranken. Nach Lipschitz (1905) wurden stille, verschlossene, einsilbige Charaktere, die alles sehr schwernahmen, zurückhaltende, scheue, in sich gekehrte Menschen mit Hang zur Grübelei und zur Zurückgezogenheit leichter von Melancholie betroffen als heitere, lustige und lebhafte Menschen. Für Reiss (1910) bestanden Zusammenhänge zwischen konstitutionellen Verstimmungen und dem manisch-depressiven Krankheitsgeschehen. Bestimmte Merkmale der Persönlichkeitsstruktur ähnelten den Krankheitsbildern. Depressive Züge fand er bei später depressiv Kranken, manische bei später manischen usw. Kraepelin (1909) meinte, daß derartige Persönlichkeitszüge schon Ausdruck der Erkrankung selbst sein konnten. Diese Gedanken wurden von E. Kretschmer (1921) zu seiner bekannten Charakterlehre weitergeführt. Ihnen folgte z. B. Lange (1926), der unterschiedliche Persönlichkeitszüge bei psychogenen Depressionen und Melancholien beschrieb. Die verschiedenen Tendenzen und Entwicklungen der Forschung wurden von von Zerssen (1973a, 1976b, 1977, 1982) ausführlich dargestellt.

Für die klinische Praxis wurden diese Gedankengänge relevant, als E. Kretschmer (1919) und Birnbaum (1920) in die von ihnen vorgeschlagene mehrdimensionale bzw. strukturanaltytische Betrachtungsweise auch die Persönlichkeitseigenart und -situation in die Interpretation der Krankheitsbilder einbezogen wissen wollten (s. Kap. 3.3).

Ihnen folgte als einer der ersten Kant (1926), der, psychoanalytisch an Stekel (1921) orientiert, bei klimakterisch Depressiven als präpsychotische Charaktereigenschaften einerseits übergroße Ängstlichkeit, Skrupelhaftigkeit, und leichte Empfindlichkeit sah, zudem das Phänomen des „Höherhinaus-Wollens“, also ein Mißverhältnis zwischen Hemmung, Versagen und gesteigertem Bedürfnis. Darin sah Kant einen erheblich zu Konfliktsituationen disponierenden Faktor. Weiterhin zeigten die Erkrankten eine erhöhte Ansprechbarkeit, hysterieforme Mechanismen, vasovegetative Beschwerden und eine nicht normalbiologische Ausreifung in der psychosexuellen Entwicklung. Auch Jacobi (1930, 1931) berief sich auf die o. g. Autoren.

Mauz (1930) beschrieb die von ihm untersuchten einmalig erkrankten depressiven Frauen, die jedoch bemerkenswerterweise zwischen dem dreißigsten und vierzigsten Lebensjahr ersterkrankt waren, als „präpsychotisch still und meist wortkarg, ernst, schwernehmend, grüblerisch, pedantisch, gewissenhaft, mitunter launisch, in religiösen Dingen leicht überheblich, ängstlich, empfindsam, anämisch, genierlich und in der Ehe vorwiegend frigide“. Die periodisch früherkrankten Depressiven, die eine pyknische Konstitution hatten, zeigten eine „gemütliche Labilität“ und depressive Reaktionsbereitschaft; bei den nach dem vierzigsten Lebensjahr Erkrankten fanden sich prämorbid „frische“ Menschen. Die Patienten mit nicht pyknischer Konstitution und frühen periodischen depressiven Störungen wirkten schüchtern, still, verschlossen, zurückhaltend, empfindsam, weichherzig, grüblerisch, sehr gewissenhaft, peinlich genau und religiös. Die nach dem vierzigsten Lebensjahr Erkrankten hatten grüblerische, schwermütige und ernste Persönlichkeitszüge. An Involutionsmelancholien Erkrankte erschienen prämorbid asthenisch-leptosom, im Verhalten eigen, introvertiert, mitunter nervös verstimmt, nicht selten mißtrauisch und menschenscheu. Nach Mauz bewirkte die Involution eine hypochondrisch-depressive-paranoide Dauerveränderung mit progressiver Weiterentwicklung und körperlichem Verfall. Mitunter begannen solche Dauerveränderungen bei Frauen schon am Ende des vierten Lebensjahrzehnts. Das, so meinte Mauz, waren wahrscheinlich die Patienten, die Bumke u. a. gemeint hatten, wenn sie von Involutionsmelancholikern sprachen (s. Kap. 3.2).

5.5.2 Die prämorbide Persönlichkeitsstruktur in der psychoanalytischen Theorie

Die Psychoanalyse entwickelte seit der grundlegenden Arbeit von Abraham (1911) Theorien über die während des freien Intervalles zwanghafte Charakterstruktur depressiv Kranker (Meerwein 1973). Man fand in nichtpsychotischen Zeiten gleichgeartete Einstellungen zu Sauberkeit, Ordnung, Geld, Besitz und ebenso Hartnäckigkeit und Eigensinn, die mit Fügsamkeit und Unterwürfigkeit wechselten. Diese Vorstellungen wurden von verschiedenen Autoren bestätigt und modifiziert (Rado 1928, Gerö 1936, Jacobsen 1953, 1973, Cohen und Mitarb. 1954). Unklarheiten, so Mendelson (1974), mußten auftreten, weil klinische Studien zu zeigen schienen, daß zwanghafte Charakterstrukturen typischer für die Involutionsmelancholiker als für die manisch-depressiv Erkrankten waren, auf die sich die oben genannten Autoren beriefen.

Etwa zur gleichen Zeit, aber unabhängig von der Psychoanalyse, beschrieb Mitte der zwanziger Jahre der Japaner Shimoda die prämorbiden Persönlichkeitsstrukturen bei Melancholikern und manisch-depressiv Erkrankten nahezu ausnahmslos als strebsam, ordentlich, gewissenhaft, manchmal auch einfallsreich (originell) und/oder starrsinnig (Shinfuku und Ihda 1969, Kraus 1969, 1971, Ihda 1974, Ihda und Ishikawa 1975). In einer subtilen Studie hat Tellenbach (1961) dieses Persönlichkeitsbild vertieft.

In den USA wurde wiederholt über spezifische prämorbide Persönlichkeitszüge bei Involutionsmelancholikern berichtet: MacCurdy (1925), der bereits psychoanalytische Gedankengänge berücksichtigte, konnte aber keine besonderen Merkmale erkennen. Brew (1925) wies auf die Bedeutung schizoider Persönlichkeitsstrukturen als ätiologischem Faktor für die Entstehung der Involutionsmelancholie hin. Gillespie (1929) beobachtete eine Gruppe reaktiv Depressiver, die als still, schüchtern, empfindlich, ängstlich, mit nur geringer Energie und einer an sich selbst zweifelnden Einstellung geschildert wurden. Patienten mit endogenen Depressionen waren eher durchsetzungsfähig, unternehmend, strebsam, freundlich und im Umgang gesellig. Die vier Patienten seiner Studie mit einer sogenannten Involutionsmelancholie beschrieb er als ängstlich, still, wenig ehrgeizig, grüblerisch, hypochondrisch und übergewissenhaft. Nach Saunders (1931/32) gab es keinen umschreibbaren Persönlichkeitstyp, denn mit der Ausreifung des Denkens älterer Menschen traten natürlich auch Differenzen und inhaltliche Abwandlungen im Verhalten des älteren Depressiven im Vergleich zu jüngeren auf. Muncie (1931) wies bei einer kleinen und heterogenen Gruppe depressiv Erkrankter auf Rigidität als einem Persönlichkeitsmerkmal hin. Smaldon (1934) sah in der von ihm untersuchten Population Manisch-Depressiver das Persönlichkeitsbild von E. Kretschmer (1921) bestätigt. Patienten, die an einer (Involutions-)Melancholie erkrankt waren, erschienen ruhiger, weniger kraftvoll und aktiv, hatten wenig Interessen an Sport und Erholung. Sie zeigten eine Tendenz zu Scheu, Zurückhaltung und gehemmtem Verhalten. Sie waren vertrauensvoll, ehrlich und wahrhaftig, im Gegensatz zu Manisch-Depressiven jedoch weniger standhaft und unerbittlich, zwar auch selbstbezogen, eitel und stolz, aber nicht durchsetzungsfähig. Ihre Arbeit erledigten sie überexakt und übergewissenhaft. Obwohl engagiert, wirkten sie stur und gradlinig. Die Bindung an die Familie war stark. Sie zeigten Tendenzen zu Phantasie, Seherei und Tagträumerei, erschienen unbefriedigt und sensibel, recht oft auch schwermütig, pessimistisch, innerlich beunruhigt und grüblerisch. Enttäuschungen und Frustrationen führten zu Irritationen, doch nicht zu offenen, verärgerten Reaktionen. Gegenüber dem anderen Geschlecht wirkten sie scheu, waren in der Ehe weniger zufrieden, hatten weniger Kinderwünsche. Insgesamt fühlten sie sich herabgesetzt, waren leicht kränkbar, weil die Versuche, liebevolle Zuwendung zu erreichen, oft scheiterten, und sie sich dann schnell in sich zurückzogen.

Im gleichen Jahr wies Noyes (1934) auf bestimmte umschreibbare prämorbide Persönlichkeitszüge als besonderes Merkmal gerade bei Involutionsmelancholikern hin: sie waren gehemmt, rigide, humorlos, übergewissenhaft, engstirnig, stereotyp, loyal untergeordnet, am Detail haftend und alles andere als aggressiv-durchsetzungsfähige Persönlichkeiten. Dieses Persönlichkeitsbild war nach eigenen klinischen Beobachtungen entstanden, nicht nach irgendwelchen Anregungen in der Literatur oder systematischen Studien (Noyes zitiert nach Titley 1936). Obwohl Anderson (1936) die Relevanz dieses Persönlichkeitsbildes bezweifelte, hielt Titley (1936, 1938) an den Vorstellungen von Noyes (1934) fest.

Palmer und Sherman (1938) nannten die prämorbide Persönlichkeitsstruktur des Involutionsmelancholikers introvertiert. In ihr sahen sie den wesentlichsten ätiologischen Faktor der Involutionsmelancholie (Palmer und Mitarb. 1940/41). Der Involutionsmelancholiker legte sich selbst zahlreiche restriktive Verhaltensweisen auf, war unhumorig, eng in seinen moralischen Auffassungen, gehemmt, skrupulös und gewissenhaft, chronisch unzufrieden, unfähig, seine Affekte zu äußern und tiefere mitmenschliche Beziehungen aufzunehmen. Er führte ein strenges, wenig gefühlvolles Leben. Die Rigidität war so extrem, daß sie sich auch im körperlichen Bereich in Form pathologischer Spannungszustände und hypochondrischer Mißempfindungen zeigte. Die psychotische Phase der Erkrankung stellte eine Kulmination des lebenslangen psychobiologischen Prozesses dar. Weitere Autoren bestätigten die Befunde (Palmer und Mitarb. 1940/41, Haggerty 1941, Malamud und Mitarb. 1941, Eyman und Mitarb. 1942).

Goldsmith (1939) und Brew und Davidoff (1940) sahen in der prämorbiden Persönlichkeitsstruktur zwar auch einen ätiologischen Faktor, verwiesen andererseits aber auch auf Fehlhaltungen, die durch aktuelle Probleme der beginnenden Involutionsperiode, der Zeit des Klimakteriums, entstanden. Heaver (1940) fand, daß nicht alle Frauen mit dieser spezifischen prämorbiden Persönlichkeitsstruktur an einer Involutionsmelancholie erkrankten. Diethelm und Rockwell (1943) warnten daher, bei der Diskussion über die präpsychotische Persönlichkeitsstruktur von Personen, die an depressiven Störungen im höheren Lebensalter litten, zu allzu einfachen Kategorisierungen und damit zu einer Übersimplifizierung zu gelangen, die differenzierte Aspekte dieses Problems vernachlässigten. Auch Doty (1942) berichtete, daß bei manisch-depressiven Patienten (Involutionsmelancholiker waren bewußt ausgeschlossen worden) ähnlich gewissenhafte und gegenüber Kritik empfindliche Wesenszüge sowie hohe ethische und moralische Ansprüche beobachtet werden konnten.

5.5.3 Die Kritik am Konzept einer spezifischen prämorbiden Persönlichkeitsstruktur

Spezifische Wesenszüge waren also nicht nur bei Patienten mit einer Involutionsmelancholie zu beobachten, sondern auch bei solchen, die schon in jüngeren Jahren an einer Depression erkrankten. Der prozentuale Anteil derartig strukturierter Persönlichkeiten aber erschien bei den älteren, d. h. involutionsmelancholisch erkrankten Patienten, größer (Davidson 1939, Jarvie und Glas 1940, Young 1946, Hamilton und Ward 1948, Hamilton und Mann 1954). Tait et al. (1957) fanden keine signifikanten Unterschiede zwischen Patienten mit depressiven Neurosen und Psychosen. Sjörgren (1964) sah eine zunehmende Tendenz zu rigiden Verhaltensweisen mit steigendem Lebensalter. Hopkinson (1964b) beobachtete solche Wesenszüge unabhängig vom Ersterkrankungsalter, und zwar gleichmäßig verteilt bei Kranken mit frühem und spätem Erkrankungsbeginn. Andere Autoren dagegen fanden so spezifische Persönlichkeitsmerkmale überhaupt nicht (Vispo 1962, Post 1962). Trotzdem erhielt das Vorhandensein einer typischen prämorbiden Persönlichkeitsstruktur für die Diagnostik eine ebenso große Bedeutung wie das Symptom der Agitiertheit (s. Kap. 3.5). War man von der Existenz einer Involutionsmelancholie überzeugt, gehörten die spezifischen Persönlichkeitszüge wie selbstverständlich dazu (Dewar und MacDammond 1962).

Menopausendepressionen sollten von den Involutionspsychosen nach unterschiedlichen prämorbiden Persönlichkeitsstrukturen getrennt werden können: Nach Stern und Prados (1946/47) unterschied sich die prämorbide Persönlichkeitsstruktur der in der Menopause erkrankten Patientinnen dadurch, daß diese im Gegensatz zu den involutionsmelancholisch Kranken ein emotional warmes, kontaktfähiges und anpassungsfähiges Verhalten zeigten.

Im wesentlichen wurden die Überlegungen zur prämorbiden Persönlichkeitsstruktur der Involutionsmelancholiker von der psychoanalytischen Theorie gestützt. Barnett und Mitarb. (1953) faßten die Involutionsdepressionen als eine Dekompensation des anal-sadistischen Charakters auf. Lai (1968) und Ciompi und Lai (1969) beobachteten bei den von ihnen untersuchten Patienten oral-überabhängige, anal-zwanghafte oder instabil-polymorphe Wesenszüge. Dieses Verhalten, das nach Auffassung der Autoren durch eine spezifische Persönlichkeitsstruktur bedingt war, stand in Beziehung zu der kontinuierlichen Furcht vor und Abwehr gegen Verluste von Liebesobjekten. Hemmung, Rückzug, und Negation waren die grundsätzlichen Abwehrmechanismen. Vor der Erkrankung konnten diese noch im Rahmen einer stabileren Beziehungsanpassung angewendet werden.

Beck (1967) setzte sich mit den Hypothesen zur Persönlichkeitsstruktur der Involutionsmelancholiker kritisch auseinander: In der Arbeit von Titley (1936) waren gravierende Berechnungsfehler gemacht worden. Trotz der Aussage, daß die Gesunden und die Manisch-Depressiven keine Unterschiede zeigten, hatten die Gesunden leicht höhere Meßwerte bei den Merkmalen, die eigentlich die prämorbiden Persönlichkeitszüge von Manisch-Depressiven umschrieben. Entweder wurde damit die Hypothese von spezifischen prämorbiden Persönlichkeitsstrukturen bei Manisch-Depressiven widerlegt, oder die Studie war nicht valide. Weiterhin bestanden erhebliche Unterschiede im mittleren Alter zwischen den Involutionsmelancholikern und den Vergleichsgruppen. Daher konnten die Unterschiede auch auf den Altersfaktor zurückgeführt werden. Zudem waren die diagnostischen Kriterien nicht exakt und die untersuchten Gruppen zu klein, um überhaupt verbindliche Aussagen machen zu können. In der Arbeit von Malamud et al. (1941) traten die für die Involutionsmelancholiker als typisch angesehenen Persönlichkeitsmerkmale nur in einer geringen Zahl von Fällen auf. Diese Befunde, wurden sie mit kritischer Distanz betrachtet, schienen eigentlich der Annahme einer spezifischen Persönlichkeitsstruktur bei Involutionsmelancholikern zu widersprechen.

Rosenthal (1968, 1974) stellte den wissenschaftlichen Wert aller bisherigen Aussagen zur prämorbiden Persönlichkeitsstruktur der Involutionsmelancholiker in Frage. Sie waren allein auf die Arbeiten von Titley (1936) und Palmer und Sherman (1938) zurückzuführen, und obwohl die Thesen zur

Persönlichkeitsstruktur in der Folgezeit üblicherweise ohne diese Quellenangaben dargestellt wurden, gab es keine anderen als die beiden genannten Studien, die aber ohne Blindtechnik mehr nach dem Eindruck Schlüsse gezogen hatten und damit wenig Aussagekraft besaßen. Jüngere Untersuchungen konnten die früheren Befunde mit differenzierteren statistischen Techniken nicht bestätigen (z. B. Snaith et al. 1971, Lowry 1978, Brodaty und Mitarb. 1991).

Auch Chodoff (1972, 1974) wandte sich gegen die weit verbreitete klinische Auffassung, daß eine zwanghafte Persönlichkeitsstruktur zur Entwicklung von Involutionsmelancholien prädisponierte: Die wissenschaftlichen Daten, die diese Vorstellung stützten, waren spärlich und inadäquat. Ob diese Vorstellung überhaupt zu akzeptieren war, hing wesentlich davon ab, ob die Involutionsmelancholie überhaupt als eine besondere Krankheitseinheit anerkannt wurde oder ob sie in das weniger spezifische Krankheitsbild von Depressionen des mittleren Lebensalters hineingehörte, die endogene und reaktive Depressionen umfaßten. In diesem Fall machte es wenig Sinn, von einer prämorbiden Prädisposition bei Involutionsdepressionen zu sprechen. Die Literatur über die Persönlichkeitsstruktur zeigte sowohl bei psychiatrischen wie psychoanalytischen Autoren schwere methodische Fehler: 1. Die Darstellung überdauernder Persönlichkeitsstrukturen wurde aufgrund von Daten durchgeführt, die während der Krankheitsperiode erfaßt wurde. Der Gesundheitszustand der beobachteten Personen wurde nicht genau angegeben. 2. Das Niveau der Beobachtungen war in den psychiatrischen Aufsätzen sehr häufig recht oberflächlich. 3. Die psychoanalytischen Untersuchungen waren zwar wesentlich differenzierter, aus der Beschreibung der Persönlichkeitsstrukturen dieser Autoren konnte aber nicht zwischen Beobachtungsdaten und solchen unterschieden werden, auf die nur geschlossen wurde. 4. Nicht alle psychiatrischen Studien hatten Kontrollgruppen. Die Vergleichsgruppen waren inadäquat oder nicht klar voneinander unterschieden. 5. Zwar vertrug sich die Verwendung von Kontrollgruppen nicht mit der psychoanalytischen Beobachtungsmethode, doch war das kein hinreichender Grund für die Unzulänglichkeiten in den Arbeiten der Psychoanalytiker. Sie hätten dann wenigstens wesentliche demographische oder klinische Daten in ihren Berichten aufführen müssen. 6. Bei Psychiatern und Psychoanalytikern wurde die manisch-depressive Erkrankung als Untersuchungsgegenstand überbetont. Andere Depressionsformen wurden bei der Beschreibung vernachlässigt.

Die Ausführungen Chodoffs machen die unterschiedlichen Ansätze zwischen der älteren, auch psychoanalytisch orientierten und der modernen klinischen Forschung deutlich. Einerseits bestätigt die klinische Erfahrung immer wieder, daß bei depressiven Patienten häufig auch anal-sadistische Persönlichkeitsstrukturen erkennbar sind (Jacobsen 1973). Andererseits muß aber gefragt werden, ob solche Einzelbeobachtungen zu der Aussage berechtigten, daß es sich bei ihnen um spezifische Merkmale für ein umschriebenes Krankheitsbild handelt.

Aus einer anderen Perspektive versuchten Hirschfeld und Klerman (1979) dem Problem näherzukommen. Sie untersuchten ihre Patienten mit verschiedensten Fragebögen und stellten eine weitgehende Übereinstimmung ihrer Untersuchungsergebnisse mit denen psychoanalytischer Autoren fest, zudem aber auch mit denen, deren Autoren eher zu kognitiven (Beck 1967, 1976, Seligman 1974, 1975) oder behavioristischen Theorien (Lewinsohn 1974) neigten.

185 der von Rudolf (1980) untersuchten 210 neurotisch-reaktiv oder endogen depressiv erkrankten Patienten beantworteten die Fragen der F-Skala (von Zerssen 1976a, b, von Zerssen und Mitarb. 1969, 1970) zur Beurteilung der prämorbiden Persönlichkeitsstruktur. Zwischen den Geschlechtern bestanden hinsichtlich der Zuordnung zu einem speziellen Persönlichkeitstyp keine wesentlichen Unterschiede. Die statistische Auswertung brachte folgende Ergebnisse: Allein der Score, der Persönlichkeitszüge nach Tellenbach oder der Psychoanalyse darstellt, war bei älteren Depressiven signifikant stärker ausgeprägt. Der Vergleich der nach Geschlecht und Diagnose getrennten Stichproben ergab keine weiteren Unterschiede.

Bei den endogen Früh- und Späterkrankten ergaben sich hinsichtlich der Typologie nach E. Kretschmer und der nach Tellenbach oder der Psychoanalyse keine wesentlichen Unterschiede. Das ist bemerkenswert, weil in der Literatur die von der Psychoanalyse bzw. von Tellenbach beschriebene „typische" Persönlichkeitsstruktur häufig mit den sog. Involutionsdepressionen korreliert wurde. Das heißt, nicht das Ersterkrankungsalter, sondern das Alter des Patienten zum Zeitpunkt der jeweiligen Erkrankung hat eine deutlich erkennbare Wirkung auf das, was als sog. spezifische Persönlichkeitsstruktur festgestellt werden kann.

Aus der Diskussion der letzten Jahre wird deutlich, daß Aussagen, die bis heute ungeprüft in Lehrbücher und allgemeine Abhandlungen übernommen wurden (Ford 1967, Kolb 1968, Henderson und Gillespie 1969, Kielholz 1971, Mayor 1978, u. a.), unter modernen methodenkritischen Aspekten relativiert werden müssen. Es stehen zahlreiche ungeklärte Fragen an: z. B. nach der Rolle einer vorgegebenen, eventuell genetisch bedingten Persönlichkeitsstruktur, nach dem Anteil der psychosozialen Entwicklung, nach einem möglichen Ineinandergreifen beider Faktoren (Sergeev 1976) oder nach adäquateren Forschungsansätzen, zur Klärung der offenen Fragen. Sicherlich sind Beziehungen zwischen prämorbider Persönlichkeitsstruktur und Entstehung, Ausgestaltung der akuten Erkrankung, Verlauf und Prognose gegeben. Wie und in welchem Ausmaß und bei welchen Krankheitsbildern sie beobachtet werden können, ist bis heute weitgehend ungeklärt. Dazu bedarf es neuer Arbeitshypothesen und Forschungsansätze, die zum Beispiel bei Glatzel (1974b), Idha (1975) und Akiskal und Mitarb. 1983 zu erkennen sind. Neuere Untersuchungen von Tölle (1987, 1988) weisen darauf hin, daß es offensichtlich keine einheitliche prämorbide Persönlichkeitsstruktur bei melancholisch Kranken gibt. Untersuchungen im symptomfreien Intervall zeigten, daß bei melancholisch Kranken Persönlichkeitsstörungen verschiedenster Art relativ häufig anzutreffen sind (Tölle 1987, 1988, Tölle und Mitarb. 1987). Die Diskussion über eine typische und diagnostisch klassifizierbare depressive Persönlichkeitsstruktur wird aber fortgesetzt (Phillips und Mitarb. 1990).

Zusammenfassung

Die prämorbide Persönlichkeitsstruktur wurde im Bedingungsgefüge für die Entstehung depressiver Erkrankungen des höheren Lebensalters auch schon in der älteren Psychiatrie diskutiert und führte zu unterschiedlichen Auffassungen. Eine spezifische Richtung erhielt die Diskussion durch die psychoanalytische Theorie, nach der die zwanghafte Charakterstruktur mit Neigung zu Ordentlichkeit, Gewissenhaftigkeit, Starrheit im psychosozialen Verhalten und dem Bemühen um Anpassung mit gleichzeitiger Hemmung der aggressiven Tendenzen im Vordergrund stand. Diese Persönlichkeitsstruktur wurde als ein wesentlicher ätiologischer Faktor für die Entstehung depressiver Erkrankungen des höheren Lebensalters bewertet. In den zurückliegenden Jahrzehnten wurde Kritik an der Richtigkeit dieser Vorstellungen laut, wenngleich umschreibbare prämorbide Persönlichkeitszüge auch bei älteren depressiven Menschen nicht bestritten werden können.

5.6 Belastende Ereignisse ("Life-events") und negative Lebenserfahrungen in der Kindheit und frühen Jugend ("Broken Home")

Neben den bereits dargestellten Aspekten der Entstehung und Entwicklung depressiver Erkrankungen des höheren Lebensalters muß auch daran gedacht werden, daß akute belastende Lebenserfahrungen unmittelbar vor dem Beginn der depressiven Erkrankung eine ätiologisch relevante Rolle spielen können. Da aber zwischen diesen belastenden Ereignissen und der depressiven Erkrankung kein unmittelbarer ursächlicher Zusammenhang gesehen wird, mittelbare, das heißt über die wie auch immer geartete Erlebnisverarbeitung, ein solcher jedoch zu vermuten ist, wird statt von Verursachung von Auslösung der Erkrankung durch die belastenden Lebensereignisse ("Life-events") gesprochen. Wissenschaftlich ist im Kontext mit dem Begriff der Auslösung zu fragen, ob und welche Faktoren, auf die in der vorliegenden Studie noch nicht eingegangen wurde, in einem ätiologischen Zusammenhang mit dem Ingangkommen einer Depression gesehen werden können. Gleiches gilt für die Beantwortung der Fragen hinsichtlich der ätiologischen Bedeutung negativer Lebenserfahrungen in weiter zurückliegender Zeit, zum Beispiel der schwierigen Lebenssituation in der Kindheit und in der frühen Jugend.

5.6.1 Methodische Probleme

Eine derartige Fragestellung birgt zahlreiche prinzipielle Schwierigkeiten in sich. Es beginnt mit der Definition dessen, was als Auslöser anerkannt wird. Hierüber bestehen zahlreiche unterschiedliche Meinungen, so daß Tölle (1969) eine sehr schlechte Bewertungsübereinstimmung in bezug auf die Wertigkeit der Belastungen feststellte. Nach Matussek (1971) kann nach gelebten, erlebten, mitgeteilten und vom Arzt anerkannten Anlässen unterschieden werden. Die Wertung wird dadurch noch komplizierter, daß „auch klar definierbare Ereignisse selten allein wirken" (Perris 1966) und daß fast ständig eine Reihe von Ereignissen zu finden ist, die alle bis zur klinischen Erkrankung führen können (Grinker und Mitarb. 1961). Wird versucht, die Phänomene, die als Auslöser angesehen werden können, für eine wissenschaftliche Bearbeitung zu objektivieren und zu quantifizieren, entsteht ein noch größeres Dilemma. Die Probleme sind in der von Katschnig (1980) herausgegebenen Monographie ausführlich dargestellt worden, neuerdings noch einmal zusammengefaßt von Paykel (1987).

Solange über die ätiologischen und pathogenetischen Zusammenhänge der Entstehung depressiver Erkrankungen insgesamt nur wenig bekannt ist, können über die Art der Beziehung zwischen einem Ereignis im Leben des Patienten und dem Ausbruch einer Krankheit nur schwer verläßliche Aussagen gemacht werden. Grundsätzlich können folgende Möglichkeiten unterschieden werden: Das Ereignis wirkt als Verursacher bzw. Teilverursacher, wirkt im Zusammenspiel mit anderen möglichen Ursachen; das vermeintlich auslösende Ereignis ist ein Symptom der Erkrankung, oder es trifft zufällig mit dem Auftreten der Erkrankung zusammen. Wegen der Vielgestaltigkeit möglicher ätiologischer Beziehungen bleibt nicht viel mehr übrig, als allein einen Zeitzusammenhang zwischen dem auslösenden Ereignis und dem Beginn der Erkrankung festzustellen (Hartmann 1978).

Wegen der nur wenigen „objektiven" Kriterien im Zusammenhang mit der Frage der Auslösung depressiver Erkrankungen werden die Untersuchungen mit großer Wahrscheinlichkeit durch die „Subjektivität" des Untersuchers wie des untersuchten Patienten beeinflußt. Die Art der psychiatrischen Ausbildung, die Klinik- und Schulmeinung, der eigene Erlebens- und

Erfahrungshorizont usw. gehen von seiten des Untersuchers in die Ergebnisse ein. Die Aussagen des Erkrankten werden durch die von dem Kranken selbst gegebene Interpretation der Hintergrunddaten und durch die Bedeutung, die der Patient einzelnen Ereignissen beimißt, geprägt und in dieser „subjektiven" Ausgestaltung in die Berichte eingehen. Zudem kann zwischen biographischen Faktoren, psychologischen Variablen und krankheits- bzw. situationsbedingten Faktoren unterschieden werden (Hartmann 1978). Die methodischen Probleme der klinischen Untersuchung derartiger Zusammenhänge sind kaum überschaubar. Dennoch ist man im Rahmen der sogenannten "Life-event"-Forschung um eine Operationalisierung der Forschungsansätze bemüht.

In der Literatur von 1898 bis 1978 finden sich Prozentangaben über das Vorkommen bzw. die Häufigkeit seelischer oder körperlicher Auslöser bei depressiven Erkrankungen zwischen 3,1 % und 93 %. Extreme Meinungen stehen nahezu unüberbrückbar gegeneinander. Wyrsch (1939) und Schneider (1948) hielten den Einfluß situativer oder seelischer Faktoren für weitgehend bedeutungslos. Nach Störring (1955) dürfte die Psyche keinesfalls „als Spielball der Außenwelt" betrachtet werden. Petrilowitsch (1959b, 1961) fand die Wirkung erlebnisreaktiver Faktoren modisch überbewertet. Andererseits wurden Stimmen laut, die die Umweltstabilität depressiver Erkrankungen doch nicht so eindeutig sahen, wie das nach der traditionellen Lehre gemeinhin angenommen wurde (Schulte 1951).

Wie bereits oben angedeutet wurde, können die Art und die Wirkungsweisen der als Auslöser angesehenen Faktoren verschieden interpretiert werden. Wurde ihre grundsätzliche Wirkung anerkannt, sprach Mester (1971) von einem „Realisations-" und nicht von einem „Determinationsfaktor", oder man sah die „manifestationsfördernde Rolle" eines auslösenden Ereignisses (Angst und Perris 1968).

Eine sehr einfache Auffassung von Ursache und Wirkung spiegelte sich in den Bezeichnungen wider, die eine bestimmte situative Konstellation im Vorfeld einer depressiven Erkrankung mit dem Wort Depression koppelten, zum Beispiel Umzugsdepression (Lipschitz 1905), Enttäuschungsdepression (Taschev 1971), Erfolgsdepression (Perris und Espvall 1973), Entlastungsdepression (Schulte 1951), Verlustdepression (Lorenzer 1959) oder Erschöpfungsdepression (Kielholz 1960a, Beck 1962). Andere Autoren beharrten zum Beispiel auf ihrem Konzept endogener Depressionen, gestanden aber der Möglichkeit einer psychischen Auslösung eine gewisse Bedeutung zu. So sprachen Lange (1928) von der „psychischen Provokation endogener Depressionen", Mauz (1930) von „psychisch-reaktiv ausgeklingten depressiven Phasen" und Weitbrecht (1960) von „endoreaktiven Dysthymien".

Die Wertung eines Auslösungsfaktors ist durch die zum jeweiligen Zeitpunkt aktuelle und allgemein anerkannte wissenschaftliche Auffassung über die Verursachung depressiver Erkrankungen geprägt. Der wissenschaftliche Zeitgeist prägt also in gewisser Weise die Bewertung der auslösenden Faktoren. Das macht die Literaturstudie von Hartmann (1978) deutlich, denn um die Jahrhundertwende bis zum Beginn des Ersten Weltkrieges wurden Gemütserschütterungen, körperlichen Krankheiten oder psychischen Provokationen ein größeres Gewicht als Auslöser zuerkannt als in den dann folgenden Jahren, in denen die somatisch orientierte Forschung in der Psychiatrie ein Übergewicht erhielt.

Die Möglichkeit einer Auslösung depressiver Erkrankungen der zweiten Lebenshäfte durch seelische und/oder körperliche Belastungsfaktoren wurde insgesamt anerkannt. Andererseits, meinte Helmchen (1986), sollte die Rolle der Auslösung depressiver Erkrankungen durch belastende Lebensereignisse nicht überschätzt werden. Das gilt sicher in bezug auf die melancholischen Erkrankungen. Die belastenden und evtl. krankheitsauslösenden Erfahrungen spielen aber dennoch eine wesentliche Rolle, wenn berücksichtigt wird, daß in neueren Untersuchungen der Anteil reaktiver Erkrankungen besonders hoch ist. Das Problem der Auslösung wird auch weiterhin intensiv diskutiert werden, solange nicht eindeutige Ursachen für die Entstehung der Erkrankungen gefunden werden. In einem erweiterten Sinn sind als Bedingungsfaktoren für die Auslösung des Krankheitsprozesses alle Ursachenfaktoren zu sehen, die in den vorangegangenen Kapiteln dargestellt wurden. Die dort genannten methodischen Probleme lassen auch unter dem Aspekt der Auslösungsfunktion ätiologischer Faktoren zahlreiche Fragen offen.

Zu bedenken ist, ob die in Rede stehenden Krankheiten überhaupt auf eine eng umschreibbare Ursache zurückgeführt werden können, ob ein Prozeß in Gang gesetzt wird, der dann in einer gewissen Eigengesetzlichkeit voranschreitet und zu den für die jeweilige Erkrankung typischen Symptomen führt. Es ist zu fragen, ob es überhaupt eine bestimmte genetische Disposition gibt, die eines Anstoßes bedarf und die dann der Erkrankung den durch das Erbmuster präformierten Verlauf aufzwingt, oder ob es sich bei den von uns als Krankheitsgeschehen aufgefaßten Verhaltensauffälligkeiten um eine Reaktion auf externe Ereignisse handelt, die in der bekannt typischen Weise verarbeitet werden. Hier sind also schon Unklarheiten erkennbar, die aus den bereits referierten grundsätzlichen Meinungsverschiedenheiten resultieren. Es ergeben sich somit zahlreiche methodische Probleme für die Interpretation der Auslösung selbst, abgesehen von methodischen Problemen, die sich bei der Interpretation der genannten, enger umschreibbaren ätiologischen Faktoren selbst zeigen.

In neueren Studien wurde die Struktur der sozialen Beziehungen depressiv erkrankter älterer Menschen intensiver untersucht. So bewirkt nach den

Befunden von Murphy (1982) ein Fehlen von engen und vertrauensvollen sozialen Beziehungen eine erhöhte Depressionsanfälligkeit. Gerner (1979) spricht sogar von einem “social deprivation syndrom”. Schutz bieten dagegen geordnete und schützende soziale Verhältnisse (Hasegawa 1984), so daß intakte soziale Beziehungen als ein protektiver Faktor anzusehen sind (Murphy 1985, 1986b, Post 1987).

Eine Bewertung der Aussagen über die Auslösung depressiver Erkrankungen des höheren Lebensalters ist zudem kaum möglich, da so gut wie nie Zahlen genannt werden. In der Regel sind für den Fall, daß in Untersuchungen doch exakte Daten genannt werden, diese nicht miteinander zu vergleichen, weil sie von unterschiedlichen Patientengruppen ermittelt wurden, die nach divergierenden diagnostischen Kriterien zusammengestellt worden sind.

Daraus zog die moderne, sich mit Auslösungsproblemen beschäftigende Forschung die Konsequenz, erst einmal methodische Bedingungen zu schaffen, um die in der Praxis vielfältig zu beobachtenden Zusammenhänge zwischen möglichen Auslösern und dem Krankheitsbild überindividuell vergleichbar zu machen (siehe z. B. Holmes und Rahe 1967, Morrison und Mitarb. 1968, Paykel und Mitarb. 1971, Cochrane und Robertson 1973, Brown 1974, Paykel 1974, 1987, Brown und Harris 1978, Katschnig 1980, u. a.). Die hier zu referierenden Untersuchungen entsprechen durchgehend nicht den methodischen Kriterien, die die neuere “Life-event”-Forschung entwickelt hat.

5.6.2 Auslösungsfaktoren in der klinischen Forschung

In der älteren Psychiatrie bestand die Tendenz, körperliche und psychische Faktoren nebeneinander zu sehen, ohne gleich zu Anfang Prioritäten zu setzen. Das ging in einer Zeit, in der über die Ursachen depressiver Erkrankungen noch weniger bekannt war, leichter als in den späteren Jahrzehnten. Eine solche multikonditionale Betrachtungsweise wurde, wie oben dargestellt worden ist, von Kretschmer (1919), Birnbaum (1920), dem späten Kraepelin (1920) und Jacobi (1930, 1931a, 1931b) vertreten. Bereits Lewis (1938) aber warnte, daß einem Untersucher, je mehr er sich mit der Lebensgeschichte eines Menschen beschäftigte, desto enger die Beziehungen zwischen der aktuellen Krankheitssymptomatik und biographischen, postnatalen Einflüssen erschienen.

Einige Autoren fanden bei älteren Depressiven psychogene und somatogene Auslösungsfaktoren, ohne diese genauer zu definieren (Anderson 1936, Strecker und Ebaugh 1943). Andere hoben die Möglichkeit der Auslösung durch außerordentlich schwere und lang anhaltende körperliche und seelische Belastungen hervor, die im Rahmen sozialer Beziehungen, des Berufes und bedingt durch körperliche Erkrankungen auftraten (Malamud und Mitarb. 1941, Weitbrecht 1941, Eyman und Mitarb. 1942, Doty 1942, Sadler 1945, Hamilton und Ward 1948, Schindler 1953, Hamilton und Mann 1954, Himler und Morrissey 1955, Havens 1957, Kay 1959, 1962, Straker 1963, Stenback 1965, Fotianov 1965, Smith 1965, Briggs und Mitarb. 1965, Bowers 1969, Ford 1971, Greger 1971a, Oesterreich 1973, Vogel und Lungershausen 1974a, 1974b, Linn und Mitarb. 1980, Hale 1982, Ayuso-Gutierrez 1983, Hautzinger 1983, Murphy 1983, 1985, 1986b, u. a.). Chesroer und Kaplitz (1965) und Stewart und Mitarb. (1965) zeigten, daß Angst und Depressionen als Reaktion auf chronische Erkrankungen bei älteren Menschen im Krankenhaus besonders gehäuft beobachtet werden konnten.

Nach Untersuchungen von Jung (1952), Kornhuber (1955) und Garmany (1958) konnte keine Differenzierung hinsichtlich der Intensität und Zahl der Auslösungsfaktoren zwischen manisch-depressiven Erkrankungen und solchen Depressionen festgestellt werden, die im späteren Lebensalter, d. h. während des Klimakteriums oder in den Rückbildungsjahren, erstmals auftraten.

Weitere Arbeiten setzten sich mit der Frage des Zusammenhanges zwischen dem Lebensalter und der Auslösung von Depressionen auseinander. In der Studie von Hartmann (1978) ergab sich kein signifikanter Zusammenhang zwischen dem Lebensalter und der Häufigkeit von Belastungen vor Beginn der sich vor dem 45. Lebensjahr erstmals manifestierenden Depression. Diese Ergebnisse stimmen mit den Befunden von Matussek und Mitarb. (1965) überein, die Auslöser etwa gleich häufig in allen Altersstufen fanden. Nur bei älter als 60jährigen Frauen sahen sie signifikant weniger Anlässe. Das führten sie in dieser Gruppe auf das überdurchschnittlich hohe Vorkommen von Patientinnen mit vielen Phasen zurück. Zu ähnlichen Ergebnissen kam auch Sedivec (1975). Auch Scholz (1958) fand (bei einem Maximum an Auslösungen bei Frauen im Klimakterium) im höheren Alter weniger Auslöser. Diese Tendenz war auch in der Studie von Hartmann (1978) zu erkennen. In die gleiche Richtung tendieren Befunde von Brown und Mitarb. (1984). Angst (1966) sah die psychischen und körperlichen Belastungen mit dem Alter ansteigen. Für Taschev (1965) spielten die Altersveränderungen eine wachsende Rolle. Als eine mögliche Erklärung für diese Häufung krankheitsauslösender Schädigungen im Alter nannte Angst (1966) „mangelnde Plastizität und Anpassungsfähigkeit der alten Menschen“. Im Zusammenhang mit dem „Wechselspiel von Anlage und Umwelt“ erklärte er weiterhin: „Je früher die Krankheit ausbricht, um so stärker ist die hereditäre Belastung und um so seltener sind krankheitsauslösende Momente faßbar.“ Gegenteilige Feststellungen machten Codoret und Mitarb. (1972), die bei Patienten mit früherem Beginn der Depressionen signifikant häufiger „Verluste“ fanden. Oei und Zwart (1988) und Brodaty und Mitarb. (1991) sahen bei jüngeren Depressiven häufigere Angaben über Life events als bei älteren.

Die Angaben der Patienten über belastende Ereignisse innerhalb von 3 Monaten vor dem aktuellen Erkrankungsbeginn in der Untersuchung von Rudolf (1980) sind beträchtlich: Belastende Ereignisse wurden insgesamt von mehr als zwei Dritteln der Stichprobe (210 Patienten) angegeben. Psychische Belastungen wurden 2 1/2mal häufiger genannt als somatische. Ein Fünftel der Patienten berichtete über nur somatische Belastungen. Zwischen den Geschlechtern bestand ein signifikanter Unterschied. Die Männer insgesamt sprachen besonders häufig von psychischen oder somatischen Belastungen, von seelischen und gleichzeitig körperlichen Belastungen jedoch seltener als die Frauen. Zwischen jüngeren und älteren Depressiven waren differenziert nach Diagnosen keine signifikanten Häufigkeitsunterschiede zu erkennen. Wurden endogen und neurotisch-reaktiv Depressive unabhängig vom Lebensalter miteinander verglichen, gaben endogen Depressive insgesamt weniger Belastungen an (64,0% gegenüber 89%, $p < 0{,}05$). Das war durch die geringere Zahl seelischer Belastungen bedingt (38,1% gegenüber 59,0%, $p < 0{,}05$). Körperliche oder die Kombination von seelischen und körperlichen Belastungen waren dagegen gleichmäßig verteilt.

Auffallend war eine Abhängigkeit der Belastung vom Lebensalter, wenn getrennt nach Geschlechtern gerechnet wurde: Jüngere Männer schilderten wesentlich häufiger seelische Belastungen (76,9% gegenüber 37,9%, $p < 0{,}05$), ältere dagegen klagten eher über somatische Belastungen oder über eine Kombination von beiden 34,4% gegenüber 3,8%, $p < 0{,}05$). Das zeigte sich besonders deutlich bei endogen depressiven Männern. Späterkrankte endogen depressive Patienten gaben wesentlich häufiger Belastungen im Vorfeld der Erkrankung an (74,2% gegenüber 55,8%, $p < 0{,}05$). Diese betrafen im wesentlichen den Bereich körperlicher Störungen, während psychische Belastungen etwa gleich häufig genannt wurden. Getrennt nach Geschlechtern war die beschriebene Häufigkeitsverteilung nur bei den Männern zu sehen, nicht jedoch bei den Frauen. Auch nach sog. Alterskorrektur, das heißt, nachdem nur älter als 45jährige Früh- und Späterkrankte miteinander verglichen wurden, blieb die Verteilung bestehen.

Aussagen über belastende Ereignisse im Vorfeld früherer Erkrankungsphasen sind bekanntlich schwer zu präzisieren und noch schwerer zu verifizieren, denn nicht jedem angeschuldigten Erlebnis kommt eine pathogenetische Bedeutung zu (s. o.). Daher sind die genannten Zahlen nur mit großer Vorsicht zu interpretieren. Sie weisen dennoch nachdrücklich auf eine allgemeine pathogenetische Bedeutung peristatischer Faktoren hin.

Wahrscheinlich spielt die größere Anfälligkeit des höheren Lebensalters für körperliche Beschwerden eine wesentliche Rolle. Das sah auch Perris (1966), der dieses Phänomen ebenfalls auf das zunehmende Alter zurückführte. Angst (1966) machte auf die besonders bei alternden Frauen beobachteten „endokrinen Krisen“ aufmerksam, fand jedoch bei manisch-depressiven Erkrankungen und Involutionsmelancholien eine ungefähr gleiche Zahl körperlicher Erkrankungen im Vorfeld der Erstmanifestation. Dieses Ergebnis ist jedoch nicht direkt mit den oben referierten Untersuchungsbefunden zu vergleichen, da Angst (1966) die Auslösungsfaktoren vor der ersten und nicht wie Rudolf (1980) vor der zuletzt entstandenen Phase untersuchte.

5.6.3 Hysterektomie und Depression

Während die bis hierher zitierten Untersuchungen von depressiven Patienten ausgingen und nach Auslösern im Vorfeld der Erkrankung fragten, verfuhren andere Autoren umgekehrt: Sie gingen von Probanden aus, denen ein belastendes Ereignis zugestoßen war, die also in bezug auf einen fraglichen Auslöser homogen waren, und untersuchten die Häufigkeit von depressiven Erkrankungen in den dann folgenden Monaten bzw. Jahren. Vergleiche mit der Durchschnittsbevölkerung oder anderen ausgesuchten Kontrollgruppen ließen Antworten auf die Frage zu, ob das verdächtigte Ereignis bzw. die vermutlich belastende Situation überproportional häufig von einer Depression gefolgt wurde.

Die Hysterektomie, in der Regel bei älteren Frauen durchgeführt, steht in einem engen inneren Zusammenhang mit Problemen des Klimakteriums und der Menopause. Für Wengraf (1946) veränderte der Eingriff den psychischen Zustand operierter neurotischer Frauen. Nach Stengel und Mitarb. (1958) hing der Eindruck, daß Frauen nach Operationen im höheren Lebensalter häufiger depressiv erkrankten, mit der gleichzeitig großen Zahl derartiger Operationen in der Bevölkerung zusammen. Die Art der Operationen oder der Komplikationen spielte keine ätiologische Rolle. Das hohe Lebensalter war der wesentliche Faktor, der für die scheinbare Häufigkeit verantwortlich gemacht werden konnte. So lehnten auch Ackner (1960) und Dodds und Mitarb. (1961) Zusammenhänge zwischen der Hysterektomie und der Entstehung seelischer Störungen ab.

Melody (1962) sah nach Hysterektomie bei 4 % der Frauen ein depressives Syndrom innerhalb von drei Monaten nach der Operation. Die der Hysterektomie folgende seelische Reaktion war in jedem Fall durch ein traumatisierendes soziales Ereignis hervorgerufen. Die Anamnese der von ihm untersuchten Frauen zeigte, daß während der fünf vorangegangenen Jahre alle eine oder mehrere depressive Episoden durchgemacht hatten. Wesentlich höher lagen die Zahlen bei Kroger (1963, zitiert nach Polivy 1974), der bei 40% der hysterektomierten Frauen depressive oder andere seelische Reaktionen beobachtet hatte. Nach Steiner und Aleksandrowicz (1970, zitiert nach Polivy 1974) lag der prozentuale Anteil mit 48,8% noch höher.

Aus einer anderen Perspektive sahen Patterson und Mitarb. (1960) und Patterson und Craig (1963) bei depressiven Frauen die Häufigkeit von Hysterektomien mit 14% (gegenüber dem zu erwartenden Prozentsatz von 10% in der Gesamtbevölkerung) leicht erhöht. Eine Auslösung anderer psychischer Erkrankungen durch Hysterektomie wurde nicht festgestellt. Mit einer Ausnahme bestand keine gesicherte Beziehung zwischen Hysterektomie und psychiatrischer Erkrankung.

In einer ähnlichen Studie fand Ellison (1964) unter psychiatrisch akut erkrankten Frauen 9,7% der Patientinnen nach Hysterektomie oder Tubenligatur. Bei knapp der Hälfte der Patientinnen nach Hysterektomie erschien der Beginn der seelischen Erkrankung eng mit der Operation verbunden. 80% dieser Patientengruppe litten unter Depressionen, 12% unter einem paranoid gefärbten Depressionszustand. Die andere Hälfte der Patientinnen, deren Erkrankung ohne erkennbaren direkten zeitlichen Zusammenhang mit der Operation entstand, litten nur zu 50% unter Depressionen. Bemerkenswert erschien weiterhin, daß Patientinnen nach Tubenligatur zu 30% unter Depressionen und zu 50% unter paranoid gefärbten depressiven Syndromen litten.

Auf ein erhöhtes Risiko für eine Einweisung in ein psychiatrisches Krankenhaus nach Hysterektomie wies Bragg (1965) hin. Der Unterschied war jedoch gegenüber dem Einweisungsrisiko nach Cholecystektomie nicht signifikant erhöht.

Von 799 hysterektomierten Frauen wurden 53 (7%) innerhalb eines Zeitraumes von viereinhalb Jahren nach der Operation an einen Psychiater überwiesen (Barker 1968). Die Überweisungsrate war zweieinhalbmal höher als die nach Cholecystektomie und dreimal höher als die zu erwartende Häufigkeit bei gleichaltrigen Frauen der Gesamtbevölkerung. 80% der psychiatrischen Überweisungen erfolgten innerhalb von zwei Jahren nach der Operation. Die häufigste Diagnose war mit 85% eine Depression. Weitere Patientinnen litten unter Psychoneurosen, paranoiden Zuständen, Manien, hirnorganisch bedingten Psychosen oder Hirntumor. Bemerkenswert ist die Beobachtung, daß bei 140 Frauen der Untersuchungsserie durch die Entfernung der Ovarien eine vorzeitige Menopause provoziert wurde. Nur 8 dieser Patientinnen wurden psychisch krank. Diese Häufigkeit lag im Rahmen der allgemeinen Erwartung.

35% der von Richards (1973) untersuchten Patientinnen wurden nach Hysterektomie wegen depressiver Störungen von ihrem Hausarzt behandelt. 55% der Frauen, die vor dem 40. Lebensjahr operiert wurden, litten unter Depressionen, und 65% der Frauen, die zuvor schon einen depressiven Zustand gezeigt hatten, litten nach der Operation erneut darunter.

Auch Eicher (1975) fand in einer Studie über die Psychosomatik der Hysterektomie ein signifikant vermehrtes Auftreten von Depressionen in einem Zeitraum von einem halben bis zu zwei Jahren nach der Operation. Offene depressive Reaktionen bestanden bei 13%, neurotische Tendenzen wurden bei 26,7% der hysterektomierten Frauen beobachtet. 83% der Patientinnen zeigten postoperativ keinen auffälligen körperlichen Befund. Die seelischen Veränderungen korrelierten nicht mit postoperativen organischen Folgeerscheinungen. In besonderem Maße scheinen Frauen mit ausgeprägten neurotischen Verhaltenstendenzen gefährdet zu sein (Lehtinen 1988).

Richter und Mitarb. (1976) kamen zu ähnlichen Untersuchungsergebnissen wie Melody (1962) (s. o.) und standen damit in einem deutlichen Gegensatz zu den soeben referierten Berichten. Zur Klärung dieser Diskrepanz, so meinten die Autoren, wäre eine strenge qualitative Validierung der depressiven Zustandsbilder, eine Untersuchung der Auswahlkriterien zur Hysterektomie und ein Bericht über die präoperativ mangelnde oder fehlende Aufklärung notwendig gewesen. Die kleine Zahl beobachteter depressiver Episoden wurde zudem dadurch relativiert, daß die allgemeine Zunahme depressiver Erkrankungen im Klimakterium nicht berücksichtigt worden war. Das Auftreten depressiver Episoden nach Hysterektomie sei auf eine multifaktorielle Genese zurückzuführen. Der Altersfaktor, psychodynamische Faktoren und reaktive Momente entwickelten eigene pathogenetische Potenzen.

Mit Polivy (1974) läßt sich feststellen, daß die Daten einzelner Untersuchungen wegen großer methodischer Mängel kaum miteinander zu vergleichen sind. Häufig waren die Patientengruppen zu klein, oder es fehlten Vergleichsgruppen. Die erhobenen Daten wurden i. d. R. nicht statistisch ausgewertet. Weiterhin bestanden Unterschiede in der Länge der Nachuntersuchungszeiträume, vor allem aber wohl in der diagnostischen Zuordnung. Dennoch kann vermutet werden, daß Patientinnen nach Hysterektomie häufiger als nach anderen Operationen an depressiven Störungen leiden können (s. auch Ananth 1978). Weitere, die Entstehung von Depressionen eventuell fördernde Faktoren sind nach Polivy (1974): 1. das Fehlen früherer Beschwerden im gynäkologischen Bereich, 2. frühere psychiatrische Erkrankungen (s. auch Martin und Mitarb. 1977) und 3. Eheprobleme. Eine Beziehung zwischen dem aktuellen Alter zum Zeitpunkt der Operation (in der Regel zwischen dem 40. und 50. Lebensjahr) und der Entstehung depressiver Störungen ist möglich, zumal gerade in diesem Lebensalter ein allgemein erhöhtes Erkrankungsrisiko für depressive Störungen besteht.

Vor allem aber, so ist aus der Arbeit von Patterson und Craig (1963) zu erkennen, sollte vor einer allzugroßen Überbewertung psychodynamischer Komplikationen gewarnt werden.

5.6.4 Negative Lebenserfahrungen in der Kindheit und frühen Jugend ("Broken Home")

Die Störung der Familiensituation in der Kindheit ("Broken Home") im weitesten Sinne soll nach Angaben zahlreicher Autoren (s. Übersichten von Granville-Grossmann 1968, Schwidder 1972) bei Depressionen wesentlich häufiger vorkommen als in nicht erkrankten Vergleichsgruppen. Angst (1966) dagegen stellte nach genauer Analyse eigener und fremder Untersuchungsergebnisse fest, daß „im Mittel die Häufigkeit von einem 'Broken Home' unter endogen depressiven Probanden nicht von der Durchschnittsbevölkerung abweicht". Bei 33 % der 256 von ihm untersuchten endogen Depressiven fand er ein sogenanntes Broken Home. Perris (1966) sah bei 46 % der bipolar und bei 35 % der unipolar endogen Depressiven ungünstige familiäre Verhältnisse in der Kindheit. Die mittleren Alter dieser Gruppe waren mit 31,6 bzw. 45,4 Jahren unterschiedlich. Direkte Zahlenvergleiche sind schwer durchzuführen, weil das "Broken Home" in den einzelnen Untersuchungen oft unterschiedlich definiert worden ist.

In der Untersuchung von Rudolf (1980) wurde unterschieden, ob das "Broken Home" innerfamiliär (z. B. durch Trunksucht, kriminelles oder antisoziales Verhalten eines Elternteiles, Trennung oder Tod der Eltern o. ä.) oder durch äußere Umstände (z. B. durch Kriegsfolgen oder andere Katastrophen) verursacht worden war. Angaben über ein "Broken Home" waren von 23,8 % der Patienten zu erhalten. Bei Männern und Frauen bestand ein "Broken Home" praktisch gleich häufig. Der Vergleich jüngerer und älterer Depressiver zeigte jedoch deutliche Unterschiede. Während 35,1 % der jüngeren Depressiven gestörte Familienverhältnisse in der Kindheit erlebt hatten, war das bei nur 17,7 % der älteren der Fall ($p < 0,05$). „Inneres" Broken Home erschien bei jüngeren und älteren Depressiven annähernd gleich häufig. Ein Familienzerfall aus äußeren Gründen kam bei jüngeren Kranken jedoch häufiger vor (obwohl dieser Befund wegen der geringen Fallzahlen nicht statistisch zu sichern war). Das ist wahrscheinlich darauf zurückzuführen, daß die Kindheit dieser bei der Untersuchung bis zu 45 Jahre alten Patienten zu einem großen Teil in die Kriegs- und Nachkriegszeit fiel, in der äußere Umstände viel zur Zerstörung von Familienstrukturen beitrugen. Die älteren Depressiven (mittleres Alters 56,4 Jahre) durchlebten ihre Kindheit hingegen in einer Zeit, in der die äußeren Umstände ruhiger oder stabiler waren. Dieser Befund war bei den endogen Depressiven in gleicher

Weise vorhanden, während bei neurotisch-reaktiv Depressiven kein derartiger Verteilungsunterschied zu erkennen war.

Als gewichtiges Ereignis in der Anamnese Depressiver wird von zahlreichen Autoren (Sethi 1963, Beck 1967, Granville-Grossmann 1968, Blöschl 1978, Brown und Harris 1978, Roy 1980, u. a.) der mit einer gewissen Häufung gesehene frühe Tod der Eltern angeführt, definiert als Verlust eines Elternteiles vor dem 15. Lebensjahr des Patienten. 23,3% der Patienten von Rudolf (1980) hatten ihren Vater oder ihre Mutter vor dem 15. Lebensjahr verloren. Wie auch hier zeitgeschichtliche Faktoren, auf deren Bedeutung auch Roy (1980) verwies, eine wahrscheinlich wesentliche Rolle spielten, zeigt die Tatsache, daß junge Depressive häufiger den Vater (durch Kriegseinwirkungen), ältere Depressive dagegen häufiger die Mutter (durch die vor ca. 50 Jahren höhere Müttersterblichkeit) verloren hatten. Wurde für die statistische Analyse nur die Häufigkeitsverteilung des Verlustes eines Elternteiles, unabhängig davon, ob Vater oder Mutter, untersucht, waren keine statistisch signifikanten Unterschiede vorhanden.

Als weitere ungünstige Entwicklungsfaktoren in der Kindheit wurden z. B. uneheliche Geburt, ein Leben als Pflege- oder Stiefkind oder länger als ein Jahr andauernde Heimaufenthalte registriert. Solche Störfaktoren gab es mit 19,3% häufiger bei Männern als mit 9,8% bei Frauen. Die jüngeren Depressiven (19,5% gegenüber 8,3%, $p < 0{,}05$), vor allem aber die jüngeren endogen Depressiven (25,5% gegenüber 7,0%, $p < 0{,}05$), waren in der Kindheit gehäuft den o. g. ungünstigen Entwicklungsfaktoren ausgesetzt, und zwar Männer dieser Gruppe häufiger als Frauen. Bei neurotisch-reaktiv Depressiven ließen sich diese Unterschiede der Häufigkeitsverteilung nicht erkennen.

Um nicht nur die äußeren Lebensbedingungen in der Kindheit zu erfassen, sondern auch so gut wie möglich das Erleben zwischenmenschlicher Beziehungen, wurde nach den vorhandenen oder früher bevorzugten Beziehungspersonen gefragt. Gut 6% der Untersuchten gaben keine Bezugsperson an, gut 2/3 der Patienten tendierten zu Vater oder Mutter. Männliche Depressive tendierten stärker zur Mutter als zum Vater. Bei Frauen war das Verhältnis umgekehrt, allerdings weniger deutlich ausgeprägt. Weibliche Patienten hatten zudem häufiger als Männer andere Bezugspersonen als die Eltern. Jüngere Depressive gaben öfter keine oder andere Bezugspersonen als die Eltern an (3,9% gegenüber 22,4%, $p < 0{,}05$). Dieser Befund galt, wie die Berechnung nach Diagnosen zeigte, für endogen wie neurotisch-reaktiv Depressive.

Zusammenfassung

Der Begriff der Auslösung ist in der klinischen Forschung bis heute noch sehr unklar und nur sehr schwer zu operationalisieren. Daraus ergeben sich zahlreiche methodische Probleme. Aussagen über mögliche auslösende Faktoren, zum Beispiel in Form köperlicher oder seelischer belastender Ereignisse im Vorfeld depressiver Erkrankungen, sind daher nur mit großen Einschränkungen zu interpretieren. Deutlich wird dennoch, daß depressive Störungen im höheren Lebensalter durch verschiedenste Ereignisse und situative Konstellationen ausgelöst werden können. Je nachdem, ob der Untersucher mehr einem biologischen oder psycho- und/oder soziodynamischen Krankheitskonzept zuneigt, werden die Auslösungsfaktoren unterschiedlich gewichtet. Nur unter diesen Voraussetzungen werden die extrem divergierenden Aussagen über die Häufigkeit auslösender Faktoren verständlich. Diese Überlegungen haben auch bei der Beurteilung einer umschreibbaren Auslösungssituation zu gelten, wie sie bei Frauen nach einer Hysterektomie besteht.

Störungen der Familiensituation ("Broken Home") in der Kindheit wurden von jüngeren Depressiven häufiger berichtet. Differenziert nach „innerfamiliär" und „außerfamiliär" bedingten Störungen ergaben sich bei jüngeren und älteren Depressiven hinsichtlich des innerfamiliär bedingten Broken Home keine Häufigkeitsunterschiede. Außerfamiliäre Störungen waren bei jüngeren Patienten öfter vorhanden. Diese Unterschiede konnten durch zeitgeschichtliche Umstände erklärt werden. Gleiches gilt für die Häufigkeitsunterschiede bei Angaben über den frühen Tod der Eltern und andere ungünstige Entwicklungsfaktoren. Berichte über vorhandene oder früher bevorzugte Beziehungspersonen spiegelten indirekt die Veränderungen der Familienstrukturen in den zurückliegenden Jahrzehnten wider.

6. DIE THERAPIEN

Auf spezielle Therapieformen, die im Laufe unseres Jahrhunderts bei der Behandlung depressiver Erkrankungen des höheren Lebensalters eine besondere Rolle gespielt haben, die Hormontherapie, die Krampfbehandlungen und die Psychotherapie, wird ausführlicher eingegangen. Eine Darstellung der Pharmakotherapie mußte aus Raumgründen unterbleiben. Über die Begründung einer derartigen Therapie und über die Grundregeln besteht weitgehende Übereinstimmung (Tegeler 1984, Gerner 1985, Jenike 1985, Gastpar 1987, 1989, Vollhardt und Mitarb. 1990). Immer wurden alle in der jeweiligen Zeit aktuellen Therapieformen auch bei depressiven Störungen des höheren Lebensalters angewendet, wenngleich die Inanspruchnahme der tatsächlich vorhandenen therapeutischen Möglichkeiten auch heute noch relativ gering ist (Weissman und Mitarb. 1981).

Die Möglichkeiten einer durchgreifenden Behandlung melancholischer Erkrankungen waren bis zum Ende des 19. Jahrhunderts begrenzt. Kraepelin stellte 1913 kategorisch fest, es existierte keine Kausalbehandlung der manisch-depressiven Psychose. So konnte Starobinski (1960) für die Zeit um die Jahrhundertwende schreiben, daß der Melancholiker noch für einige Jahrzehnte der eigentliche Typus des unzugänglichen Wesens, des Gefangenen in einem Kerker blieb, zu dem der Schlüssel noch zu finden war. Hierin unterschied sich in jener Zeit die Melancholie jedoch nicht von nahezu allen weiteren psychischen Erkrankungen.

6.1 Allgemeine therapeutische Ansätze

In den für ihre Zeit repräsentativen Lehrbüchern von E. Bleuler (1916) und Bumke (1924) sind die Abschnitte über mögliche Behandlungsmaßnahmen depressiver Erkrankungen sehr kurz. Für Lange (1928) kam es neben eugenischen Maßnahmen durch eine sinnvolle Eheberatung auf die Vermeidung von Überbelastungen an. Zur Anwendung von Suizidhandlungen wurde eine stationäre Behandlung gefordert. Bei starken Angstzuständen empfahl er Opium. Auf die seelischen Probleme der Melancholiker sollte im Gespräch distanziert eingegangen werden, wobei ein Gespräch über Wahninhalte vermieden werden sollte. Eventuell waren Hypnose oder auch eine psychoanalytisch orientierte Gesprächsführung von Nutzen. Ansonsten empfahl Lange Beruhigungsmittel, Dauerbäder und andere physikalische Maßnahmen.

Runge (1930) sah wie alle übrigen Autoren vor ihm als wichtigsten Behandlungsschritt zur Verhütung eines Suizids die Krankenhausaufnahme an. Das galt insbesondere für ängstlich-agitierte Patienten. Allerdings warnte McKendree (1935) vor allzu langer Hospitalisierung, denn er hatte nach Entlassungen in die häusliche Umgebung häufig noch erhebliche Besserungen depressiver Zustände beobachtet. Runge empfahl als „spezifisches Mittel" für melancholische Patienten die Opium- oder Pantopon-Behandlung an. Oft blieb nichts anderes übrig, als bei erregten Patienten eine Dauerschlafbehandlung durchzuführen, in leichteren Fällen halfen Dauerbäder. Psychotherapeutische Beeinflussung erschien ihm insofern wichtig, als eine eingehende Aussprache und allgemeiner Zuspruch wenigstens vorübergehend eine Linderung verschaffen konnten. Die Beschäftigungstherapie ermöglichte in nicht wenigen Fällen eine gewisse Ablenkung. Bei gleichzeitigem Vorhandensein klimakterischer Beschwerden empfahl er die Gabe von weiblichen (oder männlichen) Hormonpräparaten.

Immer wieder wurde aber von allen Autoren betont, daß eine kausale Behandlung nicht möglich erschien. So war die Therapie symptomorientiert, auf Ablenkung und Entlastung des Patienten bedacht (Gaunt 1923) und blieb in ihrer Struktur unverändert bis in die Zeit, in der sich die Psychopharmakotherapie zu etablieren begann, d. h. bis in die Mitte der fünfziger Jahre unseres Jahrhunderts (Turner und Mitarb. 1962), nachdem die Hormon- und die Krampfbehandlungen (s. Kap. 6.2–6.3) zuvor nur kurzfristig einige positive Veränderungen gebracht hatten.

Zahlreiche andere, heute nicht mehr diskutierte somatische Behandlungsverfahren, so die homöopathische Therapie (Hoffmann 1941), die Elektronarkose (Tietz 1947), die Hämatoporphyrin-Therapie (Notkin und Mitarb. 1935) oder die Behandlung mit Vitaminen, Magnesium und Calcium u. a. (Chatagnan 1940, Gibson 1943b), konnten sich nicht durchsetzen.

Auch die 1935 von Moniz inaugurierte präfrontale Leukotomie, die anfangs besonders in den USA weite Verbreitung gefunden hatte, wurde bei Involutionsmelancholien angewendet (Moniz 1948). Freeman und Watts (1941) berichteten von guten Erfolgen, und Strecker und Ebaugh (1943) stellten diese Methode in ihrem Lehrbuch ausführlich dar, wenngleich Strecker (1942) sich gegen einen derartigen operativen Eingriff bei Involutionsmelancholien aussprach. Andererseits befürworteten Myerson und Myerson (1947) und Kral und Elvidge (1955) dieses Behandlungsverfahren bei chronischen Depressionszuständen des höheren Lebensalters. Die jüngste von ihnen behandelte Patientin war 53 Jahre alt. Auch Cotte (1963) wies auf eine derartige Behandlungsmöglichkeit hin. Post (1964) berichtete von ermutigenden Ergebnissen nach „offener bimedialer Leukotomie“. Achté (1974) jedoch meinte, daß man bei der Behandlung therapieresistenter Depressionen Distanz wahren sollte, da bisher zu wenig Erfahrungen vorlagen. Dennoch wurde dieses Verfahren für ältere chronisch Depressive weiterhin vorsichtig empfohlen (Kral 1976, Bridges und Bartlett 1977).

In den zurückliegenden Jahrzehnten wurden die Arbeitstherapie, vor mehr als einem halben Jahrhundert von Simon (1929) eingeführt (Harlfinger 1968), später die Soziotherapie und die Milieutherapie systematisch ausgebaut. Auch eine tagesklinische Behandlung war zu erwägen (Smith und Cantley 1983), doch schien sie nur für schon weitgehend genesene Depressive geeignet zu sein, da sie bei Teilremittierten nur wenig Erfolge zeigte. In der Nachbehandlungsphase gab die tagesklinische Behandlung dem gesundeten Depressiven wieder die Möglichkeit zur Aufnahme neuer und besserer sozialer Kontakte (Murphy 1985).

Eine beeindruckende Wende brachte seit 1952 die Einführung der Psychopharmaka. Selbstverständlich wurden auch die Depressionen im höheren Lebensalter mit allgemein sedierenden Psychopharmaka (Greenblatt 1957), später mit Antidepressiva (Gottlieb und Tourney 1959) behandelt. Gleichzeitig aber bedeutete diese Wende auch einen Einschnitt in der wissenschaftlichen Beschäftigung mit der Involutionsmelancholie im allgemeinen. Etwa parallel zu den Erfolgen der Pharmakotherapie ließ das Interesse an den traditionellen Fragen der Klassifikation, insbesondere der diagnostischen Sonderstellung der Involutionsmelancholie, nach. Die Antidepressiva wirkten in nahezu gleicher Weise bei jüngeren und älteren Menschen. Die früher typischen Erscheinungsbilder der Involutionsmelancholie wurden seltener (Rosenthal 1966).

Wie die neuere Literatur zeigt, werden Antidepressiva zur Behandlung nahezu aller Depressionsformen empfohlen. Es gibt aber nur wenige Abhandlungen, die sich speziell mit der medikamentösen Behandlung depressiver Erkrankungen in der zweiten Lebenshäfte beschäftigten. Zu ihnen gehören die Arbeiten zum Beispiel von Kielholz (1964, 1987), Labhardt (1964), Post (1966), Hall (1974), Raskin (1974), Rudolf (1974b), Verwoerdt (1976), Fann (1976), Gunby (1978), Ban (1978), Lehmann (1979), Hirschfeld und Klerman (1979), Gerner und Mitarb. (1980), Jarvik und Kakkar (1981), Jarvik und Mitarb. (1982, 1983), Cole (1983), Shamoian (1985b), Georgotas und McCue (1985), Jarvik und Gerson (1985), Bridges (1986), Kanowski (1989), Vollhardt und Mitarb. (1990), Thienhaus (1992) u. a. Hinweise auf das besondere Reagieren älterer Menschen auf Psychopharmaka wurden jedoch häufiger gegeben. Salzman und Shader (1978) merkten an, daß eine ungezielte Pharmakotherapie auch Ursache für depressive Störungen werden könnte. Zur Prävention wurden Lithiumsalze auch für ältere Depressive empfohlen (Shulman und Post 1980, Abou-Saleh und Coppen 1983) oder die Fortsetzung der Behandlung mit den in der akuten Krankheitsphase wirksam gewesenen Antidepressiva (Georgotas und Mitarb. 1988).

In der Literatur über die Pharmakotherapie scheint das Problem der Involutionsdepression in der Weise, wie es sich früheren Psychiatergenerationen noch stellte, nicht mehr zu existieren; oder ihm wird nicht mehr das Gewicht beigemessen, das es früher einmal gehabt hatte. Der Arzt sollte „therapeutischer Opportunist" sein, der wohlüberlegt medikamentöse Therapie, Sozio- und Psychotherapie anwendete (Nodine und Mitarb. 1963). Dazu brauchte er offensichtlich nicht mehr all die Überlegungen, die frühere Psychiatergenerationen immer wieder anstellten.

Dennoch sollten ätiologische und diagnostische Gesichtspunkte weiterhin ihre Geltung behalten. Sie hatten die Aufgabe, die Wahl eher spezifischer Therapieformen aus den vorhandenen Möglichkeiten einzugrenzen (Greenblatt 1957, Eckmann 1961, Riccitelli 1964, Pakesch 1965, Alsen 1973, u. a.). Diese Auffassung vertraten auch die bereits oben genannten Autoren, die sich speziell mit der Pharmakotherapie depressiver Erkrankungen des höheren Lebensalters beschäftigten.

Insgesamt verhielt sich die moderne Pharmakotherapie pragmatisch: Die polyätiologische Betrachtungsweise, die zu einer strukturalen Interpretation der Krankheitsentstehung führte, nahm Einfluß auf die therapeutische Einstellung. Trotzdem wurde das therapeutische Vorgehen oft noch von der Auffassung des Therapeuten über endogene oder exogene Entstehungsbedingungen bestimmt, obwohl die Hypothesen zu diesen Fragen, wie oben gezeigt wurde, recht vage, äußerst vielschichtig und divergierend erschienen. Zu oft wurde das einfache Schema beibehalten, nach dem endogene Depressionen allein mit Psychopharmaka, neurotische Depressionen allein mit Psychotherapie behandelt werden müßten. Es sollte aber bedacht werden, daß der beste Ansatz zur Therapie depressiver Erkrankungen des höheren Lebensalters, so Davidson (1939), immer noch der „psychosomatische" war, der die ganze Person des Erkrankten berücksichtigte (Palmer 1946). Dabei waren alle Formen psychiatrischer Therapie – kritisch ausgewählt und modifiziert – auch bei älteren depressiv Erkrankten anwendbar (Straker 1963, Kolb 1965, Bergmann 1974, Goldfarb 1975, Vickers 1976, Verwoerdt 1976, Fassler und Gaviria 1978, Ayuso-Gutierrez 1983, Cole 1983, Ancill 1987, Wertheimer 1988, u. a.). Das gilt heute sicherlich auch für die Behandlung mit dem therapeutischen Schlafentzug (Pflug und Tölle 1969, Rudolf und Mitarb. 1977, Rudolf und Tölle 1978, Kuhs und Tölle 1986, Reynolds und Mitarb. 1987).

Zusammenfassung

Alle im Laufe der Geschichte aktuellen Therapieformen wurden auch zur Behandlung depressiver Erkrankungen in der zweiten Lebenshälfte herangezogen. Heute dominiert die antidepressive Pharmakotherapie. Immer jedoch muß in der Therapie der mehrdimensionale Ansatz erkennbar werden. Eine Monotherapie depressiver Erkrankungen des höheren Lebensalters gibt es bis heute nicht.

6.2 Hormontherapie

Mehr als ein Jahrzehnt nach den zurückhaltenden Berichten über positive Wirkungen der Hormonsubstitution bei älteren Depressiven von Strekker und Keys (1922), Gaunt (1923) und später von Jameison und Wall (1931/32) und Bowman und Bender (1932) hatte auch die endokrinologische Grundlagenforschung wesentliche Fortschritte gemacht (Mazer und Israel 1935). Werner und Mitarb. (1934, 1936) sahen als Ursache für die sogenannte Involutionsmelancholie eine Störung der Keimdrüsenfunktionen. Danach war die Involutionsmelancholie eine extreme Manifestation der im allgemeinen durch den Sexualhormonmangel in der Menopause auftretenden Symptomatik (s. Kap. 5.3). Da eine Hormonbehandlung bei den Frauen erfolgreicher war, die früher nicht schon unter anderen psychischen Erkrankungen gelitten hatten und bei denen keine zerebrale Gefäßsklerose vorlag, wurde das Hormonpräparat als „Differentialtherapeutikum" verwendet. Es sollte zur differentialdiagnostischen Trennung der Involutionsmelancholie von anderen Typen seelischer Erkrankungen beitragen können, die ebenfalls in der Menopause auftraten.

Im Anschluß an die Arbeiten von Werner et al. (1934, 1936) berichteten Ault und Mitarb. (1937) über weitere Erfolge der Hormonbehandlung, wobei Heilungsraten von 92% angegeben wurden. Suckel (1937) und Pratt und Thomas (1937) sahen nach längerer Behandlung mit Östrogenen ebenfalls erstaunliche Erfolge.

Schube und Mitarb. (1937), die ihre Patienten nach den diagnostischen Kriterien von Noyes (1934) und Titley (1936) (s. Kap. 5.5.2) ausgewählt hatten, konnten derartige Erfolge nach der Östrogentherapie jedoch nicht bestätigen. Wie unsicher die Argumentationsbasis für die Vertreter der Hormondefizit-Theorie aus der Perspektive der Grundlagenforschung war, zeigten die Untersuchungsergebnisse von Carlson (1937). Er beobachtete bei gesunden Frauen in der Menopause gleichartige Ovarialfunktionsstörungen wie bei an Involutionsmelancholie erkrankten.

Zu der gegenüber der Ovarialhormontherapie einsetzenden Kritik meinten Jones und Mitarb. (1937), es deuteten sich reaktionäre Tendenzen darin an, daß man das Klimakterium als Ursachenfaktor für psychotische oder neurotische Zusammenbrüche herunterspielte. Vielleicht sei das Pendel gelegentlich auch zu weit ausgeschlagen. Trotzdem könnte den Frauen mit depressiven Erkrankungen zu Beginn der Menopause mit einer Behandlung nach endokrinologischen Gesichtspunkten geholfen werden. Im Grundsätzlichen könnten die positiven Ergebnisse früherer Untersuchungen bestätigt werden. Östrogene hätten einen Effekt auf die unkomplizierten Fälle der Involutionsmelancholie. Zudem wiesen Little and Cameron (1937) darauf hin, daß insbesondere Angstzustände im Klimakterium durch Ovarialhormone positiv beeinflußt werden konnten. Außerhalb dieser Altersperiode auftretende Angstzustände wurden durch die Hormontherapie jedoch nicht verändert. Bei involutionsmelancholischen Männern war unter Testosterontherapie kein ähnlicher Effekt zu erkennen (Barahal 1938).

Pollack (1939) kritisierte, daß die Behandlung mit Hormonpräparaten auf dem falschen Glauben einer Substitutionsbehandlung basierte. Ein methodischer Fehler bei der Interpretation der Therapieerfolge lag darin, daß die Involutionsmelancholie eine ausgesprochen hohe Spontanremissionsrate aufwies. Mehr als 60% aller Patienten wurden im ersten Halbjahr auch ohne eine Behandlung gesund. Ähnlich kritisch äußerten sich Hutton und Schiller (1939), Wittson (1940) und Heaver (1940).

Dennoch wurde die Behandlung mit Sexualhormonen in den USA, und in einem wesentlich geringeren Umfang auch in Deutschland (Runge 1939, 1941, Weibrecht 1941), um das Jahr 1940 und später zu einer weitverbreiteten Therapiemethode für Männer und Frauen mit sogenannten Involutionsmelancholien (Hawkinson 1938, Dynes 1939, Ault und Mitarb. 1940, Brew und Davidoff 1940, Severinghaus 1940, Burlingame und Patterson 1941, Douglas 1941, Robards 1941, Palmer und Mitarb. 1941, Werner und Mitarb. 1941, Davidoff und Goodstone 1942a, b, Ripley und Papanicolaou 1942, Zeifert 1942, Darken und Burlingame 1943, Haynes 1945, Davidoff und Mitarb. 1943, Danziger und Mitarb. 1944, Prados und Ruddik 1947, Garcia 1951, Ingvarsson 1951, Werner 1951, u. a.). Nur vereinzelt wurde auf die Notwendigkeit einer auch psychologisch orientierten Behandlung hingewiesen (Hoskins 1944, Squires und Camel 1952, Weed 1952). Ripley und Mitarb. (1940) und Notkin und Mitarb. (1944) sahen nur Erfolge bei leichteren depressiven Zuständen, die diagnostisch nicht exakt zu definieren waren. Palmer (1946) fand eine nur begrenzte Wirksamkeit, und für Danziger (1942) erschien sie keineswegs spezifisch für die Involutionsmelancholie. Bereits 1940 hatte Heaver auf Komplikationen, insbesondere auf eine krankheitsprovozierende Wirkung der Hormone, hingewiesen. Hamilton und Ward (1948) berichteten von einer Steigerung der Unruhe und Suizidalität nach Ovarialhormonbehandlung.

Insgesamt hatte die Hormonbehandlung zwar eine weite Verbreitung gefunden, doch war diese Behandlungsform nur eine Modetherapie – mit einer „Wunderdroge“ (Weaver 1946). Sie hatte mehr versprochen, als sie hatte halten können (Strecker 1942).

Effektivere Behandlungsverfahren, z. B. die Krampftherapien (s. Kap. 6.3), hatten offensichtlich größere Erfolge aufzuweisen. Bennet und Wilbur (1944) stellten kategorisch fest, Hormone hätten bei der Behandlung psychiatrischer Störungen keinen Platz mehr. Kritisch resümierend kam Donovan (1951) zu dem Schluß, das Zurücktreten der Symptome nach Gabe von Östrogenen sei wahrscheinlich von anderen als den pharmakologischen Wirkungen der verordneten Medikamente abhängig. Die meisten Frauen, die während der Menopause Hilfe suchten, seien vorher oft auch schon krank gewesen. Ein kausaler Zusammenhang zwischen psychopathologischen Symptomen und hormonalen Veränderungen in der Menopause konnte nicht überzeugend dargestellt werden.

Das hat bis heute zu gelten. Das Erkrankungsrisiko ist nach Winokur (1973) in der Menopause nicht erhöht, wenngleich es aber auch Daten gibt, die auf ein vermehrtes Auftreten depressiver Erkrankungen in der ersten Zeit nach Eintritt der Menopause hinweisen. Sporadisch wurden auch Therapieerfolge mit einer Hormonsubstitution berichtet (Simon 1959, Cotte 1963). Für Rhoades (1965) erschien „moralisch und medizinisch gerechtfertigt", fehlende Hormone zu substituieren, um das Leben einer Frau in der zweiten Lebenshälfte angenehmer, gesunder und produktiver zu gestalten. Bei klimakterischen emotionellen Beschwerden konnte ein Versuch mit Sexualhormonen angezeigt sein (M. Bleuler 1964). Eine solche Therapie war um so eher erfolgversprechend, je leichter die emotionalen Störungen waren und je enger sie zeitlich mit der Menopause und mit körperlichen klimakterischen Störungen korreliert erschienen. Bei schweren klimakterischen Depressionen war sie unwirksam.

In den siebziger und achtziger Jahren wurde der Ruf nach einer Substitutionstherapie mit Hormonen wieder lauter (Campbell 1976). Einige Veröffentlichungen schilderten den positiven Einfluß der Hormontherapie auf die psychische Verfassung der Frauen in der Menopause, unter anderem auch auf eine depressive Symptomatik (Aylward 1973, 1976, Fedor-Freybergh 1976, 1977, Thomson und Oswald 1977, Vogel und Mitarb. 1978, Dennerstein und Mitarb. 1979, Schiff und Mitarb. 1979, Wenderlein 1980, Sharwin und Gelfand 1985, Zohar und Mitarb. 1985, Dennerstein 1987). Nach anderen Autoren konnte die psychopathologische Symptomatik ebensogut mit Placebo-Präparaten beseitigt werden (Lang 1970, Utian 1975, Paetz und Mitarb. 1975, Pratt und Thomas 1977, Thomson und Oswald 1977). Häufiger wurde eine „psychisch tonisierende" Wirkung von Östrogenen oder Androgenen beobachtet (Utian 1975, Herrmann und Beach 1976, 1978a). Ob es sich dabei um einen direkten oder eher mittelbaren Effekt der Hormone handelte, der über die positive Veränderung der allgemeinen Befindlichkeit wirkte, und ob es sich bei den Beschwerden der behandelten Patientinnen um depressive Erkrankungen im engeren Sinn und nicht nur um leichtere

Verstimmungszustände als Folgen körperlichen Mißbefindens oder psychosozialer Konflikte handelte, muß nach dem heutigen Wissensstand offenbleiben. Dennoch berichteten Klaiber und Mitarb. (1976, 1979) von erfolgreichen Östrogenbehandlungen bei Frauen mit endogener Depression, die mindestens zwei Jahre lang ohne Erfolg in der sonst üblichen Weise behandelt worden waren. Es mußten aber sehr hohe Dosen verabreicht werden, wobei keine schweren Begleiterscheinungen auftraten. Jüngere Frauen reagierten dabei positiver als Frauen über 40. Die von Schildkraut (1965) beschriebene Erhöhung der Monoaminooxydase(MAO)-Aktivität im Serum Depressiver wurde durch die Gabe von Östrogenen verringert (Klaiber und Mitarb. 1976). Veränderungen der MAO-Aktivität im Serum korrelierten mit spezifischen EEG-Veränderungen, die nach Gabe von Östrogenen ebenfalls beeinflußt wurden (Klaiber und Mitarb. 1972). Durch die Gabe von Östrogenen (Hermann und Mitarb. 1978) und Androgenen (Itil und Mitarb. 1974) wurden im EEG ähnliche Veränderungen hervorgerufen, wie sie sonst nur unter Gabe von trizyclischen Antidepressiva zu beobachten waren.

Aus der fast 50jährigen Geschichte der Hormontherapie depressiver Erkrankungen in der zweiten Lebenshälfte wird deutlich, wie schnell erste Ergebnisse der Grundlagenforschung unkritisch in die psychiatrische Therapiepraxis übernommen werden können. Die scheinbaren Behandlungserfolge beruhten auf methodisch bedingten Fehlinterpretationen. Ein unkontrollierter Therapieerfolg wurde als Beweis für die Richtigkeit der Behandlungshypothese herangezogen. Ein weiterer Unsicherheitsfaktor war die wenig differenzierte diagnostische Zuordnung depressiver Syndrome. Schließlich waren die methodischen Voraussetzungen für eine kontrollierte Überprüfung eines Behandlungserfolges im klinisch-psychiatrischen Bereich noch nicht gegeben. Insgesamt aber hatte dieses enthusiastische Vorgehen einen seiner Hauptgründe in der relativen therapeutischen Hilflosigkeit der Ärzte vor der Entdeckung der effektiveren Behandlungsformen.

Zusammenfassung

Die Therapie mit Geschlechtshormonen war als selbstverständliche Folge der insbesondere in den USA populären Hormondefizit-Theorie depressiver Erkrankungen des höheren Lebensalters entwickelt worden. Sie breitete sich seit 1940 sehr schnell aus, verlor jedoch nach einer enthusiastischen Phase wegen der dann doch nicht so großen Erfolge sehr schnell wieder an Bedeutung. Vereinzelte spätere Berichte über erfolgreiche Behandlungen mit Geschlechtshormonen konnten nicht über den stets fragwürdig gebliebenen therapeutischen Ansatz hinwegtäuschen. Neue Behandlungsvorschläge, basierend auf ersten Ergebnissen moderner neuroendokrinologischer Forschung, sind wissenschaftlich noch nicht in ausreichender Weise fundiert. Sie haben noch keine allgemeine Bedeutung für die Therapie depressiver Erkrankungen des höheren Lebensalters gewinnen können.

6.3 Die Krampfbehandlungen

Die von Meduna 1935 eingeführte Kardiazol-Krampfbehandlung, die primär zur Therapie schizophrener Erkrankungen gedacht war, wurde in den darauffolgenden Jahren mit guten Erfolgen auch bei depressiven Krankheitsbildern angewendet (Bennet 1938, 1939, 1941, Low und Mitarb. 1938, Hays 1939, Hoven 1940, Ziskind und Mitarb. 1942, Bianchi und Chiarillo 1944). Ebenso fand die zuvor von Sakel 1939 entwickelte Insulinschock-Behandlung als Therapie psychischer Leiden des Rückbildungsalters ihren Platz (Martiny 1944).

Nach ersten Berichten von Mader (1938), Winn (1938), Halvorsen und Harris (1939), Wilson (1939) und Young und Young (1939) war es vorwiegend Bennet (1939), der diese Behandlungsverfahren auch für ältere Patienten propagierte. Er sah in ihr für ältere Menschen keine besonderen Gefahren und wurde darin durch Untersuchungen von Evans (1943) bestätigt. Dennoch war der Erfolg bei Patienten der höheren Altersgruppe nach Osgood (1942) nicht ganz so gut wie bei jüngeren. Wyllie (1940) registrierte deutlich bessere Ergebnisse bei manisch-depressiv Erkrankten, doch wurden bei ihm auch zwei Drittel der behandelten Involutionsmelancholiker gebessert oder geheilt. Beste Erfahrungen wurden nach Berichten von Runge (1939, 1941) mit der Kardiazol-Krampfbehandlung bei „primär psychotisch“ Kranken aus der Gruppe der „depressiven Involutions-Erkrankungen“ gemacht. Doch schienen die präsenilen depressiven Erkrankungen trotz aller aktiver Therapie immer noch eine schlechtere Prognose zu haben. Schwerste depressive Störungen ließen sich manchmal durch kombinierte Kardiazolkrampf-, Insulinschock- und Sexualhormontherapie erfolgreich beeinflussen.

Die 1938 von Cerletti und Bini eingeführte Elektrokrampfbehandlung löste die Kardiazolkrampfverfahren weitgehend ab. Palmer und Mitarb. (1940/41), Sands und Sargant (1942) und Strecker (1942) berichteten über positive Erfolge der Elektrokrampfbehandlung, die nach ihrer Meinung besser als die Anwendung von Kardiazol war. Strauss (1941) wies auf die ambulante Anwendungsmöglichkeit der Elektrokrampfbehandlung hin und betonte, daß sie bei Patienten mit zuvor gut erhaltener Persönlichkeitsstruktur besonders günstig wirkte. Leichte arteriosklerotische oder kardiovaskuläre Veränderungen wurden nicht als Kontraindikationen angesehen (Prout und Hamilton 1952). Von Evans (1943) wurde die Elektrokrampftherapie als ein besonders erfolgsversprechendes Behandlungsverfahren für depressive Erkrankungen in der zweiten Lebenshälfte bezeichnet, und Davidoff und Raffaele (1944) und Bennet und Wilbur (1944) sahen in der Elektrokrampfbehandlung die in jener Zeit brauchbarste Therapieform für schwere depressive Erkrankungen des Involutionsalters. Die von den bisher genannten Autoren angegebenen Remissionsquoten lagen zwischen 60 und 90%. Die Ergebnisse waren bei weniger lange erkrankten Patienten besonders gut (Bianchi und Chiarello 1944). Sehr gute Behandlungserfolge berichteten auch Ziskind und Mitarb. (1945), Mayer-Groß (1945), Tayler (1945), Tillotson und Sulzbach (1945), Feldman und Mitarb. (1946), Kino und Thorpe (1946), Gralnik (1946), Krauss (1947), Wilbur und Fortes (1947) Moore (1947), Hamilton und Ward (1948), Huston und Locher (1948), Lovell (1948), Fishbein (1949), Cohen (1951), Garcia (1951), Tait und Burns (1951), Bellak (1952) und Himler und Morrisey (1955).

Hamilton und Man (1954) stellten die Heilungsraten nach Elektrokrampftherapie denen aus der Zeit vor Einführung dieses Verfahrens gegenüber: Während früher 40% der Involutionsmelancholiker geheilt wurden, waren es jetzt 75%. Früher besserten sich 30%, jetzt nur noch 17% der Erkrankungen nicht. Langner und Kemp (1954) wiesen auf die wesentlich kürzere Verweildauer der Patienten im Krankenhaus hin, die im Vergleich zu den Krankheitsverläufen vor Einführung der Elektrokrampftherapie nach Untersuchungen von Hoch und MacCurdy (1922) noch 20,5 Monate betrug. Ähnlich positive Aspekte der Elektrokrampftherapie hoben Nordmann (1956) und Lassenius und Mitarb. (1956) hervor.

Stets wurde auf die bei älteren Menschen häufigeren Kontraindikationen (hirnorganische Veränderungen und kardiovaskuläre Störungen) hingewiesen. Nach Smith (1965) konnte eine Elektrokrampftherapie selbst bei 70- bis 80jährigen angewendet werden. Ähnliche Auffassungen vertraten Mayer-Groß und Mitarb. (1960), Sargent und Mitarb. (1972), Strömgren (1973), Avery und Winokur (1976), Heshe und Mitarb. (1978), Kalinowsky und Hippius (1969), Wilson und Major (1973), Kral (1976) und Bennet (1979), Fink (1982) und Raskind (1984). Die Kontraindikationen sollten bei älteren Menschen nicht zu eng ausgelegt werden (Moore 1947). In die gleiche Richtung tendierte Gallinek (1947, 1952), der sie auch bei Depressionen mit körperlichen Beschwerden, die das phasisch depressive Geschehen maskierten, anwandte. Gute Resultate sah er auch bei pseudoneurotischen depressiven Äquivalenten, Anorexia nervosa, schizoiden Persönlichkeiten, Angstzuständen und Suchtpatienten in der ersten Entziehungsphase. Hier wird jedoch ein Mißbrauch der Elektrokrampftherapie offenbar, wie er zuvor schon bei der Anwendung der Hormonsubstitution beobachtet werden konnte.

Trotz angedeuteter Probleme, so konnte nach Kalinowsky und Hoch (1952), Freeman und Cameron (1953) und Cameron und Freeman (1955) z. B. Angst den Effekt der Elektrokrampftherapie stören, meinten Prout und Mitarb. (1956) und Straker (1963), daß die Elektrokrampfbehandlung durch die wachsende Erfahrung von seiten der Therapeuten und durch die Verbesserung der Technik auch bei älter als 60jährigen sicherer und wirkungsvoller geworden war. Sedierung und Relaxierung hatten die Gefahren verringert und die Krampfbehandlung zu einer sicheren Maßnahme in der Hand erfahrener Therapeuten gemacht. Die Frage, ob eine Elektrokrampfbehandlung durchgeführt werden sollte, hing wesentlich von einer sorgfältigen Anamneseerhebung ab. Es war notwendig, frühere körperliche Erkrankungen der Patienten einschließlich ihres Verlaufs und der Auseinandersetzung des Patienten mit diesen zu kennen. Magni und Mitarb. (1988) sahen als einen Faktor für das Nichtansprechen der Elektrokrampfbehandlung das Auftreten von körperlichen Erkrankungen in der Behandlungsphase.

Im Laufe der Jahre wurde die Indikation für die Elektrokrampftherapie eingeengt. Garmany (1958) und Destunis und Weissenborn (1960) ließen sie nur noch bei schweren depressiven Zuständen gelten. Gottlieb und Tourney (1959) stellten als Alternative unter anderem auch psychotherapeutische Maßnahmen dar. Norris und Clancy (1961) zeigten in einer vergleichenden Studie, daß zu Anfang mit Elektrokrampftherapie behandelte Patienten eine signifikant höhere Remissionsrate aufwiesen als nur mit Medikamenten behandelte. Die elektrokrampfbehandelten Patienten blieben kürzere Zeit im Krankenhaus, die Komplikationsrate war geringer. Die Rückfallrate nach Elektrokrampfbehandlung war gleich der bei anderen Therapieformen, die endgültige Besserungsrate ebenfalls. Nach Kantor und Glassman (1977) und Meyers und Mitarb. (1985) war die Elektrokrampfbehandlung sogar effektvier als eine Therapie mit Antidepressiva. Während also die gute Beeinflußbarkeit der Involutionsmelancholie durch die Elektrokrampftherapie immer wieder betont wurde (Eckmann 1961, Lundquist 1963, Kay und Bergmann 1966, Kolb 1968), war aber nach Post (1964) durch die genauso erfolgreiche antidepressive Behandlung mit Imipramin die Möglichkeit einer ambulanten Behandlung gegeben. Bei schweren depressiven Zuständen blieb eine intiale Elektrokrampftherapie die Methode der Wahl (Norris und Clancy 1961, Carney und Mitarb. 1965, Nyström 1967, Kantor und Glassman 1977, Gill und Lambourn 1979, Kendell 1981, Karlinsky und Shulman 1984, Sim 1984, Benbow 1985, Post 1985, Frazer 1986, Baldwin und Jolley 1986, Post 1987, Godber und Mitarb. 1987, Ende und Poppe 1989). Sie beseitigte die Symptome schneller, während die medikamentöse Therapie für die Weiterbehandlung sinnvoll erschien. Strömgren (1973), Fraser und Glass (1978, 1980) schlugen zur Behandlung bei älteren Menschen die unilaterale Anwendung der Elektrokrampftherapie vor, die unmittelbar nach der Behandlung weniger negative Begleiterscheinungen bewirkte.

Zusammenfassung

Die Entdeckung der Krampftherapie brachte die ersten durchgreifenden Erfolge in der Behandlung depressiver Erkrankungen des höheren Lebensalters. Diese Therapieform verbreitete sich sehr schnell und zeigte besonders gute Erfolge bei älteren, „involutionsmelancholischen" Patienten. Auch bei ihr wurden in einem ersten großen Enthusiasmus die therapeutischen Möglichkeiten über- und die Gefahren unterschätzt. Nach einem Jahrzehnt wurde ihre Indikation durch die bei älteren Menschen häufiger vorhandenen körperlichen Störungen eingegrenzt. Mit dem Beginn der pharmakotherapeutischen Ära ging die Bedeutung der Krampftherapie deutlich zurück. Sie ist nur noch bei schwersten depressiven Störungen indiziert, bei denen vital bedrohliche Symptome schnell kontrolliert werden müssen. Auch die Verbesserung der Applikationstechnik ändert nichts an diesen Einschränkungen.

6.4 Psychotherapie

Neben den somatotherapeutischen Maßnahmen gewann die Psychotherapie, nahezu ausschließlich in Gestalt der Psychoanalyse, im Gesamtbehandlungsplan depressiver Erkrankungen durch die Jahrzehnte zunehmend an Bedeutung. Psychotherapeutischen Umgang (hier wird der Begriff der Psychotherapie sehr weit gefaßt) gab es jedoch schon immer. Eine instrumentale Funktion, die kontrollierbar und in der Lage ist, die Beziehung zwischen Arzt und Patienten zu operationalisieren, konnte die Psychotherapie jedoch erst erlangen, als hinter dem praktischen Handeln neben einer Theorie der Entstehung psychischer Störungen auf seelischer Ebene (Psychogenese, s. Kap. 5.4) auch eine Theorie der psychotherapeutischen Praxis entstand. Diesen ersten Schritt hatten in vorausgegangenen Jahrhunderten schon zahlreiche Ärzte versucht (s. Birnbaum 1928, Rothschuh 1978). Therapeutische Konsequenzen für den Kranken hatten sich daraus aber über eine allgemeine Prägung des ärztlichen Umgangs hinaus kaum ergeben. Dafür sind die frühen Ansätze zu spekulativ. Sie bewegen sich eher in einem Bereich medizinischer Metatheorie und nicht in dem des unmittelbar das praktische Handeln leitenden Kanons von Hypothesen, Regeln und Gesetzen einer modernen empirischen Wissenschaft.

Der grundlegende Wandel vollzog sich mit der Entwicklung der Psychoanalyse seit dem Ende des 19. Jahrhunderts (Wyss 1966). Die Integration des psychotherapeutischen Denkens in die traditionelle, somatisch orientierte Psychiatrie blieb aber bis zum heutigen Tage schwierig, wenngleich sich in den letzten Jahrzehnten ein positiver Wandel abzeichnet.

6.4.1 Die Praxis der psychoanalytischen Therapie bei älteren Depressiven

Wie im Kapitel über die innerseelische Entstehung und Entwicklung depressiver Erkrankungen (s. Kap. 5.4) gezeigt wurde, stehen hinter den psychotherapeutischen Ansätzen fest umrissene Vorstellungen, die den Stil der Psychotherapie des depressiven älteren Menschen prägen. Das sind zuerst die allgemeinen Vorstellungen über die Entstehung depressiver Erkrankungen (Mendelson 1974). Jedoch muß die psychoanalytische Theorie relativiert werden, denn die körperliche und seelische Verfassung des älteren Menschen engt sein Reaktions- und Verhaltensrepertoire erkennbar ein. So entsteht eine spezifische Phänomenologie und Psychodynamik depressiven Verhaltens im höheren Lebensalter. Dann aber ist zu fragen, ob und gegebenenfalls wie weit eine analytische Psychotherapie bei älteren Menschen überhaupt angewendet werden kann, eine Behandlungsmethode, die ins Unbewußte verdrängte Erlebnisse und Konflikte wieder ins Bewußtsein heben und einer adäquaten seelischen Verarbeitung zugänglich machen soll (Peters 1971).

Die Psychoanalyse ging, befaßte sie sich mit der Involutionsmelancholie, davon aus, daß die schweren depressiven Erkrankungen der Involutionsphase zum manisch-depressiven Formenkreis gehörten (Schilder 1940, Jacobson 1971). Die grundsätzliche Psychodynamik der Involutionsmelancholie entsprach also zumindest strukturell der manisch-depressiven Erkrankung. Die Zahl der sich speziell mit der Involutionsmelancholie befassenden Arbeiten blieb daher nur sehr klein.

Das in den zurückliegenden Jahrzehnten deutliche Desinteresse der klassischen Psychoanalyse an depressiven Erkrankungen des höheren Lebensalters ist mit großer Wahrscheinlichkeit in der schon von Freud (1916) erkannten Kompliziertheit ätiologischer Fragen begründet. Er sah – bei älteren Menschen wahrscheinlicher als bei jüngeren – auch einen somatischen Ursachenfaktor. Vor allem aber ließ das fortgeschrittene Lebensalter Zweifel an der Wirksamkeit einer psychoanalytischen Therapie aufkommen: Ab etwa dem 50. Lebensalter pflegte sich die Plastizität der seelischen Vorgänge zu verringern, und die Menge des durchzuarbeitenden Materials war in diesem Alter bereits so groß, daß sich die Behandlungsdauer ins Unübersehbare verlängern mußte (Freud 1898). Zudem waren Depressionen bei älteren Menschen häufig psychotischer Natur. Freud (1904) wollte die Therapie auf Personen beschränkt wissen, die einen „Normalzustand“ zeigten. „Psychosen, Zustände von Verworrenheit und tiefgreifender (ich möchte sagen: toxischer) Verstimmung“ waren nach seiner Auffassung für eine analytische Psychotherapie nicht geeignet.

Auch für Abraham (1919) erschien ein Mensch mit dem Beginn von körperlicher und psychischer Involution weniger bereit, von einer Neurose zu lassen, die ihn sein Leben hindurch begleitet hatte. Doch hatte Abraham sich davon überzeugen lassen müssen, daß gewisse Geisteskrankheiten, deren Unbeeinflußbarkeit ein Dogma der Psychiatrie bildete, dennoch der psychoanalytischen Therapie zugänglich waren. Demzufolge erschien es ihm auch unrichtig, die therapeutische Beeinflußbarkeit der Neurosen im Involutionsalter grundsätzlich zu leugnen. Freuds Zurückhaltung wurde vielfach in dem Sinne aufgefaßt, daß Behandlungen im vierten Lebensjahrzehnt bereits zweifelhafte Erfolgsaussichten boten, daß aber das fünfte Jahrzehnt und besonders das Klimakterium die Prognose psychoanalytischer Behandlungen höchst nachteilig beeinflußten. Jenseits des fünfzigsten Lebensjahres wurde der psychoanalytischen Therapie oft also jede Wirkung abgesprochen. Die Praxis zeigte aber, daß auch noch im fortgeschrittenen Lebensalter insbesondere die Fälle prognostisch günstig waren, bei denen die Neurose erst längere Zeit jenseits der Pubertät manifest wurde, nachdem der Kranke sich mindestens etliche Jahre hindurch einer annähernd normalen sexuellen Einstellung und sozialen Brauchbarkeit erfreut hatte. Ungünstig hingegen war die Prognose bei Patienten, die bereits seit der Kindheit unter neurotischen Störungen gelitten hatten. Das Lebensalter, in welchem die Neurose ausbrach, hatte für den Ausgang der Psychoanalyse größere Bedeutung als das Lebensalter des Erkrankten zur Zeit der Behandlung. Oder: es kam auf das Alter der Neurose und nicht auf das des Neurotikers an.

In diesem Sinne meinte Jelliffe (1925), trotz einiger Versager auch älter als fünfzigjährigen Patienten therapeutische Hilfe gegeben zu haben. Pearson (1928) sah bei Involutionsmelancholikern, daß ein akuter Konflikt eine ähnliche Kindheitssituation reaktivierte, wodurch eine Regression auf diese kindliche Entwicklungsstufe entstand. Kaufman (1937, 1940) beobachtete im psychotherapeutischen Prozeß gleiche Übertragungsphänomene wie bei seinen jüngeren Patienten. Zwar gab es durch die im Alter hinzutretenden organischen Veränderungen Komplikationen, doch spielten sich auch bei älteren Patienten innerseelische Prozesse ab, die einer Psychotherapie zugänglich waren. Ähnlich positiv äußerten sich später auch Blau und Berezin (1982). Grotjahn (1955) stellte sogar fest, daß zunehmendes Lebensalter die analytische Psychotherapie erleichtern konnte, da der Widerstand gegen unangenehme Selbsteinsichten häufig verringert war. Die vielen älteren Menschen eigene Neigung zur Rückschau konnte mit Hilfe des Psychotherapeuten manchmal als Introspektion verwendet werden (Butler 1963, Lewis 1971, Lewis und Butler 1974, Fry 1983, Westcott 1983, Brennan und Steinberg 1984, Molinari und Reichlin 1985, Thornton und Brotchie 1987). Andererseits wurde vor einem Verfahren, das die alten, evtl. negativen Erinnerungen weckte, auch gewarnt (Hanley und Baikie 1984). Aufgabe der Psychotherapie im höheren Lebensalter war, das Leben, wie es gelebt worden war, und schließlich den eigenen Tod zu akzeptieren (Butler 1968).

Wie am Beispiel der Psychoanalyse zu erkennen ist, brachte die hochdifferenzierte Theorie und psychotherapeutische Praxis relativ wenig konkrete Hilfe. Insgesamt aber gibt es doch eine größere Zahl kompetenter Äußerungen von Autoren, die sich mit den bei älteren (auch depressiven) Menschen immer wieder vorhandenen Problemen psychotherapeutisch auseinanderzusetzen versuchten (Goldfarb 1954, 1956, 1959b, 1961, 1962, 1967b, 1974a, 1974b, 1975; Goldfarb und Sheps 1954, Rechtschaffen 1959, Ross 1959, Rosenthal 1959, Butler 1960, Kolb 1965, Hader 1966, Wolff 1971, West 1975, Lawton 1976, Hasenbush 1977, Mitscherlich-Nielsen 1978, Sholomskas und Mitarb. 1983, Sloane und Mitarb. 1984, Freedman 1986, Radebold 1986, 1987, 1992, Krebs-Roubicek 1991, u. a.). Auch Gruppenpsychotherapien wurden bei depressiven älteren Menschen versucht (Cameron und Freeman 1955, Liederman et al. 1967, Jarvik und Mitarb. 1983). Thompson und Mitarb. (1983) berichteten von Versuchen, älteren Menschen in Selbsthilfegruppen Hilfe gegen depressive Verstimmungen zu geben. Bemerkenswert ist bei allen diesen Beiträgen, daß sie sich in der Regel nicht speziell nur mit depressiven Störungen älterer Menschen beschäftigten, sondern einen breiteren Ansatz zu finden versuchten, bei dem im Rahmen der Psychotherapie die gesamte Altersproblematik berücksichtigt wurde, so auch die Probleme der Familie im Umgang mit dem älteren depressiv Erkrankten (Brody 1983, Freedman 1986).

Vertreter lerntheoretisch oder kognitionspsychologisch orientierter psychotherapeutischer Behandlungsverfahren gehen auf depressive Störungen bei älteren Menschen neuerdings häufiger ein (Hautzinger 1978, 1979, Hussian und Lawrence 1981, Mintz und Mitarb. 1981, Simpson und Mitarb. 1981, Gallagher und Thompson 1982, 1983, Hautzinger und Mitarb. 1982, Blazer 1983, Church 1983, Haley 1983, Rodin 1983, Steuer und Hammen 1983, Cooper und Murphy 1986, Freedman 1986, Thompson und Mitarb. 1987).

6.4.2 Die psychodynamisch orientierte „kommunikative“ Psychotherapie älterer Depressiver

Die psychoanalytische Therapie älterer Menschen bewegte sich immer in einem Raum zwischen methodenbewußter Orthodoxie und der zwingenden praktischen Notwendigkeit von psychotherapeutischer Hilfe auch für ältere Depressive. Dessen war man sich bis heute mehr denn je bewußt (Mintz und Mitarb. 1981). Deshalb mußten neue Forschungsansätze gesucht werden.

Das Besondere der Psychotherapie älterer depressiver Menschen wird von altersspezifischen Entstehungsfaktoren, der Phänomenologie und Psychodynamik, vor allem aber von den Möglichkeiten zu einer solchen Therapie überhaupt, bestimmt. Es muß immer gefragt werden, wieweit noch instrumentale seelische Funktionen vorhanden sind und erlauben, daß den Intentionen des Psychotherapeuten gefolgt wird. Der sogenannte Altersfaktor in seiner ganzen Breite erhält also großes Gewicht: Die körperliche und seelische Situation des alternden Menschen und der Umgang mit ihr, zum Beispiel der Widerstand im analytischen Sinn, in dem sich der Kranke auf sein altersbedingtes „Anderssein" zurückzieht (Müller 1967), die Vorstellungen über das Altern, die der behandelnde Psychotherapeut in die Therapie einbringt usf. Das macht die Psychotherapie außerordentlich kompliziert und anspruchsvoll, so daß sie „zu einem wahren Prüfstein für die Fähigkeit des Therapeuten" wird (Müller 1967).

In einer analytisch orientierten person- und konfliktzentrierten Psychotherapie (Schulte 1956, 1962, 1970, 1972b, Müller 1967, 1976, Rudolf 1974c) müssen zwei Aspekte berücksichtigt werden: der Befund und das Befinden. Zudem erscheint es bei der allgemeinen Unsicherheit hinsichtlich der Entstehungsbedingungen nicht erlaubt, sich auf eine allein organische oder allein psychische Bedingtheit der Störung zu stützen. Im Rahmen der Psychotherapie älterer Menschen darf, so gesehen, auch die Somatotherapie nicht vernachlässigt werden. Somato- und Psychotherapie stehen also im Sinne einer mehrdimensional ansetzenden Therapie gleichberechtigt nebeneinander. Die klinische Erfahrung lehrt, daß neben der somatischen Therapie dann eine weitere Besserung der Störungen erreicht wird, wenn zu dem Erkrankten auch im persönlichen Bereich ein Zugang gefunden wird, unabhängig davon, welcher ätiologischen Gruppe depressiver Erkrankungen der Patient zuzuordnen ist. Eine solche Psychotherapie kann bei organisch bedingten depressiven Störungen nur Begleitphänomene behandeln, bei den psychotischen Erkrankungen zumindest krankheitsauslösende und -unterhaltende Faktoren neutralisieren und bei den psychoreaktiven oder neurotischen Erkrankungen sehr wahrscheinlich auch Ursachen beseitigen.

Mehr als beim psychotherapeutischen Umgang mit jüngeren Menschen sind altersspezifische Entstehungsbedingungen, die veränderte Verarbeitungsfähigkeit von Belastungen im Alter, die erlebte Leistungs- und Seinseinbuße, die nicht adäquat verarbeitet wird, insbesondere dann nicht, wenn der involutive Prozeß auf organischer Ebene schnell beginnt und voranschreitet, und die dadurch begrenzten psychotherapeutischen Interventionsmöglichkeiten zu beachten. Der Alternde merkt, daß er von Ereignissen wie Krankheit, Tod, Vergeblichkeit, unerfüllten Hoffnungen und vielem Sinnlosen in seinem Leben selbst betroffen ist und er das Geschehen um sich herum nicht mehr nur aus Zuschauerdistanz beobachten kann.

Die aus einem derartigen Erleben entstehenden depressiv-dysphorischen Verstimmungszustände und funktionellen körperlichen Beschwerdekomplexe sind keiner radikalen Lösung mehr zugänglich. Radikale Enthüllung oder auch Aufdeckung sind daher ebenso falsch wie bedingungsloses Zudecken. Die persönlichen Abwehrmechanismen sollten nicht durchbrochen, sondern positiv bewertet und behandelt werden (Sherman 1981). Ziel ist vielmehr eine vorsichtige psychotherapeutische Begleitung des Kranken durch seine depressive Phase und der Versuch, ihn mit oft sehr persönlichkeitsgebundenen Mitteln „zu neuer Erlebnisfähigkeit" (Schulte 1961) zu führen.

Hier wird wie sonst kaum in gleichem Maße deutlich, daß eine rigide nosologische Klassifikation mit den durch sie implizierten therapeutischen Konsequenzen dem Zugang zu dem älteren depressiven Menschen im Wege steht. Die ätiologisch vielschichtig zu interpretierenden Störungen stellen ein komplexes Geschehen dar, das nur in „eklektizistischer" Weise therapeutisch angegangen werden kann, wie das Rosenthal (1959), Goldfarb (1975), Fuchs und Mitarb. (1991) und andere vorschlugen. Die Psychotherapie ist für den Arzt allein schon wegen des gegenüber den somatotherapeutischen Verfahren unverhältnismäßig großen Zeitaufwandes, aber auch wegen der existentiellen Nähe zum Patienten während der Psychotherapie, besonders belastend.

Neben vielen, im allgemeinen Kontext auf den Nutzen des psychotherapeutischen Umgangs hinweisenden Arbeiten (Davidson 1939, Strecker und Ebaugh 1943, Palmer 1946, Hamilton und Ward 1948, Himler und Morrisey 1955, Bay 1962, Straker 1963, Kolb 1968, Ford 1971, Grauer und Frank 1978, Kral 1978, u. a.) gab es aber auch einige Stimmen, die den Wert einer Psychotherapie nicht anerkannten oder relativierten (Jameison und Wall 1931/32, Palmer und Mitarb. 1941, Tait und Mitarb. 1951, u. a.). Weitere Untersuchungen zeigen, daß das ärztliche Engagement gegenüber älteren (depressiven) Patienten immer noch geringer ist als gegenüber jüngeren (Lawton und Gottesman 1974, Kucharski und Mitarb. 1979, Ford und Sbordone 1980).

Zusammenfassung

Die Anwendung von Psychotherapie bei älteren Menschen steht in einem Spannungsfeld zwischen methodenbewußter Orthodoxie und der praktischen Notwendigkeit von psychotherapeutischer Hilfe. Die psychoanalytische Theorie grenzte die psychotherapeutischen Möglichkeiten bei älteren Menschen deutlich ein. Dennoch hat sich eine psychoanalytisch orientierte Therapiepraxis entwickelt. Eine überwiegend psychodynamisch orientierte, „kommunikative“ Psychotherapie versucht, pragmatische Überlegungen theoretischen Erwägungen gegenüber vorziehend, auch älteren depressiven Menschen psychotherapeutische Hilfen zu geben. Dieses Therapiekonzept schließt sich nahtlos an die alte Tradition des ärztlich-therapeutischen Umgangs mit dem Patienten an.

7. SCHLUSSFOLGERUNGEN UND PERSPEKTIVEN

Die Frage, ob depressive Störungen der zweiten Lebenshälfte als gesondert zu betrachtende Krankheitsbilder anzusehen sind oder ob zumindest einige dieser depressiven Syndrome zu einem spezifischen, für dieses Alter typischen Krankheitsbild zusammengefaßt werden können, ist nach den Ausführungen in den vorangehenden Kapiteln insgesamt negativ zu beantworten.

Vor allem die in Kap. 3 dargestellte Überakzentuierung der älteren diagnostischen Klassifikationsversuche, orientiert an unterschiedlichsten Hypothesen über Ursachen, Verlauf und Erscheinungsbild, hat dazu beigetragen, die an sich schon großen Schwierigkeiten noch auszuweiten. Der methodische Ansatz, bei einer Erkrankung, die per definitionem schon alterstypisch war, im Vergleich mit gleichartig Erkrankten anderer Altersgruppen immer wieder Unterschiede nachzuweisen, mußte zu einem hermeneutischen Zirkel führen. Die initial durchgeführte Gruppenbildung nach Diagnosen mußte das Ergebnis aller weiteren Untersuchungen vorgeben. Deshalb erscheint heute kaum einer der in früheren Diskussionen über die Sonderstellung der depressiven Störungen im höheren Lebensalter angeführten Gründe nach genauerer Überprüfung stichhaltig und ausreichend, um die erhoffte, früher angestrebte diagnostische Ordnung rational zu begründen (Beck 1967, Mendels 1970, Kendell 1976, u. a.). Ganz allgemein krankte die Sicherheit der diagnostischen Zuordnung an der Schwierigkeit, die einzelnen, als Trennkriterien betrachteten Parameter methodisch exakt zu handhaben. Ein Grund dafür ist in den aus heutiger Sicht begrenzten Untersuchungsmethoden jener Zeit zu sehen. Standardisierte Verfahren der Befunderhebung, -dokumentation und -auswertung oder gar experimentelle Untersuchungsverfahren zur Erhellung von Spezialfragen gab es noch nicht.

Das nach modernen Wissenschaftskriterien relativ einfache Verfahren, die intuitiv-empirische Methode, war trotzdem leistungsfähig. Ihr sind „die großen Leistungen der Psychiatrie der letzten hundert Jahre . . . im wesentlichen“ zu danken (Mombour 1978). Es handelt sich mit ihr um eine Methode, die von Einzelerfahrungen oder gehäuften Einzelerfahrungen ausgeht, aufgrund dieser Erfahrungen ihre Zusammenfassungen und Konzepte bildet und bei dieser Konzeptbildung nicht nur die eigene Erfahrung, sondern auch die Erfahrungen von Nachbargebieten, logische Deduktionen, Analogieschlüsse und die sogenannte allgemeine Lebenserfahrung zu Hilfe nimmt.

Mit dieser Methode stand die ältere wissenschaftliche Psychiatrie keinesfalls außerhalb der wissenschaftsmethodischen Diskussion ihrer Zeit. Es erscheint daher nicht erlaubt, und steht einer gerechten Würdigung der einzelnen Autoren entgegen, wenn wir ihre historischen Leistungen an unseren modernen Wissenschaftsvorstellungen messen. Andererseits ist die intuitiv-empirische Methode, wie Mombour (1978) richtig feststellt, im Laufe der letzten Jahrzehnte an ihre Grenzen gestoßen. Sie hat trotz Berufung auf Erfahrung und Logik nicht verhindern können, daß erhebliche Widersprüche in den Aussagen auch erfahrener Psychiater auftraten und daß sich psychiatrische Schulrichtungen bildeten, die sich zum Teil heftig bekämpften. Ihr ist es nicht gelungen, bei solchen Widersprüchen und dem Meinungsstreit der Schulen eine für alle überzeugende Entscheidung darüber herbeizuführen, wer nun eigentlich recht hatte und welche Aussagen über bestimmte Sachverhalte falsch waren. Diese Methode war an der klinischen Praxis orientiert; die dort gewonnenen Erfahrungen waren zu ordnen und auszuwerten; die Ergebnisse mußten, hinsichtlich ihrer Bedeutung für die Praxis, vor dem allgemeinen wissenschaftlichen Kenntnisstand über die jeweils anstehenden Fragen diskutiert werden. Da aber die damaligen Forscher überwiegend zuerst Ärzte und nicht Wissenschaftshistoriker waren, blieb die Diskussion älterer grundlegender Arbeiten zum Teil nur sehr oberflächlich. Ohne eine immer wieder vertiefte Erkenntnis des (historischen) Kerns der Auseinandersetzungen aber mußte die bis heute andauernde Diskussion über die depressiven Erkrankungen des höheren Lebensalters ungenau bleiben, weil sie zum Teil von falschen Voraussetzungen ausging. Sie wäre wahrscheinlich schon viel früher beendet gewesen, hätten die Nachfolger Griesingers und Kraepelins die Arbeiten, auf die sie sich immer wieder beriefen, genauer und kritischer gelesen.

Weiterhin war das Interesse an einer komplexen Interpretation depressiver Phänomene unter dem Eindruck der Erfolge biologischer Forschungsansätze und, daraus resultierend, durch die zunehmende Dominanz monoaxiomatischer Ansätze zurückgegangen. Auch heute wird in manchen wissenschaftlichen Arbeiten ein Ergebnis zwar in hochdifferenzierter Weise dargestellt, selten aber werden die Untersuchungsbefunde im Rahmen des historisch-wissenschaftlichen Erkenntnisprozesses exakt interpretiert. Das führt zu verkürzten Darstellungen der früher geäußerten Hypothesen, zu Fehlinterpretationen und zu Wiederholungen längst formulierter Aussagen.

Beide Faktoren, d. h. nicht ausreichende Methoden und die Hoffnung auf bessere Ergebnisse durch eine Konzentrierung auf ganz spezielle Sichtweisen und Erklärungsansätze, führten dann in einzelnen Bereichen wiederum zu unbefriedigenden Ergebnissen:

So blieben z. B. die Zusammenhänge zwischen hirnorganischen Störungen und depressiven Erkrankungen zwar in Fortführung der Melancholie-

Diskussion durch Bumke weiterhin aktuell, fanden aber von seiten der Neuropathologie keine hinreichende Unterstützung. Dennoch wurde bei gleichzeitigem Vorliegen von hirnorganischen Befunden und depressiven Syndromen der fragwürdige Schluß gezogen, daß die psychischen Störungen in einem ursächlichen Zusammenhang mit den Organveränderungen zu sehen seien. Derartige Schlußfolgerungen sind als Arbeitshypothesen zweifellos gerechtfertigt. Die Tatsache aber, daß solche hypothetischen Zusammenhänge in gleich schlichter Weise von manchen Autoren bis heute vertreten werden, zeigt, daß das wissenschaftliche Niveau in der Diskussion dieser Probleme gelegentlich noch im argen liegt. Wie falsch derartig naive Denkansätze teilweise sind, haben schon Post, Roth, Kay u. a. vor Jahrzehnten nachgewiesen. Auf andere Weise macht die heute über die sog. depressive Pseudodemenz geführte Diskussion die Notwendigkeit weiterer wissenschaftlicher Abklärung der vielen offenen Fragen deutlich.

Der sich auf einen „empirischen Dualismus" berufende „streng medizinische" Krankheitsbegriff K. Schneiders (1971) mag in Deutschland differenziertes und über ihn hinausgehendes Denken retardiert haben. Schneider schrieb: „Krankheit selbst gibt es nur im Leiblichen, und ‚krankhaft' heißen wir seelisch Abnormes dann, wenn es auf krankhafte Organprozesse zurückzuführen ist". Wenn das nicht möglich war, handelte es sich nur um „abnorme Spielarten seelischen Wesens". Bei der Cyklothymie (manisch-depressiven Erkrankung) und der Schizophrenie wurden organische Krankheitsprozesse (weitgehend hypothetisch) zugrunde gelegt. Ihr Vorkommen war für Schneider ein gut gestütztes Postulat, eine sehr gut begründete Hypothese, die durch die Ergebnisse der Genetik, die engen Beziehungen des Auftretens seelischer Störungen im Zusammenhang mit den Generationsvorgängen, durch die allgemein beobachteten körperlichen Veränderungen bei seelisch Kranken und durch die Erfolge der vorrangig eingesetzten somatischen Therapie gestützt wurde. Aber, so schränkte er dann doch kritisch ein: „Das ist ein Glaubensbekenntnis und es fehlt nicht an Anfechtungen." Weiter führte er aus: „Ob man eine faßbare Krankheit wirklich für die Psychose verantwortlich machen will, ist im Einzelfall oft recht willkürlich . . ., wir möchten zur Annahme einer körperlich begründeten Psychose fordern: 1. belangvolle körperliche Befunde, 2. einen evidenten zeitlichen Zusammenhang zwischen körperlichem Befund und der Psychose, 3. eine gewisse Parallelität der Verläufe von beiden, 4. psychische Bilder, wie man sie bei faßbaren Körperschädigungen auch sonst zu sehen gewohnt ist, eben ‚exogene' oder ‚organische'. Diese Forderung gilt am wenigsten streng."

Unter diesen von zahlreichen Psychiatern anerkannten Voraussetzungen und bei dem damaligen Wissensstand war eine Diskussion, folgte man dem Krankheitsbegriff K. Schneiders, nur über die Frage möglich, ob eine depressive Erkrankung im höheren Lebensalter nun als körperlich begründbare Psychose oder als eine Krankheit im Rahmen der manisch-depressiven Erkrankung (Cyklothymie) anzusehen ist. Die Tragik in jener Zeit, prägend für die weitere Auseinandersetzung mit der Frage der organischen Bedingtheit der Erkrankung, ist aus heutiger Sicht darin zu sehen, daß die organisch orientierte Grundlagenforschung keine Lösungsmöglichkeiten anbot. So artete die Diskussion in der Weise aus, daß man zuletzt nur noch die Phänomene einzuordnen versuchte, eine sprachliche Übereinkunft suchte und damit Begriffe zu Tatsachen machte. Typisch und in extremer Weise deutlich wird das in der Frage Böckers (1966), was K. Schneider denn nun unter „belangvollen körperlichen Befunden" gemeint habe. Die wenig flexible, von K. Schneider apodiktisch kurz formulierte Grundposition und die damit erreichte Ordnung wurden in einem unwissenschaftlichen, zum Teil unkritischen Traditionsverständnis aufrechterhalten, das an eine sich etablierende Orthodoxie oder scholastische Argumentationsweise erinnert. Dieses Beispiel einer „wissenschaftlichen" Diskussion könnte durch weitere, zum Beispiel aus dem Bereich der Psychotherapie, ergänzt werden.

Der heute von mancher Seite erneut vertretene Biologismus in der Psychiatrie artikuliert sich zwar aktueller, differenzierter als der K. Schneiders und seiner Schüler. Bleiben die Anhänger des modernen Biologismus im Umgang mit den Patienten aber bei ihrem monoaxiomatischen Ansatz, werden sie hinsichtlich der möglichen wissenschaftlichen Erfolge zwar auch auf diesem Gebiet, so wie es in anderen Forschungsbereichen nach intensivem wissenschaftlichen Erkenntnisbemühen Fortschritte gibt, sicherlich Stück für Stück weiterkommen und bestimmte Teilbereiche ärztlichen Handelns befruchten. Ärztliches Behandeln eines Patienten ist aber mehr als die Umsetzung biologisch-wissenschaftlichen Wissens in therapeutische Praxis. Und ob wir im Umgang mit den Patienten die Zeit haben, auf praxisrelevante Ergebnisse der biologischen Forschung zu warten, muß ebenfalls hinterfragt werden.

Neben den methodenbedingten Schwächen der früheren Diskussion gab es auch solche, die in der Entwicklung des Krankheitsbildes selbst begründet waren. Es hatte sich offensichtlich im Laufe der Jahrzehnte durch Einflußfaktoren, wie verbesserte Therapie, schnelleres therapeutisches Eingreifen oder Veränderungen der psychosozialen Situation des einzelnen Kranken, stark verändert (Rosenthal 1968, 1974, s. auch Kap. 4.2.4). Daher mußte gefragt werden, ob durch die genannten Veränderungen im Erscheinungsbild nicht insgesamt die Basis für eine Diskussion über die diagnostische Sonderstellung depressiver Störungen bei fortgeschrittenem Lebensalter verlorengegangen war. Gleichzeitig aber konnte durch die Ergebnisse der Studien von Angst (1966) und Perris (1966) der von Kraepelin nach 1907 vertretene Klassifikationsansatz bestätigt werden.

Bei den Klassifikationsbemühungen der älteren Psychiatrie in Deutschland ging es immer nur um eine Einordnung schwerer depressiver Zustände. Leichtere Depressionszustände wurden kaum berücksichtigt. Gerade diese aber machen, wie neuere Untersuchungen zeigen, einen Großteil depressiver Störungen des höheren Lebensalters aus. Verkürzt kann gesagt werden, daß sich die Diskussion um die Phänomenologie und die Diagnostik depressiver Erkrankungen des höheren Lebensalters zumindest im deutschen Sprachraum in einem Extrembereich des Gesamtspektrums depressiver Erkrankungen abgespielt hat, d. h. im Bereich schwerster, (zeitweilig) hospitalisierungsbedürftiger oder (endogen-)psychotischer Störungen. Mit der Veränderung des Selbstverständnisses der Psychiatrie von der „Anstaltpsychiatrie“ zu einer gemeinde- und damit patientennäheren Psychiatrie hat sich auch ihr Gegenstand verändert. Die dadurch ebenfalls veränderte, neuartige Population von Patienten mit einem breiten Spektrum depressiver Störungen wird erst heute zunehmend zum Gegenstand einer eingehenden wissenschaftlichen Analyse gemacht.

Mit der über Jahrzehnte andauernden Auseinandersetzung über die Grundlagen der diagnostischen Sonderstellung depressiver Erkrankungen der zweiten Lebenshälfte waren die grundsätzlichen Positionen abgesteckt. Entsprechend dem Grundlagenwissen waren mit den Klassifikationsversuchen auch Gedanken über die Ätiologie formuliert worden, die den weiteren Bemühungen um eine diagnostische Ordnung ihre spezifische Richtung gaben. So standen verschiedene begriffliche Prägungen der Involutionsmelancholie nebeneinander:

1. Die Involutionsmelancholie war ein Untertyp der manisch-depressiven Erkrankung (Kraeplin, Jaspers, Schneider, u. a.), also eine endogene Psychose.
2. Die Involutionsdepression war eine eigenständige, überwiegend hirnorganisch bedingte Erkrankung der zweiten Lebenshälfte (Bumke, Seelert, u. a.).
3. Die Involutionsmelancholie war ein „Reaktionstyp“ im Sinne der genetisch-dynamischen Betrachtungsweise A. Meyers.
4. Die Involutionsmelancholie war eine Neurose im Sinne der Psychoanalyse.
5. Die Involutionsdepression war ein Syndrom, das grundsätzlich nicht exakt klassifiziert werden konnte.

Trotz der kaum überschaubaren Zahl wissenschaftlicher Veröffentlichungen zur Frage der Entstehung, des Erscheinungsbildes und der diagnostischen Zuordnung depressiver Erkrankungen des höheren Lebensalters und trotz des zweifellos erkennbaren Bemühens muß aber schlicht festgestellt werden, daß der Erkenntnisgewinn insbesondere für die klinische Praxis relativ gering geblieben ist.

Das, was den heutigen Fortschritt in der Behandlung älterer Depressiver ausmacht, wurde in anderen Bereichen der psychiatrischen Forschung, z. B. in der klinischen Psychopharmakologie, erarbeitet. Eine derartige Feststellung mag hart klingen und ungerecht erscheinen, wenn die investierte Arbeit früherer Generationen gesehen wird. Sicherlich hätten die älteren Psychiater nicht so große Energien aufgewendet, wenn sie den Weg, den wir heute aus kritischer Distanz sehen, schon damals erkannt gehabt hätten.

Unbestritten bleibt bis heute, daß das Erscheinungsbild, d. h. die Häufigkeit, die Symptomatik und der Verlauf depressiver Erkrankungen im höheren Lebensalter, zwar Akzentuierungen zeigt, doch sind diese durch Einflußvariablen zu erklären, die nicht auf einen zugrundeliegenden speziellen Krankheitsprozeß schließen lassen. Sie sind im (physiologischen) Alterungsprozeß, in der „Involution" des menschlichen Organismus und in den sich daraus zwingend ergebenden psychosozialen Verhaltensweisen des Individuums begründet. Das Lebensalter ganz allgemein hat also einen das Erscheinungsbild modifizierenden Einfluß.

Die traditionelle wissenschaftliche Beschäftigung mit depressiven Erkrankungen des höheren Lebensalters benutzte das aktuelle Lebensalter und/oder das Ersterkrankungsalter zwar als Kriterien für diagnostische Erwägungen, versuchte aber kaum, die direkten Auswirkungen beider Altersfaktoren für den depressiven Krankheitsprozeß, das Erleben des Patienten und seine Behandlung abzuklären. Werden akutelles Lebensalter und Ersterkrankungsalter zum Hauptgegenstand der Überlegungen gemacht, so ist zu erkennen, daß die Einflüsse dieser beiden Altersvariablen im individuellen Leben ineinandergreifen. In der Praxis sind beide Einflußfaktoren also gemeinsam zu berücksichtigen, und folgende Überlegungen erscheinen in diesem Zusammenhang besonders wichtig:

Oft liegt es nahe, augenfällige Unterschiede in der Häufigkeit besonderer biographischer Daten als Spezifikum für die eine oder andere Erkrankung anzuführen oder als Grund für die eventuell vorhandene Andersartigkeit der unterschiedlichen Untersuchungsbefunde zu verstehen. Doch ist zu bedenken, daß der Inhalt biographischer Daten quantitativ anwächst, und zwar entsprechend der Zahl der durchlebten Jahre. Positive und negative Erfahrungen, Erfolge und Mißerfolge, die Zahl gelöster und ungelöster Konflikte, der Gewinne und der Verluste usw., nehmen zu. Das ist eine Dimension, die sich bei der rückblickenden Betrachtung eines Lebens darstellt. Eine weitere Dimension aber, auf die weiterhin das Augenmerk gerichtet werden muß, zeigt sich in der Überlegung, daß die Inhalte der individuellen Erlebnisse vor dem Hintergrund der Zeit zu sehen sind, in die der Mensch hineingeboren wurde und in der er lebte. Eine Beurteilung nur aus heutiger Perspektive würde irreleiten. Sozialanamnestisch-biographische Daten sind daher grundsätzlich in Abhängigkeit von der Zeitspanne der durchlebten Jahre, vor dem Hintergrund zeitgeschichtlicher Umstände und unter Berücksichtigung der durch das Lebensalter bedingten individuellen Lebensphase zu interpretieren. Das gilt zum Beispiel für Aussagen über ein "Broken Home", den „frühen Tod der Eltern" usw.

Erkrankungen sind bekanntlich keine „Wesen", sondern pathologische Erscheinungsformen im Rahmen eines Lebensprozesses. Sie sind gleich, weil sich die Menschen gleichen. Sie ändern ihr Erscheinungsbild, wie sich die Menschen im Laufe des Alternsprozesses verändern. Durch die Ergebnisse der Studien vor allem von Stenstedt (1952, 1959, 1961), Angst (1966) und Perris (1966), die in den folgenden Jahren von anderen Untersuchern bestätigt wurden, konnte die Identität der nach traditioneller Auffassung endogenen Involutionsdepression mit der Gruppe periodischer unipolarer endogener Depressionen (Melancholien) wissenschaftlich eindeutig dargelegt werden. Die Frage nach der Existenz einer Involutionsdepression steht deshalb eigentlich nicht mehr zur Debatte, vielmehr die Frage, was denn das Besondere depressiver Erkrankungen im höheren Lebensalter darstellt und welche Konsequenzen, auch unter Berücksichtigung des Ersterkrankungsalters, daraus für die Praxis zu ziehen sind.

Zusammenfassend ist festzustellen, daß einmal erkennbare Unterschiede der krankheitsanamnestischen Daten bei jüngeren und älteren Depressiven nicht dazu ausreichen, depressive Erkrankungen bei jüngeren und älteren Menschen als abgrenzbare Syndrome aufzufassen. Das gleiche gilt zum anderen für die Symptomausgestaltung, für die Depressionsintensität und die prämorbide Persönlichkeitsstruktur. Dennoch wird deutlich, daß das aktuelle Lebensalter eine prägende Wirkung auf die Befunde aller Untersuchungsbereiche ausübt, nämlich bedingt durch die Zahl der durchlebten Jahre und die Tatsache, daß diese Jahre in umschreibbaren zeitgeschichtlichen und soziokulturell spezifischen Perioden durchlebt worden sind.

Die Beschäftigung mit Altersphänomenen bei depressiven Erkrankungen bedeutet Umgang mit dem Phänomen Zeit. Das Zeitproblem wird hier aber nicht als allgemein menschliches Phänomen mit allen seinen zu hinterfragenden Bedeutungen (Payk 1988) oder als subjektives Zeiterleben (von Gebsattel 1928, 1954, Minkowski 1971/72, Strauß 1960, Finke 1964, Wallach und Green 1968, Bojanowski und Tölle 1973, Edelstein 1974, Payk 1976, Wyrrick und Wyrrick 1977, Neugarten 1979, u. a.) verstanden, sondern als ein Faktor, der als gelebte Zeit, gleichgültig, ob sie bewußt oder unbewußt durchlebt wird, auf ein Krankheitsgeschehen einwirkt (s. auch Perris 1991). An den Depressionen älterer Menschen kann aufgezeigt werden, welche Bedeutung ein solchermaßen verstandener Zeitfaktor für die Entwicklung eines Krankheitsbildes hat. Dennoch ist für das Verständnis der Befunde neben der „objektiven", physikalischen Zeit auch die „subjektive" Zeit zu beachten. Dabei vollzieht sich das gelebte Leben vor dem zeitgeschichtlichen Hintergrund der Epoche, in die der jeweilige Mensch hineingeboren wurde (s. o.). Der depressive Kranke ist also nicht nur als ein in Jahren meßbar gealteter Mensch, sondern auch als erlebendes Wesen zu verstehen. Sprechen wir also vom Alter eines Untersuchten, so bedeutet das durchlebte objektive Zeit, gemessen in Jahren, und erlebte, d. h. subjektiv geprägte Zeit vor dem globalen geschichtlichen Hintergrund der jeweiligen Epoche.

Es konnte daher auch kaum verwundern, daß unter Berücksichtigung des Ersterkrankungsalters bei endogenen Depressionen nur wenige Befunde erhoben wurden, die auf ein spezifisches Krankheitsbild hinwiesen. Ob diese zur Definition eines eigenständigen Krankheitsbildes i. S. einer Krankheitseinheit im traditionellen Sinn ausreichen, muß mit Angst (1966) und Angst und Frey (1977) und anderen bezweifelt werden. Weissman (1979) sprach sogar vom „Mythos der Involutionsmelancholie". Die depressiven Syndrome sind also als in allen Lebensphasen auftretende Krankheitserscheinungen aufzufassen, die durch den Alternsprozeß ihre altersphasenspezifische Färbung erhalten.

Somit hat der sogenannte Altersfaktor für das ätiologische Verständnis depressiver Erkrankungen der zweiten Lebenshälfte die größte Bedeutung. Er kann unter organischen (Oesterreich 1975, 1984, 1989), psychologischen (Lehr 1977), psychodynamischen (Szalita 1966) oder soziologischen Aspekten (Tews 1974) definiert werden, stellt aber keine umfassend zu operationalisierende Größe dar. Wird versucht, das depressive Krankheitsgeschehen unter den genannten Einzelaspekten anzugehen, muß dieser Ansatz als polyätiologisch bezeichnet werden.

Es wurde immer wieder deutlich, daß die in der Geschichte der wissenschaftlichen Beschäftigung mit depressiven Erkrankungen des höheren Lebensalters vertretenen (Lehr-)Meinungen vielfach revidiert werden mußten, denn die praktische Erfahrung wirkt seit je als radikales Korrektiv auf die Ergebnisse wissenschaftlicher Hypothesenbildung. Daher ist die Orientierung der wissenschaftlichen Erforschung eines Problems an den Erfahrungen der Praxis unbedingt notwendig. Sie können das wissenschaftlich fundierte Handeln in eine realitätsgerechtere Richtung bringen.

Das bedeutet: Wissenschaftliche Regeln erleichtern zwar den Umgang mit einem diagnostischen oder therapeutischen Problem, entheben den Arzt aber nicht der Aufgabe, sich mit der konkreten Situation in der individuellen Arzt-Patienten-Beziehung auseinanderzusetzen. Auf wissenschaftliche Konzeptionen allein kann die Beziehung zwischen Arzt und Patienten nicht begründet werden. Sie würde verarmen und auf unpersönliche technologische Abläufe zwischen beiden reduziert werden (Groß 1979). Die notwendige Relativierung wissenschaftlicher Erkenntnisse, die Einsicht, daß Wissenschaft nur Hilfe leistet und nicht alles ist (s. u.), zwingt gleichzeitig zu einer intensiveren Hinwendung und Auseinandersetzung mit dem einzelnen Patienten.

Gerade die „negativen“ Ergebnisse vieler neuerer Untersuchungen weisen darauf hin: Wenn in einer Stichprobe bemerkenswerte Befunde über die Bedeutung sozialer und biographischer Faktoren, Veranlassungssituationen und Symptomgestaltung gefunden wurden, dann aber bei der Differenzierung der Stichprobe in Abhängigkeit von der Diagnose (Depressionstyp), vom Ersterkrankungsalter, vom aktuellen Lebensalter oder Geschlecht vielfach keine oder selten nur geringe (signifikante) Differenzen festgestellt wurden, obwohl solche aufgrund zahlreicher früherer Aussagen zu erwarten gewesen wären, so sind diese Ergebnisse am ehesten durch die große Bedeutung individueller Faktoren in der Persönlichkeit, der Lebensgeschichte, aber auch durch das Wirken zeitgeschichtlicher Faktoren in der jeweils individuellen Situation des Patienten zu erklären.

Bei der Untersuchung der Altersabhängigkeit depressiver Erkrankungen ergeht es dem Untersucher nicht anders als in vielen anderen Bereichen der Psychiatrie: Die Einmaligkeit von Lebensschicksalen und der in sie verwobenen Krankheiten erschwert das Herausarbeiten übergreifender Gesetzmäßigkeiten und allgemeingültiger Regeln. So gesehen, können die Ergebnisse nicht als „negativ“ bezeichnet werden. Sie zeigen, daß in jedem Erkrankungsfall das Persönliche, das Lebensschicksal, in das Krankheitsgeschehen eingreift. Dazu gehört auch der individuelle, in das Zeitgeschehen eingebettete Alternsprozeß. Darüber hinaus wird deutlich, in welchem Maße das aktuelle Lebensalter die Erkrankung, ihre Entstehung, ihre Symptomatik und ihren Verlauf bestimmt.

Wenn ein Altersfaktor zu beachten ist, dann im Sinne des aktuellen Lebensalters zur Zeit der akut zu behandelnden Erkrankung. Auf das Erscheinungsbild der depressiven Störungen hat er eine prägende (pathoplastische) Wirkung. Der Altersfaktor läßt den älteren Menschen in seiner depressiven Erkrankung anders erscheinen. Versetzt sich der Untersucher in die Situation eines älteren Menschen, d. h., beachtet er seine Biographie, den historischen Hintergrund der Konflikte, die individuelle Auseinandersetzung des Erkrankten mit den im Laufe des Lebens wechselnden und sich verändernden Umweltbedingungen, berücksichtigt er gleichzeitig den durch den individuellen physiologischen Alternsprozeß geprägten seelischen und körperlichen Reaktionsspielraum, dann wird die Andersartigkeit des depressiven Krankseins im Kontext des individuell gelebten Lebens verständlich. Das Erscheinungsbild des depressiv Erkrankten verliert dadurch vor allem den Anschein des Besonderen im nosologischen Sinne der Krankheitseinheiten. Aus dem Besonderen wird hingegen das andersartig Spezifische einer individuellen Lebensphase, das dem Verhalten des depressiv erkrankten älteren Menschen ebenso zu eigen ist wie einem Kind oder einem Menschen in mittleren Lebensjahren.

Die Tatsache, daß bei älteren Menschen die Zahl körperlicher und seelischer Belastungen zunimmt, steht außer Zweifel. Gründe dafür sind häufiger auftretende körperliche Erkrankungen oder psychosoziale Anpassungsprobleme, die durch ein nicht mehr ausreichend funktionierendes Anpassungsverhalten oder vielleicht auch durch den Abbau spezifischer, altersabhängiger seelischer Abwehrmechanismen gegenüber existentiellen Bedrohungen entstanden sind.

Die Ursachen eines depressiven Syndroms bei gleichzeitig vorliegender körperlicher Erkrankung können unterschiedlich gesehen werden (Dietch und Zetin 1983):

1. Es ist nicht ausgeschlossen, daß ein älterer Patient zum Beispiel an einer depressiven Erkrankung leidet, die sich bereits in jüngeren Jahren schon einmal manifestiert hat. Das heißt, zu der körperlichen Erkrankung tritt unabhängig auch noch die depressive Erkrankung hinzu. In diesem Fall müßte ein zufälliges Zusammentreffen von organischer Krankheit und seelischem Leiden angenommen werden. Auszuschließen ist aber nicht, daß die körperliche Erkrankung nicht doch zumindest als Auslöser für die depressive Störung angesehen werden kann.
2. Eine Alternative wäre, daß die depressiven Symptome als typische Beschwerden des organischen Krankheitsbildes bewertet werden müssen, sie also zu der körperlichen Erkrankung gehören und nicht als „Begleitdepression“ im engeren Sinne anzusehen sind.
3. Die depressiven Symptome können unmittelbare Reaktionen des Erkrankten auf den körperlichen Leidenszustand und das Krankheitserleben des Betroffenen sein. Es ist möglich und nachvollziehbar, daß durch die körperliche Erkrankung spezifische Konflikte wieder aktualisiert und zuvor kompensierte neurotische Handlungsbereitschaften reaktiviert und damit virulent geworden sein können. Der Verlust der Gesundheit, die Trauer über die verlorengegangene eigene Verfügbarkeit und körperlicher Integrität, die Veränderungen im Selbstwertgefüge und der Zwang zu krankheitsbedingten Veränderungen des Lebenskonzeptes führen zu psychodynamischen Prozessen, die den Betroffenen aufwühlen und ggf. eben auch depressiv reagieren lassen können.

Im praktischen Umgang mit den organisch kranken älteren Patienten ist eine deutliche Differenzierung nach den engeren Ursachen kaum durchzuführen (s. Kap. 5.2). Mit großer Wahrscheinlichkeit greifen die oben dargestellten ätiologischen Faktoren ineinander und beeinflussen das somatische und psychopathologische Beschwerdebild in der Weise, daß eine von der Syndromgestalt her durchzuführende Trennung des depressiven Syndroms nach den aus der klinischen Psychiatrie bekannten Untergruppen kaum mehr möglich ist.

Inhaltlich gesehen sind die seelischen Konflikte als alterstypisch von denen der vorangegangenen Lebensjahrzehnte abzugrenzen. In der grundlegenden Konfliktstruktur sind sie mit großer Wahrscheinlichkeit jedoch identisch. Für den organischen Funktionsbereich gilt das mit gewissen Einschränkungen in entsprechender Weise. Auch dort ist eine altersbedingte Labilisierung (z. B. des Stoffwechselprozesses) zu unterstellen, die einen Menschen im höheren Lebensalter für die Dekompensation organischer Prozesse anfälliger macht. Diese Überlegungen werden durch die Befunde über die genetische Disposition bei späterkrankten Depressiven bestätigt. Bei ihnen sind neben einer hereditären Anlage noch andere, alterstypisch auftretende, seelische und körperliche Störfaktoren mitbestimmend, die als eine Bedingung, wenn auch nicht als allein ausreichende Einflußfaktoren anzusehen sind, um das Krankheitsgeschehen in Gang zu bringen (Angst 1966, Oesterreich 1984). Die Störungen im Rahmen des fortschreitenden (physiologischen) Alternsprozesses können die zuvor intakte seelische Verfassung dekompensieren lassen. Gleichzeitig darf nicht übersehen werden, daß im Zusammenhang mit schweren körperlichen, vor allem hirnorganischen Erkrankungen depressive Syndrome auftreten können. Ihre Verursachung ist bis heute, wie die unmittelbare Verursachung depressiver Störungen im allgemeinen, nicht ausreichend geklärt. Doch die erfolgreiche Therapie dieser als symptomatisch anzusehenden Depressionen ist möglich. Dabei sollte ein psychoreaktiver Bedingungsfaktor gerade bei den anscheinend deutlich organisch bedingten (symptomatischen) Depressionen nicht übersehen werden. Ältere Menschen reagieren auf Bedrohungen ihrer physischen und seelischen Existenz anscheinend bevorzugt mit depressiven Verstimmungen (s. Kap. 5.4).

So wie das Erscheinungsbild durch das Altern geprägt wird, werden auch Verlauf und Prognose beeinflußt (s. Kap. 4.3). Mit dem Schwinden der körperlichen und seelischen Adaptionsfähigkeit verändert sich gleichzeitig die Fähigkeit zur Regeneration. Die Rekonvaleszenz verzögert sich, der Verlauf erscheint länger, die Prognose wird, wie bei allen Erkrankungen des höheren Lebensalters, durch interkurrierende Störfaktoren, die mit der eigentlichen depressiven Erkrankung nichts zu tun haben, verschlechtert.

Unter diagnostischen Gesichtspunkten wird derjenige den Depressionen des höheren Lebensalters am ehesten gerecht, der sich zu Anfang auf der syndromalen Beschreibungsebene bewegt (s. Kap. 3.7). Weitergehende diagnostische Erwägungen können dann zu einer Differenzierung nach den bekannten Depressionsformen führen. Für die Therapie hat eine zu sehr spezifizierende diagnostische Zuordnung einzelner depressiver Syndrome keine so weitreichenden praktischen Konsequenzen, wie oft angenommen wird.

Nicht die nosologische Zuordnung nach einem Klassifikationssystem, sondern die syndromale und zugleich an möglichen pathogenetischen Faktoren orientierte Diagnose hat für die Therapie die größere Bedeutung. Allerdings war lange umstritten, ob eine Altersabhängigkeit eher im Ersterkrankungsalter (vor allem bei multiphasischer unipolarer Melancholie) begründet ist, oder aber im aktuellen Lebensalter, also im Lebensalter zum Zeitpunkt der depressiven Erkrankung, in der eine wissenschaftliche Untersuchung durchgeführt wird und der Patient zu behandeln ist. Kurz gesagt ging es um die Frage, ob das Alter der Erkrankung oder des Erkrankten Bedeutung hat. Die Diskussion über dieses Thema ist aber noch lange nicht beendet. Heute ist jedoch eine bemerkenswerte Tendenzänderung in der wissenschaftlichen Einstellung zu erkennen: Nachdem bisher fast durchgehend beobachtet werden konnte, daß Autoren, die sich mit der Darstellung depressiver Erkrankungen des höheren Lebensalters befaßten, stets auf das Trennende und weniger auf die Gemeinsamkeiten depressiver Syndrome in den verschiedenen Lebensabschnitten hingewiesen haben, entwickelt sich jetzt langsam eine andere Sicht, nämlich das Gemeinsame und nicht das Trennende zwischen den depressiven Zuständen in verschiedenen Lebensaltern zu betonen (Angst und Frey 1977).

Aus heutiger Sicht läßt sich für die depressiven Erkrankungen des höheren Lebensalters zusammenfassend feststellen:

1. Depressive Erkrankungen des höheren Lebensalters sind keine Krankheitseinheiten im traditionellen Sinn, d. h., sie können nicht nach einer gemeinsamen Ursache, gleicher Symptomatik, gleichem Verlauf, gleicher Prognose und gleichen, dem Krankheitsgeschehen zugrundeliegenden pathologisch-anatomischen, pathophysiologischen oder pathochemischen Befunden definiert werden.

2. Depressive Erkrankungen im höheren Lebensalter sind in bezug auf die unter 1. genannten Definitionskriterien gleiche Erkrankungen, wie sie auch in jüngeren Lebensjahren aufzutreten pflegen.

3. Die Ursachen depressiver Erkrankungen im höheren Lebensalter sind zahlreich. Es ist von einer polyätiologischen Genese dieser Störungen auszugehen, wobei die Art der möglichen Ursachen zwar auch altersspezifisch sein kann, sich in ihrer Struktur jedoch nicht von denen depressiver Erkrankungen der jüngeren Lebensjahre unterscheidet.

4. Ihren besonderen Charakter erhalten die depressiven Erkrankungen des höheren Lebensalters durch die bis heute nicht exakt zu definierende Wirkung eines somatisch, psychologisch, psychodynamisch oder soziologisch zu umschreibenden „Altersfaktors“.

5. Damit sind die depressiven Erkrankungen des höheren Lebensalters in die allgemeinen Vorstellungen von depressiven Erkrankungen zu reintegrieren. Die allgemeinen wissenschaftlichen Vorstellungen über deren Nosolo-

gie, Ätiologie, Symptomatik, Verlauf und Therapie haben für sie in gleicher Weise zu gelten.

6. Alle somato-, psycho- und soziotherapeutischen Maßnahmen, die die polyätiologischen Verursachungsfaktoren zu beeinflussen versuchen, sind unter Berücksichtigung altersspezifischer Kontraindikationen auch bei depressiven Erkrankungen im höheren Lebensalter anzuwenden.

Trotz der die Bedeutung älterer wissenschaftlicher Erkenntnisse zur vorliegenden Fragestellung eingrenzenden und relativierenden Überlegungen gibt es einen Fundus von Tatsachenwissen, der eine rationale Basis für den Umgang mit depressiv erkrankten älteren Menschen darstellt. Er konnte nur ansatzweise geschildert werden, ist jedoch Hintergrund der Überlegungen über die depressiven Erkrankungen des höheren Lebensalters. Deshalb muß auf wesentlich neuere Veröffentlichungen zu allgemeinen Depressionsproblemen verwiesen werden (Matussek u. a. 1965, Schulte 1965, Angst 1966, Beck 1967, Hippius und Selbach 1969, Schulte und Mende 1969, Fieve 1971, Kielholz 1971, Walcher 1971, 1974, Weitbrecht 1972, Angst 1974, Bekker 1974, Friedman und Katz 1974, Lesse 1974, Anthony und Benedek 1975, Flach und Draghi 1975, Levitt und Lubin 1975, Mendels 1975, Hoffmann 1976, Burrows 1977, Fann und Mitarb. 1977, van Praag 1977, Usdin 1977, Cole und Mitarb. 1978, Arieti und Bemporad 1978, Hautzinger und Hoffmann 1979, Pichot 1978, Helmchen und Linden 1980, Heimann und Giedke 1980, Blöschl 1981, Paykel 1982, Clayton und Barrett 1983, Angst 1983, Davis und Maas 1983, Kisker und Mitarb. 1987, von Zerssen und Möller 1988, Lerer und Gershon 1989, Goodwin und Jameison 1990, Mundt und Mitarb. 1991, u. a.).

Für die Therapie depressiver Erkrankungen des höheren Lebensalters ergibt sich unter geriatrischen Aspekten, daß ältere Depressive nicht in gleicher Weise zu behandeln sind wie jüngere. Einschränkungen sind durch das oft qualitativ veränderte und verzögerte Reagieren auf körperliche, vor allem medikamentöse Behandlungen gegeben. Die geriatrische Forschung hat für die körperliche Behandlung älterer Menschen ausführliche Richtlinien erarbeitet, die auch für ältere Depressive gelten. Das muß insbesondere bei der antidepressiven Pharmakotherapie (Jenike 1985) bedacht werden.

Möglichkeiten und Grenzen der Somatotherapie werden durch die körperliche Verfassung des älteren Menschen bestimmt. Auch psycho- und sozialtherapeutische Maßnahmen haben in der individuellen Leistungsfähigkeit des depressiv Erkrankten ihre Grenzen. Spezifische und altersadäquate Behandlungstechniken sind aber vorhanden und müssen, angepaßt an die individuellen Situationen, eingesetzt werden. Die bei älteren Depressiven oft festzustellende Andersartigkeit von Erscheinungsbild, Therapie und Prognose usw. zwingt, wie bereits aufgezeigt, zu einem Umdenken von einer mehr globalen Betrachtungsweise depressiver Erkrankungen zu einer wesentlich differenzierteren, die den „Altersfaktor“ mit berücksichtigt. Weitere, über den dargestellten Rahmen hinausgehende Maßnahmen und Verhaltensweisen erscheinen im ärztlichen Umgang mit depressiv erkrankten älteren Menschen nicht nötig.

Abschließend lassen sich noch einige weitere grundsätzliche Überlegungen zur Methodik der Depressionsforschung, zum Umgang mit dem Krankheitsbild und mit dem Patienten ableiten. Dabei geht es weniger um eng einzugrenzende methodische Probleme, als vielmehr um Ansätze zu Forschungs- und Behandlungsstrategien im ganzen.

Das Bemühen um eine wissenschaftliche Betrachtungsweise in der Psychiatrie, das heißt Theorienbildung, die die Praxis beeinflußt, wird stets vom wissenschaftlichen „Zeitgeist“ geprägt (Bodamer 1948, Wissfeld 1957, Bochnik 1961, Janzarik 1972). Gleichzeitig ist heute davon auszugehen, daß es keinen feststehenden Wissenschaftsbegriff mehr gibt. Zudem ist bekannt, daß beim wissenschaftlichen Fortschritt keine eindeutige und gradlinige Zunahme der Erkenntnisse zu erwarten ist (Kuhn 1967). So können sich durch die Pluralität von Einzeldisziplinen und Einzelmethoden in der Psychiatrie z. B. „Modelle endogener Psychosen“ (Vliegen u. a. 1975), aber auch einseitige Konzeptionen mit globalen Verbindlichkeitsansprüchen darstellen, nämlich dann, wenn man sich kompromißlos eindimensional verhält. Alle diese Ergebnisse aus wissenschaftlichen Bemühungen haben aber nur einen hypothetischen Charakter. Das gilt auch für die Depressionsforschung und macht aus ihren Ergebnissen Aussagen von nur vorläufiger Bedeutung (Popper 1971), über die man sich hinsichtlich ihres Wertes streiten kann.

Für die Psychiater verschiedenster Forschungseinrichtungen und „Schulen“ gibt es trotz einer häufig nicht ausreichenden Kommunikation, die im wissenschaftlichen Dialog wohl ubiquitär zu beobachten ist (s. u.), eigentlich nur ein von ihrem Forschungsgegenstand her gegebenes gemeinsames Ziel, denn „die Medizin ist ein Sektor der menschlichen Kultur mit der Zielsetzung, für die Bewahrung der Gesundheit des einzelnen und der Gruppe Sorge zu tragen, dem Kranken zur Genesung und zur Wiedereingliederung in das soziale Leben zu verhelfen“ (Rothschuh 1965). Unter diesem Axiom macht sich die Psychiatrie die Wissenschaften zunutze. Während es im rein wissenschaftlichen Bereich wohl fast ausschließlich nur um Erkenntnisgewinn geht, wird der ärztlich-therapeutische Bereich von Zweckdenken und Zweckhandeln bestimmt. Dennoch ist das wissenschaftliche Erkennen absolute Voraussetzung für optimales Handeln im Sinne der axiomatisch gestellten Aufgaben (Rothschuh 1965).

Wir wissen heute, daß Wissenschaft nicht in der Weise zu definieren ist, daß durch die Kummulation induktiv gewonnenen Wissens zuletzt ein

Kanon von Hypothesen, Regeln und Gesetzen entsteht, der der realen Wirklichkeit entspricht. Daß solch ein linearer wissenschaftlicher Erkenntnisprozeß nicht möglich ist, haben z. B. Popper (1971) und T. S. Kuhn (1967) nachweisen können. Nach welchen Regeln wissenschaftliche Erkenntnisprozesse wirklich verlaufen und von welchen Einflußfaktoren sie abhängen, bleibt bis heute weitgehend offen. Die Psychiater früherer Jahrzehnte gingen von einem damals noch naiven Wissenschaftsverständnis aus, demgemäß sie ihre Schlüsse zogen und ihre Thesen formulierten.

Von wissenschaftlicher Seite kommen dem Forscher ein in den letzten Jahrzehnten zunehmend „liberal" werdender Wissenschaftsbegriff, aber auch ein Medizinverständnis entgegen, die die Tradition alten psychiatrischen Denkens seit Gaupp (1903), E. Kretschmer (1919) und Birnbaum (1919, 1920) in Europa und A. Meyer (1957) in den USA (s. auch Lidz 1966) mit ihren Ansätzen zu einer mehrdimensionalen Diagnostik oder Strukturanalyse bzw. psychobiologischen Betrachtungsweise auch unter theoretischen und methodischen Aspekten rechtfertigen. Der Psychiater sieht sich, wie Tellenbach (1975) feststellte, durch seinen Forschungsgegenstand gezwungen, seinen methodischen Standpunkt immer wieder zu wechseln, „je nach der Notwendigkeit, wie das Chamäleon die Farbe".

Der heutige Wissensstand zwingt unter Hinzuziehung biochemischer, neuroendokrinologischer und neurophysiologischer Befunde zu der Annahme, daß es sich unabhängig vom Lebensalter eines Individuums bei einem depressiven Syndrom um die gemeinsame Endstrecke verschiedenster pathologischer Prozesse handelt, wie sie Akiskal and McKinney (1975) darzustellen versucht haben (Abb. 3). Entwicklungs- und kognitionspsychologische Faktoren scheinen eine weitere gewichtige Rolle zu spielen (Perris 1991). Das heißt, die Untersuchung der depressiven Erkrankungen hat auf unterschiedlichsten Wissenchaftsebenen mit den jeweils für diese spezifischen Methoden zu erfolgen (Whybrow und Mitarb. 1984).

Die Geschichte der Depressionsforschung am Beispiel der Melancholie, wie sie in der vorliegenden Studie in Ansätzen dargestellt wurde, zeigt eine Wendung von einer deduktiv-theoretischen zu einer empirischen Betrachtungsweise, die selbstverständlich in die wissenschaftstheoretische Gesamtkonzeption der jeweiligen Zeit eingebettet erscheint. Bemerkenswert ist dabei, daß empirisch fundierte Überlegungen, z. B. diejenigen Kraepelins und einiger seiner Zeitgenossen, alle Wandlungen am ehesten überstanden haben. Letztlich ist die extrem nosographisch orientierte Betrachtungsweise depressiver Erkrankungen auch nur als eine Zwischenphase im wissenschaftlichen Prozeß anzusehen.

Klinische und patientenbezogene Forschung stehen immer in dem Dilemma, individuelle Gegebenheiten akzeptieren und dennoch daraus möglichst allgemeingültige Aussagen entwickeln zu müssen. Das lehren die Er-

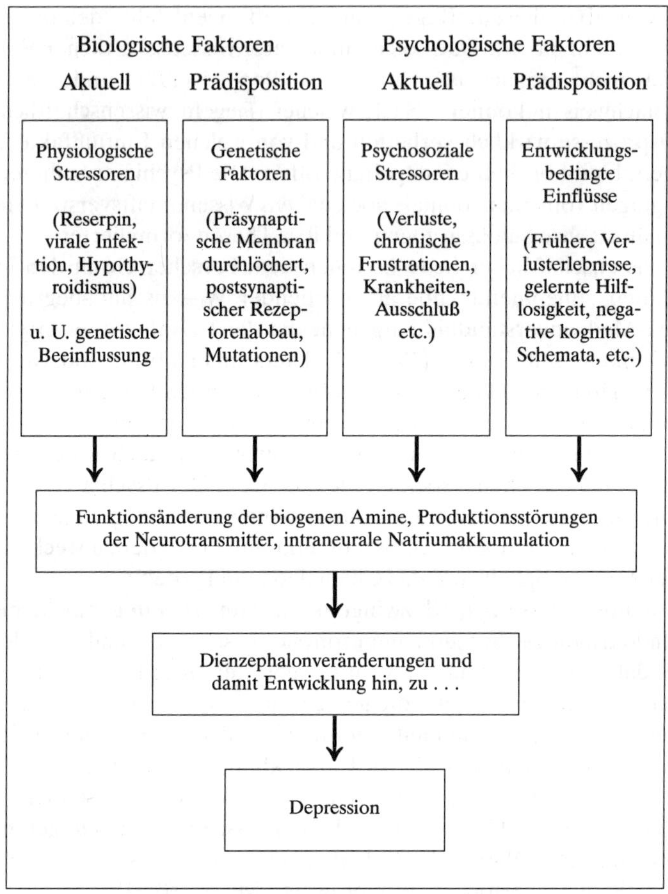

Abb. 3: Das Modell der Interaktion von aktuellen und dispositionellen sowie psychischen und biologischen Faktoren bei der Entstehung von Depressionen (aus Helmchen und Linden 1980, nach Akiskal und McKinney 1975).

gebnisse der vorliegenden Untersuchung besonders deutlich. Aus ihnen ist auch jetzt wieder der seit Jahrzehnten stets (wenn auch vereinzelt) geforderte Methodenpluralismus abzuleiten. Methodische Neuorientierung und Weiterentwicklung erscheinen für jede Zeit dringend notwendig (Engel 1977, 1980) und wurden offenbar praktiziert (Havens 1981, Lipowski 1981, Marmor 1983). Daß derartiges sich vollzieht, zeigen die Entwicklungen auch in der deutschsprachigen Psychiatrie. Die frühen Ansätze von Kretschmer (1919) und Birnbaum (1919, 1920) wurden wiederaufgenommen. Neue Impulse kommen aus der Neurochemie, Endokrinologie (s.

Kap. 5.2), der Ganzheits-, Gestalt- und Strukturpsychologie (Conrad 1952, 1968, Petrilowitsch 1957, 1958, Petrilowitsch und Baer 1972, Zeh 1960) oder dem modernen Strukturalismus (Peters 1969, 1978a, 1978b). Kritische Analysen, Einwände und alternative Vorschläge folgten (Pethö 1969, 1974, Vliegen u. a. 1975, Möller 1977, Kluge 1977).

Für die Depressionsforschung ergibt sich aus den vorangegangenen Überlegungen, daß im Sinne einer „kritischen Wissenschaftstheorie" (Rombach 1974) nicht nur die wissenschaftsimmanenten Grundlagen und Voraussetzungen, sondern auch die geschichtlich-gesellschaftlichen und persönlichen reflektiert werden müssen. Das heißt, methodisch exaktes Arbeiten und patientenbezogene, individuelle Gegebenheiten müssen in einem ausgewogenen Verhältnis zueinander stehen. Depressionsforschung muß ihre Methoden verfeinern oder intensivieren, z. B. durch die Entwicklung subtiler somatischer, psychopathologischer und psychologischer Untersuchungsansätze, durch stärkere Berücksichtigung epidemiologischer Gesichtspunkte, durch Verbundforschung mehrerer Institutionen usw. Gleichzeitig aber darf bei allen Aussagen über allgemeine Gesetzmäßigkeiten das Bild des individuell kranken Patienten nicht verloren werden; denn wann und wie der Mensch altert, ist nicht nur eine biologische Frage, sondern auch unter biographischem Aspekt zu beurteilen, nämlich aus der Sicht seiner individuellen Lebenserfahrung und Persönlichkeit.

Für die Praxis des Umgangs mit dem depressiven älteren Menschen erscheint es sinnvoll, sich noch einmal die Aufgabe des Arztes (Rothschuh 1963) zu vergegenwärtigen: Sie heißt, Leiden zu lindern und Förderung und Erhaltung des Lebens, das durch Krankheit bedroht ist. Da Gesundheit und Krankheit Wertbegriffe sind, die man für sich und die anderen akzeptieren kann – oder auch nicht –, hat die Medizin und mit ihr die Psychiatrie einen axiomatischen Charakter. Ihr Handeln ist Zweckhandeln. Wissenschaftliches Erkenntnisdenken wird im Umgang mit dem Patienten zu Zweckdenken. Der Arzt benutzt die wissenschaftliche Erkenntnis zur Lösung ärztlich wichtiger Fragestellungen. Und zwar lehnt sich die Medizin an wissenschaftliche Methoden an, weil sich herausgestellt hat, daß es im Hinblick auf Effektivität, kontrollierbare Wiederholbarkeit usw. keine bessere Alternative zu ihnen gibt. Dabei fällt auf, daß mit der Zunahme methodischer Exaktheit die Distanz zur praktisch relevanten Situation des Helfens und Heilens größer wird. Medizin zu praktizieren ist also kein wissenschaftliches Handeln im engeren Sinn, aber es gibt ärztliches Handeln, das wissenschaftlich fundiert ist.

Es existiert für dieses ärztliche Handeln aber kein umfassendes Paradigma im Sinne Th. S. Kuhns (1967), und es wird dieses wahrscheinlich auch in Zukunft kaum geben. In der Psychiatrie befinden wir uns, auf das Ganze des wissenschaftlichen Bereiches gesehen, wahrscheinlich immer noch in einer „vorparadigmatischen" Zeit, in der es relativ einfach erscheint, Hypothesen und Theorien zu entwickeln, denn diese haben sich nur selten mit schon vorhandenen zu messen und an ihnen zu bewähren. Sie stehen häufig beziehungslos im Raum, verwenden wissenschaftliche Metasprachen auf nicht miteinander zu vereinbarenden Erkenntnisebenen und führen zu einer Kommunikationslosigkeit, wie sie Stegmüller (1976) auch an Erscheinungen im Bereich philosophischer Forschung dargestellt hat. Zudem zeigen sie, gemessen zum Beispiel an den Kriterien von Popper (1935), oft nicht einmal Andeutungen von Wissenschaftlichkeit. Inhalt und Erfolg derartiger Denksysteme werden häufig allein von der persönlichen Ausstrahlung, der Führungs- und rethorischen Überzeugungskraft ihrer Schöpfer getragen.

Aus wissenchaftsgeschichtlicher Perspektive hat Th. S. Kuhn (1962) auf das Phänomen des möglichen Verharrens in einem von der Theorie geprägten Wahrnehmungsfeld aufmerksam gemacht: Bekanntlich gibt es in der Psychiatrie besonders häufig sogenannte Schulen. Das sind Gruppierungen von Wissenschaftlern, die sich um ein Paradigma, um ein wissenschaftliches Lehrgebäude gebildet haben. Sie werden von einer Persönlichkeit getragen und von der Gruppe von Anhängern gestützt, die ihre Vorstellungen gegenseitig und nach ihrer Erfahrung als „richtig" akzeptieren und das bisherige Wissen entsprechend den Regeln und Gesetzen des Paradigmas zu vertiefen suchen. Zweifellos sind bestimmte Paradigmata bei der Lösung von Problemen, die ein Kreis von Fachleuten als brennend erkannt hat, erfolgreicher als die mit ihnen konkurrierenden. Aber: „In dem Maße . . ., in dem die Auffassungen zweier wissenschaftlicher Schulen darüber, was ein Problem und was eine Lösung ist, auseinandergehen, werden sie zwangsläufig aneinander vorbeireden, wenn sie über die relativen Vorzüge ihrer jeweiligen Paradigmata diskutieren" (Th. S. Kuhn 1967). Letztlich bringt die Auseinandersetzung, wie auch immer sie vonstatten geht, dann doch eine mögliche Weiterentwicklung der Anschauung.

Für die Praxis eines Psychiaters hat die Zugehörigkeit zu einer „Schule" oder die Beschränkung auf ein einziges Lehrgebäude im Sinne eines Paradigmas zur Folge, daß sein Patient nur unter eben diesen eingeschränkten Aspekten gesehen und behandelt wird und deswegen möglicherweise zu kurz kommt.

Wird die Situation der wissenschaftlichen Psychiatrie bis zu ihren Anfängen zurückverfolgt, bis zum Beispiel zu Griesinger, Kahlbaum, Kraepelin o. a., finden wir bei ihnen den Wissenschaftler und den Arzt noch in einer Person vereint. Im Laufe zunehmender Spezialisierung der Forschung, deren Bereiche Kraepelin bereits als „Hilfswissenschaften" apostrophierte, entstanden monoaxiomatische Ansätze und Erklärungsmodelle für die Entstehung und die Behandlung seelischer Erkrankungen. Es entwickelten sich zum Beispiel die Neuropathologie, die Genetik, die Neurochemie und andere naturwissenschaftlich orientierte Arbeitsbereiche. Philosophische Zeitströmungen förderten den Fortschritt der Psychopathologie. Es entstand die Psychoanalyse. Es bildeten sich Schulen, und mit der Spezialisierung und Professionalisierung von Einzelbereichen kam es zu einer Einengung des Gesichtskreises der einzelnen Wissenschaftler, d. h. zu einer Gruppierung von Wissenschaftlern um ein Paradigma, das aber, auf das Ganze gesehen (wobei mit dem Ganzen der ganze Mensch gemeint ist), immer nur einen engen Teilbereich erfaßte. Im Rahmen der neuen Denksysteme entwickelten sich Metasprachen, die der Außenstehende kaum mehr verstand. Das bedeutete einerseits Erkenntnisfortschritt, andererseits aber rückten wissenschaftliche Forschung und ärztliche, d. h. therapeutische Praxis auseinander.

Dieses Nebeneinander kann einerseits aus dem historischen Kontext der Entwicklung psychiatrischer Forschung verstanden werden. Ein weitergehendes Verständnis dieses Phänomens kann vielleicht auch durch Gedanken von Yager (1977) erreicht werden: Er meint, daß menschliches Verhalten zu komplex sei, um aus einer wissenschaftlichen Perspektive voll erfaßt werden zu können. Deshalb müssen verschiedene Standpunkte eingenommen werden. Die Ergebnisse der Wahrnehmungen aus den jeweiligen Perspektiven ergänzen sich in wesentlichen Bereichen, schließen sich nicht gegenseitig aus. Yager stellt also nicht die Methode, sondern den Forschungsgegenstand, d. h. hier den Menschen, die Einheit der Person, in den Mittelpunkt seiner Betrachtungen des Untersuchers. Die jeweilige, in einer bestimmten Situation allein mögliche Perspektive des Beobachters bewirkt zweierlei: Sie organisiert die Untersuchung, die Beobachtungen und das Verständnis, grenzt aber gleichzeitig das Sichtfeld ein. Dieser offenbar notwendige Vorgang bringt Ordnung in das unstrukturierte Angebot von Wahrnehmungsmöglichkeiten, deren wirkliche Ordnung wir primär nicht kennen. Die Wirklichkeit wird also mit Hilfe kognitiver Strukturen des Wahrnehmungsapparates organisiert und geordnet.

Welche Perspektive von dem jeweiligen Beobachter eingenommen wird, hängt von zahlreichen individuellen, aber auch überindividuellen Faktoren seines bisherigen Lebens ab. Sie ist also auch in starkem Maße subjektiv geprägt. Ein solches Erklärungsmodell zeigt, daß es verschiedene wissenschaftlich legitime Sichtweisen des gleichen Gegenstandes gibt, die in einem komplementären Verhältnis zueinander stehen.

An diesem Punkt ist aktive Denkleistung des praktisch tätigen Psychiaters einzubringen, denn ohne sie würde er in seinem von der vorbestehenden theoretischen Position her zwar geordneten, jedoch gleichzeitig begrenzten Wahrnehmungs- und Denkfeld verharren. Im Rahmen seiner praktischen Tätigkeit muß der Psychiater aber zum Wohle seines Patienten über die wissenschaftsmethodisch gesetzten Grenzen hinausgehen, d. h., er hat ein Denken zu überwinden, nach dessen Kategorien er möglicherweise zu handeln gewöhnt ist.

Welche Position nimmt nun aber derjenige Psychiater ein, der die Begrenztheit seiner ärztlichen Möglichkeiten durch die Zugehörigkeit zu einer „Schule“ erkannt hat und diese durch eine Öffnung seines Denkens für verschiedene Perspektiven zu überwinden sucht, seine Praxis an verschiedenen, wissenschaftlich jedoch gleichermaßen fundierten Auffassungen ausrichtet? Aus der Sicht der jeweiligen wissenschaftlichen Schule wird sein Handeln möglicherweise als „unwissenschaftlich“, als das eines Außenseiters, eines unsystematisch arbeitenden Kollegen bezeichnet. Noch wohlwollend kann er als Pragmatiker bezeichnet werden, tadelnd und abwertend als Eklektiker.

Nach allgemeiner Auffassung entnehmen Eklektiker aus Denk- und Handlungssystemen zusammenhanglos einzelne Thesen und Elemente, aus denen sie dann eine eigene Lehre zusammenstellen. Das Schöpferische, das Originelle fehlt ihnen jedoch. Für philosophische Systeme mag das gelten. Hegel lehnte den Eklektizismus kategorisch ab. Andererseits aber meinte man dagegen, es sei schon sinnvoll, das jeweils als richtig Erkannte auszuwählen, sah aber die Schwierigkeit darin, nach welchen höheren und neueren Gesichtspunkten die Auswahl getroffen werden sollte (Nieke 1972).

Im Rahmen der hier diskutierten Probleme einer wissenschaftlich orientierten psychiatrischen Praxis erscheint eine eklektizistische Position nahezu zwingend notwendig. Denn die tägliche Erfahrung lehrt, daß ein einzelnes, noch so differenziertes Theoriengebilde und das daraus abgeleitete Handlungskonzept nicht ausreichen, um den Anforderungen der psychiatrischen Praxis zu genügen. Das wird durch das Scheitern monoaxiomatischer Therapiekonzepte immer wieder sehr deutlich. Gerade in der Therapie offenbaren sich die auch wissenschaftstheoretisch zu begründenden Grenzen noch so komplexer, dennoch aber einseitiger Ansätze. Ist ein Behandlungskonzept ohne Wirkung, muß ein zweites oder drittes versucht werden. Diese Behandlungskonzepte stehen gleichwertig nebeneinander. Sie nacheinander oder auch gleichzeitig anzuwenden, wird durch die Notwendigkeit der Praxis bestimmt, d. h. die Notwendigkeit, einem psychisch Kranken Hilfe zu leisten.

Es steht außer Frage, daß solche unterschiedlich in ihrer theoretischen Fundierung begründeten Handlungskonzepte von dem Psychiater beherrscht werden müssen. Innerhalb der jeweiligen Handlungskonzepte muß maximale Differenziertheit von theoretischem und praktischem Wissen gefordert werden. So schwierig diese Aufgabe auch erscheinen mag, so notwendig ist es, sie zu erfüllen. Aber wenn der seelisch kranke Mensch sich dem Untersucher und Behandler in wissenschaftlicher Sicht aus einer

Summe von Teilaspekten darstellt, wenn eine Behandlung den ganzen Menschen erfassen soll, neben den biologischen Prozessen z. B. auch den pathischen Aspekt, dann hat sich die Aufgabe der Psychiatrie an dieser so gewonnenen Gestalt des Patienten zu orientieren. Das sind die höheren und neueren Aspekte, die man den Eklektikern früherer Zeit absprach, die heute jedoch zu einer quasi eklektischen Grundhaltung des Psychiaters in der Praxis zwingen.

Mit dem oben dargestellten Verständnis des Menschen und der Aufgabe der Psychiatrie fällt es somit nicht schwer, theoretische Modelle unterschiedlichster Art in der therapeutischen Praxis bei einem Patienten gleichzeitig anzuwenden. Dieser Ansatz ist aber nicht neu. Er wurde von A. Meyer, Birnbaum, E. Kretschmer und Kraepelin beschrieben. Stichworte sind Psychobiologie, multifaktorielle Genese, mehrdimensionale Diagnostik, Strukturanalyse o. a. Leider, das lehrt die Geschichte der Psychiatrie, haben alle diese Ansätze in einem bewußt wissenschaftlich geprägten Rahmen der psychiatrischen Praxis nicht die ihnen eigentlich gebührende Resonanz gefunden. Dennoch: Zahlreiche Psychiater praktizieren sie in aller Stille, skeptisch und resigniert gegenüber dem, was ihnen immer wieder als neueste, einzig richtige wissenschaftliche Erkenntnis angeboten wird. Sie arbeiten als pragmatisch orientierte Eklektiker. Sie wählen ihre Methoden danach aus, wie sie mit ihnen die gesetzten Aufgaben sinnvoll erfüllen können.

In den USA kam es nach 1960 zu einer recht ausführlichen Diskussion über den Eklektizismus in der Psychiatrie. Dort herrschte an Lehrinstituten und Universitäten über Jahrzehnte die Psychoanalyse als grundlegende Theorie. Die Wörter Psychoanalytiker und Psychiater wurden nahezu synonym benutzt. Praktische Erfahrungen in der Kriegszeit und Nachkriegszeit bewegten eine Reihe von psychoanalytisch ausgebildeten Psychiatern jedoch zur Anwendung von nicht nur psychoanalytisch orientierten Behandlungsverfahren, z. B. zur Anwendung von Krampftherapie und Psychopharmaka. Diese Psychiater wurden, das darf in dieser Härte gesagt werden, als Eklektiker diskriminiert. Man wollte aber nichts anderes als "to preserve what was valuable, question what was doubtful, and reject what was useless, not only in the psychodynamic-psychoanalytic field but in all others" (Grinker 1964). Abroms (1969) sah eine Lösung und Entschärfung der Diskussion über den Eklektizismus darin, daß er ihn aus der ideologischen Sphäre in eine technologische zu transferieren versuchte. Er sprach von "technical eclecticism" und ging mit dem "psychiatric serialism" (1983) darüber hinaus. Simon (1974) nahm für die Theoriediskussion die General-Systems-Theorie zu Hilfe, doch scheinen alle Versuche, eine in sich konsistente Theorie des Eklektizismus zu entwickeln, nicht den erhofften Erfolg gebracht zu haben. So haben sich heute wie bereits früher keine sogenannten

Schulen im Sinne eines Eklektizismus bilden können. Und das ist gut so. Die pragmatisch-eklektizistische Position, sinnvoll geworden durch ein heute auch aus wissenschaftlicher Perspektive als komplex anerkanntes Menschenbild, aber auch ermöglicht durch ein liberales Selbstverständnis der Wissenschaft über das, was sie kann und was sie tut, würde dadurch nämlich aufgehoben. Denn in dem Augenblick, in dem die pragmatisch-eklektizistische Position in einer Theorie festgeschrieben würde, verlöre sie ihren Wert, stünde als dann gescheiterter Versuch einer Lösung vom Diktat einer Theorie neben dem, was sie bekämpfen wollte. Die pragmatisch-eklektizistische Position führt also nicht zu einer Theorie, sondern zu einer Verhaltensstrategie.

Eingedenk der Tatsache, daß die Psychiatrie, wie die Medizin, nicht Wissenschaft im eigentlichen Sinn ist, sondern sich zur Verwirklichung ihrer Aufgaben der Wissenschaft bedient, daß das wissenschaftliche Menschenbild aus einem Mosaik verschiedenster Erkenntnisbereiche besteht und bisher nur in groben Konturen zu sehen ist, und eingedenk einer „strukturalen Wissenstheorie“ (Rombach 1974), die unterschiedlichste methodische Vorgehensweisen, z. T. nebeneinanderstehend oder z. T. hierarchisch gegliedert, toleriert, erscheint es nicht nur sinnvoll, sondern unbedingt notwendig, zur Erfüllung der der Psychiatrie gesetzten Aufgaben eine pragmatisch-eklektizistische Position einzunehmen.

Für die Praxis bedeutet dieses, daß sich der wissenschaftlich orientiert arbeitende Psychiater bei der Beurteilung seiner Verfahren der verborgenen theoretischen Konzeption bewußt wird, sie nicht unbedingt verwirft, aber doch ihre Grenzen erkennt. Daß er mit ihnen arbeitet, wie z. B. der Chirurg mit verschiedenen Instrumenten, einmal vielleicht operativ, dann auch konservativ, wie ein Radiologe mit verschiedenen Strahlenarten oder der Pharmakotherapeut mit chemisch unterschiedlich wirkenden Substanzen.

Es wäre möglich, diese Überlegungen an zahlreichen Entwicklungen der wissenschaftlichen Diskussion und ihrer Bedeutung für die Praxis zu verdeutlichen, z. B. an der Diskussion über die Entstehung der Melancholie und den gegenwärtigen Therapiekonzepten, der psychiatrischen Krankheitslehre, dem psychiatrischen Krankheitsbegriff usw.

Der empirisch-eklektizistische Betrachtungsansatz kann aber auch schnell in Mißkredit geraten: Die riesige, fast überwältigende Menge an Informationen muß sinnvoll im Sinne der ärztlichen Aufgaben strukturiert werden. Geschieht das nicht, kann sich Dilettantismus breitmachen. Es kann die Gefahr bestehen, daß man zu wenig oder zu oberflächlich weiß, sich also nichts intensiv und auf einen Bereich beschränkt aneignet, daß man statt dessen alles und jedes vorschnell akzeptiert, eine vielleicht allzu subjektive pragmatische Position einnimmt und deswegen der Gefahr einer Begeisterung für die eine oder andere Theorie unkritisch ausgesetzt ist. Die

Folge ist Polypragmasie. Die pragmatisch-eklektizistische Position kann nur nach einem großen Stück geduldiger kritisch-rationaler Lernarbeit, die sehr viel Zeit, Ausdauer und Offenheit für unterschiedliches Denken erfordert, eingenommen und mit Erfolg durchgehalten werden. Sie muß deshalb als eine postrationale Position bezeichnet werden. Ein Blick zurück auf die Arbeit von Griesinger, Kraepelin, A. Meyer, Birnbaum, Kretschmer, Schulte, Mauz und zahlreicher nicht genannter Psychiater früherer Zeiten, aber auch unserer Tage, macht deutlich, daß dieser Betrachtungsansatz und der daraus resultierende Handlungskodex in einer guten Tradition stehen.

LITERATUR

Abas, M. A., B. J. Sahakian, R. Levy: Neuropsychological deficits and CT scan changes in elderly depressives. Psychol. Med. 20 (1990), 507–520.

Abely, P.: Les terminaisons de la mélancolie. Paris: Thèse 1923.

Abely, X., P. Guiraud, P. Rosolatto: Mélancolie présénile et tumeur mélanique. Ann. Med.-Psycho. 113 (1955), 39–41.

Abou-Saleh, M. T., Coppen, A.: The prognosis of depression in old age: the case for lithium therapy. Brit. J. Psychiatry 143 (1983), 527–528.

Abraham, K.: Ansätze zur psychoanalytischen Erforschung und Behandlung des manisch-depressiven Irreseins und verwandter Zustände (1911). In: Ders., Psychoanalytische Studien, Bd. II. Frankfurt a. M.: S. Fischer 1971, S. 146–162.

–: Untersuchungen über die früheste prägenitale Entwicklungsstufe der Libido (1916). In: Ders., Psychoanalytische Studien, Bd. I. Frankfurt a. M.: S. Fischer 1971, S. 84–112.

–: Zur Prognose psychoanalytischer Behandlungen in fortgeschrittenem Lebensalter (1919). In: Ders., Psychoanalytische Studien, Bd. II. Frankfurt a. M.: S. Fischer 1971, S. 252–266.

–: Versuche einer Entwicklungsgeschichte der Libido aufgrund der Psychoanalyse seelischer Störungen (1924). In: Ders., Psychoanalytische Studien, Bd. I. Frankfurt a. M.: S. Fischer 1971, S. 113–183.

Abroms, G. M.: The new eclecticism. Arch. Gen. Psychiatry 20 (1969), 514–523.

–: Beyond eclecticism. Amer. J. Psychiatry 140 (1983), 740–745.

Achté, K.: Menopause from the psychiatrist's point of view. Acta Obstet. Gynäcol. Scand. 49, Suppl. 1.3 (1970).

–: Depression und Suizid. Therapiewoche 23 (1973), 4368–4379.

–: Incurable depressions. Pharmakopsychiat. 7 (1974), 169–177.

–: Suizidalität im höheren Lebensalter. In: P. Kielholz, C. Adams (Hrsg.), Der alte Mensch als Patient. Köln: Deutscher Ärzte Verlag 1986.

Ackerknecht, E. H.: Kurze Geschichte der Psychiatrie. Stuttgart: Enke 1957.

Ackner, B.: Emotional aspects of hysterectomy. A follow-up study of fifty patients under the age of 40. Adv. Psychosom. Med. 1 (1960), 248–252.

Agius, S., H. G. Eisert, H. Heimann: Essai de classification psychologique et physiologique du syndrome dépressif. Schweiz. Arch. Neurol. Neurochir. Psychiat. 106 (1970), 105–120.

Akiskal, H. S., W. T. McKinney: Depressive disorders: toward a unified hypothesis. Science 182 (1973), 20–29.

Akiskal, H. S., W. T. McKinney: Overview of recent research in depression. Arch. Gen. Psychiat. 32 (1975), 285–305.

Akiskal, H. S., R. M. A. Hirschfeld, B. J. Yerevanian: The relationship of personality to affective disorders. A critical review. Arch. Gen. Psychiatry 40 (1983), 801–810.

Alarcon, R. de: Hypochondriasis and depression in the aged. Gerontol. Clin. (Basel) 6 (1964), 266–277.

Albrecht, P.: Psychische Ursachen der Melancholie. Mschr. f. Psychiat. 20 (1906), 65–79.

Albrecht, O.: Die funktionellen Psychosen des Rückbildungsalters. Z. Ges. Neurol. Psychiat. 22 (1914), 306–344.

Alcober, D. T.: Sobre las psicosis climatericas. Med. Esp. 9 (1943), 394–399.

Aldrich, C. J.: Role played by intestinal fermentation in the production of the neuroses in the menopause. Physician and Surgeon 19 (1897), 438–444.

Alexopoulos, G. S., R. C. Young, J. H. Kocsis: Dexamethasone suppression test in geriatric depression. Biol. Psychiatry 19 (1984a), 783–787.

Alexopoulos, G. S., K. W. Lieberman, R. C. Young, C. A. Shamoian: Platelet monoamine oxidase in geriatric depressed women. Am. J. Psychiatry 140 (1984b), 1276–1278.

Alexopoulos, G. S., K. C. Young, J. A. Haycox, J. P. Blars, K. W. Lieberman, C. A. Shamoian: Biological studies in depression with reversible dementia. In: C. A. Shamoian (Ed.), Treatment of affective disorders in the elderly. Washington: American Psychiatric Press 1985.

Alexopoulos, G. S., R. C. Young, K. W. Lieberman, C. A. Shamoian: Platelet MAO activity in geriatric patients with depression and dementia. Am. J. Psychiatry 144 (1987), 1480–1483.

Alexopoulos, G. S., R. C. Young, B. S. Meyers, R. C. Abrams, C. A. Shamoian: Late-onset Depression. Psychiatr. Clin. North Am. 11 (1988), 101–115.

Alexopoulos, G. S., R. C. Young, R. C. Abrams, B. S. Meyers, C. A. Shamoian: Chronicity and relaps in geriatric depression. Biol. Psychiatry 26 (1989), 551–564.

Allen, E. G.: Functional psychoses in the aging simulating. Organic syndromes. Geriatrics 2 (1947), 269–279.

Allen, R. E., F. N. Pitts: Dexamethasone suppression in depressed elderly outpatients. J. Clin. Psychiatry 45 (1984), 397–398.

Alsen, V.: Zur Problematik des depressiven Syndroms im höheren Lebensalter. Zentralbl. f. d. ges. Neurol. Psychiat. 144 (1958), 8.

–: Endoforme Psychosyndrome bei cerebralen Durchblutungsstörungen. Arch. Psychiat. Nervenkr. 200 (1960), 585–602.

–: Die Therapie depressiver Erkrankungen in der Rückbildung. Das ärztliche Gespräch (Tropon) (1973), 91–107.

Alsen, V., F. Eckmann: Depressive Bilder in der zweiten Lebenshälfte. Arch. Psychiat. Nervenkr. 201 (1961), 483–501.

Altmann, N., R. J. Sachar, P. H. Grün: Reduced plasma LH concentration in postmenopausal depressed woman. Psychosom. Med. 37 (1975), 274–276.

Amdur, I., M. Harrow: Conscience and depressive disorder. Brit. J. Psychiat. 120 (1972), 259–264.

Ames, D.: Depression among elderly residents of local-authority residential homes. Its nature and the efficacy of intervention. Br. J. Psychiatry 156 (1990), 667–675.

Ames, D., R. Dolan, A. Mann: The distinction between depression and dementia in the very old. Intern. J. Geriatr. Psychiatry 5 (1990), 193–198.

Ananth, J.: Hysterectomy and depression. Obstet. Gynecol. 52 (1978), 724–730.

Ancill, R. J.: Depression in the elderly. Upjohn, CNS: Clinical Update 1987.

Anderson, E. W.: Prognosis of the depressions of later life. J. Ment. Sci. 82 (1936), 559–588.

Andreasen, N. C.,J. Endicott, R. L. Spitzer, G. Winokur: The family history method using diagnostic criteria. Arch. Gen. Psychiat. 34 (1977), 1229–1235.

Anglade, R.: Les psychoses periodiques tardives. Congres des medicins alienistes. Bordeaux 1931, 61–119.

Angst, J.: Zur Ätiologie und Nosologie endogener depressiver Psychosen. Heidelberg, Berlin, New York: Springer 1966.

– (Ed.): Classification and prediction of outcome of depression. Stuttgart, New York: Schattauer 1974.

–: The course of affective disorders. II. Typology of bipolar manic-depressive illness. Arch. Psychiat. Nervenkr. 226 (1978), 65–73.

–: Verlauf unipolar-depressiver, bipolar manisch-depressiver und schizo-affektiver Erkrankungen und Psychosen. Ergebnisse einer prospektiven Studie. Fortschr. Neurol. Psychiat. 48 (1980), 3–30.

–: Epidemiologie der Spätdepression. In: P. Kielholz, C. Adams (Hrsg.), Der alte Mensch als Patient. Köln: Ärzte-Verlag 1986a.

–: The course of affective disorders. Psychopathology 19 (1986b) (Suppl. 2), 47–52.

–: Verlauf der affektiven Psychosen. In: K. P. Kisker, H. Lauter, J.-E. Meyer, C. Müller, E. Strömgren (Hrsg.), Affektive Psychosen. Psychiatrie der Gegenwart, Bd. 5, Berlin, Heidelberg, New York, London, Paris, Tokyo: Springer 1987a.

–: Epidemiologie der affektiven Psychosen. In: K. P. Kisker, H. Lauter, J.-E. Meyer, C. Müller, E. Strömgren (Hrsg.), Affektive Psychosen. Psychiatrie der Gegenwart, Bd. 5, Berlin, Heidelberg, New York, London, Paris, Tokyo: Springer 1987b.

Angst, J., C. Perris: Zur Nosologie endogener Depressionen. Vergleich der Ergebnisse zweier Untersuchungen. Arch. Psychiat. Nervenkr. 210 (1968), 373–386.

Angst, J., P. Weis: Ätiologie und Verlauf endogener Depressionen. Fortbildungskurse der Schweizerischen Gesellschaft für Psychiatrie 1 (1968), 8–16.

Angst, J., P. Weis: Zum Verlauf depressiver Psychosen. In: W. Schulte, W. Mende (Hrsg.), Methodologie in Forschung, Klinik und Behandlung, Stuttgart: Thieme 1969, S. 2–9.

Angst, J., R. Frey: Die Prognose endogener Depressionen jenseits des 40. Lebensjahres. Nervenarzt 48 (1977), 571–574.

Angst, J., W. Felder, R. Frey, H. H. Stassen: The course of affective disorders. I. Change of diagnosis of monopolar unipolar and bipolar illness. Arch. Psychiat. Nervenkr. 226 (1978), 57–64.

Angst, J., P. Grof, H. Hippius, W. Pöldinger, E. Varga, P. Weis, F. Wyss: Verlaufsgesetzlichkeiten depressiver Syndrome. In: H. Hippius, H. Selbach (Hrsg.), Das depressive Syndrom. München, Berlin, Wien: Urban & Schwarzenberg 1969, S. 93–100.

Annen, B., E. Bachmann, U. Gerhard, V. Hobi: Die Differenzierung von Demenz und Depression anhand der kognitiven Funktionstüchtigkeit. Z. Gerontopsychologie und -psychiatrie 4 (1991), 257–263.

Anonymus: Recovery in involution melancholia. Med. J. Rec. 129 (1929), 406–407.

Anthony, E. J., T. Benedek (Eds.): Depression and human existence. Boston: Little, Brown and company 1975.

Aresin, L.: Als „cyklothyme“ maskierte hirnatrophische Prozesse. Psychiat. Neurol. Med. Psychol. (LPZ.) 11 (1959), 14–18.

Arieti, S., J. Bemporad: Severe and mild depression. New York: Basic Books 1978.

Arnold, M.: Die Behandlung klimakterischer Beschwerden mit Klimadurin. Praxis (Bern) 58 (1969), 1159–1163.

Auch, W.: Untersuchungen über das Ersterkrankungsalter endogener Psychosen. Vita Humana 5 (1962), 87–110.

Ault, C. C., E. F. Hoctor, A. A. Werner: Theelin therapy in the psychoses! Effect in involution melancholia and as an adjuvant in other mental disorders. J. Amer. Med. Ass. 109 (1937), 1786–1788.

Ault, C., E. F. Hoctor, A. A. Werner: Involutional melancholia. Additional report. Amer. J. Psychiat. 97 (1940), 691–694.

Autheaume: Le psychoses periodiques. Encephale II/189 (1907) (zitiert nach A. Homburger).

Avery, D., Silverman, J.: Psychomotor retardation and agitation in depression. J. Affective Disorders 7 (1984), 67–76.

Avery, D., G. Winokur: Mortality in depressed patients treated with electroconvulsive therapy and antodepressants. Arch. Gen. Psychiatry 33 (1976), 1029–1037.

Ayd, F. J. jr.: Recognizing the depressed patient. New York, London: Grune and Stratton 1961.

Aylward, M.:Plasma Tryptophan levels and mental depression in postmenopausal subjects: effects of oral piperasine-östrone sulphate. Med. Sci. 1 (1973), 30.

–: Estrogens. Plasma Tryptophan in perimenopausal patients. In: S. Campbell (Ed.), The management of the menopause and post-menopausal years. Lancaster: Mtp Press 1976.

Ayuso-Gutierrez, J. L.: Later life depression – clinical and therapeutic aspects. In: J. M. Davis, J. W. Maas (Eds.), The affective disorders. Washington: American Psychiatric Press 1983.

Azorin, J. M., J. P. Mattei: Les pseudodémences. Problèmes cliniques et pathogèniques. Encéphale 9/2 (1983), 125–191.

Bächler, B. O.: Psychopathologie der Zeit. Fortschr. Neurol. Psychiat. 23 (1955), 249–266.

Baillarger, M.: De la folie a double forme. Ann. Med.-Psychol. 6 (1854), 309–389.

Baker, M., J. Dorzap, G. Winokur, R. J. Cadoret: Depressive disease: classification and clinical characteristics. Compr. Psychiat. 12 (1971), 354–365.

Baldwin, R. C., D. J. Jolley: The prognosis of depression in old age. Brit. J. Psychiatry 149 (1986), 574–583.

Baldwin, R. C.: Delusional and non-delusional depression in late life – evidence for distinct subtypes. Brit. J. Psychiatry 152 (1988), 39–44.

Ballinger, C. B.: Psychiatric morbidity and the menopause screaning of a general population sample. Brit. Med. J. 3 (1975), 344–346.

–: Psychiatric morbidity and the menopause: survey of a gynecological out-patient clinic. Brit. J. Psychiat. 131 (1977), 83–89.

Ballinger, S., D. Cobin, J. Krivanek, D. Saunders: Life stress and depression in the menopause. Maturitas 1 (1979), 191–199.

Ban, T. A.: The treatment of depressed geriatric patients. Amer. J. Psychotherapy 32 (1978), 93–104.

Ban, T.: Chronic disease and depression in the geriatric population. J. Clin. Psychiatry 45 (3, sec. 2) (1984), 18–23.

Barahal, H. S.: Testosterone in male involutional melancholia. Psychiat. Quart. 128 (1938), 743–749.

Barker, M. G.: Psychiatric illness after hysterectomy. Brit. Med. J. II (1968), 91–95.

Barnett, J., A. Lefford, D. Pushman: Involutional melancholia. Psychiat. Quart. 27 (1953), 654–662.

Barocka, A.: Emotionalität im Senium am Beispiel der Depression. In: E. Lungershausen, W. P. Kaschka, R. J. Witkowski (Hrsg.), Affektive Psychosen. Stuttgart, New York: Schattauer 1990.

Baron, M., J. Mendlewicz, J. Klotz: Age of onset and genetic transmission in affective disorder. Acta Psychiat. Scand. 64 (1981), 373–380.

Barraclough, B. M.: Suicide in the elderly. In: D. W. K. Kay, A. Walk (Eds.), Recent developments in psychogeriatrics. Brit. J. Psychiat. Spec.Publ.6 (1971), 87–97.

Barraclough, B. M., N. B. Kreitman: Mental hospital admissions in England and Wales 1950–1960 for all diagnosis, manic-depressive reaction and involutional melancholia. Monthly bulletin of the ministry of health and the public health laboratory service 26 (1967), 63–71.

Barraclough, B. M., D. M. Shepherd: Birthday blues: the association of birthday with selfinflicted death in the elderly. Acta Psychiat. Scand. 54 (1976), 146–149.

Barraclough, B., J. Bunch, B. Nelson, P. Sainsbury: A hundred cases of suicide: clinical aspects. Brit. J. Psychiat. 125 (1974), 355–373.

Barsa, J., J. Jones, R. Lantigua, B. Gurland: Ability of internista to recognize and manage depression in the elderly. Int. J. Geriatr. Psychiatry 1 (1986), 57–62.

Bart, P., M. Grossman: Menopause in the woman patient: medical and psychological interfaces. In: M. Notman, C. Nadelson, New York: Plenum Press 1978 (zitiert nach Notman 1979).

Bartrop, R. W., L. Lazarus, E. Luckhurst, L. G. Kiloh, R. Penny: Depressed lymphocyte function after bereavement. Lancet i (1977), 834–836.

Baskova, E.: Der Zustand des vegetativen Nervensystems bei klimakterischen Neurosen. Journal Neuropatologii i Psychiatrii 20 (1927), 185–193 (Ref. Zbl. Neurol. 47 [1927], 465).

Basombrio, L. I., M. Goldenberg, R. H. Vispo: Sobre las psicosis involutivas. Actas Neuropsichiat. Arg. 2 (1956), 23–40.

Batchelor, I. R. C., M. B. Napier: Attempted Suicide in old age. Brit. Med. J. 2 (1953), 1186–1190.

Baumann, L., J. Baumann: Klinisch-psychopathologische Betrachtungen zur Involutionsdepression. Acta Psychiat. Scand. 39 (1963) Suppl. 169, 82–93.

Bay, A. P.: (Discussion of) the treatment of depression in hospitalized patients before and since the introduction of antidepressant drugs. Amer. J. Psychiat. 119 (1962), 425–426.

Bebbington, P. E.: Epidemiology of depression. Cult. Med. Psychiatr. 2 (1978), 297–341.
Bechterew, W. von: Über das manisch-melancholische Irresein. Monatsschr. f. Psychiat. u. Neurol. 28 (1910), 192–208.
Beck, A. T.: Depression: clinical, experimental and theoretical aspects. Höber Medical Division. New York: Harper and Row 1967.
–: Cognitive therapy and the emotional disorders. New York: Intern. Univ. Press 1976.
Beck, D.: Vegetative Untersuchungen. Therapie und Prognose der Erschöpfungsdepressionen. Schweiz. Arch. Psychiat. Neurol. 90 (1962), 370–391.
Becker, Th.: Einführung in die Psychiatrie. Leipzig: Thieme 1908.
Becker, W. H.: Prognose der Melancholie. Berliner Klin. Wochenschr. (1912), 1898–1900.
–: Spezielle Prognose der Geisteskrankheiten. Halle: Marhold 1913.
Becker, E.: Towards a comprehensive theory of depression: a cross disciplinary appraisal of objects, games and meaning. J. Nerv. Ment. Dis. 135 (1962), 26–35.
Becker, H.: Über die Depression im Alter. Nervenarzt 35 (1964), 401–404.
Becker, J.: Depression: Theory and research. Washington, New York, Toronto, London, Sydney: Winston and Wiley 1974.
Beckmann, H.: Biochemische Grundlagen der endogenen Depression. Nervenarzt 49 (1978). 557–568.
Bekaroglu, M., N. Uluutku, S. Tanriöver, S. Kirpinar: Depression in an elderly population in Turkey. Acta Psychiatr. Scand. 84 (1991), 174–178.
Bellak, L.: Manic-depressive Psychosis and allied conditions. New York: Grune and Stratton 1952.
Ben-Arie, O., L. Swartz, A. F. Teggin, R. Elk: The coloured elderly in Cape Town – a psychosocial, psychiatric and medical community survey. Part II. Prevalence of psychiatric disorders. South African Medical J. 64 (1983), 1056–1061.
Ben-Arie, O., L. Swartz, B. J. Dickman: Depression in the elderly living in the community. Brit. J. Psychiatry 150 (1987), 169–174.
Ben-Arie, O., M. Welman, a. F. Teggin: The depressed elderly living in the community. A follow-up study. Br. J. Psychiatry 157 (1990), 425–427.
Benbow, S. M.: Electroconvulsive therapy in psychogeriatric practice. Geriatric Medicine 15 (1985), 19–22.
Benedek, T.: Climacterium: Developmental phase. Psychoanal. Quart. 19 (1950), 1–27.
–: Sexual functions in women and their disturbance. In: S. Arieti (Ed.), American handbook of psychiatry, Vol. I. New York: Basic Books 1959, pp. 727–748.
–: Depression during the life cycle. In: E. J. Anthony, T. Benedek (Eds.), Depression and human existance. Boston: Little, Brown and Comp. 1975, pp. 337–367.
Bennet, A. E.: Convulsive (Pentamethylenetetrazol) shock therapy in depressive psychosis. Amer. J. Med. Sci. 196 (1938), 420–428.
–: Metrazol convulsive shock therapy in affective psychoses. Amer. J. Med. Sci. 198 (1939), 695–701.
–: Curare: A preventive of traumatic complications in convulsive shock therapy. Amer. J. Psychiat. 97 (1941), 1040–1060.

–: History of somatic therapies in affective disorders. Int. Pharmacopsychiat. 14 (1979), 85–93.
Bennet, A. E., C. B. Wilber: Convulsive shock therapy in involutional states after complete failure with previous estrogenic treatment. Am. J. Med. Science 208 (1944), 170–176.
Berezin, M. A., S. H. Cath (Eds.): Geriatric Psychiatry. Grief, loss and emotional disorders in the aging process. New York: Int. Univ. Press 1965.
Bergener, M. (Hrsg.): Depression im Alter. Darmstadt: Steinkopf 1986.
– (Ed.): Psychogeriatrics. An International Handbook. New York: Springer 1987.
– (Hrsg.): Depressive Syndrome im Alter. Theorie, Klinik, Praxis. Stuttgart, New York: Thieme 1989.
–: Zur Diagnostik und Therapie depressiver Syndrome im höheren Lebensalter. Schweiz. Rundschau Med. (Praxis) 80 (1991), 139–141.
Berger, H.: Über die Psychosen des Klimakteriums. Mschr. Psychiat. (Ergänzungsheft) (1907), 13–14.
–: Klinische Beiträge zur Melancholie-Frage. Mschr. Psychiat. Neurol. 26 (1909), 95–112.
Bergmann, K.: Assessment of therapy in psychogeriatric illness. Geront. Clin. 16 (1974), 54–63.
Beringer, K., R. Mallison: Vorzeitige Versagenszustände. Allgem. Zschr. Psychiatrie 124 (1949), 100–130.
Berkman, L. F., C. S. Berkman, S. Kasl: Depressive symptoms in relation to physical health and functioning in the elderly. Am J. Epidimiol. 124 (1986), 372–388.
Berrios, G. E.: Pseudodementia or melancholic dementia: A nineteenth century view. J. Neurol. Neurosurg. Psychiat. 48 (1985), 393–400.
–: Melancholia and depression during the 19th century: a conceptional history. Brit. J. Psychiatry 153 (1988), 298–304.
Berrios, G. E., N. Bakshi: Manic and depressive symptoms in the elderly: Their relationship to treatment outcome, cognition and motor symptoms. Psychopathology 24 (1991), 31–38.
Bettendorf, G.: Das Klimakterium der Frau. Münchener Med. Wschr. 109 (1967), 2573–2581.
Bianchi, J. A., C. J. Chiarello: Shock therapy in the involutional and manic-depressive psychoses. Psychiat. Quart. 18 (1944), 118–126.
Bibring, E.: Das Problem der Depression. Psyche 6 (1952), 81–101.
–: The mechanism of depression. In: Ph. Greenacre (Ed.), Affective disorders. New York: Intern. Univ. Press 1953, pp. 13–48.
Bigelow, N.: The involutional psychoses. In: S. Arieti (Ed.), American handbook of psychiatry, Vol. II. New York: Basic Books 1959, pp. 540–545.
Billig, O., R. Adams: Emotional problems of the middle aged man. Psychiat. Quart. 28 (1954), 442–452.
Bird, J. M., R. Levy, R. J. Jacoby: Computed tomography in the elderly: changes over time in an normal population. Brit. J. Psychiatry 148 (1986), 80–85.
Birkmayer, W., E. Neumayer: Diagnose und Therapie der Depression im höheren Lebensalter. Ther. Umschau 25 (1968), 30–32.
Birkmayer, W., E. Neumayer, P. Riederer: Die larvierte Depression beim alten Men-

schen. In: P. Kielholz (Hrsg.), Die larvierte Depression. Bern, Stuttgart, Wien: Huber 1973.

Birnbaum, K.: Der Aufbau der Psychose. Allgem. Zschr. Psychiat. 75 (1919),455–502.

–: Die Strukturanalyse als klinisches Forschungsprinzip. Zschr. f. d. ges. Neurol. Psychiat. 53 (1920), 121–129.

–: Geschichte der psychiatrischen Wissenschaft. In Bumke, O. (Hrsg.): Handbuch der Geisteskrankheiten. J. Springer, Berlin 1928.

Birren, J. E. (Ed.): Handbook of aging and the individual. Chicago: Univ. Chicago Press 1959.

Bischof, G.: Die erblichen Beziehungen der Psychosen des Rückbildungsalters. Zschr. f. d. ges. Neurol. Psychiat. 167 (1939), 105–116.

Bland, R. C., S. C. Newman, H. Orn: Recurrent and nonrecurrent depression. Arch. Gen. Psychiatry 43 (1986), 1085–1089.

Blankenburg, W.: Grundlagenprobleme der Psychopathologie. Nervenarzt 49 (1978), 140–146.

Blau, D., M. A. Berezin: Neuroses and character disorders. Journal of Geriatric Psychiatry 15 (1982), 55–97.

Blazer, D. G.: The diagnosis of depression in the elderly. J. Amer. Ger. Soc. 28 (1980), 52–58.

–: Depression in late life. St. Louis, Toronto, London: Mosby 1982.

–: Impact of late life depression on the social network. Amer. J. Psychiat. 140 (1983), 162–166.

–: Depression in the elderly. N. Engl. J. Med. 320 (1989), 164–166.

Blazer, D. G., C. D. Williams: Epidemiology of dysphoria and depression in an elderly population. Amer. J. Psychiatry 137 (1980), 439–444.-

Blazer, D., D. C. Hughes, L. K. George: The epidemiology of depression in an elderly community population. Gerontologist 27 (1987), 281–287.

Blazer, D. G., L. George, R. Landerman, M. Pennybacker, M. L. Melville, M. Woodbury: Psychiatric disorders: a rusal/urban comparison. Arch. Gen. Psychiatry 42 (1985), 651–656.

Blessed, G., J. Williams: The contemporary natural history of mental disorder in old age. Brit. J. Psychiatry 141 (1982), 59–64.

Blessed, G., B. E. Tomlinson, M. Roth: The association between quantitative measures of dementia and of senile change in the cerebral grey matter of elderly subjects. Br. J. Psychiat. 114 (1968), 797–811.

Bleuler, E.: Lehrbuch der Psychiatrie. Berlin: J. Springer 1916.

Bleuler, M.: Endokrinologische Psychiatrie. In Psychiatrie der Gegenwart, H 1B. Berlin, Göttingen, Heidelberg: Springer 1964.

Blöschl, L.: Psychosoziale Aspekte der Depression. Ein lerntheoretisch-verhaltenstherapeutischer Ansatz. Bern, Stuttgart, Wien: Huber 1978.

Blumenthal, M. D.: Hererogenity and research on depressive disorders. Arch. Gen. Psychiat. 24 (1971), 524–531.

–: Measuring depressive symptomatology in a general population. Arch. Gen. Psychiat. 32 (1975), 971–978.

–: Depressive illness in old age: Getting behind the mask. Geriatrics 35/4 (1980), 34–43.

Bochnik, H. J.: The methodological problem involved in the delimination of depressive syndromes in european psychiatry. Acta Psychiat. Scand. Suppl. 162 (1961), 210–227.

Bodamer, J.: Zur Phänomenologie des geschichtlichen Geistes in der Psychiatrie. Nervenarzt 19 (1948), 299–310.

–: Zur Entstehung der Psychiatrie als Wissenschaft im 19. Jahrhundert. Fortschr. Neurol. Psychiat. 21 (1953), 511–535.

Böcker, F.: Die zyklothyme Depression im höheren Lebensalter. Med. Welt 17 (1966), 494–495.

–: Suizidhandlungen alter Menschen. Münchener Med. Wschr. 117 (1975), 201–204.

Böhme, K., E. Lungershausen (Hrsg.): Suizid und Depression. Regensburg: Roderer 1988.

Böker, W.: Klassische und dynamische Psychiatrie – Antithesen oder Scheingesetz? Confin. Psychiat. 19 (1976), 236–251.

Börner, E.: Die Wechseljahre der Frauen. Stuttgart: Enke 1886.

Böszörmenyi, Z.: A comparative study of involutional depressive patients in French, Canada and in Hungary. Psychiat. Clin. 12 (1979), 156–163.

Bojanovsky, J., Chloupkowa, K.: Bewertungsskala der Depressionszustände. Psychiat. Neurol. (Basel) 151 (1966), 54–61.

Bojanovsky, J., R. Tölle: Der Einfluß der antidepressiven Therapie auf das gestörte Zeiterleben depressiver Patienten. Psychiat. Clin. 6 (1973), 321–329.

Bollerup, T. R.: Prevalence of mental illness among 70-year-olds domiciled in nine Copenhagen suburbs. Acta Psychiat. Scand. 51 (1975), 327–339.

Bond, J.: Psychiatric illness in later life. A study of prevalence in a scottish population. Int. J. Geriatr. Psychiatry 2 (1987), 39–57.

Bonhoeffer, K.: Zur Frage der Klassifikation der symptomatischen Psychosen. Berlin. klin. Wschr. 45 (1908), 2257.

–: Zur Frage der exogenen Psychosen. Zbl. Neurol. Psychiat. 20 (1909), 499.

Bornstein, P. B., P. J. Clayton, J. A. Halikas, W. L. Maurice, E. Robins: The depression of widowhood after thirteen months. Br. J. Psychiatry 122 (1973), 561–566.

Borsin, S., R. A. Barnes, W. A. Kukull: Symptomatik depression in elderly medical outpatients. I: Prevalence, demography and health service utilisation. J. Am. Geriatr. Soc. 34 (1986), 341–347.

Boström, A.: Die verschiedenen Lebensabschnitte in ihrer Auswirkung auf das psychiatrische Krankheitsbild. Arch. Psychiat. Nervenkr. 107 (1938), 155–171.

Botwinik, J., L. W. Thompson: Depressive affect. Speed of response and age. J. Consult. Psychol. 31 (1967), 106.

Bouman, L.: Involutions- and präsenile Psychosen. Psychiatr. en Neurol. Bladen 33 (1929), 309–386.

Bowers, M. B.: Clinical aspects of depression in a home for the aged. J. Amer. Ger. Soc. 17 (1969), 469–476.

Bowman, K. M., I. Bender: The treatment of involution melancholia with ovarian hormone. Amer. J. Psychiat. 11 (1932), 867–893.

Boyd, D., F. J. Braceland: The practitioner and the older age group: psychosomatic aspects. M. Clin. North America 34 (1950), 1091–1105.

Boyd, J. H., M. M. Weissman: Epidemiology of affective disorders. A reexamination and future directions. Arch. Gen. Psychiatry 38 (1981), 1039–1046.

Boyd, J. H., M. M. Weissman: Epidemiology. In: E. S. Paykel (Ed.), Handbook of affective disorders. Edinburgh, London, Melbourne, New York: Churchill Livingstone 1982.

Bracken, H. von: Die Altersveränderungen der geistigen Leistungsfähigkeit und der seelischen Innenwelt. Zschr. Alternsforsch. 1 (1939), 256–266.

Bragg, R. L.: Risk of admission to mental hospital following hysterectomy or cholecystectomy. Amer. J. Publ. Health 55 (1965), 1403–1410.

Bratfos, O., J. O. Haug: The course of manic-depressive psychosis. A follow-up investigation of 215 patients. Acta Psychiat. Scand. 44 (1968), 89–112.

Braun, E.: Manisch-depressiver Formenkreis. Fortschr. Neurol. Psychiat. 10 (1938), 420–427.

–: Manisch-depressiver Formenkreis. Fortschr. Neurol. Psychiat. 12 (1940), 389–398.

Breckenridge, J. N., D. Gallagher, L. W. Thompson: Characteristic depressive symptoms of bereaved elders. J. Gerontology 41 (1986), 163–168.

Bremer, T. A.: A social psychiatric investigation of small community in northern Norway. Acta Psychiat. Scand. Suppl. 62 (1951).

Bremer, R. P., R. F. Ulrich, D. G. Spiker, R. J. Sclabassi, C. F. Reynolds, R. S. Martin, F. Bolder: Computerized EEG spectral analysis in elderly normal, demented and depressed subjects. Electroencephalogr. Clin. Neurophysiol. 64 (1986), 483–492.

Bremer, R. P., R. F. Reynolds, R. F. Ulrich: EEG findings in depressive pseudodementia and dementia with secondary depression. Electroencephalogr. Clin. Neurophysiol. 72 (1989), 298–304.

Brennan, P. L., L. D. Steiberg: Is reminiscence adaptive? Relations among social activity level, reminiscence and morale. Int. J. Aging Hum. Dev. 18 (1984), 99–109.

Brew, M. F.: Precipitating factors in involutional melancholias. State Hosp. Quart. 10 (1925), 422.

Brew, M. F., E. Davidoff: The involutional Psychoses: Prepsychotic personality and prognosis. Psychiat. Quart. 14 (1940), 412–434.

Bridges, P.: The drug treatment of depression in old age. In: E. Murphy (Ed.), Affective disorders in the elderly. Edinburgh, London, Melbourne, New York: Churchill Livingstone 1986.

Bridges, P. K., J. R. Bartlett: Psychosurgery: yesterday and today. Brit. J. Psychiatriy 131 (1977), 626–628.

Briggs, P. F., R. Laperriere, J. Greden: Working outside the home and the occurrance of depression in middle-aged woman. Mental Hygiene 49 (1965), 438–442.

Briggs, P. F., R. Laperriere, J. Greden: Working outside the home and the occurence of depression in middle-aged woman. Mental Hygiene 49 (1965), 438–442.

Brill, H.: Classification and nomenclature of psychiatric conditions. In: S. Arieti (Ed.), American handbook of psychiatry, 2nd Ed., Vol. I. New York: Basic Books 1974, pp. 1121–1137.

Brockhausen, K.: Über erbbiologische Untersuchungen involutiver Psychosen, insbesondere über erstmalig in der Involution auftretende reine Melancholien. Zschr. f. d. ges. Neurol. Psychiat. 157 (1937), 17–34.

–: Erbbiologische Untersuchungen depressiver Psychosen des Rückbildungsalters. Allg. Zschr. Psychiat. Grenzgebiete 112 (1939), 179–183.

Brodaty, H., K. Peters, P. Boyce, I. Hickie, G. Parker, P. Mitchel, K. Wilhelm: Age and depression. J. Affect. Dis. 23 (1991), 137–149.

Brody, E. M.: The physician and the family of the depressed older patient. In: T. Crook, G. D. Cohen (Eds.), Physician guide to the diagnosis and treatment of depression in the elderly. New Canaan: Mark Pawley 1983.

Bron, B.: Die Involutions- oder Spätdepression. Med. Klin. 75 (1980), 23–28.

–: Trauer und Depression im Alter. Z. Geronol. 22 (1989), 162–169.

–: Suizidalität bei endogenen und neurotisch-reaktiven Depressionen im höheren Lebensalter. In: E. Lungershausen, W. P. Kaschka, R. J. Witkowski (Hrsg.), Affektive Psychosen. Stuttgart, New York: Schattauer 1990a.

–: Suizidalität bei endogenen, neurotischen und reaktiven Depressionen im höheren Lebensalter. Schweiz. Arch. Neurol. Psychiatrie 141 (1990b), 159–182.

–: Trauer und Depression im höheren Lebensalter. Zur Bedeutung von Verlusten naher Bezugspersonen bei endogenen und neurotisch-reaktiven Depressionen. Fortschr. Neurol. Psychiatrie 58 (1990c), 460–472.

–: Trauer und Suizidalität nach Verlust einer nahestehenden Person bei endogenen und neurotischen Depressionen im höheren Lebensalter. Schweiz. Arch. Neurol. Psychiatrie 142 (1991), 219–233.

Bron, B., J. Wetter-Parasie: Erscheinungswandel der endogenen Depression im höheren Lebensalter. Fortschr. Neurol. Psychiatrie 57 (1989a), 228–237.

Bron, B., J. Wetter-Parasie: Erscheinungswandel des Schulderlebens bei endogenen Depressionen im höheren Lebensalter. Psychiat. Neurol. Med. Psychol. (Leipzig) 41 (1989b), 257–268.

Bronisch, F. W.: Psychopathologie des höheren Lebensalters. Schweiz. Arch. Neurol. Psychiat. 81 (1958), 105–123.

–: Die endogenen Psychosen des höheren Lebensalters. Schweiz. Arch. Neurol. Psychiat. 83 (1959), 69–77.

–: Die psychischen Störungen des älteren Menschen. Klinik, Differentialdiagnose und Therapie. Stuttgart: Enke 1962.

–: Depressionen bei älteren Menschen. Diagnostik 7 (1974), 24–26.

Brown, G. M., P. Grof, E. Grof: Neuroendocrine classification of depression. In: P. J. Clayton, J. E. Barret (Eds.), Treatment of depression. Old controverses and new approaches. New York: Raven Press 1983.

Brown, G. W.: Meaning, measurement and stress of life events. In: B. S. Dohrenwend, B. P. Dohrenwend (Eds.), Stressful life events. Their nature and effects. New York: J. Wiley 1974.

Brown, G. W., T. Harris: Social origins of depression. London: Tavistock 1978.

Brown, G. W., M. N. Bhrolchain, T. O. Harris: Psychotic and neurotic depression: 3. Aetiological and background factors. J. of affective disorders 1 (1979), 195–211.

Brown, M. C.: Emotional response to the menopause and the post-menopause. Lancaster: MTP-Press 1976.

Brown, R. P.: J. Sweeney, E. Loutch, J. Kocsis, A. Frances: Involutional Melancholia revisited. Amer. J. Psychiatry 141 (1984), 24–28.

Bruder, J.: Zur Differentialdiagnose von seniler Demenz und Depression. Sandorama (1987), 34–36.

Brühl, J.: Über die psychischen Störungen des Klimakteriums. Diss. Würzburg 1887.

Brussel, J. A.: Determining the prognosis in the involutional psychosis. Psychiat. Quart. 14 (1940), 301–306 (Ref. Zbl. Neurol. 100 [1941], 695).

Bühler, Ch.: Der menschliche Lebenslauf als psychologisches Problem (1933). 2. Aufl. Göttingen: Verlag für Psychologie 1959.

Bulbena, A., G. E. Berrios: Pseudodementia: Facts and figures. Brit. J. Psychiatry 148 (1985), 87–94.

Bumke, O.: Über die Umgrenzung des manisch-depressiven Irreseins. Centralbl. Nervenheilk. Psychiat. Nf. 20 (1909), 381–403.

–: Lehrbuch der Geisteskrankheiten. 2. Aufl. München: Bergmann 1924.

Bungay, G. T., M. P. Vessey, C. K. McPherson: Study of symptoms in middle life with special reference to menopause. Br. Med. J. 2 (1980), 181–183.

Bunney, W. E. jr., J. A. Fawcett: Depression and suicide. In: H. L. P. Resnik (Ed.), Suicidal behaviors. Boston: Little, Brown and Company 1968, pp. 144–159.

Burch, E. A., T. J. Goldschmidt: Depression in the elderly: a beta adrevergic receptor dysfunktion. Int. J. Psychiatry in Medicine 13 (1983), 207–213.

Burckhart, Th.: Die Beziehungen zwischen Menstruation und Menstruationsstörungen und manischen, melancholischen sowie verwandten Psychosen. Psychiatr.-Neurol. Wschr. 43 (1941), 23–28.

Burke, L., E. Deykin, S. Jacobson, S. Haley: The depressed woman returns. A study of posthospital adjustment. Arch. gen. Psychiat. 16 (1967), 548–553.

Burlingame, C. C., M. B. Patterson: Estrogen therapy in the psychoses. J. Nerv. Ment. Dis. 94 (1941), 265–276.

Burns, B. H.: Psychiatric Disorders in the elderly. Practioner 225 (1981), 47–55.

Burns, A., R. Jacoby, R. Levy: Psychiatric phenomena in Alzheimer's disease. III: Disorders of mood. Br. J. Psychiatry 157 (1990), 81–86.

Burville, P. W., W. D. Hall, H. G. Stampfer, J. P. Emerson: The prognosis of depression in old age. Br. J. Psychiatry 158 (1991), 64–71.

Busse, E. W.: Psychoneurotic reactions and defense mechanisms in the aged. In: P. H. Hoch, J. Zubin (Eds.), Psychopathology of aging. New York, London: Grune and Stratton 1961.

Busse, E. W., E. Pfeiffer (Eds.): Mental illness in later life. Washington: American Psychiatric Association 1973.

Busse, E. W., D. G. Blazer (Eds.): Handbook of geriatric psychiatry. New York: Van Nostrauch Reinhold 1980.

Butler, R. N.: Intensive psychotherapy for the hospitalized aged geriatrics 15 (1960), 644–653.

–: The facade of chronological age: an interpretative summery. Amer. J. Psychiat. 119 (1963), 721–728.

–: The life review: An interpretation of reminiscence in the aged. Psychiatry 26 (1963), 65–76.

–: Toward a psychiatry of the life cycle. Psychiatric Research Reports 23 (1968), 233–248.

Butler, R. N., M. J. Lewis: Aging and mental health – positive psychological approaches. Saint Louis: Mosby 1973.

Buysse, D. J., C. F. Reynolds, D. J. Kupfer: Electroencephalographic sleep in depressive pseudodementia. Arch. Gen. Psychiatry 45 (1988), 568–575.

Cadoret, R. J., V. L. Tanna: Genetics of affective disorders. In: G. Usdin (Ed.), Depression: clinical, biological and psychological perspectives. New York: Brunner and Mazel 1976, pp. 104–121.

Cadoret, R. J., R. Woolson, G. Winokur: The relationship of age of onset in unipolar affective disorders to risk of alcoholism and depression in parents. J. Psychiat. Res. 13 (1977), 137–142.

Cadoret, R. J., G. Winokur, J. Dorzap, M. Baker: Depressive disease: life events and onset of illness. Arch. Gen. Psychiat. 26 (1972), 133–136.

Caine, E. D.: Pseudodementia. Current Concepts and future directions. Arch. Gen. Psychiatry 38 (1981), 1359–1364.

Calloway, S. P., R. J. Dolan, R. J. Jacoby, R. Levy: ECT and cerebral atrophy: a computed tomographic study. Acta Psychiat. Scand. 64 (1981), 442–445.

Cameron, J. L., T. Freeman: Observations on the treatment of involutional depression by group psychotherapy. Brit. J. Med. Psychol. 28 (1955), 224–238.

Cameron, J. L., T. Freeman, R. A. Y. Stewart: Prognosis in involutional depression. J. Ment. Sci. 100 (1954), 478–490.

Cameron, O. G. (Ed.): Presentations of depression. Depressive symptoms in medical and other psychiatric disorders. New York, Chichester, Brisbane, Toronto, Singapore: Wiley 1987.

Campbell, S.: Double blind psychometric studies on the effects of natural estrogens on post-menopausal women. In: S. Campbell (Ed.), The management of the menopause and the postmenopausal years. Lancaster: MTP Press 1976.

Capgras, J.: Essai sur la reduction de la mélancholie à une psychoses d'involution presenile. Paris: Thèse 1900.

Capstick, A.: Recognition of emotional disturbance and the prevention of suicide. Brit. Med. J. I. (1960), 1179–1182.

Carlson, C. C.: Female sex hormones in involutional melancholia: preliminary report. Northwestern Medecin 36 (1937), 55–59.

Carlson, G. A., Y. B. Davenport, K. Jamison: A comparison of outcome in adolescent- and late-onset bipolar manic-depressive illness. Amer. J. Psychiat. 134 (1977), 919–922.

Carlsson, A.: Aging and brain neurotransmitters. In: D. Platt (Hrsg.), Funktionsstörungen des Gehirns im Alter. Stuttgart, New York: Schattauer 1981.

Carnes, M., J. C. Smith, N. H. Kalin: The dexamethosone suppression test in demented outpatients with and without depression. Psychiatry Res. 9 (1983), 337–344.

Carney, W. M. P., M. Roth, R. F. Garside: The diagnosis of depressive symptoms and the predictions of ECT response. Brit. Psychiat. 111 (1965), 659–674.

Carney, M.: Pseudodementia. Brit. J. Hospital Medicine 29 (1983), 312–318.

Carp, E. A. D. E.: Über die Beiträge der psychoanalytischen Auffassungen zur Kenntnis der Involution und präsenilen Geistesstörungen. (Ref. Zbl. Neurol. 54 [1930], 381) Nederl. Mscht. Geneesk. 15 (1929a), 537–556.

–: Über den Anteil der psychoanalytischen Auffassungen zu der Kenntnis der Involutiven und präsenilen Geistesstörungen. (Ref. Zbl. Neurol. 56 [1930], 228) Psychiatr. Bl. 33 (1929b), 406–422.

Carrol, B. J.: Neuroendocrine diagnosis of depression: the dexamethasone suppression test. In: P. J. Clayton, J. E. Barret (Eds.), Treatment of depression: Old controversies and new approaches. New York: Raven Press 1983.

Carstairs, G. M.: Characteristics of the suicide prone. Proc. Roy. Soc. Med. 54 (1961), 262–264.

Cassidy, W. L., N. B. Flanagan, M. Spellman, M. E. Cohen: Clinical observations in manic-depressive disease: a quantitative study of 100 manic-depressive patients and 50 medically sick controls. J. Amer. Med. Assoc. 164 (1957), 1535–1546.

Cavan, R. S.: Suicide. Chicago: Univ. Chicago Press 1928.

Cavenar, J. O., J. L. Nash, A. A. Maltbie: Anniversary reactions masquerading as manic-depressive illness. Amer. J. Psychiat. 134 (1977), 1273–1276.

Cavenar, J. O. jr., A. A. Maltbie, L. Austin: Depression simulating organic brain disease. Amer. J. Psychiatry 136 (1979), 521–523.

Cawley, R. H., E. Post, A. Whitehead: Barbiturate tolerance and psychological funktioning in elderly depressed patients. Psychological Medicine 1 (1973), 39–52.

Charney, D. S., J. C. Nelson: Delusional and mondelusional unipolar depression: further evidence for distinct subtypes. Amer. J. Psychiatry 138 (1981), 328–333.

Chatagnon, P.: Attempt at physiologic therapy of melancholia in woman. Ann. Med.-Psychol. 98 (1940), 265–271.

Checkley, S. A.: Corticosteroid and growth hormone responses to methylamphetamine in depressive illness. Psychol. Med. 9 (1979), 107–115.

Chesroer, E. J., S. E. Kaplitz: Anxiety and depression in the geriatric and chronically ill patient. Clin. Med. 72 (1965), 1281–1284.

Chesser, E. S.: A study of some ätiological factors in the affective disorders of old age. Unpublished dissertation. Institut of Psychiatry, London 1965 (zitiert nach Post 1972).

Chodoff, P.: The depressive personality. A critical review. Arch. Gen. Psychiat. 27 (1972), 666–673.

–: The depressive personality. A critical review. In: R. J. Friedman, M. M. Katz (Eds.), The psychology of depression: contemporary theory and research. Washington: Winston/Wiley 1974, pp. 55–70.

Choumski, N. G.: Melancholia with Cotard's syndrome in elderly patients. Zh. Nevropat. Psikhiat. Korsakow 62 (1962), 1536–1542.

–: Sur certains tableaux cliniques le plus frequemment observes de depression circulaire de l'age avancé. Zh. Nevropat. Psikhiat. Korsakow 65 (1965), 562–566.

Choumski, N. G., T. N. Morozova: Clinical picture of involutional melancholy (catamnestic study). Zh. Nevropat. Psikhiat. Korsakow 4 (1967), 445–460.

Church, M.: Psychological therapy with elderly people. Bull. Brit. Psychological Soc. 36 (1983), 110–112.

Chwiliwizkaja, P.: Über die klinische Stellung der Involutionsmelancholie. Diss. Freiberg 1908.

Ciompi, L.: Geronto-psychiatrische Literatur der Nachkriegszeit. Fortschr. Neurol. Psychiat. 34 (1966), 49–159.

–: On the relations between depression. Brain damage and the aging process. In: C. Müller, L. Ciompi (Eds.), Senile Dementia. Bern: Huber 1968.

–: Manifestations de la depression dans la vieillesse. Med. et Hygiène 27 (1969a), 1317–1318.

–: Follow-up studies on evolution of former neurotic and depressive states in advanded age. Clinical observations and psychodynamic interpretations. J. Geriat. Psychiat. (Boston) 3 (1969b), 90–106.

–: L'evolution des maladies mentales preexistantes sous l'influence de la vieillesse. Confrontations Psychiat. 5 (1970), 113–131.

–: Allgemeine Psychopathologie des Alters. In: Psychiatrie der Gegenwart. 2. Aufl. Bd. II/2. Berlin, Heidelberg, New York: Springer 1972, S. 1001–1036.

–: Allgemeine Depressionsprobleme im Lichte von Verlaufsforschungen bis ins Alter. Z. Geront. 6 (1973), 400–408.

Ciompi, L., G. Lai: Depression et vieillesse. Etudes catamnestiques sur le vieillissement et la mortalite de 555 anciens patients depressifs. Bern: Huber 1969.

Ciompi, L., C. Müller: Katamnestische Untersuchungen zur Altersentwicklung psychischer Krankheiten. Nervenarzt 40 (1969), 349–355.

Claghorn, J.: The many faces of anxiety in different age groups. N. Y. State J. Med. 71 (1971), 331–334.

Clayton, P. J.: Mortality and morbidity in the first year of widowhood. Arch. Gen. Psychiat. 30 (1974), 747–750.

–: The sequelae and nonsequelae of conjugal bereavement. Amer. J. Psychiat. 136 (1979), 1530–1534.

Clayton, P. J., J. E. Barrett (Eds.): Treatment of depression. Old controversies and new approaches. New York: Raven Press 1983.

Clayton, P. J., J. A. Halikas, W. J. Maurice: The bereavement of the widowed. Dis. Nerv. Syrt. 32 (1971), 597–604.

Clayton, P. J., M. Herjanic, G. E. Murphy: Mourning and depression: their similarities and differences. Can. Psychiatr. Assoc. J. 19 (1974), 309–312.

Clow, H. E.: Psychiatric problems of the aged. Med. Clin. N. Amer. 42 (1958), 791–803.

Clow, H. E., E. B. Allen: Manifestations of psychoneurosis occuring in later life. Geriatrics 6 (1951), 31–39.

Clow, H. E., E. Hollis, E. B. Allen: A study of depressive states in the aging. Geriatrics 4 (1949), 11–17.

Cochrane, R. C., A. Robertson: The life event inventory: a measure of the relative severity of psychosocial stresses. J. Psychosom. Res. 17 (1973), 135–139.

Coffey, C. E., G. S. Figiel: White matter hyperintensity on MRI. Clinical and neuroanatomic correlates in depressed elderly. J. Neuropsychiatr. Clin. Neurosci. 11 (1989), 135–144.

Coffey, C. E., G. S. Figiel, W. T. Djang, R. D. Weiner: Subcortical hyperintensityies on MRI: A comperison on normal and depressed elderly subjects. Am. J. Psychiatry 147 (1990), 187–189.

Coffey, C. E., G. S. Figiel, W. T. Djang, D. C. Sullivan, R. J. Hertkens, R. T. Weiner: Effects of ECT on brain structure: A pilot prospective magnetic resonance imaging study. Am. J. Psychiatry 145 (1988a), 701–706.

Coffey, C. E., G. S. Figiel, W. T. Djang, M. Cress, W. B. Saunders, R. D. Weiner: Leukoencephalopathy in elderly depressed patients referred to ECT. Biol. Psychiatry 24 (1988b), 143–161.

Cohen, L. A.: Involutional melancholia and depressive states. Results of treatment over a 5-year period. J. Ark. Med. Soc. 48 (1951), 123–124.

Cohen, R. M., H. Weingartner, S. A. Smallberg: Effort and cognition in depression. Arch. Gen. Psychiatry 39 (1982), 593–596.

Cohen, M. B., G. Baker, R. A. Cohen, F. Fromm-Reichmann, E. V. Weigert: An intensive study of twelve cases of manic-depressive psychosis. Psychiatry 17 (1954), 103–138.

Colbert, J., M. Harrow: Depression and organicity. Psychiat. Quart. 40 (1966), 96–102.

Cole, J.: Antidepressant drug therapy in the elderly. In: J. M. Davis, J. W. Maas (Eds.), The affective disorders. Washington: The American Psychiatric Press 1983.

Cole, M. G.: Age, age of onset and course of primary depressive illness in the elderly. Canadian J. Psychiatry 28 (1984), 102–104.

Cole, M. G., R. N. Hickie: Frequency and significance of minor organic signs in elderly depressions. Canadian Psychiatric Ass. J. 21 (1976), 7–12.

Cole, O., A. F. Schatzberg, S. H. Frazier (Eds.): Depression. Biology, psychodynamics and treatment. New York, London: Plenum Press 1978.

Comstock, G. W., K. J. Helsing: Symptoms of depression in two communities. Psychol. Med. (London) 6 (1976), 551–563.

Condrau, G.: Psychosomatik der Frauenheilkunde. Bern, Stuttgart: Huber 1965.

Conklin, W. J.: Some neuroses of the menopause. Trans. Am. Assoc. Obstet. Gynecol. 2 (1889), 301–311.

Conrad, K.: Die Gestaltanalyse in der Psychiatrie. Studium Generale 5 (1952), 503–514.

Conwell, Y., J. C. Nelson, K. M.Kim, C. M. Mazure: Depression in late life: Age at onset as marker of a subtype. J. Affect. Dis. 17 (1989), 189–195.

Cook, B. L., G. Winokur, M. J. Garvey, V. Beach: Depression and previous alcoholism in the elderly. Br. J. Psychiatry 158 (1991), 72–75.

Cooper, A., E. Murphy: Psychological approaches to depression in the aged. In: E. Murphy (Ed.), Affective disorders in the elderly. Edinburgh, London, Melbourne, New York: Churchill Livingston 1986.

Cooper, B.: Psychiatric disorder in hospital and general practice. Social Psychiatry 1 (1966), 7–10.

–: Epidemiologische Psychiatrie. München, Berlin, Wien: Urban und Schwarzenberg 1977.

Copeland, J. R. M.: Physical ill-health, age, and depression. In Helgason, T., R. J. Daly: Depressive illness: Prediction of course and outcome. Berlin, Heidelberg, New York, Tokyo: Springer 1988.

Copeland, J. R. M., M. J. Kellerher, J. M. Kellett, A. J. Gourley, D. W. Cowan, G. Barron, J. de Grudy, B. J. Gurland, L. Sharpe, R. Simon, J. Kurriansky, P. Stiller: Cross-national study of diagnosis of the mental disorders: a comparison of the diagnosis of elderly psychiatric patients admitted to mental hospital serving Queens

County, New York and the former borough of Camberwell, London. Brit. J. Psychiat. 126 (1975), 11–20.

Coppen, A.: The biochemistry of affective disorders. Brit. J. Psychiat. 113 (1967), 1237–1264.

Coryell, M., M. T. Tsuang: Primary unipolar depression and the prognostic importance of delusions. Arch. Gen. Psychiatry 39 (1982), 1181–1184.

Coryell, W., P. Lavori, J. Endicott, M. Keller, M. van Eerdewegh: Outcome in schizoaffective, psychotic and nonpsychotic depression. Arch. Gen. Psychiatry 41 (1984), 787–791.

Costa, P. T. Jr., R. R. McCrae: Hypochondriasis, neuroticism, and aging. When are somatic complaints unfounded? Am Psychologist 40 (1985), 12–28.

Cotte, L.: Les états depressifs d'involution. J. Med. Lyon 44 (1963), 101–127.

Couleon, H.: La mélancolie presenile. Paris: Thèse 1935.

Courtney, J. W.: Concerning the raison d'etre of the term "involutional" as applied to involutional melancholia Boston. Med. Surg. J. 174 (1916), 416–418.

Craig, T. J., P. A. van Natta: Influence of demographic characteristics on two measures of depressive symptoms. Arch. Gen. Psychiat. 36 (1979), 149–154.

Cranach, M. von, A. Strauss: Die Internationale Vergleichbarkeit psychiatrischer Diagnostik. In: H. Häfner (Hrsg.), Psychiatrische Epidemiologie. Berlin, Heidelberg, New York: Springer 1978.

Cummings, J. L., D. F. Benson: Dementia: A clinical approach. London: Butterworth 1983.

Cyran, W.: Klimakterium: organisches Problem oder menschlicher Notstand? Med. Welt 25 (1974),203–207.

Dabrowski, St., K. Obuchowski: Clinical and experimental analysis of the depressive syndrome structure in the course of involution. Neurol. Neurochir. Psychiat. Pol. 14 (1964), 275–282.

Dadgen, J. C., R. J. Artur: Psychotherapy of a sexagenerian. Dis. Nerv. Syst. 28 (1967), 680–683.

Dalton, K.: The premenstrual syndrome. Springfield: C. C. Thomas 1964.

Daly, R. J., C. M. Cochrane: Affective disorder taxonomies in middle-aged females. Brit. J. Psychiat. 114 (1968), 1295–1297.

Dana, C. L., A. Meyer: A discussion on the classification of the melancholias. J. Nerv. Ment. Dis. 32 (1905), 112–118.

Danziger, L.: Estrogen treatment of agitated depressions associated with the menopause. Arch. Neurol. Psychiat. 47 (1942), 305–313.

Danziger, L., H. T. Schröder, A. A. Unger: Androgen therapy for involutional melancholia. Arch. Neurol. Psychiat. (Chic.) 51 (1944), 457–461.

Darken, M. A., C. C. Burlingame: Evaluation of laboratory controlled estrogenic therapy in the psychoses. Dis. Nerv. Syst. 5 (1944), 197–203.

Davidoff, E.: The involutional psychoses. In: O. J. Kaplan (Ed.), Mental disorders in later life. 2nd ed. Standford: Univ. Press 1956, pp. 244–261.

Davidoff, E., G. L. Goodstone: The treatment of involutional psychoses with diethyl stilbestrol and estradiol. Dis. Nerv. Syst. 3 (1942 a), 358–365.

Davidoff, E., G. L. Goodstone: Use of testosterone propionate in treatment of involutional psychosis in the male. Arch. Neurol. Psychiat. (Chic.) 48 (1942 b), 811–817.

Davidoff, E., A. Raffaele: Electric shock therapy in involutional psychosis. J. Nerv. Ment. Dis. 99 (1944), 397–405.

Davidoff, E., Z. Russ: The treatment of various types of depression in a general hospital. In: P. H. Hoch, J. Zubin (Eds.), Depression. New York: Grune and Stratton 1954, pp. 225–236.

Davidoff, E., E. C. Reifenstein, G. L. Goodstone: The treatment of involutional psychoses with diethyl stilbestrol. Amer. J. Psychiat. 99 (1943), 557–564.

Davidson, G. M.: The involutional (mental) syndrome. Psychiat. Quart. 13 (1939), 43–82.

Davies, G., S. Hamilton, D. E. Hendrickson, R. Levy, F. Post: Psychological test threshholds of elderly dements, depressives and depressives with incipient brain damage. Psychological Medicine 8 (1978), 103–109.

Davis, J. M., J. W. Maas (Eds.): The affective disorders. Washington: American Psychiatric Press 1983.

De Boor, W.: Psychiatrische Systematik. Berlin, Göttingen, Heidelberg: Springer 1954.

Dedieu-Anglade, G.: Syndromes depressifs de la senescence. Vie Med. 47 (1966), 1023–1026.

D'Elia, G., H. Raotma: Memory impairment after convulsive therapy: influence of age and number of treatments. Arch. Psychiat. Nervenkr. 223 (1977), 219–226.

De Leo, D., R. F. W. Diekstra: Depression and suicide in late life. Toronto, Lewiston, Bern, Göttingen, Stuttgart: Hogrefe and Huber 1990.

Delius, P.: Zur Psychodynamik der Spätdepression. Eine kritische Auseinandersetzung mit dem Involutionsmodell. Prax. Psychother. Psychosom. 35 (1990), 13–20.

Delmas, P.: États mélancoliques prolongués. Paris: Thèse 1921.

Demuth, G. W., B. S. Rand: A typical mayor depression in a patient with severe primary degenerative dementia. Amer. J. Psychiatry 137 (1980), 1609–1610.

Dennerstein, L.: Depression in the menopause. Obstet. Gynecol. Clin. North Am. 4 (1987), 33–48.

Dennerstein, L., G. D. Burrows, G. J. Hyman: Hormone therapy and affect. Maturitas 1 (1979), 247–259.

Deny und Camus: La psychose maniaque-depressive. Paris: Bailliere et Fils 1907 (zitiert nach A. Homburger 1910).

Derogatis, L. R., T. N. Wise: Anxiety and depressive disorders in the medical patient. Washington: American Psychiatric Press 1989.

Destunis, G. U., E. Weissenborn: Die klimakterische Depression. Poliklinische Erfahrungen. Dt. Gesundh.-Wesen 15 (1960), 359–363.

Detre, T.: Severe emotional reactions precipitated by the climacterium. Psychosomatics 9 (1968), 31–35.

Deutsch, H.: Psychoanalyse der weiblichen Sexualfunktionen. Leipzig: Internationaler Psychoanalytischer Verlag 1925.

Devanand, D. P., C.Nelson: Concurrent Depression and dementia: Implications for diagnosis and treatment. J. Clin. Psychiatry 46 (1985), 389–392.

Dewar, M. M., J. MacCammond: Depressive breakdown in women of the west-highlands. Amer. J. Psychiat. 119 (1962), 217–221.

Deykin, E. V., S. Jacobson, G. Klerman, M. Solomon: The empty nest: psychosocial aspects of conflict between depressed women and their grown children. Amer. J. Psychiat. 122 (1966), 1422–1426.

Dickmeiss, E.: Om psykiske lidelser i klimakteriet belyst gennem katamnestikske undersogelser. Copenhagen 1940.

Dietch, J. T., M. Zetin: Diagnosis of organic depressive disorders. Psychosomatics 24 (1983), 971–979.

Diethelm, O.: Adolf Meyer (1866–1950). In: K. Kolle (Hrsg.), Große Nervenärzte. Bd. 2. Stuttgart: Thieme 1972, S. 129–138.

–: The evolution of the concept of depression. In: F. F. Flach, S. C. Draghi (Eds.): The nature and treatment of depression. New York, London, Sydney, Toronto: J. Wiley and sons 1975, pp. 11–27.

Diethelm, O., F. V. Rockwell: Psychopathology of aging. Amer. J. Psychiat. 99 (1943), 553–556.

Dietrich, H.: Depressiv gefärbte vorzeitige Versagenszustände. Münch. Med. Wschr. 116 (1974), 767–770.

Dilling, H.: Epidemiologie der Depression. Das ärztliche Gespräch (Tropon) 27 (1978), 13–27.

Dilling, H., S. Weyerer, H. Lisson: Zur ambulanten psychiatrischen Versorgung durch niedergelassene Nervenärzte. Soc. Psychiatr. 10 (1975), 111–131.

Dilling, H., S. Weyerer, R. Castell: Psychische Erkrankungen in der Bevölkerung. Stuttgart: Enke 1984.

Dilling, H., W. Mombour, M. H. Schmidt (Hrsg.): Internationale Klassifikation psychischer Störungen. ICD-10 Kapitel V (F). Klinisch-diagnostische Leitlinien. Bern, Göttingen, Toronto: Huber 1991.

Dodds, D. T., C. R. Potgieter, P. J. Turner, S. P. J. Scheepers: The physical and emotional results of hysterrectomy. A review of 162 cases. South African Med. J. 35 (1961), 53–54.

Döblin, A.: Zur perniziös verlaufenden Melancholie. Allgem. Zschr. Psychiat. 65 (1908), 361–365.

Dörner, K.: Bürger und Irre. Zur Sozialgeschichte und Wissenschaftssoziologie der Psychiatrie. Frankfurt a. M.: Fischer 1975.

Dolan, R. J., S. P. Calloway, A. H. Mann: Cerebral ventricular size in depressed subjects. Psychol. Med. 15 (1985), 873–878.

Dolan, R. J., S. P. Calloway, P. F. Thacker, A. H. Mann: The cerebral cortical appearence in depressed subjects. Psychol. Med. 16 (1986), 775–779.

Dominian, J.: The role of psychiatry in the menopause. Clin. Obstet. Gynäcol. (London) 4 (1977), 241–258.

Donneley, E. F., D. L. Murphy, F. K. Goodwin, J. N. Waldman: Intellectual function in primary affective disorder. Brit. J. Psychiatry 140 (1982), 633–636.

Donovan, J. C.: Menopausal syndrome: Study of case histories. Amer. J. Obst. Gynec. 62 (1951).

Dorzap, M., M. Baker, G. Winokur: Depressive disease: Clinical course. Dis. Nerv. Syst. 32 (1971), 269–273.

Doty, E. J.: A study of manic-depressive psychoses occuring during the later life period. Amer. J. Psychiat. 98 (1941/1942), 645–649.

Dotzauer, G., H. Göbbels, H. Legewie: Selbstmord und Selbstmordversuch. Münch. Med. Wschr. 105 (1963), 973–981.

Douglas, R. J.: The male climacteric: Its diagnosis and treatment. J. Urology 45 (1941), 404–410.

Dovenmuehle, R. H., A. Verwoerdt: Physical illness and depressive symptomatology. I. Incidence of depressive symptoms in hospitalized cardiacpatients. J. Amer. Geriatr. Soc. 10 (1962), 932–947.

Dovenmuehle, R. H., A. Verwoerdt: Physical illness and depressive symptomatology. II. Factors of length and severity of illness and frequency of hospitalisation. J. Geront. 18 (1963), 260–266.

Dreyfuss, F., H. K. Asberg, M. J. Assael: The relationship of myocardial infarcation to depressive illness. Psychotherapy and Psychosomatics 17 (1969), 73–81.

Dreyfus, G. L.: Die Melancholie. Ein Zustandsbild des manisch-depressiven Irreseins. Jena: Fischer 1907.

Driess, H.: Über die Gestaltung und Unterteilung der in der Involution auftretenden Depressionen. Z. Psych. Hygiene 14 (1942), 65–77.

Drobnes, S.: Prognostic factors in the involutional psychoses. Amer. J. Psychiat. 99 (1943), 818–821.

Dublin, L. J.: Suicide: A sociological and statistical study. New York: Ronald Press 1963.

Duckworth, E. S., E. Ross: Diagnostic differences in psychogeriatric patients in Toronto, New York and London, England. Canadian Med. Ass. J. 112 (1975), 847–885.

Ducoste: De L'involution présenile dans la folie manique-dépressive. Ann. Med.-Psychol. 299 (1907) (zitiert nach Homburger 1910).

Dupont, R. M., T. L. Jernigan, J. C. Gillin, N. Butters, D. C. Delis, J. R. Heselink: Subcortical signal hyperintensities in bipolar patients detected by MRI. Psychiatry Res. 21 (1987), 357–358.

Dynes, J. B.: Estrogenic therapy of involutional melancholia. Arch. Neurol. Psychiat. (Chic.) 42 (1939), 248–259.

Eagles, J. M., L. J. Whalley: Ageing and affective disorders: the age at first onset of affective disorders in Scotland, 1969–1970. Brit. J. Psychiatry 147 (1985), 180–187.

Eastwood, M. R., S. L. Corbin: The relationship between physical illness and depression in old age. In Murphy, E.: Affective disorders in the elderly. New York, Edinburgh, London, Melbourne: Churchill Livingstone 1986.

Eckmann, F.: Behandlung depressiver Psychosyndrome in der zweiten Lebenshälfte. Med. Klin. 56 (1961), 1580–1583.

Edelstein, E.: Changing time perception with antidepressant drug therapy. Psychiat. Clin. 7 (1974), 375–382.

Ehrenteil, O. F.: Differential diagnosis of organic dementias and affective disorders in aged patients. Geriatrics 12 (1957), 426–432.

Eicher, W., N. Herms, C. Repschläger, F. Kubli: Psychosomatik der Hysterektomie. Sexualmedizin 4 (1975), 351–356.

El-Guebaly, N., B. Atchison, W. Hay: The menopause: Stressors and facilitators. Can. Med. Ass. J. 131 (1984), 865–869.

Ellard, J.: Depression in the middle years. In: D. Maddison, G. Duncan (Eds.), Aspects of depressive illness. Edinburgh, London: Livingstone 1965, pp. 139–160.

Ellison, R. M.: Psychiatric complications following sterilisation of women. Med. J. Aust. 51/II (1964), 625–628.

Elozo, E. P.: Suicidal tendencies in depressive psychoses of advanced age (russian). Zh. Nevropat. Psikhiat. Korsakow 73 (1973), 431–434.

Emery, V. O., L. D. Breslau: Language deficits in depression: Comparisons with SDAT and normal aging. J. Gerontol. 44 (1989), 85–92.

Emery, V. O., T. E. Oxman: Update on the dementia spectrum of depression. Am. J. Psychiatry 149 (1992), 305–317.

Ende, W., W. Poppe: Probleme der Elektroheilkrampfbehandlung (EKB) im höheren Lebensalter. Ihre Einsatzmöglich- und -notwendigkeiten, Indikationskriterien, Methodik und Effektivität. Psychiatr. Prax. 16 (1989), 151–158.

Engel, G. L.: The need for a new medical model: A challenge for biomedicine. Science 196 (1977), 129–136.

–: The clinical application of the biopsychosocial model. Amer. J. Psychiatry 137 (1980), 535–544.

English, O. S. Climacteric neuroses and their management. Geriatrics 9 (1954), 139–145.

Ensle, H., K. Foerster: Depressive Syndrome im Involutionsalter und Senium – Synopsis computer-tomographischer, testpsychologischer und klinischer Befunde. Psychiat. Prax. 15 (1988), 129–133.

Epstein, L. J.: Depression in the elderly. J. Gerontol. 31 (1976), 278–282.

Esquirol, J. E.: Mélancolie. In Dictionnaire des sciences médicales par une société de médicins et de chirurgiens. Paris: Panckoucke 1820.

Essen-Möller, E., O. Hagnell: The frequency and risk of depression within a rural population group in scania. Acta Psychiat. Scand. Suppl. 162 (1961), 28–32.

Ettigi, P. G., G. M. Brown: Psychoendocrinology of affective disorder: an overview. Amer. J. Psychiat. 134 (1977), 493–501.

Evans, V. L.: Convulsive shock therapy in elderly patients. Risks and results. Amer. J. Psychiat. 99 (1943), 531–533.

Evans, N. J., F. A. Whitlock: Mortality and late-onset of affective Disorder. J. Affect. Dis. 5 (1983), 297–304.

Evans, D. L., C. B. Nemeroff: Depression and aging: Psychoneuroendocrinology and Psychoneuroimmunology. Progr. Neuroendocrineimmunology 1 (1988), 21–29.

Ewald, G.: Das manisch-melancholische Irresein und die Frage der „Krankheitseinheit". Zeitschr. f. d. ges. Neurol. Psychiat. 63 (1921), 64–92.

–: Das manisch-depressive Irresein. Fortschr. Neurol. Psychiat. 3 (1931), 31–43.

Ey, H., P. Bernard: Manuel de psychiatrie. 4e Ed. Paris: Masson 1974.

Eymann, E. V., F. M. Forster, T. D. Rivers, T. H. Wright, H. P. Rome: A statistical survey of the biogenesis of involutional melancholia. Dis. Nerv. Syst. 3 (1942), 16–20.

Fahy, T. J.: Pathways of specialist referral of depressed patients from general practice. Brit. Psychiat. 124 (1974b), 231–239.

Fahy, T. J.: Depression in hospital and in general practice: a direct clinical comparison. Brit. J. Psychiat. 124 (1974a), 240–242.

Falret, J. P.: De la folie circulaire ou forme de maladie mentale caracterisée par l'alternative réguliere de la manie et de la mélancolie. Paris: Bull. Acad. Med. 1851.

–: Mémoire sur la folie circulaire. Bull. Acad. Méd. 19 (1854), 382–415.

Fanai, F.: Diagnostische Abgrenzung depressiver Syndrome. Hippokrates 44 (1973), 294–302.

Fann, W. E.: Pharmacotherapy in older depressed patients. J. Gerontol. 31 (1976), 304–310.

Fann, W. E., J. Karacan, A. Pokorny, R. L. Williams (Eds.): Phenomenology and treatment of depression. New York: Spectrum Publications 1977.

Farberow, N., E. Shneidman: Suicide and age. In Shneidman, E. u. a. (Eds.): The psychology of suicide. New york: Science House 1970.

Farnham, A. M.: Uterine disease as a factor in the production of insanity. Alienist and Neurologist 8 (1887), 532–547.

Farquharson, W. F.: On melancholia – analysis of 730 consecutive cases. J. Ment. Sci. 40 (1894), 11 (Ref.: Allgem. Zschr. f. Psychiat. 51 [1895], 142–144).

Farr, C. B., L. A. Schwarz, L. H. Smith: The relative importance of heredity factors in constitutional and organic psychoses. J. Nerv. Ment. Dis. 71 (1930), 36–44.

Farrar, C. B., K. M. Franks: Menopause and psychosis. Amer. J. Psychiat. 89 (1931), 1031.

Farrer, L. S., L. P. Florio, M. L. Bruce, P. J. Leaf, M. M. Weissman: Reliability of self-reported age at onset of major depression. J. Psychiatr. Res. 23 (1989), 35–47.

Fassler, L. B., M. Gaviria: Depression in old age. J. Amer. Geriatr. Soc. 26 (1978), 471–475.

Fauser, A.: Zur Kenntnis der Melancholie. Zbl. f. Nervenheilk. u. Psychiat. 29 (1906), 880.

Faust, V. (Hrsg.): Suizidgefahr. Stuttgart: Hippokrates 1984.

–: Depressionen im höheren Lebensalter. Teil I: Allgemeine Aspekte von Diagnostik und Therapie. Ravensburg: Stein 1987.

–: Depressionen im höheren Lebensalter. Teil II: Spezielle Aspekte von Diagnose und Therapie. Ravensburg: Stein 1988.

Fedor-Freyberg, P.: The influence of östrogens on the wellbeing and mental performance in climacteric and menopausal women. Acta Obstetrica Gynäcologa Scandinavica, Suppl. 64 (1974).

–: Hormone therapy in psychiatry: a historical survey. In: T. M. Itil, G. Laudahn, W. M. Herrmann (Eds.), Psychotropic action of hormones. New York: Spectrum Publications 1976.

Feighner, J. P., E. Robins, S. B. Guze, R. A. Woodruff, G. Winokur, R. Munoz: Diagnostik criteria for use in psychiatric research. Arch. Gen. Psychiat. 26 (1972), 57–63.

Feinberg, T., B. Goodman: Affective illness, dementia and pseudodementia. J. Clin. Psychiatry 45 (1984), 99–103.

Feldberg, P.: Über Folgen und Wert der Röntgenkastration. Münch. Med. Wschr. 74 (1927), 228–233.

Feldberg, M., N. Sacirbey, W. D. Blackmon, J. C. McGowan: Manic-depressive illness in three generations of one family: a case study. Psychiat. Clin. 12 (1979), 1–8.

Feldmann, F., S. Susselman, B. Lipetz, E. Barrera: Electric shock therapy of elderly patients. Arch. Neurol. Psychiat. (Chic.) 56 (1946), 158–170.

Fenichel, O.: The psychoanalytic theory of neuroses. New York: Norton 1945.

Fessler, L.: The psychopathology of climacteric depression. Psychoanal. Quart. 19 (1950), 28–42.

Feuerlein, W.: Ursachen, Motivationen und Tendenzen von Selbstmordhandlungen im Alter. Akt. Geront. 7 (1977), 67–74.

Figiel, G. S., K. R. R. Krishnan, P. M. Doraiswamy, V. P. Rao, C. P. Nemeroff,O. B. Boyko: Subcortical hyperintensities on brain magnetic resonance imaging: A comparison between late age onset and early onset elderly depressed subjects. Neurobiol. Aging 26 (1991), 245–247.

Fieve, R. R. (Ed.): Depression in the 1970's. Modern theory and research (Proceedings of the symposium New York, N. Y., October 1970). Amsterdam: Excepta Medica 1971.

Filippini, C.: Psiconevrosi e psicosi dell' eta senile. Contributo allo studio nosografico psicodinamico e assistentiale delle psicnevrosi e delle psicosi dell' eta involutiva (limitate alle demenze senili, stati depressivi e maniacali e psiconevrotici). Rass. Studi Psychiat. 57 (1968), 1–14.

Finestone, D. H., D. Blazer: Clinical clues to depression in the elderly patient. Geriatric Medicine Today 1 (1982), 87–94.

Fink, M.: ECT in the elderly. In: C. Eisdorfer, W. E. Faun (Eds.), Treatment of psychopathology in the aging. New York: Springer 1982.

Finke, J.: Über die Zukunftsbezogenheit psychiatrischer Patienten. Confin. Psychiat. 7 (1964), 47–84.

Finlayson, R. E., L. M. Martin: Recognition and management of depression in the elderly. Mayo Clin. Proc. 57 (1982), 115–120.

Fischer, R.: Die klassische und die ichpsychologische Theorie der Depression. Psyche 30 (1976), 924–946.

Fischer, P., M. Simanyi, W. Danielczyk: Depression in dementia of the Alzheimer type and in multi-infarct dementia. Am. J. Psychiatry 147 (1990), 1484–1487.

Fishbein, J. L.: Involutional melancholia and convulsive therapy. Amer. J. Psychiat. 106 (1949), 128 (Ref. Zbl. Neur. 110 [1950], 354).

Flach, F. F., S. C. Draghi (Eds.): The nature and treatment of depression. New York, London, Sydney, Toronto: Wiley and sons 1975.

Flashar, H.: Melancholie und Melancholiker in den medizinischen Theorien der Antike. Berlin: De Gruyter 1966.

Flint, M.: The menopause: reward or punishment? psychosomatics 16 (1975), 161–168.

Folstein, M. F., P. R. McHugh: Dementia syndrome of depression. In: R. Katzman, R. D. Terry, K. L. Bick (Eds.), Alzheimer's disease: senile dementia and related disorders (Aging, Vol. 7). New York: Raven Press 1978.

Folstein, M. F., S. E. Folstein, P. R. McHugh: „Mini-Mental State": A method for grading the cognitive state of patients for the clinician. J. Psychiatr. Res. 12 (1975), 189–198.

Ford, C. V., R. J. Sbordone: Attitudes of psychiatrists toward elderly patients. Amer. J. Psychiatry 137 (1980), 571–575.
Ford, H.: Involutional psychotic reaction. In: A. M. Freedman, H. J. Kaplan (Eds.), Comprehensive testbook of psychiatry. Baltimore: Williams and Wilkins 1967, pp. 697–703.
Forster, E.: Über Melancholie. Charité-Annalen 30 (1906), 294–321.
Fotianov, M. J.: Protracted course of involutional melancholia. Zh. Nevropat. Psikhiat. Korsakow 65 (1965), 575–583.
Foulds, G. A.: Psychotic depression and age. J. Ment. Sci. 106 (1960), 1394–1397.
Fowlie, H. C., C. Cohen, M. P. Anand: Depression in elderly patients with subnutrition. Gerontol. Clin. (Basel) 5 (1963), 215–225.
Frances, A., R. P. Brown, J. H. Kocsis, J. J. Mann: Psychotic depression: a separat entity? Amer. J. Psychiatry 138 (1981), 831–833.
Fraser, M.: Physical methods of treatment for depression in the elderly. In: E. Murphy (ed.), Affective disorders in the elderly. Edinburgh, London, Melbourne, New York: Churchill Livingstone 1986.
Frazer, R. M., J. B. Glass: Recovery from ECT in elderly patients. Brit. J. Psychiat. 133 (1978), 524–528.
Frazer, R. M., I. B. Glass: Unilateral and bilateral ect in elderly patients. Acta Psychiat. Scand. 62 (1980), 13–31.
Freedman, a. M.: Psychosoziale und psychotherapeutische Maßnahmen beim älteren depressiven Menschen. In: P. Kielholz, C. Adams (Hrsg.), Der alte Mensch als Patient. Köln: Deutscher Ärzte-Verlag 1986.
Freedman, A. M., H. J. Kaplan: Comprehensive textbook of psychiatry. Baltimore: Williams and Wilkins 1967.
Freedman, D. X.: Psychiatric epidemiology counts. Arch. Gen. Psychiatry 41 (1984), 931–933.
Freedman, N., W. Bucci, E. Elkowitz: Depression in a familiy practice elderly population. J. Amer. Ger. Soc. 30 (1982), 372–377.
Freeman, T., J. L. Cameron: Anxiety after electric shock therapy in involutional melancholia. Brit. J. Med. Psychol. 26 (1953), 245–261.
Freeman, W., J. W. Watts: The frontal lobes and consciousness of self. Psychosom. Med. 3 (1941), 111–119.
Frerichs, R. R., C. S. Aneshensel, V. A. Clark: Prevalence of depression in Los Angeles County. Amer. J. Epidemiol. 113 (1981), 691–699.
Fresneau, M.: Depressive syndromes in elderly individuals. Ouest Med. 25 (1972), 885–889.
Freud, S.: Die Sexualität in der Ätiologie der Neurosen (1898). In: Ders., Gesammelte Werke. Bd. I. Frankfurt a. M.: S. Fischer 1952, 489–516.
–: Über Psychotherapie (1904): In: Ders., Gesammelte Werke. Bd. V. Frankfurt a. M.: S. Fischer 1968, 13–26.
–: Trauer und Melancholie (1916). In: Ders., Gesammelte Werke. Bd. X. Frankfurt a. M.: S. Fischer 1946b, 428–446.
Friedman, A. S.: Minimal effects of severe depression on cognitive functioning. Abnormal Social Psychiatry 69 (1964), 237–243.

Friedman, A. S., B. Cowitz, H. W. Cohen, S. Granick: Syndromes and themes of psychotic depression. Arch. Gen. Psychiat. 2 (1963), 504–509.

Friedmann, M.: Über neurasthenische Melancholie. Monatschr. f. Psychiat. 15 (1904), 301–318, 358–390.

Frumkin, R. M.: Social factors in involutional psychoses. Ohio Med. J. 50 (1954), 243 (zitiert nach Ford 1971).

Fry, P. S.: Structured and unstructured reminiscence training and depression among the elderly. Clinical Gerontologist 1 (1983), 15–37.

Fuchs, T., A. Kurz, H. Lauter: Die Zeitperspektive in der Behandlung depressiver älterer Menschen. Nervenarzt 62 (1991), 313–317.

Fünfgeld, E.: Involutive Psychosen und Senium. Zbl. Ges. Neurol. Psychiat. 57 (1930), 555–556.

–: Klinisch-anatomische Untersuchungen über die depressiven Psychosen des Rückbildungsalters. J. Psychol. Neurol. Lpz. 45 (1933), 1–68.

Funk, F.: Zum Problem sogenannter Versagenszustände. Med. Klin. 59 (1964), 816.

Gaitz, C. M.: Depression in the elderly. In: W. Fann, J. Karacan, A. D. Pocorny, R. L. Williams (Eds.), Phenomenology and treatment of depression. New York: Spectrum Publications 1977, pp. 153–166.

Gall, M. von: Psychogene Depression in der Involution. Nervenarzt 58 (1987), 640–643.

Gallagher, D., L. W. Thompson: Treatment of major depressive disorder in older adult outpatients with brief psychotherapies. Psychother. Theor. Res. Pract. 19 (1982), 482–490.

Gallagher, D., G. Nies, L. W. Thompson: Reliability of the Beck depression inventory with older adults. J. Consult. Clin. Psychology 50 (1982), 152–155.

Gallagher, D., J. Breckenridge, J. Steinmetz, L. Thompson: The Beck depression inventory and research diagnostic criteria: Congruence in an older population. J. Consult. Clin. Psychology 51 (1983), 945–946.

Gallagher, D. E., L. W. Thompson: Effectiveness of psychotherapy for both endogenous and nonendogenous depression in older adult outpatients. J. Gerontol. 38 (1983), 707–712.

Gallant, D. M., G. M. Simpson (Eds.): Depression: behavioral, biochemical, diagnostic and treatment concepts. New York: Spectrum publications 1976.

Gallinek, A.: Electric convulsive therapy in geriatrics. New York State J. Med. 47 (1947), 1233–1241.

–: Controversial indications for electric convulsive therapy. Am. J. Psychiat. 109 (1952), 361–366.

Garcia, J. A.: Psychoses climatériques et involutionelles. Mschr. Psychiat. Basel 122 (1951), 332–348.

Gardener, E. A., A. K. Bahn, M. Mack: Suicide and psychiatric care in the aging. Arch. Gen. Psychiat. 10 (1964), 547–553.

Garmany, G.: Depressive States: their etiology and treatment. Brit. Med. J. II (1958), 341–344.

Gastpar, M.: Besonderheiten und Probleme der Behandlung mit Antidepressiva im Alter. Therapiewoche 37 (1987), 3738–3745.

–: Psychopharmaka – Konzepte ihrer Anwendung. In: M. Bergener (Hrsg.), Depressive Syndrome im Alter. Theorie, Klinik, Praxis. Stuttgart, New York: Thieme 1989.

Gatz, M., M. Hurwicz: Are old people more depressed? Psychology and Aging 5 (1990), 287–290.

Gaunt, G. A.: Involutional melancholia. A Study of 50 cases at the Worcester State Hospital. J. of Nerv. Ment. Dis. 57 (1923), 556 (Ref. Zbl. Neur. 33 [1923], 400).

Gaupp, R.: Über die Grenzen psychiatrischer Erkenntnis. Centralbl. Nervenheilk. Psychiat. 26 (1903), 1–14.

–: Die Depressionszustände des höheren Lebensalters. Münch. Med. Wschr. 52 (1905), 1531–1537.

–: Die Klassifikation der Psychosen. Zschr. f. d. ges. Neurol. Psychiat. 28 (1915), 292–314.

Gebsattel, V. von: Zeitbezogenes Zwangsdenken in der Melancholie. Nervenarzt 1 (1928), 275–287.

–: Störungen des Werdens und des Zeiterlebens im Rahmen psychiatrischer Erkrankungen. In: Ders., Prolegomena zu einer medizinischen Anthropologie. Berlin, Göttingen, Heidelberg: Springer 1954.

Geiger-Kabisch, C., S. Weyerer: Zur Reliabilität und Validität von Screening-Instrumenten zur Erfassung von Depression bei älteren Menschen. Ein Überblick. Zschr. für Gerontopsychologie und -psychiatrie 4 (1991), 75–89.

George, L. K., D. G. Blazer, D. C. Hughes, N. Fowler: Social support and the outcome of major depression. Br. J. Psychiatry 154 (1989), 478–485.

Georgotas, A., P. E. Stokes, M. Krakowski, C. Fanelli, T. Cooper: Hypothalamic-pituitary adrenocortical function in geriatric depression. Biological Psychiatry 19 (1984), 685–693.

Georgotas, A., R. E. McCue, T. B. Cooper, N. Nagachandran, I. Chang: How effective and safe is continuation therapy in the elderly depressed patients? Factors affecting relapse rate. Arch. Gen. Psychiatry 45 (1988), 929–932.

Georgotas, A., R. E. McCue: Affective disorders in the elderly: Treatment considerations. In: G. D. Burrows, T. R. Norman, L. Demerstein (Eds.), Clinical and pharmacological studies in psychiatric disorders. London: J. Libbey 1985.

Georgotas, A., R. E. McCue, B. Reisberg, S. H. Ferris, N. Nagachandran, I. Chang, P. Mir: The effects of mood changes and antidepressants on the cognitive capacity of elderly depressed patients. International Psychogeriatrics 1 (1989), 135–143.

Gerner, R. H.: Depression in the elderly. In: O. J. Kaplan (Ed.), Psychopathology of aging. London: Academic Press 1979.

–: Present status of drug therapy of depression in late life. J. Affect. Disord, (Suppl.) 1 (1985), 23–31.

Gerner, R. H., W. Estabrook, J. Steuer, L. F. Jarvik: A placebo controlled double-blind study of imipramine and trazodone in geriatric depression. In: J. O. Cole, J. E. Barret (Eds.), Psychopathology in the Aged. New York: Raven Press 1980.

Gerö, G.: The construction of depression. Int. J. Psycho-Anal. 17 (1936), 423–461.

Gershon, E., W. Bunney jr., J. F. Leekman: The inheritance of affective disorders: a review of data and hypotheses. Behav. Genet. 6 (1976), 227–261.

Gershon, E. S., A. Mark, N. Cohen, N. Belizon, M. Baron, K. E. Knobe: Transmitted factors in the morbid risk of affective disorders: a controled study. J. Psychiat. Res. 12 (1975), 283–299.

Gertz, H.-J.: Zur Epidemiologie depressiver Erkrankungen im Alter. Zschr. für Gerontopsychologie und -psychiatrie 1 (1990), 225–229.

Gibson, A. C.: Psychosis occuring in the senium. A review of an industrial population. J. Ment. Sci. 107 (1961), 921.

Gibson, R.: Observations on the occurrence of an ethnic element in involutional melancholia. J. Ment. Sci. 89 (1943 a), 274–277.

–: Involutional melancholia. A study of twenty cases treated with theelin. J. Ment. Sci. 89 (1943 b), 278–283.

–: A conjectured correlation between depressions of the manic-depressive and involutional melancholic types and ethnic elements in the present-day population of britain. Amer. J. Psychiat. 102 (1945), 164–167.

Gill, D., J. Lambourn: Indications for electric convulsion therapy and its use by senior psychiatrists. Brit. Med. J. 279 (1979), 1169–1171.

Gillespie, R. D.: The clinical differentiation of types of depression. Guy's Hosp. Rep. 79 (1929), 306–344.

Gillespie, W. H.: Some regressive phenomena in old age. Brit. J. Med. Psychol. 36/3 (1963), 203–209.

Gillin, J. C., W. Duncan, K. D. Pettigrew, B. L. Finkel, F. Snyder: Successfull separation of depressed, normal, an insomniac subjects by EEG sleep data. Arch. Gen. Psychiatry 36 (1979), 85–90.

Gillis, L. S., A. Zabour: Dysphoria in the elderly. South African Med. J. 62 (1982), 410–413.

Gispen, W. H., J. Traber (Eds.): Aging of the brain (Developments in neurology, Vol. 7). New York, Osford, Amsterdam: Elsevier 1983.

Glassman, A. H., S. P. Roose: Delusional depression: a distinct clinical entity? Arch. Gen. Psychiatry 38 (1981), 424–427.

Glatzel, J.: Zur Klinik und Therapie spätzyklothymer Depressionen. Psychiat. Clin. (Basel) 4 (1971), 308–320.

–: Nosologische Aspekte therapieresistenter spätzyklothymer Depressionen. Psychiat. Clin. (Basel) 5 (1972), 243–252.

–: Endogene Depressionen. Zur Psychopathologie, Klinik und Therapie zyklothymer Verstimmungen. Stuttgart: Thieme 1973 a.

–: Klinik und Differentialdiagnose der Depressionen alter Menschen. Act. Geron. 3 (1973 b), 253–260.

–: Psychotische Depressionen alter Menschen. Hippokrates 45 (1974), 121–126.

Glück, A.: Postdepressive Versagenszustände jenseits der Lebensmitte. Act. Gerontol. 3 (1973), 267–270.

Godber, C.: Depression in old age. Br. Med. J. 287 (1983), 758.

Godber, C., H. Rosensinge, D. Wilkinson: Depression in old age: Prognosis after ECT. Intern. J. Geriatr. Psychiatry 2 (1987), 19–24.

Göppert, H.: Psychiatrische und psychotherapeutische Probleme des Klimakteriums. Internist 7 (1966), 327–331.

Goetzl, U., R. Green, P. Whybrow, R. Jackson: X-linkage revisitited. A further family study of manic-depressive illness. Arch. Gen. Psychiat. 31 (1974), 665–672.

Goldberg, E. L., P. Van Natta, G. W. Comstock: Depressive symptoms, social network and social support of elderly women. Am. J. Epidemiology 121 (1985), 448–454.

Goldfarb, A. I.: Depression, brain damage and chronic illness of the aged. Psychiatric diagnosis and treatment. J. Chron. Dis. 9 (1959a), 220–223.

–: Minor maladjustments of the aged. In Arieti, S. (Ed.): American handbook of psychiatry. Vol. I. New York: Basic Books 1959b, pp. 378–397.

–: Psychiatric disorders of the aged: symptomatology, diagnosis and treatment. J. Amer. Ger. Soc. 8 (1960), 698–707.

–: The psychotherapy of elderly patients. In: H. T. Blumenthal (Ed.), Medical and clinical aspects of aging. New York: Columbia Press 1962.

–: Geriatric Psychiatry. In: A. M. Freedman, H. J. Kaplan: Comprehensive textbook of psychiatry. Baltimore: Williams and Wilkins 1967a, pp. 1564–1587.

–: Masked depression in the old. Amer. J. Psychother. 21 (1967b), 791–796.

–: Masked depression in the elderly. In: S. Lesse (Ed.), Masked depression. New York: Jason Aronson 1974a.

–: Aging and organic brain syndrome. Fort, Washington: McNeil Laboratories 1974b.

–: Depression in the old and aged. In: F. F. Flach, S. C. Draghi (Eds.), The nature and treatment of depression. New York, London, Sydney, Toronto: Wiley 1975, pp. 118–144.

Goldfarb, A. I., J. Sheps: Psychotherapy of the aged. III. Brief therapy of interrelated psychological and somatic disorders. Psychosom. Med. 16 (1954), 209–212.

Goldsmith, F. C.: Personality traits of persons suffering from involutional melancholia. Smith Coll. Stud. Soc. Work 10 (1939), 145–146.

Goldstein, S. E.: Depression in the elderly. J. Amer. Geriatr. Soc. 27 (1979), 38–42.

Good, M. I.: Pseudodementia and physical findings masking significant psychopathology. Amer. J. Psychiatry 138 (1981), 811–814.

Good, W. R., J. Vlachonikolis, P. Griffiths, R. A. Griffiths: The structure of depressive syndromes in the elderly. Brit. J. Psychiatry 150 (1987), 463–470.

Goodall, E., M. Craig: The insanity of the climacteric period. J. Ment. Sci. 40 (1894), 235–242.

Goodman, A.: Organic unity theory: The mind-body problem revisited. Am. J. Psychiatry 148 (1991), 553–563.

Goodwin, F. K., K. R. Jamison: Manic-depressive illness. New York, Oxford: Univ. Press 1990.

Gordon, W. F. Elderly depressives: Treatment and follow-up. Can. J. Psychiatry 26 (1981), 110–113.

Gottfries, C. G.: Amines, ageing, and affective disorders. In: J. Mendlewicz, A. Coppen, H. M. van Praag (Eds.), Depressive illness: Biological and psychopharmacological issues. Basel: Karger 1981.

Gottlieb, J. S., G. Tourney: Depressive illnesses. Their diagnosis and treatment. J. Chron. Dis. 9 (1959), 234–248.

Gralnick, A.: A three years survey of electroshock therapy. Report on 276 cases: comparative value of insulin coma therapy. Am.J. Psychiat. 102 (1946), 583–593.

Granville-Grossman, K. L.: The early environment in affective disorders. In: A. Coppen , A. Walk (Eds.), Recent developments in affective disorders. Brit. J. Psychiat., Spec. Publ. No. 2 (1968).
Grauer, H.: Psychodynamics of depression as seen in a geriatric out-patient clinic. Canad. Psychiat. Ass. J. 11 (1966), 324–328.
–: Depression in the aged: theoretical concepts. J. Amer. Geriatr. Soc. 25 (1977), 447–449.
Greenacre, Ph. (Ed.): Affective disorders – psychoanalytic contribution to their study. New York: Intern. Univ. Press 1953.
Greenblatt, R. B.: Newer concepts in the management of the menopause. Geriatrics 7 (1952), 263–265.
–: Treatment of menopausal symptoms. Geriatrics 12 (1957), 425–453.
–: Current concepts: estrogen therapy for post-menopausal females. New Engl. J. Med. 272 (1965), 305–308.
Greene, J. G.: A factor analytic study of climacteric symptoms. J. Psychosom. Res. 20 (1976), 425–430.
Greene, J. G., D. J. Cooke: Life stress and symptoms at the climacteric. Br. J. Psychiatry 136 (1980), 486–491.
Greenhill, M. H.: Psychodynamic evaluation of psychiatric and endocrinological factors in menopause. South Med. J. 39 (1946), 786–794.
Greenwald, B. S., E. Kramer-Ginsberg: Age at onset in geriatric depression: relationship to clinical variables. J. Affect. Disord. 15 (1988), 61–68.
Greger, J.: Somatische und psychosoziale Faktoren im Vorfeld psychischer Erkrankungen des höheren Lebensalters. Psychiat. Clin. 4 (1971 a), 159–177.
–: Über Verlaufstendenzen und Prognose psychischer Erkrankungen des höheren Lebensalters. Psychiat. Clin. 4 (1971 b), 281–307.
Griesinger, W.: Die Pathologie und Therapie der psychischen Krankheiten. Stuttgart 1867.
Griffiths, R. A., W. R. Good, N. P. Watson, H. F. O'Donnel, P. J. Fell, J. M. Shakespeare: Depression, dementia and disability in the elderly. Brit. J. Psychiatry 150 (1987), 482–493.
Grinker, R. R.: A struggle for eclecticism. Amer. J. Psychiatry 121 (1964), 451–457.
Grinker, R. R., I. Miller, M. Sabshin, R. Nunn, I. C. Nunnally: The Phenomena of Depression. New York: Harper and Row 1961.
Grof, P., J. Angst, T. Haines: The clinical course of depression: practical issues. In: J. Angst (Ed.), Classification and prediction of outcome of depression. Stuttgart, New York: Schattauer 1974, pp. 140–148.
Gross, R.: Zur Gewinnung von Erkenntnissen in der Medizin. Dtsch. Ärzteblatt (1979), 2571–2578.
Gross, R., R. Fritz: Die Wissenslawine und ihre Bewältigung durch den Arzt. Dtsch. Ärzteblatt (1974), 871–878, 950–958.
Grotjahn, M.: Analytic psychotherapy with the elderly. Psychoanalyt. Rev. 42 (1955), 419–427.
–: Group communication and group therapy with the aged: A promising project. In: L. F. Jarvik (Ed.), Aging into the twenty-first century. New York: Gardener Press 1978.

Grün, P. H., E. J. Sachar, N. Altman: Growth hormone response to hypoglykaemia in post-menopausal women. Arch. Gen. Psychiat. 32 (1975), 31–33.

Gruer, R.: Needs of the elderly in the Scottish borders. Edingburgh: Scottish Home and Health Department 1975.

Gruhle, H. W.: Das seelische Altern. Zeitschr. f. Alternsforschung 1 (1938), 89–95.

Gruhle, H.: Selbstmord und Alter. Zschr. Alternsforschung 3 (1942), 21–26.

Güse, H. G., N. Schmacke: Psychiatrie zwischen bürgerlicher Revolution und Faschismus. Bd. 1. Kronberg: Athenaeum 1976.

Guili, L., C. Bartolini, D. Frasca: Impairment of lymphocyte activities in depressed aged subjects. Mechanisms of Ageing and Development 60 (1991), 13–24.

Guimball, H.: De la folie à la menopause. Paris: Thèse 1884.

Gunby, B.: Depression in old age. Tidsskr. Nor. Lägeforen 98 (1978), 1626–1629.

Gurin, G., J. Veroff, S. Feld: Americans view their mental health: a national interview study. New York: Basic Books 1960.

Gurland, B. J.: The comparative frequence of depression in various adult age groups. J. Gerontol. 31 (1976), 283–292.

Gurland, B. J., J. A. Toner: Depression in the elderly: A review of recently published studies. in: C. Eisdorfer (Ed.), Annual review of geriatrics and gerontology. New York: Springer 1982.

Gurland, B., J. Toner: Differentiating dementia from non-dementing conditions. In: R. Mayeux, W. G. Rosen (Eds.), The dementias. New York: Raven Press 1983.

Gurland, B., L. Dean, P. Cross, R. Golden: The epidemiology of depression and dementia in the elderly: the use of multiple indicators of these conditions. In: J. O. Cole, J. E. Barret (Eds.), Psychopathology of the aged. New York: Raven Press 1980.

Gurland, B., J. Copeland, J. Kuriansky, M. Kelleher, L. Sharpe, L. L. Dean: The mind and mood of aging. New York: Haworth Press 1983.

Gurland, B. J., D. E. Wilder, C. Beckman: Depression and disability in the elderly: Reciprocal relations and changes with age. Int. J. Geriatr. Psychiatry 3 (1988), 163–179.

Hader, M.: Organic brain disease and depressive reactions of later life. Canad. Psychiat. Ass. J. 11 (Suppl.) (1966), 317–323.

Häfner, H.: Die existentielle Depression. Arch. Psychiat. Nervenkr. 191 (1954), 351–364.

Häfner, H.: Einführung in die psychiatrische Epidemiologie. Geschichte, Suchfeld, Problemlage: in: Ders. (Hrsg.), Psychiatrische Epidemiologie. Berlin, Heidelberg, New York: Springer 1978.

Haenel, T.: Suizidhandlungen. Neue Aspekte der Suizidologie. Berlin, Heidelberg, New York, London, Paris, Tokyo: Springer 1989.

Haffter, C.: Die Behandlung psychischer Störungen mit Sexualhormonen. Praxis (Bern) (1952), 917–922.

Hagenbuchner, K.: Der Selbstmord des alten Menschen. Uetersen: Materia Medica Nordmark (Wissenschaftl. Beiblatt Nr. 58) 1967.

Haggerty, H.: Prepsychotic personality traits of women with involutional melancholia. Smith Coll. Stud. Soc. Work 12 (1941), 191–192.

Hagnell, O.: A prospective study of the incidence of mental disorders. Lund: Svenska Bokförlaget 1966.

Hagnell, O., B. Rorsman: Suicide and endogenous depressions with somatic symptoms in the Lundby study. Neuropsychobiology 4 (1978), 180–187.

Hagnell, O., B. Rorsman: Suicide in the Lundby study: a comparative investigation of clinical aspects. Neuropsychobiology 5 (1979), 61–73.

Halban, J.: Zur Klinik des Klimakteriums. Münch. Med. Wschr. 70 (1923), 110–117.

Halberstadt, G.: La mélancholie présénile et ses variétés cliniques. Ann. Méd.-Psychol. 86 (1928), 307–325.

–: Étude clinique de la démence mélancholique présénile. Ann. Méd.-Psychol. 88 (1930), 409–425.

–: Les psychoses préséniles. Encephale (1934), 630–644, 722–733.

Halbreich, U., G. M. Asnis, F. Halpern, M. A. Tabizi, E. J. Sachar: Diurnal growth hormone response to dextroamphetamine in normal young men and postmenopausal women. Psychomenoendocrinology 5 (1980), 339–344.

Halbreich, U., G. M. Asnis, B. Zumoff, R. W. Nathan, R. Shindledecker: Effect of age and sex on cortisol secretion in depressives and normals. Psychiatry Research 13 (1984), 221–228.

Hale, W. D.: Correlates of depression in the elderly: sex differences and similarities. J. Clin. Psychology 38 (1982), 253–257.

Haley, W.: Behavioral self-management: application to a care of agitation in an elderly chronic psychiatric patient. Clinical Gerontologist 1 (1983), 45–52.

Hall, K. R. L.: Conceptual impairment in depressive and organic patients of the presenile age group. J. Ment. Sci. 98 (1952), 256–264.

Hall, P.: Differential diagnosis and treatment of depression in the elderly. Geront. Clin. 16 (1974), 126–136.

Hallström, T.: Depression among women in Gothenburg: An epidemiologic study. Acta Psychiat. Scand., Suppl. 217 (1970), 25–26.

–: Point prevalence of major depressive disorder in a Swedish urban female population. Acta Psychiat. Scand. 69 (1984), 52–59.

–: Mental disorders and sexuality in the climacteric. In: H. Forssman (Ed.), Reports from the psychiatric research center, St. Jorgen's hospital, University of Göteborg, Sweden. Stockholm: Scandinavian University Books 1973.

Hallström, T., S. Samuelsson: Mental health in the climacteric. Acta Obstet. Gynecol. Scand. 130 (1985), 13–18.

Halvorsen, C., J. Harris: Metrazol (convulsive) therapy in involutional depressions. Wash. Bull. 2 (1939), 11–18.

Hamilton, D. M., W. A. Mann: The hospital treatment of involutional psychoses. In: P. H. Hoch, J. Zubin (Eds.), Depression. Proc. Amer. Psychopath. Ass. 42nd meeting 1952 (1954), 199–209.

Hamilton, D. M., G. M. Ward: The hospital treatment of involutional psychoses. Amer. J. Psychiat. 104 (1948), 801–804.

Hanley, I., E. Baikie: Understanding and treating depression in the elderly. In: J. Hanley, J. Hodge (Eds.), Psychological approaches to the care of the elderly. Beckenhans: Croom Helm 1984.

Hare, E. H., K. G. Shaw: Mental health on a new housing estate. Maudsley Monograph 12. London: Oxford Univ. Press 1965.
Harlfinger, H.: Arbeit als Mittel psychiatrischer Therapie. Stuttgart: Hippokrates 1968.
Harper, R. G., H. G. Kirby, D. Kotik-Harper: Adequacy of conventional assessment of depression in the elderly. Gerontologist 26 (1986), 224–227.
Harper, R. G., D. Kotik-Harper, H. Kirby: Psychometric assessment of depression in an elderly general medical population. Over- or underassessment? J. Nerv. Ment. Dis. 178 (1990), 113–119.
Harris, R. E., L. C. Mikon, M. B. Patterson, J. D. Frengley: Severe illness in older persons. The association between depressive disorders and functional dependency during the recovery phase. J. Am. Geriatr. Soc. 36 (1988), 890–896.
Harrowes, W. M.: The depressive reaction types. J. Ment. Sci. 79 (1933), 235–246.
Hart, R. P., J. A. Kwentus, J. Taylor: Rate of forgetting in dementia and depression. J. Consult. Clin. Psychol. 55 (1987), 101–105.
Hartmann, P.: Belastungen im Vorfeld depressiver Erkrankungen. Inaug. Diss. Münster 1978.
Hasegawa, K.: The epidemiological study of depression in late life. J. Affect. Diss. (suppl.) 1 (1985), S93–S95.
Hasenbush, L. L.: Successfull brief therapy of a retired elderly man with intractable pain, depression and drug and alcohol dependence. J. of Geriatric Psychiatry 10 (1977), 71–88.
Hautzinger, M.: Determinanten depressiver Reaktionen im Alter. Akt. Gerontol. 13 (1983), 191–194.
–: Altersdepressionen – Versuch einer psychologischen Begründung. Zschr. f. Gerontologie 11 (1978), 348–358.
–: Depressive Reaktionen im höheren Lebensalter. In: M. Hautzinger, N. Hoffmann (Hrsg.), Depression und Umwelt. Salzburg: Otto Müller 1979.
Hautzinger, M., N. Bönigk-Berghofer, G. Thoms: Soziale Kontakte und Depressivität im Alter. Akt. Gerontol. 12 (1982), 67–71.
Have, G., H. Kolbeinsson, H. Petursson: Dementia and depression in old age: Psychophysiological aspects. Acta Psychiatr. Scand. 83 (1991), 329–337.
Havens, L. L.: Losses and depression. The relationship of precipitating events to outcome. J. Nerv. Diss. 125 (1957), 627.
–: Twentieth-century psychiatry: A view from the sea. Amer. J. Psychiatry 138 (1981), 1279–1287.
Havighurst, R. I., B. N. Neugarten, S. S. Tobin: Disengagement, personality and life satisfaction in the later years. In: P. F. Hansen (Ed.), Age with a future. Proc. 6th. Intern. Congr. Gerontol. Copenhagen 1963. Copenhagen: Munsgaard 1964, pp. 419–425.
Hawkinson, L. F.: The menopausal syndrome: treatment with estrogen. J. Amer. Med. Asoc. 115 (1938), 390–393.
Haward, L. R. C.: Cognition in dementia presenilis. In: W. L. Smith, M. Kinsbourne (Eds.), Aging and dementia. New York: Spectrum Publications 1977.
Hayes, P.: Etiological factors in manic-depressive psychoses. Arch. Gen. Psychiatry 33 (1976), 1187–1188.

Haynes, E., J. S. L. Jacobs: The treatment of the involutional psychosis in the male. Wisc. Med. J. 44 (1945), 209–212.
Hays, P.: Modes of onset of psychotic depression. Brit. Med. J. II (1964), 779.
Hays, R. R.: Treatment of involutional melancholia. Ohio St. Med. J. 35 (1939), 710–712.
Heaver, W. L.: Psychiatric contraindications in the use of estrogen during the menopause. Amer. J. Obst. Gynäk. 40 (1940), 980–985.
Hedri, A.: Sozialpsychiatrische Aspekte des Alters: Prophylaxe von psychischen Krankheiten bei Betagten. Z. f. Präventivmedizin 16 (1971), 91–95.
Heilbronner, K.: Zur Psychopathologie der Melancholie. Mschr. Neurol. Psychiat. 22 (1907), 1–14.
Heim, M., J. Morgener: Zur differentialdiagnostischen Abgrenzung endogener Depressionen von den vorzeitigen Versagenszuständen. Psychiat. Neurol. med. Psychol. (Leipzig) 35 (1983), 158–16.
Heimann, H.: Psychopathologie. In: K. P. Kisker, J. E. Meyer, M. Müller, E. Strömeken (Hrsg.), Psychiatrie der Gegenwart. 2. Aufl. Bd. I. Berlin, Heidelberg, New York: Springer 1979.
Helgason, T.: The frequency of depressive states in Iceland as compared with other scandinavian countries. Acta Psychiat. Scand. 37, Suppl. 162 (1961), 81–90.
–: The epidemiology of mental disorders in Iceland. A psychiatric and demographic investigation of 5395 Icelanders. Acta Psychiat. Scand., Suppl. 173 (1964).
Helmchen, H.: Häufigkeit depressiver Erkrankungen. Münch. Med. Wschr. 119 (1977), 801–806.
–: Dilemmata und Schwierigkeiten der Diagnostik bei älteren depressiven Patienten. In: P. Kielholz, C. Adams (Hrsg.), Der alte Mensch als Patient. Köln: Deutscher Ärzte-Verlag 1986.
Helmchen, H., M. Linden: Depressive Erkrankungen. In: N. G. Bock, W. Gerok, F. Hartmann (Hrsg.), Klinik der Gegenwart. Bd. 11. München, Wien, Baltimore: Urban & Schwarzenberg 1980, 861–937.
Hemphill, R. E., M. Reiss: Investigations into the significance of the endocrines in involutional melancholia. J. Ment. Sci. 86 (1940), 1065–1070.
Hemsi, L. K., A. Whitehead, F. Post: Cognitive function and cerebral arousal in elderly depressives and dements. J. Psychosom. Res. 12 (1968), 145–156.
Henderson, D. K.: Anxiety states occurring at the involutional period. J. Ment. Sci. 66 (1920), 274–282.
Henderson, D. K., R. D. Gillespie: A textbook of psychiatry for students and practitioners. New York, Oxford: Univ. Press 1932.
Henderson, D. K., R. D. Gillespie: Textbook of psychiatry. 10th ed. London, New York, Toronto: Oxford Univ. Press 1969.
Henderson, A. S., D. W. K. Kay: The epidemiology of neutral disorders in the aged. In: D. W. K. Kay, G. D. Burrows (Eds.), Handbook of studies in psychiatry and old age. Amsterdam: Elsevier 1984.
Hendrickson, E., R. Levy, F. Post: Averaged evoked responses in relation to cognitive and affective state of elderly psychiatric patients. Brit. J. Psychiat. 134 (1979), 494–501.
Henry, W. E.: The Theory of intrinsic disengagement. In: P. F. Hansen (Ed.), Age

with a future. Proc. 6th Intern. Congr. Gerontol., Copenhagen 1963. Copenhagen: Munsgaard 1964, pp. 415–418.

Herrmann, W. H., R. C. Beach: Psychotropic effects of androgens: a review of clinical observations and new human experimental findings. Pharmakopsychiat. 9 (1976), 205–219.

Herrmann, W. M., R. C. Beach: The psychotropic properties of estrogens. Pharmakopsychiat. 11 (1978a), 164–176.

Herrmann, W. M., R. I. McDonald, M. M. Bozak: The effects of hormones on human behavior as measured by pschological tests. Typewritten manuscript (1978).

Hertrich, O.: Beitrag zur Diagnostik und Differentialdiagnostik der leichteren depressiven Zustandsbilder. Fortschr. Neurol. Psychiat. 30 (1962), 237–272.

Heshe, I., E. Röder, A. Theilgaard: Unilateral and bilateral ect. A psychiatric and psychological study of therapeutic effect and side effects. Acta Psychiat. Scand., Suppl. 275 (1978).

Hiddema, F.: Climacteric depression. Psychiat. Neurol. Neurochir. (Amst.) 67 (1964), 385–393.

Hill, D.: Mechanisms of the mind. Br. J. Med. Psychol. 54 (1981), 1–13.

Himler, L. E., V. Morrisey: Factors influencing prognosis in psychiatric illness of the aged. J. Amer. Geriat. Soc. 3 (1955), 811–816.

Himmelhoch, J. M., R. Auchenbach, C. Fughs: The dilemma of depression in the elderly. J. Clin. Psychiatry 43 (1982), 26–34.

Hinsie, L. E., S. E. Katz: Treatment of manic-depressive psychosis. A Survey of the literature. Amer. J. Psychiat. 11 (1931–1932), 131–183.

Hinterhuber, H.: Epiodemiologie psychischer Erkrankungen. Stuttgart: Enke 1982.

Hirschfeld, R. M. A., G. L. Klerman: Personality attributes and affective disorders. Amer. J. Psychiat. 136 (1979), 67–70.

Hirschfeld, R. M. A., G. Klerman: Treatment of depression in the elderly. Geriatrics 34 (1979), 51–57.

Hirschmann, J., W. Klages: Konstitutionsspezifische Leitlinien bei den Psychosen des höheren Lebensalters. Arch. Psychiat. Nervenkr. 196 (1957), 254–264.

Hoch, A., I. T. MacCurdy: Prognosis of involutional melancholia. Arch. Neurol. Psychiat. Chicago 7 (1922), 1–17 (Ref. Zbl. f. d. ges. Neur. Psychiat 29 [1922], 455).

Hoch, P., H. L. Rachlin: An evaluation of manic-depressive psychosis in the light of follow-up studies. Am. J. Psychiatry 97 (1941), 831–843.

Hoche, A.: Über die leichteren Formen des periodischen Irreseins. Halle: C. Marhold 1897.

–: Die Melancholiefrage. Allg. Z. Psychiat. 67 (1910), 309–314.

–: Die Wechseljahre des Mannes. Berlin: Springer 1928.

Hoffmann, H.: Die Nachkommenschaft bei endogenen Psychosen. Berlin: Springer 1921.

Hoffmann, H. F.: Involutional psychoses and their treatment. Hahnemannian monthly 76 (1941), 490–496.

Hoffmeister, F., C. Müller (Eds.): Brain function in old age. Berlin, Heidelberg, New York: Springer 1979.

Hole, G.: Melancholie. In: C. Müller (Hrsg.), Lexikon der Psychiatrie. Berlin: Springer 1973, 330–333.

Holmes, T. H., R. H. Rahe: The social readjustment rating scale. J. Psychosomat. Res. 11 (1967), 213–218.

Holt, W. L. jr., W. M. Holt: Long-term prognosis in mental illness: a thirty-year follow-up of 141 mental patients. Amer. J. Psychiat. 108 (1952), 735–739.

Holzboer, F.: Neuroendokrine Regulation bei affektiven Störungen. In: D. von Zerssen, H.-J. Möller (Hrsg.), Affektive Störungen. Diagnostische, epidemiologische, biologische und therapeutische Aspekte. Berlin, Heidelberg, New York, London, Paris, Tokyo: Springer 1988.

Holzer, C. E., M. M. Weissman, P. J. Leaf, G. L. Tischler, J. K. Myers: Aging and depression in men and women. Unpublished manuscript, zit. nach Angst (1986).

Homburger, A.: Die Literatur des manisch-depressiven Irreseins 1906–1910. Zeitschrift f. d. ges. Neurol. Psychiat. (Referate) 2 (1910), 753–184, 865–885.

–: Zur Gestaltung der normalen menschlichen Motorik und ihrer Beurteilung. Zschr. Ges. Neurol. Psychiat. 85 (1923), 274–314.

Hopkinson, F. J.: A genetic study of affective illnes in patients over 50. Brit. J. Psychiat. 110 (1964 a), 244–254.

Hopkinson, G.: The onset of affective illness. Psychiat. Neurol. 146 (1963), 133–140.

–: An anancastic personality and depressive psychosis of late onset. (Ref. Nervenarzt 38 [1967], 475) Psychiat. Neurol. (Basel) 148 (1964 b), 93–100.

Hopkinson, G., P. Ley: A genetic study of affective disorder. Brit. J. Psychiat. 115 (1969), 917–922.

Hordern, A.: Depressive states. A pharmacotherapeutic study. Springfield/Ill.: Charles C. Thomas 1965.

Horst, L. van der: Die Psychopathologie der Involutionspsychosen. Psych. B. 33 (1929), 387–405.

–: Psychiatric deviations in older people. In: P. F. Hansen (Ed.), Age with a future. Proc. 6th Intern. Congr. Gerontol. Copenhagen 1963. Copenhagen: Munsgaard 1964, pp. 67–73.

Hoskins, R. G.: Psychological treatment of menopause. J. Clin. Endocrinol. 4 (1944), 605–610.

Hoven, H.: Les psychoses depressives de la menopause. Journ. Belge de Neurol. et de Psychiatrie 36 (1936), 639–644.

–: Les psychoses d'involution et leur traitment. J. Belge de Neurologie et de Psychiatrie (1940), 437–443.

Hübner, A. H.: Klinische Studien über die Melancholie. Arch. f. Psychiat. 43 (1907 a), 505–559.

–: Die klinische Stellung der Involutionsmelancholie. Allg. Z. Psychiat. 64 (1907 b), 491–492.

Huhn, A., F. Böcker: Über Verlauf und Prognose zyklothymer Depressionen im höheren Lebensalter. In: F. Panse (Hrsg.), Problematik, Therapie und Rehabilitation der chronischen endogenen Psychosen. Stuttgart: F. Enke 1967.

Hussian, R. A., P. S. Lawrence: Social reinforcement of activity and problem-solving training in the treatment of depressed institutionalized elderly patients. Cognitiver Ther. Res. 5 (1981), 57–69.

Huston, P. E., L. M. Locher: Involutional psychosis, course when untreated and when treated with electric shock. Arch. Neurol. Psychiat. (Chic.) 59 (1948), 385–394.

Hutter, A.: Die Psychopathologie der schwermütigen Psyche und die klinischen Depressions- und Melancholietypen. Nervenarzt 12 (1939), 281–289.

Hutton, J. H., M. A. Schiller: Endocrine therapy in the psychoses with special reference to substitutive treatment of the involutional psychosis. Elgin Papers 3 (1938), 183–189.

Ihda, S.: Zur Problematik der Immodithymie von Shimoda als Typ der prämorbiden Persönlichkeit endogen Depressiver. In: W. Walcher (Hrsg.), Zur Systematik, Provokation und Therapie depressiver Psychosen. Wien: Hollinek 1974.

Ihda, S., B. Ishikawa: Über Immobilithymie als prämorbide Persönlichkeit Depressiver. Schreibm. Manuskript. 1975.

Ilberg, G.: Die Prognose der Geisteskrankheiten. Halle: Marhold 1901.

Ingvarsson, G.: Hormone treated cases of menopausal psychosis. Acta Psychiat. Neurol. Scand. 26 (1951), 155–175.

Israel, S. L.: It's about time. J. Albert Einstein Med. Center 3 (1954), 3–4.

Itil, T. M., S. Cora, S. Akpinar, W. H. Herrmann, C. J. Patterson: "Psychotropic" action of sex hormones, computerized EEG in establishing the immidate CNS effects of steroid hormones. Curr. Ther. Res. 16 (1974), 1147–1170.

Ivanys, E., S. Dzadkova, J. Vana: Prevalence of psychoses recorded among psychiatric patients in a part of the urban population. Cesko. Psychiat. 60 (1964), 152–163 (zitiert nach C. Silverman 1968).

Jackson, S. W.: Melancholia and depression. New Haven: Yale Univ. Press 1986.

Jaco, E. G.: The social epidemiology of mental disorders: a psychiatric survey of Texas. New York: Russel Sage Foundation 1960 (zitiert nach C. Silverman 1968).

Jacob, H.: Differentialdiagnose perniziöser Involutionspsychosen, präseniler Psychosen und Psychosen bei Involutionspellagra. Arch. Psychiat. Nervenkr. 201 (1960), 17–52.

–: Depression und körperliche Krankheit. Dt. Ärzteblatt (1973 a), 2366–2369.

–: Pathologisch-anatomische Prozesse und depressive Bilder im Rückbildungsalter. Das Ärztliche Gespräch (Tropon) (1973 b), 7–26.

Jacobi, E.: Die Psychosen im Klimakterium und in der Involution. Arch. Psychiat. Nervenkr. 90 (1930), 595–705.

–: Die Prognose der Rückbildungsdepression und verwandter involutiver Prozesse. Arch. Psychiat. Nervenkr. 93 (1931 a), 358–408.

–: Die Psychosen und Psychoneurosen in der Involution des Mannes. Arch. Psychiat. Nervenkr. 93 (1931 b), 358–408.

–: Die Psychoneurosen im Klimakterium und in der Involution (einschließlich des Klimakteriums virile). Zbl. Psychother. 5 (1932), 32–49.

Jacobson, E.: Contribution to the metapsychology of cyclothymic depression. In: Ph. Greenacre (Ed.), Affective disorders. Psychoanalytic contribution to their study. New York: Intern. Univ. Press 1953, pp. 47–83.

Jacobson, E.: Depression. New York: Intern. Univ. Press 1971.

–: The Depressive Personality. Int. J. Psychiat. 11 (1973), 218–221.

Jacoby, R. J.: Dementia, depression and the CT scan. Psychol. Med. 11 (1981), 673–676.

Jacoby, R. J., J. M. Bird: Computed tomography and the outcome of affective disorder: a follow-up study of elderly patients. Brit. J. Psychiatry 143 (1983), 124–127.

Jacoby, R. J., R. Levy: Computed tomography in the elderly. 3. affective disorder. Brit. J. Psychiat. 136 (1980), 270–275.

Jacoby, R., U. Schmidt: CT bei seniler Demenz und Altersdepression. Nervenarzt 56 (1985), 113–119.

Jacoby, R. J., R. Levy, J. M. Bird: Computed tomography and the outcome of affective disorder: a follow-up study of elderly patients. Brit. J. Psychiat. 139 (1981), 288–292.

Jacoby, R. J., R. J. Dolan, R. Levy, R. Baldy: Quantitative computed tomography elderly depressed patients. Brit. J. Psychiat. 143 (1983), 124–127.

Jameison, G. R., J. H. Wall: Mental reactions at the climacterium. Amer. J. Psychiat. 11 (1931–1932), 897–909.

James, N. M.: Early and late-onset bipolar affective disorder. Arch. Gen. Hopkinson, Psychiat. 34 (1977), 715–739.

Janowsky, D. S.: Pseudodementia in the elderly. Differential diagnosis und treatment. J. Clin. Psychiatry 43 (1982), 19–25.

Janzarik, W.: Dynamische Grundkonstellationen in endogenen Psychosen. Berlin, Göttingen, Heidelberg: Springer 1959.

–: Schizophrene Verläufe. Eine strukturdynamische Interpretation. Berlin, Heidelberg, New York: Springer 1968.

–: Forschungseinrichtungen und Lehrmeinungen in der Psychiatrie: Geschichte, Gegenwart, forensische Bedeutung. In: H. Göppinger, H. Witter (Hrsg.), Hdb. der forensischen Psychiatrie. Bd. I. Berlin, Heidelberg, New York: Springer 1972, 588–662.

–: Die Krise der Psychopathologie. Nervenarzt 47 (1976), 73–80.

Jarvie, H. F., M. B. Glas: On atypicality and the depressive. State. J. Ment. Sci. 96 (1950), 208–225.

Jarvik, L. F.: Aging and depression: some unanswered questions. J. Gerontol. 31 (1976), 324–326.

Jarvik, L. F., S. Gerson: Outcome of drug treatment in depressed patients over the age of fifty. In: C. A. Shamoian (Ed.), Treatment of affective disorders in the elderly. Washington: American Psychiatric Press 1985.

Jarvik, L. F., P. R. Kakkar: Ageing and response to antidepressants. In: L. F. Jarvik, D. J. Greenblatt, D. Harman (Eds.), Clinical pharmacology and the aged patient. New York: Raven Press 1981.

Jarvik, L. F., J. Mintz, J. Steuer, R. H. Gerner: Treating geriatric depression. A 26 week interim analysis. J. Amer. Ger. Soc. 30 (1982), 713–717.

Jarvik, L., J. Mintz, J. Steuer, R. Gerner, J. Aldrich, C. Hammen, S. Linde, T. McCarley, P. Motoike, R. Rosen: Comparison of tricyclic antidepressants and group psychotherapies in geriatric depressed patients. An interim analysis. In: P. J. Clayton, J. E. Barrett (Eds.), Treatment of depression: Old controversis an new approaches. New York: Raven Press 1983.

Jaspers, K.: Allgemeine Psychopathologie. Berlin: J. Springer 1913.

Jaszmann, L.: Epidemiology of climacteric and postclimacteric complaints. In: P. A. van Keep, C. Lauritzen (Eds.,), Aging and estrogens. Basel: Karger 1973, pp. 22ff.

Jaszmann, L., N. D. van Lith, J. C. A. Zaat: The age at menopause in the Netherlands. Int. J. Fertil 14 (1969), 106–117.

Jeffcoate, T. N. A.: Drugs for menopausal symptoms. Brit. Med. J. II (1960), 340–343.

Jelliffe, S. E.: The old age factor in psychoanalytical therapy. Med. J. and Rec. (Jan. 1925) (zitiert nach M. R. Kaufmann 1937).

Jenike, M. A.: Dexamethasone suppression test as a clinical aid in elderly depressed patients. J. Amer. Geriatr. Soc. 31 (1983), 45–48.

–: Handbook of geriatric Psychopharmacology. Littleton: Year Book Medical Publishers 1985.

Jensen, E., W. Hojer-Pedersen, F. Schulsinger, M. Kyng, J. Vendelbo: Experiences with a depression project – with special regard to involutions melancholia. Acta Psychiat. Scand., Supp. 169 (1963), 72–81.

Johnson, D. E.: A depressive retirement syndrome. Geriatrics 13 (1958), 314–319.

Jolley, D., T. Arie: Psychiatric services for the elderly: how many beds. Brit. J. Psychiatry 129 (1976), 418–423.

Jolly, F.: Referat: Kraepelin. Psychiatrie. 5. Aufl. Leipzig 1896. Arch. Psychiat. 28 (1896), 1003–1006.

Jones, M. S., T. N. MacGregor, H. Tod: Estradiol benzoate therapy in the depression at the menopause. Lancet 1 (1937), 320.

Joraschky, P.: Die Bedeutung der Partnerschaft für Entstehung und Verlauf der Depression in der Involution. In: E. Lungershausen, W. P. Kaschka, R. J. Witkowski (Hrsg.), Affektive Psychosen. Stuttgart, New York: Schattauer 1990.

Jorm, A. F.: Cognitive deficit in the depressed elderly: A review of some basic unresolved issues. Australia and New Zealand J. Psychiatry 20 (1986), 11–22.

Joyce, B. R.: Age of onset in bipolar affective disorder and misdiagnosis as schizophrenia. Psychological Med. 14 (1984), 145–149.

Juarros, C.: Psychoneurotische Formen des männlichen Klimax und ihre Opotherapie. Med. Iberica 18 (1924), 1013 (Ref.: Zbl. Neurol. 81 [1925] 418).

Juel-Nielsen, N., M. Bille, J. Flygenring, T. Helgason: Frequency of depressive states within geographically delimited population groups. Incidence (The Aarhus County Investigation). Acta Psychiat. Scand., Suppl. 162 (1961), 69–80.

Juliusberger, O.: Über Pseudo-Melancholie. Mschr. Psychiat. 17 (1904a), 72–77.

–: Zur Symptomatologie der Melancholie. Mschr. Psychiat. 17 (1904b), 389–395.

–: Über Pseudo-Melancholie. Centralbl. Nervenheilk. Psychiat. 17 (1906), 216–229.

Jung, R.: Zur Klinik und Pathogenese der Depression. Zbl. Neurol. 119 (1952), 163.

Kahlbaum, K. L.: Die Gruppierung der psychischen Krankheiten und die Einteilung der Seelenstörungen. Danzig: Kafemann 1863.

Kahn, R. L., S. H. Zarit, N. M. Hilbert, G. Niedersehe: Memory complaint and impairment in the aged: the effect of depression and altered brain function. Arch. Gen. Psychiatry 32 (1975), 1569–1573.

Kalinowski, L., P. H. Hoch: Shock treatment and other somatic procedures in psychiatry. New York: Grune and Stratton 1952.

Kalinowsky, L. B., H. Hippius: Pharmacological, convulsive and other somatic treatments in psychiatry. New York: Grune and Stratton 1969.

Kallman, F. J.: The genetics of psychoses. In: Actualités scientifiques et industrielles, T. VI. (Congr. Int. Psychiat.) Paris: Hermann 1950.

–: Genetic principles in manic-depressive psychosis. In: P. H. Hoch, J. Zubin (Eds.), Depression. New York: Grune and Stratton 1954.

–: Genetic aspects of mental disorders in later life. In: O. J. Kaplan, Mental disorders in later life, 2nd Ed. Stanford: Stanford Univ. Press 1956.

Kammerer, T.: Pseudodémence de Wernicke. In: A. Porot (Ed.), Manuel alphabetique de psychiatrie. Paris: Presses Universitaires de France 1975.

Kanowski, S.: Classification of psychopathologic syndromes in old age. In: F. Hoffmeister, C. Müller (Eds.), Brain function in old age. Evaluation of changes and disorders. Berlin, Heidelberg, New York: Springer 1979.

–: Somatotherapie. In: K. P. Kisker, H. Lauter, J.-E. Meyer, C. Müller, E. Strömgren (Hrsg.), Psychiatrie der Gegenwart 8. Alterspsychiatrie. Berlin, Heidelberg, New York, London, Paris, Tokyo: Springer 1989.

Kant, O.: Zur Strukturanalyse der klimakterischen Psychosen. Zschr. f. d. ges. Neurol. u. Psychiat. 104 (1926), 174–224.

–: Psychologie der Depression. Zschr. f. d. ges. Neurologie 63 (1928), 225–285.

Kantor, S. J., A. H. Glassman: Delusional depression: natural history and response to treatment. Brit. J. Psychiatry 131 (1977), 351–360.

Karlinsky, H., K. Shulman: The clinical use of ECT in old age. J. Amer. Ger. Soc. 32 (1984), 183–186.

Kathol, R., G. Winokur: "Organic" and "psychotic" symptoms in unipolar (up) vs. bipolar (bp) depressions. Compr. Psychiatry 18 (1977), 251–253.

Katschnig, H. (Hrsg.): Sozialer Stress und psychische Erkrankung. München, Wien, Baltimore: Urban & Schwarzenberg 1980.

Katz, I. R.: Physical illness and treatment response: neurochemical consideration. In: P. J. Clayton, J. E. Barret (Eds.), Treatment of depression: old controversies and new approaches. New York: Raven Press 1983.

Katzman, R., R. B. Karasu: Differential diagnosis of dementia. In: W. S. Fields (Ed.), Neurological and sensory disorders in the elderly. New York: Stratton International Book Corp. 1975.

Kaufman, M. R.: Psychoanalysis in late-life depressions. Psychoanalyt. Quaterly 6 (1936), 308–335.

–: Old age and aging: The psychoanalytic point of view. Amer. J. Orthopsychiat. 10 (1940), 73–79.

Kay, D. W. K.: Observations on the natural history and genetics of old age psychoses. A Stockholm material, 1931–1937 (abridged). Proc. Roy. Soc. Med. 52 (1959), 791–794.

–: Outcome and cause of death in mental disorders of old age: a long-term follow-up of functional and organic psychoses. Act. Psychiat. Scand. 38 (1962), 249–276.

Kay, D. W. K., M. Roth: Physical accompaniments of mental disorder in old age. Lancet 269 (1955), 740–745.

Kay, D. W. K., K. Bergmann: Physical disability and mental health in old age. J. Psychosomatic Res. 10 (1966), 3–12.

Kay, D. W. K., M. Roth, B. Hopkins: Affective disorders arising in the senium. 1. Their association with organic degeneration. J. Ment. Sci. 101 (1955), 302–316.

Kay, D. W. K., V. Norris, F. Post: Prognosis in psychiatric disorders of the elderly. An attempt to define indicators of early death and early recovery. J. Ment. Sci. 102 (1956), 129–140.

Kay, D. W. K., P. Beamish, M. Roth: Old age mental disorders in Newcastle upon Tyne. Part I. A study of prevalence. Brit. J. Psychiat. 110 (1964 a), 146–158.

Kay, D. W. K., P. Beamish, M. Roth: Old age mental disordes in Newcastle upon Tyne. Part II. A study of possible social and medical causes. Brit. J. Psychiat. 110 (1964 b), 668–682.

Kay, D. W. K., A. S. Henderson, R. Scott, J. Wilson, D. Rickwood, D. A. Grayson: Dementia and depression among the elderly living in the Hobart community: the effect of the diagnostic criteria on the prevalence rates. Psychol. Med. 15 (1985), 771–788.

Kehrer, F. A.: Die Psychosen des Um- und Rückbildungsalters. Kritisches Übersichtsreferat. Zbl. Neurol. 25 (1921), 1–37.

–: Methodische Fragen und Gesichtspunkte der heutigen Psychiatrie. Zschr. f. d. ges. Neurol. Psychiat. 81 (1923), 431–455.

–: Die krankhaften psychischen Störungen des Rückbildungsalters vom klinischen Standpunkt aus. Zeitschr. f. ges. Neurol. Psychiat. 167 (1939), 35–77.

–: Die Psychoneurotik der zweiten Lebenshälfte und ihre Behandlung. In: Handb. d. Neurosenlehre. Bd. II. München, Berlin: Urban & Schwarzenberg 1959, 384–427.

Kehrer, F., E. Kretschmer: Die Veranlagung zu seelischen Störungen. Berlin: J. Springer 1924.

Keith, I. G.: Clinical use of the DST in a psychogeriatric population. Br. J. Psychiatry 145 (1984), 389–393.

Kemmerich, C.: Depressionen im Alter. Der Informierte Arzt – Gazette Médicale 90 (1990), 1239–1242.

Kendell, R. E.: The classification of depressive illness. London: Oxford Univ. Press 1968 a.

–: The problem of classification. In: A. Coppen, A. Walk (Eds.), Recent developments in affective disorders. Brit. J. Psychiat. Spec. publ. No. 2 (1968 b), 15–26.

–: The role of diagnosis in psychiatry. Oxford, London, Edinburgh, Melbourne: Blackwell 1975.

–: The classification of depressions. Brit. J. Psychiat. 1239 (1976), 15–28.

–: The contribution of ECT to the treatment of affective disorders. In: R. L. Palmer (Ed.), ECT: An appraisal. Oxford: Univ. Press 1981.

Kendell, R. E., F. Post: Depressive illness in late life. Brit. J. Psychiat. 122 (1973), 615–617.

Kendell, R. E., P. Pichot, M. von Cranach: Differences in concepts of affective disorder amongst European psychiatrists. In: J. Angst (Ed.), Classification and prediction of outcome of depression. Stuttgart, New York: Schattauer 1974, 27–38.

Kendrick, D. C., F. Post: Differences in cognitive states between healthly psychiatri-

cally ill and diffusely brain-damaged elderly subjects. Brit. J. Psychiatry 113 (1967), 75–81.
Kennedy, G. J., H. R. Kelman, C. C. Thomas, W. Wisniewski, H. Matz, R. Bejier: Hierachy of characteristics associated with depressive symptoms in an urban elderly population. Am. J. Psychiatry 146 (1989), 220–225.
Kennedy, G. J., H. R. Kelman, C. Thomas: Emergence of depressive symptoms in the community elderly: Importance of declining health and increasing disability. J. Comm. Health 15 (1990), 95–105.
Kennedy, G. J., H. R. Kelman, C. Thomas: Persistance and remission of depressive symptoms in late life. Am. J. Psychiatry 148 (1991), 174–178.
Kerr, T. A., K. Schapira, M. Roth: The relationship between premature death and affective disorders. Brit. J. Psychiatry 115 (1969), 1277–1282.
Kidd, C. B.: A suggested relationship between hypertension and affective disorders in the elderly. Ir. J. Med. Sci. 6 (1963), 427–431.
Kidd, K. K., M. M. Weissman: Why we do not yet understand the genetics of affective disorders. In: O. Cole, A. F. Schatzberg, S. H. Frazier (Eds.), Depression, biology, psychodynamics and treatment. New York, London: Plenum Press 1978, 107–121.
Kielholz, A.: Zur Behandlung und Verhütung von Depressionen bei Pensionierten. Schweiz. Arch. Neurol. Psychiat. 73 (1954), 423–424.
Kielholz, P.: Diagnostik und Therapie der depressiven Zustandsbilder. Schweiz. Med. Wschr. 87 (1957 a), 87–90, 107–110.
–: Ätiologie, Prophylaxe und Therapie der Involutionsdepressionen. Bull. Eidg. Gesund. Amt 19 (1957 b), 1–7.
–: Klinik, Differentialdiagnostik und Therapie der depressiven Zustandsbilder. Documenta Geigy, Acta Psychosomatica 2 61959).
–: Diagnostik und Therapie der erschöpfungsdepressiven Zustandsbilder. Wien. Med. Wschr. 110 (1960 a), 714–716.
–: Diagnostik und Therapie der sogenannten klimakterischen Depressionen. Geburtsh. u. Frauenheilkunde 20 (1960 b), 614–617.
–: Die Therpie der Altersdepressionen. In: O. Gsell (Hrsg.), Krankheiten der über Siebzigjährigen. Bern, Stuttgart: Huber 1964, 238–242.
–: Klassifizierung der depressiven Verstimmungszustände. In: H. Hippius, H. Selbach (Hrsg.), Das depressive Syndrom. München, Berlin, Wien: Urban & Schwarzenberg 1969.
–: Diagnose und Therapie der Depressionen für den Praktiker. München: Lehmann 1971.
–: Diagnostik und Therapie der Altersdepression. Schweiz. Rundschau Med. (Praxis) 76 (1987), 1134–1140.
Kielholz, P., G. Hole: Stichwort: Depression: Sonderformen. In: C. Müller (Hrsg.), Lexikon der Psychiatrie. Berlin, Heidelberg, New York: Springer 1973, 111–132.
Kiloh, L. G.: Pseudo-Dementia. Acta Psychiat. Scand. 37 (1961), 336–351.
–: The differentiation of depressive syndromes. In: D. Maddison, G. Duncan (Eds.), Aspects of depressive illness. Edingburgh, London: Livingstone 1965, 1–30.
–: Depressive illness masquerading as dementia in the elderly. Med. J. Aust. 2 (1981), 550–553.

Kiloh, L. G., R. F. Garside: The independence of neurotic depression and endogenous depression. Brit. J. Psychiat. 109 (1963), 451–463.

Kiloh, L. G., G. Andrews, M. Neilson: The long-term outcome of depressive illness. Br. J. Psychiatry 153 (1988), 752–757.

Kinkelin, M.: Verlauf und Prognose des manisch-depressiven Irreseins. Schweiz. Arch. Neurol. Psychiat. 73 (1954), 100–146.

Kino, F. F., F. J. Thorpe: Electrical convulsion therapy in 500 selected psychotics. J. Ment. Science 92 (1946), 138.

Kinzie, J. D., P. Lewinsohn, R. Maricle: The relationship of depression to medical illness in an older community population. Compr. Psychiatry 27 (1986), 241–246.

Kirby, G. H.: Psychiat. Bull. New York State Hospitals 1 (1909), 459 (zitiert nach Titley 1936).

Kirchhoff, Th.: Geschichte der Psychiatrie. In: G. Aschaffenburg (Hrsg.), Hdb. der Psychiatrie (A, 4. Abtlg.). Leipzig, Wien: Deutike 1912.

Kirn: Die periodischen Geistesstörungen. Stuttgart 1878.

Kisch, E. H.: Das klimakterische Alter der Frauen in physiologischer und pathologischer Beziehung. Erlangen 1874.

Kisker, K. P., H. Lauter, J.-E. Meyer, C. Müller, E. Strömgren (Hrsg.): Affektive Psychosen. Psychiatrie der Gegenwart 5. Berlin, Heidelberg, New York, London, Paris, Tokyo: Springer 1987.

Kitchnell, M. A., R. F. Barnes, R. C. Vieth: Screening for depression in hospitalized geriatric medical patients. J. Amer. Geriatr. Soc. 30 (1982), 174–177.

Kivelä, S. L., A. Nissinen, J. Tuopmilehto, J. Pekkanen, S. Punsar, U. K. Lammi, P. Puska: Prevalence of depressive and other symptoms in elderly finnish men. Acta Psychiatr. Scand. 73 (1986), 93–100.

Kivelä, S. L., K. Pahkala, P. Laippala: Prevalence of depression in an elderly population in Finland. Acta Psychiatr. Scand. 78 (1988), 401–413.

Kivelä, S. L., K. Pahkala: Dysthymic disorder in the aged in the community. Soc. Psychiatry Psychiatr. Epidemiol. 24 (1989), 77–83.

Klages, W.: Lebensalter und Psychose. Med. Klin. 61 (1966), 1169–1173.

Klaiber, E. L., D. M. Brovermann, W. Vogel, Y. Kobayashi. D. Moriarty: Effects of estrogen therapy on plasma mao activity and EEG driving responses of depressed women. Amer. J. Psychiat. 128 (1972), 1492–1498.

Klaiber, E. L., D. M. Broverman, W. Vogel, Y. Kobayashi: The use of steroid hormones in depression. In: T. M. Itil, G. Laudahn, W. M. Hermann (Eds.), The psychotropic effects of hormones. New York: Spectrum Publications 1976.

Klaiber, E. L., D. M. Broverman, W. Vogel, Y. Kobayashi: Estrogen therapy for severe persistant depressions in women. Arch. Gen. Psychiat. 36 (1979), 550–554.

Klein, D. F.: Endogenomorphic depression. In: J. Angst (Ed.), Classification and prediction of outcome of depression. Stuttgart, New York: Schattauer 1974, 289–300.

Klein,M.: Mourning and manic-depressive states. Intern. J. Psycho.-Anal. 21 (1940), 125.

–: Zur Psychogenese der manisch-depressiven Zustände. Psyche 14 (1960), 256–283.

Kleist, K.: Die gegenwärtigen Strömungen in der Psychiatrie. Berlin, Leipzig: De Gruyter 1925.

Klerman, G.: Age and clinical depression: today's youth in the twenty-first Century. J. Gerontol. 31 (1976), 318–323.

Kluge, E.: Über die Entwicklung puerperaler und klimakterischer Geistesstörungen. Allgem. Zschr. Psychiat. 120 (1942), 246–280.

–: Die zwei Sprachen in der Psychiatrie. Fortschr. Neurol. Psychiat. 45 (1977), 567–575.

Knesevich, J. W., R. L. Martin, L. Berg, W. Danziger: Preliminary report on affective symptoms in the early stages of senile dementia of the Alzheimer type. Amer. J. Psychiatry 140 (1983), 233–235.

Kockott, G.: Der Selbstmord-Versuch im Alter. Fortschr. Med. 99 (1981), 1049–1056.

Kockott, G., H. Hayse, W. Feuerlein: Der Selbstmordversuch durch Intoxikation. Fortschr. Neurol. Psychiat. 18 (1970), 441–465.

Köknel, O. E., O. Polvan: Ätiological consideration on the depressive syndromes appearing in the second half of life. In: Proceedings of the 7th international congress of gerontology. Vol. 3. Wien: Med. Akad. 1966, 47–50.

Kölpin, O.: Klinische Beiträge zur Melancholiefrage. Arch. f. Psychiat. 39 (1905), 1–52.

Kolb, L. C.: The role of psychotherapy in the management of depression. In: D. Maddison, G. Duncan (Eds.), Aspects of depressive illness. Edingburgh, London: Livingstone 1965, 101–123.

–: Noyes' modern clinical psychiatry. 7th ed. Philadelphia London, Toronto: Saunders 1968.

Koenig, H. G., K. G. Meador, H. J. Cohen, D. G. Blazer: Selfrated depression scales and screening for major depression in the older hospitalized patient with medical illness. J. Am. Geriatr. Soc. 36 (1988), 699–706.

Kopera, H.: Östrogene und psychische Funktionen. In: P. A. van Keep, C. Lauritzen (Hrsg.), Älterwerden und Östrogene. Möglichkeiten der Endokrinologie. Basel: Karger 1973, 128–144.

Kornhuber, H.: Über Auslösung cyklothymer Depressionen durch seelische Erschütterungen. Arch. Psychiat. Nervenkr. 193 (1955), 391.

Kortus, R.: Demenz und depressive Pseudodemenz. Krankenhausarzt 5 (1992), 223–226.

Kracauer, S.: Die Melancholie der Frauen nach dem Climacterium. Inaug. Diss. 1887. Allgem. Zschr. F. Psychiat. 40 (1906), 384.

Kraepelin, E.: Compendium der Psychiatrie. Leipzig: J. E. Barth 1883.

–: Psychiatrie. 4. Aufl. Leipzig: J. E. Barth 1893.

–: Lehrbuch der Psychiatrie. 5. Aufl. Leipzig: J. E. Barth 1896.

–: Die klinische Stellung der Melancholie. Mschr. Psychiat. Neurol. 6 (1899), 325–335.

–: Psychiatrie. II. Bd. Klinische Psychiatrie. 7. Aufl. Leipzig: J. E. Barth 1904.

–: Psychiatrie. 8. Aufl. Leipzig: J. E. Barth 1909–1913.

–: Die Erscheinungsformen des Irreseins. Zschr. Ges. Neurol. Psychiat. 62 (1920), 1–29.

Krafft-Ebing, R. von: Die Melancholie. Klinische Studie. Erlangen 1974.

–: Irresein im Klimakterium. Allgem. Z. Psychiat. 34 (1878), 407–417.

Kraiuhin, C., E. Gordon, S. Coyle: Normal latency of P300 event-related potential in mild-to-moderate Alzheimer's disease and depression. Biol. Psychiatry 28 (1990), 372–386

Kral, V. A.: Masked depressions in middle aged men. Canad. Med. Ass. J. 79 (1958), 1.

–: Somatic therapies in older depressed patients J. Gerontol. 31 (1976), 311–313.

–: Neurotic reactions of the aged – their treatment. Can. Psychiatr. J. Univ. Ottawa 3 (1978), 111–114.

–: Depressive Pseudodemenz und senile Demenz vom Alzheimer Typ, eine Pilotstudie. Nervenarzt 53 (1982), 284–286.

–: The relationship between senile dementia (Alzheimer type) and depression. Canadian J. Psychiatry 28 (1983), 304–306.

Kral, V. A., R. Elvidge: Four years' experience with prefrontal lobotomy. Amer. J. Psychiat. 112 (1955), 375–381.

Kral, V. A., O. Emery: Longterm follow-up of depressive pseudodementia. Can. J. Psychiatry 34 (1989), 445–447.

Kramer, B. E.: Depressive pseudodementia. Comprehensive Psychiatry 23 (1982), 538–544.

Kramer-Ginsberg, E., B. S. Greenwald, P. S. Aisen, C. Brod-Miller: Hypochondriasis in the elderly depressed. J. Am. Geriatr. Soc. 37 (1989), 507–510.

Kranz, H.: Depressionen. Ein Leitfaden für die Praxis. München-Gräfelfing: Banaschewski 1970.

Kraus, A.: Melancholiker und Rollenidentität. In: W. Schulte, W. Mende (Hrsg.), Melancholie. Stuttgart: Thieme 1969, 141–146.

–: Der Typus Melancholicus in östlicher und westlicher Forschung. Der japanische Beitrag M. Shimodas zur prämorbiden Persönlichkeit Manisch-Depressiver. Nervenarzt 42 (1971), 481–483.

–: Neuere psychopathologische Konzepte zur Persönlichkeit Manisch-Depressiver. In: C. Mundt, P. Fiedler, H. Lang, A. Kraus (Hrsg.), Depressionskonzepte heute: Psychopathologie oder Pathopsychologie? Berlin, Heidelberg, New York, London, Paris, Tokyo, Hong Kong, Barcelona: Springer 1991.

Krauss, P.: Über psychische Störungen bei Frauen nach der Kastration. Zschr. f. d. ges. Neurol. Psychiat. 141 (1932), 750–765.

–: Zur Krampfbehandlung der Verstimmungszustände und psychogenen Reaktionen. Nervenarzt 18 (1947), 127–134.

Krebs-Roubicek, E.: Psychotherapie im Alter. Ihre Rolle im Behandlungskonzept. Der Informierte Arzt – Gazette Médicale 91 (1991), 297–300.

Kreitman, N.: Die Epidemiologie des Suizids und Parasuizids. In: K. P, Kisker, H. Lauter, J.-E. Meyer, C. Müller, E. Strömgren (Hrsg.), Psychiatrie der Gegenwart 2, Krisenintervention, Suizid, Konsiliarpsychiatrie. Berlin, Heidelberg, New York, Tokyo: Springer 1986.

Kretschmer, E.: Gedanken über die Fortentwicklung der psychiatrischen Systematik. Zschr. Neurol. 48 (1919), 370–377.

–: Körperbau und Charakter. (1921) 25. Aufl. Berlin, Heidelberg New York: Springer 1967.

Kreuser, H.: Spätgenesungen bei Geisteskrankheiten. Allgem. Zschr. Psychiat. 57 (1900), 771–813.

–: Über Geistesstörungen im hohen Lebensalter und ihre Heilungsaussichten. Allg. Zschr. Psychiat. u. Psych.-Gerichtl. Med. 71 (1914), 1–22.

Kris, E. B.: Depressions in the aged patient. Canad. Psychiat. Ass. J. 11 (Suppl.) (1966), 313–316.

Kroger, W. S.: Consultant. October 1963, 25 (zitiert nach Polivy 1974).

Krüskemper, G.: A Study of the relations between estrogen deficiency, age and mental adjustment as measured by the Minnesota multiphasic personality inventory. Psychosom. Med. Obstet. Gynecol. (3rd Int. Congr. London 1971). Basel: Karger 1972, S. 628–632.

Results of psychological testing (MMPI) in climacteric women. In: P. A. van Keep, C. Lauritzen (Eds.), Aging and estrogens. Basel: Karger 1975.

Kryspin-Exner, W.: Beitrag zur Symptomatologie der Psychosen in den sogenannten Umbildungsjahren. Arch. Psychiat. Nervenkrankh. 69 (1923), 396–449.

–: Über Verlaufsformen von Psychosen des höheren Lebensalters. Arch. f. Psychiat. Nervenkr. 70 (1924), 369–414.

Kua, E. H.: Depressive disorder in elderly chinese people. Acta Psychiatr. Scand. 81 (1990), 386–388.

Kucharski, L. T., R. M. White, M. Schratz: Age bias, referal for psychological assistance and the private physician. J. Gerontology 34 (1979), 423–428.

Kuhn, T. S.: Die Struktur wissenschaftlicher Revolutionen. Frankfurt a. M.: Suhrkamp 1967.

Kuhs, H.: Depression und Demenz. Dt. Ärzteblatt 89 (1992), B1585–B1588.

Kuhs, H., R. Tölle: Schlafentzug (Wachtherapie) als Antidepressivum. Fortschr. Neurol. Psychiat. 54 (1986), 341–355.

Kuhs, H., R. Tölle: Symptomatik der affektiven Psychosen (Melancholien und Melancholien) in: K. P. Kisker, H. Lauter, J. E. Meyer, C. Müller, E. Strömgren (Hrsg.), Psychiatrie der Gegenwart 5. Affektive Psychosen. Berlin, Heidelberg, New York, London, Paris, Tokyo: Springer 1987.

Kukull, W. A., T. D. Koepsell, T. S. Inuit: Depressive and physical illness among elderly general medical clinical patients. J. Affect. Diss 10 (1986), 153–162.

Kupfer, D. J., C. F. Reynolds, C. L. Ehlers: Comparison of EEG sleep measures among depressive subtypes and controls in older individuals. Psychiatry Research 27 (1989), 13–21.

Kurz, A., M. Haupt, B. Romero, R. Zimmer, H. Lauter, H. von Einsiedel: Kognitive Störungen bei Depression oder beginnende Alzheimersche Krankheit? Zschr. für Gerontopsychologie und -psychiatrie 4 (1991), 35–40.

Kutko, I. I.: Comparative features of the clinical and physiological changes in circular presenile and reactive depressions (russ.). Z. Nevropat. Psikhiat. Korsakow 69 (1969), 1070–1075.

Laakmann, G.: Beeinflussung der Hypophysenvorderlappen-Hormonsekretion durch Antidepressiva bei gesunden Probanden, neurotisch und endogen depressiven Patienten. Nervenarzt 51 (1980), 725–732.

Labhardt, F.: Die psychopharmakologische Behandlung von Alterskrankheiten. In: O. Gsell (Hrsg.), Die Krankheiten der über 70jährigen. Bern, Stuttgart: Huber 1964, 243–352.

Ladurner, G., W. Pieringer, W. D. Sager: Depressive syndromes in middle age and organic brain disease. Psychiat. Clin. 14 (1981), 105–111.

Lai, G.: L'evolution psychodynamique des patients deprimes dans la senescène. Evolut. Psychiat. 33 (1968), 113–137.

Lancaster, N. P.: Involutional melancholia as a disease of adaption. J. Clin. Exper. Psychopath. 18 (1957), 358–366.

Lanczik, M., H. Beckmann: Historical aspects of affective disorders. In: J. P. Feighner, W. F. Boyer: The diagnosis of depression. Chichester, New York, Brisbane, Toronto, Singapore: Wiley & Sons 1991.

Landoni, G., L. Ciompi: Etudes statistiques sur l'age de predilection des troubles deprssifs. Evol. Psychiatr. (1971), 583–605.

Lang, N.: Pathogenese, Diagnostik und Behandlung klimakterischer Störungen. Gynäkologie 2 (1970), 122–127.

Lange, J.: Über Melancholie. Zschr. f. d. ges. Neurol. 101 (1926), 293–319.

–: Die endogenen und reaktiven Gemütserkrankungen. Reaktive Formen. In: D. Bumke (Hrsg.), Handbuch der Geisteskrankheiten. Bd. 6, Teil II (1928), 96–102, 211–231.

–: Zirkuläres (manisch-depressives) Irreseins. In: A. Gütt (Hrsg.), Handbuch der Erbkrankheiten. Bd. 4, Leipzig: Thieme 1942, 1–82.

Langer, G., G. Heinze, B. Reim, N. Matussek: Reduced growth hormone responses to amphetamine in "endogenous" depressive patients. Arch. Gen. Psychiatry 33 (1976), 1471–1475.

Langner, F. W., M. D. Kemp: Depressive psychoses in later life. N. C. Med. J. 15 (1954), 164–170.

Larsson, T., T. Sjögren: A methodological psychiatric and statistical study of a large Swedish rural population. Acta Psychiat. Neurol. Scand., Suppl. 89 (1954).

LaRue, A.: Memory loss and aging. Distinguishing dementia from benign senescent forgetfulness and depressive pseudodementia. Psychiatric Clinics of North America 5 (1982), 89–103.

LaRue, A., J. Spar, C. D. Hill: Cognitive impairment in late-life depression: Clinical correlates and treatment implications. J. Affect. Diss. 11 (1986), 179–184.

Lassenius, B., E. Ostermann, R. Dimberg: Psychosis in the aged. Acta Psychiat. (KBH), Suppl. 196 (1956), 74.

Lauritzen, C.: The hypothalamic anterior pituitary systems in the climacteric age period. In: P. A. van Keep, C. Lauritzen (Eds.), Estrogens in the post-menopause. Basel: Karger 1973.

Lauter, H.: Altersdepressionen – Ursachen, Epidemiologie, Neurologie. Act. Geront. 3 (1973 a), 147–252.

–: Depressionen im Rückbildungsalter. Das Ärztliche Gespräch (Tropon) (1973 b), 69–90.

–: Epidemiologische Aspekte alterpsychiatrischer Erkrankungen. Nervenarzt 45 (1974), 277–288.

–: Erkennung endogener Depressionen im Alter. Münch. Med. Wschr. 126 (1984), 47–50.

Lauter, H., R. Zimmer: Erkennung endogener Depressionen im Alter. In: H. Helmchen, H. Hippius (Hrsg.), Psychiatrie für die Praxis. München: MMV Medizin Verlag 1985.

Lauter, H., S. Dame: Depressive disorders and dementia: The clinical view. Acta Psychiat. Scand. Suppl. 366 (1991), 40–46.

Lawton, M. P.: Geropsychological knowledge as a background for psychotherapy with older people. J. Geriatric Psychiatry 9 (1976), 221–233.

Lawton, M. P., L. E. Gottesman: Psychological services to the elderly. Amer. Psychologist 29 (1974), 689.

Lazarus, L. W., N. Newton, B. Cohler, J. Lesser, C. Schweon: Frequency presentation of depressive symptoms in patients with primary degenerative dementia. Am J. Psychiatry 244 (1987), 41–45.

Lechler, H.: Die Psychosen der Alten. Arch. Psychiat. u. Z. Neurol. 185 (1950), 440–465.

Lee, A. S., R. M. Murray: The long-term outcome of Maudsley depressives. Br. J. Psychiatry 153 (1988), 741–751.

Lehmann, H. E.: Psychiatric concepts of depression: nomenclature and classification. Canad. Psychiat. Ass. J., Spec. Suppl. (1959), 1–12.

–: Epidemiology of depressive disorders. In: R. R. Fieve (Ed.), Depression in the 1970's. Amsterdam, London, Princeton: Excerpta Medica 1971, 21–30.

–: Classification of depressive states. Can. Psychiatr. Assoc. J. 22 (1977), 381–390.

–: Psychopharmacotherapie in psychogeriatric disorders. In: F. Hoffmeister, C. Müller (Eds.), Brain function in old age. Evaluation of changes and disorders. Berlin, Heidelberg, New York: Springer 1979.

–: Affective disorders in the aged. Psychiatric Clinics of North America 5 (1982), 27–44.

Lehr, U.: Psychologie des Alterns. 3. Aufl. Heidelberg: Quelle und Meyer 1977.

Lehtinen, T.: Psychische Probleme nach Hysterektomie. Der Informierte Arzt, Gazette Médicale 9 (1988), 45–50.

Leibrand, W., A. Wettley: Der Wahnsinn, Freiburg, München: K. Alber 1961.

Leonhard, C. V.: Depression and suicidality. J. Consult. Clin. Psychol. 42 (1974), 98–104.

Leonhard, K.: Involutive und ideopathische Angstdepression in Klinik und Erblichkeit. Leipzig: Thieme 1937.

–: Die Aufteilung der endogenen Psychosen, 2. Aufl. Berlin: Akademie-Verlag 1959.

–: Neurotische Entwicklungen aufgrund der Zurruhesetzung. Dtsch. Gesundheitswesen 15 (1960), 387–392.

Leonhard, K., E. M. Briewig: Ätiologische Differenzierung von Depressionen jenseits des 60. Lebensjahres. Arch. Psychiat. Nervenkr. 205 (1964), 358–374.

Lerer, B., S. Gershon (Eds.): New directions in affective disorders. New York, Berlin, Heidelberg, London, Paris, Tokyo, Hong Kong: Springer 1989.

Lesse, S.: The multivariant masks of depression. Amer. J. Psychiat. 124 Suppl. (1968), 35–40.

– (Ed.): Masked depression. New York: Jason Aronson 1974.

Levanger, A. W., P. M. Levine: Age of onset of bipolar affective illness. Arch. Gen. Psychiatry 35 (1978), 1345–1348.

Levin S.: Depression in the aged: a study of the salient external factors Geriatrics 18 (1963), 302–307.

–: Depression in the aged: the importance of external factors. In: R. Kastenbaum (Ed.), New thoughts on old age. New York: Springer 1964, 179–185.

–: Depression in the aged. In: M. A. Berezin, S. H. Cath (Eds.), Geriatric psychiatry: grief, loss and emotional disorders in the aging process. New York: Int. Univ. Press 1965, 203–245.

–: The concept and phenomenology of depression, with special reference to the aged. J. Geriatric Psychiatry 7 (1974), 48–54.

Levitt, E. E., B. Lubin: Depression. Concepts, controversies and some newer facts. New York: Springer 1975.

Lewinsohn, P. M.: A behavioral approach to depression. In: R. J. Friedman, M. M. Katz (Eds.), The psychology of depression. Washington: Winston, Wiley 1974, 157–178.

Lewis, A. J.: Melancholia: a historical review. J. Ment. Sci. 80 (1934a), 1–42.

–: Melancholia: a clinical survey of depressive states. J. Ment. Sci. 80 (1934b), 277–378.

–: Melancholia: A prognostic study. J. Ment. Sci. (1936), 488–558.

–: States of depression: Their clinical and aetiological differentiation. Brit. Med. J. 2 (1938), 875–878.

–: "Endogenous" and "exogenous" a usefull dichotomy. Psychological Medicine 1 (1971), 191–196.

Lewis, C. N.: Reminiscence and self-concept in old age. J. Gerontol. 26 (1971), 240–243.

Lewis, M. J., R. N. Butler: Life-review therapy. Putting memories to work in individual and group psychotherapy. Geriatrics 29 (1974), 165–173.

Lidz, T.: Adolf Meyer and the development of American psychiatry. Amer. J. Psychiatry 123 (1966), 320–332.

Liedermann, P. C., R. Green, V. R. Liederman: Outpatient group therapy with geriatric patients. Geriatrics 22/1 (1967), 148–153.

Lindemann, E.: Symptomatology and management of acute grief. Amer. J. Psychiatry 101 (1944), 141–148.

Lindesay, J.: Suicide and attempted suicide in old age. In: E. Murphy (Ed.), Affective disorders in the elderly. Edingburgh, London, Melbourne, New York: Churchill Livingstone 1986.

Linn, M. W., K. Hunter, R. Harris: Symptoms of depression and recent life events in the community elderly. J. Clin. Psychology 36 (1980), 675–682.

Lipowski, Z. J.: Organic mental disorders: Introduction and review of syndromes. In: H. I. Kaplan, A. M. Freedman, B. J. Sadock (Eds.), Comprehensive Textbook of Psychiatry III. Vol. 2, Baltimore, London: Williams and Wilkins 1980.

–: Holostic-medical foundations of American psychiatry: A bicentennial. Amer. J. Psychiatry 138 (1981), 888–895.

Lipschitz, R.: Zur Ätiologie der Melancholie. Monatsschr. f. Psychiat. Neurol. 18 (1905), 193–220, 358–381.

Lipton, M. A.: Age differentiation in depression: biochemical aspects. J. Gerontol. 31 (1976), 293–299.

Liston, E. H.: Occult presenile dementia. J. Clin. Psychiatry 39 (1978), 599–603.
–: Clinical findings in presenile dementia. A report of 59 cases. J. Nerv. ment. Dis. 167 (1979), 337–343.
Little, G. A., D. E. Cameron: The effects of theelin on anxiety. Canad. Med. Ass. J. 37 (1937), 144–150.
Lodge Patch, I. C., F. Post, P. Slater: Constitution and the psychiatry of old age. Brit. J. Psychiat. 111 (1965), 405–413.
Logschail, S.: Affective illness changing to paranoid state: report on three elderly patients. Brit. J. Psychiatry 144 (1984), 209–210.
Lomer, G.: Das Verhältnis der Involutionspsychosen zur juvenilen Demenz. Allgem. Zschr. Psychiat. 62 (1905), 769–774.
Lopez, O. L., F. Boller, J. T. Becker, M. Miller, C. F. Reynolds: Alzheimer's disease and depression. Neurophysiological impairment and progression of the illness. Am. J. Psychiatry 147 (1990), 855–860.
Loranger, A. W.: X-Linkage and manic depressive illness. Brit. J. Psychiat. 127 (1975), 482–488.
Lorenzer, A.: Die Verlustdepression. Arch. f. Psychiatrie, Zschr. Ges. Neurol. 198 (1959), 649–658.
Lovell, H. W.: Electric shock therapy in the aging. Geriatrics 3 (1948), 285–293.
Low, A. A., I. L. Sonnenthal, M. Blaurock, M. Kaplan, I. Sherman: Metrazol shock treatment of the "functional" psychoses. Arch. Neurol. Psychiat. 39 (1938), 717–736.
Lowenthal, M. F.: Social isolation and mental illness in old age. In: P. F. Hansen, Age with a future. Copenhagen: Munsgaard 1964.
Lowry, M., C. van Valkenberg, G. Winokur, R. Cadoret: Baseline characteristics of pure depressive disease. Neuropsychobiology 4 (1978), 333–343.
Lundquist, G.: Prognosis and course in manic-depressive psychoses. A follow-up study of 319 first admissions. Acta Psychiat. Scand, Suppl. 35 (1945), 1–96.
–: Involutionsdepression. Acta Psychiat. Scand 39 (1963), 7–13.
Lunn, V.: Diskussionsbemerkung. Acta Psychiat. Scand. Suppl. 162 (1961), 96–100.
Luther, A.: Erblichkeitsbeziehungen der Psychosen. Zschr. Ges. Neurol. Psychiat. 25 (1914), 12–81.
Luxemburger, H.: Involutionsmelancholien. In: A. Gütt (Hrsg.), Handbuch der Erbkrankheiten. Bd. 4. Leipzig: Thieme 1942.
Maas, G.: Psychosomatische Aspekte des Klimakteriums. Med. Welt 25 (1974), 225–229.
MacCurdy, J. T.: The psychology of emotion. New York: Harcourt, Brace and Co. 1925.
MacDonald, A. J. D.: Do general practitioners miss depression in elderly patients? Br. Med. J. 292 (1986), 1365–1368.
MacDonald, J. B.: Prognosis in manic-depressive insanity. J. Nerv. Ment. Dis. 47 (1918), 20–30.
MacLachlan, J. T.: Insanity of the different periods of life (Glasgow Med. J. 1897). Ref. Neurol. Zentralblatt 17 (1898), 661–662.
Madden, J. J., J. A. Luhan, L. A. Kaplan, J. M. Manfredi: Nondementing psychoses in older persons. J. Amer. Med. Ass. 150 (1952), 1567–1570.

Mader, A.: Unsere Erfahrungen mit der Cardiazolbehandlung unter besonderer Berücksichtigung depressiver Zustände. Psychiatr.-Neurol. Wschr. 40 (1938), 331–333.

Mäder, A.: Psychoanalyse bei einer melancholischen Depression. Centralbatt Nervenheilk. Psychiat. 21 (1910), 50–58.

Magni, G., D. de Leo, F. Schifano: Depression in geriatric and adult medical inpatients. J. Clin. Psychol. 41 (1985), 337–344.

Magni, G., F. Schifano, D. de Leo: Assessment of depression in an elderly medical population. J. Affective Disorder 11 (1986), 121–124.

Magni, G., M. Fisman, E. Helmes: Clinical correlates of ECT-resistant depression in the elderly. J. Clin. Psychiatry 49 (1988), 405–407.

Mahendra, B.: "Pseudodementia" a misleading and illogical concept. Brit. J. Psychiatry 143 (1983), 202.

–: Pseudodementia: Abandon the term? Amer. J. Psychiatry 141 (1984), 471–472.

–: Depression and dementia: The multifacted relationship. Psycol Med. 15 (1985), 227–236.

Maier, W., D. Lichtermann, J. Minges, R. Heun, J. Hallmayer, T. Klingler: Unipolar depression in the aged: Determinants of familial aggregation. J. Affect. Dis. 23 (1981), 53–61.

Majer, O.: Beitrag zur Erbbiologie involutiver, klimakterischer und reaktiver Depressionen. Zschr. f. d. ges. Neurol. Psychiat. 172 (1941), 737–790.

Malamud, W., S. L. Sands, J. Malamud: The involutional psychoses: a sociopsychiatric study. Psychosom. Med. 3 (1941), 410–426.

Malamud, W., S. L. Sands, I. T. Malamud, P. J. P. Powers: The involutional psychoses. A socio-psychiatric follow-up study. Amer. J. Psychiat. 105 (1949), 567–572.

Malleson, J.: An endocrine factor in certain affective disorders. Lancet II (1953), 158–164.

Mallison, R.: Vorzeitige Versagenszustände. Schweiz. Arch. Neurol. Psychiat. 73 (1954), 424–425.

Malzberg, B.: Mortality among patients with involution melancholia. Amer. J. Psych. 93 (1937), 1231–1238.

–: Distribution of mental disease in New York State 1949–1951. Psychiat. Quart. (Suppl.) 29 (1955), 209–238.

–: Frequency of mental disease. A study of trends in New York State. Acta Psychiat. Scand 39 (1963), 19–30.

Mann, A. H., N. Graham, D. Ashby: Psychiatric illness in residential homes for the elderly: a survey in one London Borough. Age and Aging 13 (1984), 257–265.

Maoz, B., N. Dowty, A. Antonovsky, H. Wijsenbeek: Female attitudes to menopause. Soc. Psychiat. 5 (1970), 35–40.

Mapother, E.: Discussion of manic-depressive psychoses. Brit. Med. J. II (1926), 872–876.

Markus: Über einige Besonderheiten in Erscheinungen und Verlauf der Melancholie bei Neurasthenischen. Allgem. Zschr. Psychiat. 46 (1890), 487–493.

Marmor, J.: Systems thinking in psychiatry: Some theoretical and clinical implications. Amer. J. Psychiatry 140 (1983), 833–838.

Marneros, A.: Hirnorganische Melancholie. Psychiat. Clin. 15 (1982), 212–230.

Marsden, C. D., M. J. G. Harrison: Outcome of investigation of patients with presenile dementia. Brit. Med. J. 2 (1972), 249–252.

Marsella, A. J.: Thoughts on cross-cultural studies on the epidermiology of depression. Cult. Med. Psychiatr. 2 (1978), 343–357.

Martin, J.: Zur Ätiologie der Erschöpfungsdepression. Schweiz. Arch. Neurol. Neurochir. Psych. 102 (1968), 193–211.

Martin, R. L., W. V. Roberts, P. J. Clayton, R. Wetzel: Psychiatric illness and noncancer hysterectomy. Dis. Nerv. Syst. 38 (1977), 974–980.

Martiny, N.: Die Elektrokrampfbehandlung der klimakterischen Depression im Vergleich zu früheren Behandlungsarten. Nervenarzt 17 (1944), 49–60.

Masselon: La mélancolie. Paris: Felix Alcan 1906.

Matusch: Einfluß des Klimakteriums auf Entstehung und Form der Geistesstörungen. Allg. Zschr. Psychiat. 46 (1889), 349–437.

Matussek, N.: Neurobiologische Aspekte der Depression. Therapeutische Umschau 9 (1983), 756–760.

–: Neuroendokrinologische Untersuchungen bei depressiven Syndromen. Nervenarzt 49 (1978), 569–575.

–: Biochemische, neuroendokrinologische und klinisch-pharmakologische Aspekte des depressiven Syndroms im Alter. In: P. Kielholz, C. Adams (Hrsg.), Der alte Mensch als Patient. Köln: Deutscher Ärzteverlag 1986.

Matussek, N., F. Holsboer: Biologischer Hintergrund. In: K. P. Kisker, H. Lauter, J.-E. Meyer, C. Müller, E. Strömgren (Hrsg.), Affektive Psychosen. Psychiatrie der Gegenwart. Bd. 5, Berlin, Heidelberg, New York, London, Paris, Tokyo: Springer 1987.

Matussek, N., M. Ackenheil, H. Hippius, F. Müller, H. T. Schröder, H. Schuttes, B. Wasilewski: Effect of clonidine on growth hormone release in psychiatric patients and control. Psychiatry Res. 2 (1980), 25–36.

Matussek, P.: Phasendauer bei unbehandelten Fällen endogener Depression. In: H. Hippius, H. Selbach (Hrsg.), Das depressive Syndrom. München, Berlin, Wien: Urban & Schwarzenberg 1969.

–: Die Frage des Anlasses bei endogenen Depressionen. In: W. Walcher (Hrsg.), Probleme der Provokation depressiver Psychosen. Wien: Hollinek 1971, 25–33.

Matussek, P., A. Halbach, U. Tröger: Endogene Depression. Eine statistische Studie unbehandelter Fälle. München, Berlin: Urban & Schwarzenberg 1965.

Maule, M. M., J. S. Milne, J. Williamson: Mental illness and physical health in older people. Age, Ageing 3 (1984), 349–356.

Mauz, F.: Die Prognostik der endogenen Psychosen. Leipzig: Thieme 1930.

Mayer, K.: Zur Psychopathologie vorzeitiger Versagenszustände. Arch. f. Psychiat. Zschr. f. d. ges. Neurol. 201 (1961), 438–444.

Mayer-Groß, W.: Electric convulsion treatment in patients over 60. J. Ment Sci. 91 (1945), 101–103.

Mayer-Groß, W., E. Slater, M. Roth: Clinical psychiatry. London: Cassel 1960.

Mayor, A.: La depression involutive. Therapeut. Umschau/Revue Therapeutique 35 (1978), 22–28.

Mazer, C., S. L. Israel: The symptoms and treatment of the menopause. Med. Clin. North Amer. (1935), 205–226.

McAllister, T. W.: Cognitive functioning in the affective disorders. Compr. Psychiatry 22 (1981), 572–586.
–: Overview: pseudodementia. Amer. J. Psychiat. 140 (1983), 528–533.
McAllister, T. W., T. R.P. Price: Severe depressive pseudodementia with and without dementia. Amer. J. Psychiatry 139 (1982), 626–629.
McAllister, T. W., R. B. Ferell, T. R. P. Price, M. B. Neville: The dexamethasone suppression test in two patients with severe depressive pseudodementia. Amer. J. Psychiatry 139 (1982), 479–481.
McCandless, F. D.: Emotional problems of the climacteric. Clinical Obstetrics and Gynaecology 7 (1964), 489–503.
McCranie, E. J.: Pschodynamics of the menopause. In: R. B. Greenblatt, V. B. Mahesh, P. G., McDonough (Eds.), The monopausal syndrome. New York: Medcom Press 1974.
McDonald, M., K. R. R. Krishnan: Magnetic resonance in patients with affective illness. Eur. Arch. Psychiatry Clin. Neurosci. 141 (1992), 283–290.
McKendree, O. J.: Some determinants of favourable results in psychiatric patients. Psychiat. Quart. 9 (1935), 392–399.
McKinlay J. B., S. M. McKinlay, D. Brambilla: The relative contributions of endocrine changes and social circumstances to depression in mid-aged women. J. Health Soc. Behav. 28 (1987), 345–363.
McKinley, S. M., M. Jeffreys: The menopausal syndrome. Br. J. Prev. Soc. Med. 28 (1974), 108–115.
Meats, P., M. Timol, D. Jolley: Prognosis of depression in the elderly. Br. J. Psychiatry 159 (1991), 659–663.
Medow, W.: Eine Gruppe depressiver Psychosen des Rückbildungsalters mit ungünstiger Prognose (erstarrende Rückbildungsdepression). Arch. Psychiat. Nervenkr. 64 (1922), 480–506.
Meerwein, F.: Psychoanalytische Persönlichkeitstheorie. In: C. Müller (Hrsg.), Lexikon der Psychiatrie. Berlin, Heidelberg, New York: Springer 1973, 377–380.
Melody, G. F.: Depressive reactions following hysterectomy. Amer. J. Obst. Gynec. 83 (1923), 410–413.
Mendel, E.: Klinische Beiträge zur Melancholie. Allgem. Zschr. Psychiat. 46 (1890), 438–446.
Mendel, K.: Die Wechseljahre des Mannes (climacterium virile). Neurol. Centralbl. 29 (1910).
–: Die Wechseljahre des Mannes (climacterium virile). Zentralbl. f. d. ges. Neurol. Psychiat. 29 (1922), 385–393.
Mendels, J.: Concepts of depression. New York: Wiley 1970.
– (Ed.): Psychobiology of depression. New York: Wiley 1976.
Mendelson, M.: Psychoanalytic concepts of depression. New York: Spectrum Publications 1974.
Mendlewicz, J.: The age factor in depressive illness: some genetic considerations. J. Gerontol. 31 (1976), 300–303.
Mendlewicz, J., L. J. Fleiß: Linkage studies with x-chromosome markers in bipolar (manic-depressive) and unipolar (depressive) illness. Biol. Psychiatry 9 (1974), 261–294.

Mendlewicz, J., M. Baron: Morbidity risks in subtypes of unipolar depressive illness: differences between early and late onset forms. Brit. J. Psychiatry 139 (1981), 463–466.

Mendlewicz, J., R. R. Fieve, J. D. Rainer, J. L. Fleiß: Manic-depressive illness. A comparative study of patients with and without a family history. Brit. J. Psychiat. 120 (1972), 523–530.

Mendlewicz, J., F. Fleiß, M. Cataldo, J. D. Rainer: Accuracy of the familiy history method in affective illness. Arch. Gen. Psychiat. 32 (1975), 309–314.

Menzies, W. F.: The mechanism of involutionary melancholia. J. Ment. Science 66 (1920), 355–414.

Mester, H.: Zur Problematik depressiver Psychosen nach Unfall. In: W. Walcher (Hrsg.), Probleme der Provokation depressiver Psychosen. Wien: Hollinek 1971, 131–138.

Meyer, A.: An attempt at analysis of the neurotic constitution. Am. J. Psychol. 14 (1903), 354–367.

–: The problem of mental reaction-types, mental causes and diseases. Psychol. Bull. 5 (1908), 245–261.

–: Psychobiology: A science of man. Springfield: Charles C. Thomas 1957.

Meyer, H. H.: Die psychischen Erkrankungen der höheren Lebensalter. Dtsch. Med. J. 12 (1961), 396–400.

–: Psychiatrische Symptomatik bei cerebralen Durchblutungsstörungen. Med. Welt 34 (1965), 733–738.

Meyer, J. E.: Die klimakterische Depression. Geburtsh. Frauenheilk. 32 (1972), 43–46.

Meyer, J. E., A. Reisinger: Die Wandlungen der psycho-reaktiven Störungen im Senium. Zbl. Neurol. 144 (1958).

Meyers, B. S., R. Greenberg: Late-life delusional depression. J. Affective Disorders 11 (1986), 133–137.

Meyers, B. S., B. Kalyam, V. Mei-Tal: Late onset delusional depression: a distinct clinical entity. J. Clin. Psychiatry 45 (1984), 347–349.

Meyers, B. S., R. Greenberg, V. Mei-Tal: Delusional depression in the elderly. In: C. A. Shamoian (Ed.), Treatment of affective disorders in the elderly. Washington: American Psychiatric Press 1985.

Meynert, Th.: Klinische Vorlesungen über Psychiatrie. Wien: Baumüller 1890.

Midenet, J.: Les états depressifs du troisième age. Journal Med. (Strasbourg) 4 (1973), 221–225.

Milici, P. S.: The involutional death reaction. Psychiat. Quart. 24 (1950), 775–781.

Millard, P. H.: Depression in old age. Brit. Med. J. 287 (1983), 375–376.

Miller, E., P. Lewis: Recognition memory in elderly patients with depression and dementia: a signal detection analysis. J. Abnorm. Psychol. 86 (1977), 84–86.

Minkowski, E.: Die gelebte Zeit (1933). 2 Bde. Salzburg: Müller 1971, 1972.

Mintz, J., J. Steuer, L. Jarvik: Psychotherapy with depressed elderly patients: research considerations. J. Consult. Clin. Psychol. 49 (1981), 542–548.

Mitscherlich-Nielsen, M.: Probleme der Frau vor und in der Lebensmitte. Prax. Psychother. 23 (1978), 199–204.

Möller, H. J., D. von Zerssen: Prämorbide Persönlichkeit von Patienten mit affektiven Psychosen. In: K. P., Kisker, H. Lauter, J. E. Meyer, C. Müller, E. Strömgren (Hrsg.), Psychiatrie der Gegenwart 5. Affektive Psychosen, Berlin, Heidelberg, New York, London, Paris, Tokyo: Springer 1987.

Moffic, H. S., E. S. Paykel: Depression in medical in-patients. Br. J. Psychiatry 126 (1975), 346–353.

Molinari, V., R. E. Reichlin: Life review reminiscence in the elderly: a review of the literature. Int. J. Aging Hum. Dev. 20 (1985), 81–92.

Mombour, W.: Klinische Methodologie. Das ärztliche Gespräch (Tropon) Nr. 26 (1978), 7–26.

Moniz, E.: Mein Weg zur Leukotomie. Dtsch. Med. Wschr. 73 (1948), 582–583.

Moody, D. L.: The diagnosis of involutional melancholia. Practioner 171 (1953), 571–573.

Moore, M. T.: Electro-cerebral shock therapy. A reconsideration of former considerations. Arch. Neurol. Psychiat. (Chic.) 57 (1947), 643–711.

Morgan, H. P.: Involutional melancholia. Med. Bull. Veterans Adm. Wash. 7 (1931), 933–936.

Morrison , J., R. Hudgens, R. Barchha: Life events and psychiatric illness. Brit. J. Psychiat. 114 (1968), 423–432.

Morrison, J. M., J. Clancy, R. Crowe, G. Winokur: The Iowa 500: I. diagnostic validity in mania, depression and schizophrenia. Arch. Gen. Psychiat. 27 (1972), 457–461.

Morstyn, R., G. Hochanadel, E. Kaplan, T. G. Gutheil: Depression vs. pseudodepression in dementia. J. Clin. Psychiatry 43 (1982), 197–199.

Motto, J. A.: The suicidal patient. in: F. F. Flach, S. C. Draghi (Eds.), The nature and treatment of depression. New York, London, Sydney, Toronto: Wiley 1975.

Müller, C.: Alterspsychiatrie. Stuttgart: Thieme 1967.

–: Klinische Aspekte der Terminologie und Klassifikation in der Gerontopsychiatrie. In: Gerontopsychiatrie I. Janssen-Symposien. Bd. 5 (1971), 1–19.

– (Hrsg.): Bibliographia Gerontopsychiatrica. Bern, Stuttgart, Wien: Huber 1973.

–: Gedanken zur Psychotherapie und Soziotherapie im Alter. Vortrag 92. Wanderversammlung südwestdeutscher Neurologen und Psychiater, Baden-Baden 12.–13. 6. 1976.

–: Psychische Erkrankungen und ihr Verlauf sowie ihre Beeinflussung durch das Alter. Bern, Stuttgart, Wien: Huber 1981.

Müller, W. E. G., M. Bachmann, H. C. Schröder: Molecular biological aspects of aging. In: M. Bergener (Ed.), Psychogeriatrics. An international handbook. New York: Springer 1987.

Müller-Hegemenn, D.: Zur klinischen Systematik der Depressionen. Neurol. Psychiat. Med. Psychol. (Lpz.) 16 (1964), 90–100.

Muncie, W.: The rigid personality as a factor in psychoses. Arch. Neurol. Psychiat. 26 (1931), 359–370.

–: Depression or depressions? Canad. Psychiat. Ass. J. 8 (1963), 217–224.

Muncie, W. S.: The psychobiological approach. In: S. Arieti (Ed.), American handbook of psychiatry. Vol. I. New York: Basic Books 1974, 705–721.

Mundt, C., P. Fiedler, H. Lang, A. Kraus (Hrsg.): Depressionskonzepte heute: Psychopathologie oder Pathopsychologie? Berlin, Heidelberg, New York, London, Paris, Tokyo, Hong Kong, Barcelona: Springer 1991.

Murphy, E.: Social origins of depression in old age. Brit. J. Psychiatry 141 (1982), 135–142.

–: The prognosis of depression in old age. Brit. J. Psychiatry 142 (1983), 111–119.

–: The impact of depression in old age on close social relationships. Amer. J. Psychiatry 142 (1985), 323–327.

– (Ed.): Affective disorders in the elderly. Edinburgh, London, Melbourne, New York: Churchill Livingstone 1986a.

–: Social factors in late life depression. In: E. Murphy (Ed.), Affective disorders in the elderly. Edinburgh, London, Melbourne, New York: Churchill Livingstone 1986b.

–: Depressionen im Alter. In: K. P. Kisker, H. Lauter, J. E. Meyer, C. Müller, E. Strömgren (Hrsg.), Psychiatrie der Gegenwart 8. Alterspychiatrie. Berlin, Heidelberg, New York, London, Paris, Tokyo: Springer 1989.

Murphy, E., E. Grundy: A comparative study of bed usage by younger and older patients with depression. Psychol. Med. 14 (1984), 445–450.

Murphy, E., J. E. B. Lindesay: Excess mortality in late life depression. In: B. Lerer, S. Gershon (Eds.), New directions in affective disorders. New York, Berlin, Heidelberg, London, Paris, Tokyo, Hong Kong: Springer 1989.

Murphy, E., J. Lindesay, E. Grundy: 60 years of suicide in England and Wales: a cohort study. Arch. Gen. Psychiatry 43 (1986), 969–976.

Murphy, E., R. Smith, J. Lindesay, J. Slattery: Increased mortality rates in late-life depression. Brit. J. Psychiatry 152 (1988), 347–353.

Murrel, S. A., S. Himmelfarb, K. Wright: Prevalence of depression and its correlates in older adults. Amer. J. Epidemiology 11 (1983), 173–185.

Musetti, L., G. Perugi, A. Soriani: Depression before and after age 65: A reexamination. Br. J. Psychiatry 155 (1989), 330–336.

Myers, J. M., D. Sheldon, S. S. Robinson: A study of 138 elderly first admissions. Amer. J. Psychiat. 120 (1963), 244–249.

Myers, J. K., M. M. Weissmann, G. L. Tirdeler, C. E. Holzer, P. J. Leaf, H. Orvaschel, J. C. Anthony, J. H. Boyd, J. D. Burke, M. Kramer, R. Stolzman: Six-month prevanlence of psychiatric disorders in three communities. Arch. Gen. Psychiatry 41 (1984), 959–967.

Myerson, A., P. G. Myerson: Prefrontal lobotomy in the chronic depressive states of old age. New England J. Med. 237 (1947), 511–512.

Nadsharow, R. A., E. J. Sternberg: Die Bedeutung der Berücksichtigung des Altersfaktors für die psychopathologische, klinische und nosologische Forschung in der Psychiatrie. Schweiz. Arch. Neurol. Psychiat. 106 (1970), 159–180.

Nägeli-Osjord, H.: Die depressive Verstimmung der Lebensmitte. Praxis (Bern) 45 (1956), 109–112.

Nedbaylova, T. N.: Eine vergleichende Charakteristik des funktionellen Zustandes der Nebennierenrinde einiger Gruppen von psychisch Kranken im Involutionsalter. Zh. Nevropat. Psikhiat. 6 (1965), 888–893 (zitiert nach L. Nikula-Baumann 1971).

Neisser, C.: Referat: E. Kraepelin, Psychiatrie. 5. Aufl. 1896. Centralbl. Nervenheilk. Psychiat. 8 (1897), 340–355.

Neugarten, B.: Time, age, and the life cycle. Amer. J. Psychiat. 136 (1979), 887–894.

Neugarten, B. L., R. J. Kraines: "Menopausal symptomes" in women of various ages. Psychosom. Med. 28 (1965), 266–273.

Nieke, W.: Stichwort: Eklektizismus. In: J. Ritter (Hrsg.), Historisches Wörterbuch der Philosophie. Basel: Schwabe 1972.

Nielsen, A. C., T. A. Williams: Depression in ambulatory medical patients: prevalence by self-report questionnaire and recognition by nonpsychiatric physicians. J. Amer. Geriatr. Soc. 32 (1980), 999–1004.

Nielsen, J.: Geronto-psychiatric period-prevalence investigation in a geographically delimited population. Acta Psychiat. Scand 38 (1963), 307–330.

Nies, A., D. S. Robinson, C. L. Ravaris, J. M. Davis: Amines and monoamine oxidase in relation to aging and depression in man. Psychosom. Med. 33 (1971), 470–472.

Nies, A., D. S. Robinson, C. L. Ravaris, J. M. Davis: Changes in monoamine oxidase with aging. In: C. Eisdorfer, W. E. Fann (Eds.), Psychopharmacology and aging (advances in behavioral biology, Vol. 6). New York, London: Plenum Press 1973.

Nikula-Baumann, L.: Endocrinological studies on subjects with involutional melancholia. Acta Psychiat. Scand, Suppl. 226 (1971).

Nikula-Baumann, L., L. Hiisi-Brummer: Zum endokrinen Status der Psychosen in der Involution. Acta Psychiat. Scand 43, Suppl. 203 (1968), 269–274.

Nikula-Baumann, L., L. Hiisi-Brummer, J. Baumann: Über endokrine Befunde bei Involutionsdepressionen. Acta Psychiat. Scand., Suppl. 180 (1964), 199–205.

Nilson, L., G. Persson: Prevalence of mental disorders in an urban sample examined at 70, 75 and 79 years of age. Acta Psychiat. Scand. 69 (1984), 519–527.

Nodine, J. H., Y. P. Mapp, J. W. Slap, P. E. Siegler: Depression in geriatric practice. Geriatrics 18 (1963), 429–431.

Nordmann, L. O.: Reversible Symptome bei senilen Psychosen. Acta Neurol. Psychiat. Scand., Suppl. 106 (1956), 63–71.

Norris, A. S., J. Clancy: Hospitalized depressions. Drugs or electrotherapy? Arch. Gen. Psychiat. 5 (1961), 280–285.

Norris, J. T., D. Gallagher, A. Wilson, C. H. Winograd: Assessment of depression in geriatric medical outpatients: The validity of two screening measures. J. Am. Geriatr. Soc. 35 (1987), 989–995.

Norris, V.: Mental illness in London (Maudsley Monograph No. 6). London: Oxford Univ. Press 1959.

Norris, V., F. Post: Treatment of elderly psychiatric patients: use of a diagnostic classification. Brit. Med. J. 1 (1954), 675.

Notkin, J., V. Huddart, B. Dennes: Hematoporphyrin treatment in dementia praecox and involutional melancholia. Psychiat. Quart. 9 (1935), 368–385.

Notkin, J., B. Dennes, V. Huddart: Folliculin menformon (theelin) treatment of involutional melancholia. Psychiat. Quart. 14 (1944), 157–166.

Notman, M.: Midlife concerns of women: implications of the menopause. Amer. J. Psychiat. 136 (1979), 1270–1274.

Nott, P. N., J. J. Fleminger: Presenile dementia: The difficulties of early diagnosis. Acta Psychiat. Scand. 51 (1975), 210–217.

Novak, E.: The management of the menopause. Amer. J. Obstet. Gynec. 40 (1940), 589–595.

Noyes, A. P.: Modern clinical psychiatry. Philadelphia: Saunders 1934.
Nuss, W. S., G. S. Zubenko: Correlates of persistant depressive symptoms in widows. Am. J. Psychiatry 149 (1992), 346–351.
Nyström, C., M. Matousek, T. Hällström: Relationship between EEG and clinical characteristics in major depressive disorder. Acta Psychiat. Scand. 73 (1986), 390–394.
Nyström, S.: On relation between clinical factors and efficacy of ECT in depression. Acta Psychiat. Scand. Suppl. 181 (1967), 115–118.
O'Connor, K. P., J. C. Shaw, C. O. Ongley: The EEG and differential diagnosis in psychogeriatrics. Br. J. Psychiat. 135 (1979), 156–162.
O'Connor, D. W., P. A. Pollit, M. Roth, P. B. Brook, B. B. Reiss: Memory complaints and impairment in normal, depressed, and demented elderly persons identified in a community survey. Arch. Gen. Psychiatry 47 (1990), 224–227.
O'Connor, D. W., P. A. Pollit, M. Roth: Coexisting depression and dementia in a community survey of the elderly. Int. Psychogeriatrics 2 (1990), 45–53.
Ödegaard, O.: The incidence of psychosis in various occupations. Internat. J. Soc. Psychiat. 2 (1956), 85.
–: The epidemiology of depressive psychosis. Acta Psychiat. Scand., Suppl. 162 (1961), 33–38.
–: Morbidity and social mobility in an upper class educational group. Acta Psychiat. Scand. 52 (1975), 36–48.
Oesterreich, K.: Über die Korrelation psychopathologischer und organpathologischer Befunde beim depressiven Syndrom des mittleren und höheren Lebensalters. Act. Gerontol. 3 (1973), 261–266.
–: Depressives Syndrom als Reaktion – Zur Multifunktionalität depressiver Störungen im mittleren und höheren Lebensalter. Zschr. f. Gerontologie 6 (1973), 441–450.
–: Psychiatrie des Alterns. Heidelberg: Quelle und Meyer 1975.
–: Depressionen im Alter – Bemerkungen zur Pathogenese. Zschr. Gerontol. 10 (1977), 365–372.
–: Stressoren in der Kausalität von gerontopsychiatrischen Erkrankungen. Z. Gerontol. 17 (1984), 181–185.
–: Langzeitverläufe von Depressionen und Demenzen. Schweiz. Arch. Neurol. Psychiat. 140 (1989), 75–84.
Oei, T. I., F. M. Zwart: Does the factor age influence the reporting of life events in depressed patients? Eur. J. Psychiatry 2 (1988), 103–108.
O'Hara, M. W., F. J. Kohout, R. B. Wallace: Depression among the rural elderly. A study of prevalence and correlates. J. Nerv. Ment. Dis. 173 (1985), 582–595.
Olbrich, H. M., A. Rother, E. Lodemann, J. Rimpel, J. Pach, M. Gastpar: Kognitive Störungen bei Depression. In: E. Lungershausen, W. P. Kaschka, R. J. Witkowski (Hrsg.), Affektive Psychosen. Stuttgart, New York: Schattauer 1990.
O'Neal, P., E. Robins, E. H. Schmidt: A psychiatric study of attempted suicide in persons over 60 years of age. Arch. Neurol. Psychiat. (Chic.) 75 (1956), 275–284.
Ogrizek, B.: La mélancolie d'involution. Encéphale 54 (1965), 55–75.
Oltman, J. E., S. Friedman: Trends in admissions to a state hospital, 1942–1964. Arch. Gen. Psychiat., 13 (1965), 544–551.

Oppenheim, G.: Diagnostic criteria for depression in Alzheimer's disease. In: B. Lerer, S. Gershon (Eds.), New directions in affective disorders. New York, Berlin, Heidelberg, London, Paris, Tokyo, Hong Kong: Springer 1989.

Orelli, A. von: Der Wandel des Inhaltes der depressiven Ideen bei der reinen Melancholie. Schweiz. Arch. Neurol. Neurochir. Psychiat. 73 (1954), 217–287.

Orme, J. E.: Intellectual and Rorschach test performances of a group of senile dementia patients and of a group of elderly depressives. J. Ment. Sci. 101 (1955), 863–870.

–: Non-verbal and verbal performance in normal old age, senile dementia and elderly depression. J. Geront. 12 (1957), 408–413.

Osgood, C. W.: An analysis of disappointing results with metrazol in the treatment of certain depressions. J. Nerv. Ment. Diss. 95 (1942), 192–198.

Osofsky, H. J., F. Seidenberg, R. Seidenberg: Is female menopausal depression inevitable? Obstet. Gynec. (N. Y.) 36 (1970), 611–615.

Overall, G. W.: Organic and functional diseases incedent to the menopause, treated by electricity and cataphoric medication, with report of cases. Med. Council 4 (1899), 316–320.

Owen, T.: The medical view of the menopause. Am J. Psychiat. 101 (1945), 756–759.

Paetz, D., G. Krüskemper, K. H. Gillich: Testpsychologische Untersuchungen über die Befindlichkeit von Patientinnen im Klimakterium während stationärer internistischer Behandlung unter besonderer Berücksichtigung von Östrogen- und Gestagenwirkung. Zeitschr. f. Gerontologie 8 (1975), 358–362.

Pakesch, E.: Moderne Therapie der Involutionsmelancholie. Int. Pharmacopsychiatry 1 (1968), 67–72.

Palmer, H. D.: Mental disorders of old age. Geriactrics 1 (1946), 60–79.

Palmer, H. D., S. H. Sherman: The involutional melancholia process. Arch. Neurol. Psychiat. Chicago 40 (1938), 762–788.

Palmer, H. D., F. J. Jardon: Hereditary patterns in involutional melancholia. Arch. Neurol. Psychiat. 46 (1941), 740–743.

Palmer, H. D., D. W. Hastings, S. H. Sherman: Therapy in involutional melancholia. Amer. J. Psychiat. 97 (1940/1941), 1086–1115.

Pappenheim, M.: Neurosen und Psychosen der weiblichen Generationsphasen (Bücher der ärztlichen Praxis Nr. 26). Wien, Berlin: Springer 1930.

Parhon-Stefanescu, C.: Involutional psychic disorders. Ruman. Med. Rev. 3 (1959), 56–61.

Parhon-Stefanescu, C., V. Neicu: Untersuchungen über die Ätiologie der Involutionsmelancholie. Neurol. Psikhiat. Neurochir. 4 (1959), 437–442.

Parkes, C. M.: Recent bereavement as a cause of mental illness. Brit. J. Psychiat. 110 (1964), 198–204.

–: The first year of bereavement: a longitudinal study of the reaction of London widows to the death of their husbands. Psychiatry 33 (1970), 444–467.

–: Bereavement. Studies of grief in adult life. London: Tavistock 1972.

Parsons, P. L.: Mental health of Swansea's old folk. Brit. J. Preventive Soc. Med. 19 (1965), 43–47.

Patterson, J. V., H. J. Michalewski, A. Starr: Latency variability of componants of auditory event-related potentials to infrequent stimuli in aging, Alzheimer-type dementia and depression. Electroencephalogr. Clin. Neurophysiol. 71 (1988), 450–460.

Patterson, R. M., J. B. Craig: Misconception concerning the psychological effects of hysterectomy. Amer. J. Obst. Gynec. 85 (1963), 104–110.

Patterson, R. M., J. B. Craig, S. Dinitz, M. Lefton, B. Pasamanick: Social and medical characteristics of hysterectomized and nonhysterectomized psychiatric patients. Obst. and Gynec. 15 (1960), 209–216.

Pawlik, G., C. Beil, I. Hebold, K. Herholz, K. Wienhard, W. D. Heiss: Positron emission tomography in depression research: principles – results – perspectives. Psychopathology 19 (1986) (Suppl. 2), 85–93.

Payk, T. R.: Untersuchungen zum Zeiterleben Depressiver. Psychopathometrie 2 (1976), 143–148.

–: Zeit – Lebensbedingung, Anschauungsweise oder Täuschung? Universitas 43 (1988), 1255–1263.

–: Hysteriforme Störungen bei Involutionsdepressionen. In: E. Lungerhausen, W. P. Kaschka, R. J. Witkowski (Hrsg.), Affektive Psychosen. Stuttgart, New York: Schattauer 1990.

Paykel, E. S., M. N. Dienelt: Suicide attempts following acute depression. J. Nerv. Ment. Dis. 153 (1971), 234–243.

Paykel, E. S.: Life stress and psychiatric disorder. Applications of the clinical approach. In: B. S. Dohrenwend, B. P. Dohrenwend (Eds.), Stressfull life events: their nature and effects . New York: John Wiley and sons 1974, 135–149.

–: Response to treatment and depressive classification. In: G. D. Burrows (Ed.), Handbook of studies on depression. Amsterdam, London, New York: Excerpta Medica 1977.

–: Handbook of affective disorders. Edingburgh, London, Melbourne, New York: Churchill Livingstone 1982.

–: Psychosoziale Faktoren. In: K. P. Kisker, H. Lauter, J.-E. Meyer, C. Müller, E. Strömgren (Hrsg.), Affektive Psychosen. Psychiatrie der Gegenwart. Bd. 5, Berlin, Heidelberg, New York, London, Paris, Tokyo: Springer 1987.

Paykel, E. S., A. Prusoff, E. H. Uhlenhuth: Scaling of life events. Arch. Gen. Psychiat. 25 (1971), 340–347.

Pearlson, G. D., P. V. Rabins, W. S. Kim, L. J. Speedy, P. J. Moberg, A. Burns, M. J. Bascom: Structural brain CT changes and cognitive deficits in elderly depressives with and without reversible dementia ("pseudo-dementia"). Psychol. Med. 19 (1989), 573–584.

Pearson, G. H. J.: An interpretative study of four cases of involutional depression. Amer. J. Psychiat. 85 (1928), 289.

Pederson, A. M., D. J. Barry, H. M. Babigian: Epidemiological considerations of psychotic depression. Arch. Gen. Psychiat. 27 (1972), 193–197.

Perris, C.: A study of bipolar (manic-depressive) and unipolar recurrent depressive psychoses. Acta Psychiat. Scand. Suppl. 194 (1966).

–: The course of depressive psychosis. Acta Psychiat. Scand 44 (1968), 238–248.

–: Frequency and hereditary aspects of depression. In: D. M. Gallant, G. M. Simpson (Eds.), Depression: Behavioral, biochemical, diagnostic and treatment concepts. New York: Spectrum Publ. 1976, 75–107.

Perris, C.: An interactionistic integrating view of depressive disorders and their treatment. Acta Psychiat. Scand. 84 (1991), 413–423.

Perris, C., G. D'Elia: Pathoplastic significance of the premorbid situation in depressive psychoses. Acta Psychiat. Scand. Suppl. 180 (1964), 87–100.

Perris, C., M. Espvall: Depressive-type psychic reactions causes by success. Psychiat. Clin. 6 (1973), 346–356.

Persson, G.: Prevalence of mental disorders in a 70-year-old urban population. Acta Psychiat. Scand. 62 (1980), 119–139.

Peter, L., M. Midenet: Les syndromes depressifs après 55 ans. Difficultés de diagnostic et possible therapeutiques. J. Med. Lyon 53 (1972), 549–557.

Peters, U. H.: Strukturale Nosogenese. Eine strukturalistische Interpretation der Genese psychischer Krankheitsbilder. Schweiz. Arch. Neurol. Neurochir. Psychiat. 105 (1969), 369–378.

–: Wörterbuch der Psychiatrie und medizinischen Psychologie. München, Berlin, Wien: Urban & Schwarzenberg 1971.

–: Einführung in eine strukturale Psychopathologie. Zschr. Klin. Psychol. Psychother. 26 (1978), 5–22.

Pethoe, B.: Zur methodologischen Neubesinnung in der Psychiatrie (1. Mitteil.). Fortschr. Neurol. Psychiat. 37 (1969), 405–447.

–: Zur methodologischen Neubesinnung in der Psychiatrie. II. Mitteilung (von der Entwicklungsgeschichte der psychiatrischen Nosologie und von den aktuellen Problemen der Weiterentwicklung). Fortschr. Neurol. Psychiat. 42 (1974), 475–539.

Petrilowitsch, N.: Der Ganzheitsaspekt in der Alternsforschung. Arch. Psychiat. Zschr. Ges. Neurol. 196 (1957), 337–348.

–: Beiträge zu einer Strukturpsychopathologie. Basel: Karger 1958.

–: Zur Klinik und nosologischen Stellung der „erstarrenden Rückbildungsdepression". Ein Beitrag zur mehrdimensionalen Diagnostik präseniler Psychosen. Arch. Psychiat. Nervenkr. 198 (1959 a), 506–522.

–: Beitrag zur Frage der Provokation endogener Psychosen durch exogene Schäden. Arch. Psychiat. Zschr. f. d. ges. Neurol. 198 (1959 b), 399–404.

–: Zur Problematik depressiver Psychosen. Arch. Psychiat. Nervenkr. 202 (1961), 244–265.

–: Zyklothym-endogene Psychosen von depressivem und manischem Typ. Fortschr. Neurol. Psychiat. 32 (1964), 561–624.

Pewtrilowitsch, N., R. Baer: Zyklothymie (1964–1969). Fortschr. Neurol. Psychiat. 38 (1970), 601–692.

Petrilowitsch, N., R. Baer: Gedanken zur Strukturpsychopathologie. Psychiat. Clin. 5 (1972), 187–196.

Pfeiffer, E., E. W. Busse: Mental disorders in later life-affective disorders, paranoid, neurotic and situational reactions. In: E. W. Busse, E. Pfeiffer (Eds.), Mental illness in later life. Washington: Apa 1973, 107–144-

Pfersdorf, C.: L'influence de l'age sur la symptomatologie des psychoses. Ann. Med. Psychol. 101 (1943), 248–258.

Pflug, B, R. Tölle: Therapie endogener Depressionen durch Schlafentzug. Nervenarzt 42 (1969), 117–124.

Phifer, J. F., S. A. Murrel: Etiologic factors in the onset of depressive symptoms in older adults. J. Abnorm. Psychol 95 (1986), 282–291.

Phillips, K. A., J. G. Gunderson, R. M. A. Hirschfeld, L. E. Smith: A review of the depressive personality. Am. J. Psychiatry 147 (1990), 830–837.

Philpot, M. P.: Biological factors in depression in the elderly. In: E. Murphy (Ed.), Affective disorders in the elderly. Edingburgh, London, Melbourne, New York: Churchill Livingstone 1986.

Pichot, P. (Ed.): Les voies nouvelles de la depression. Paris: Masson 1978.

Pichot, P., C. Pull: Gibt es eine Involutionsdepression? Vortrag 92. Wanderversammlung südwestdeutscher Neurologen und Psychiater, Baden-Baden 12. – 13. 6. 1976.

Pichot, P., C. Pull: Is there an involutional melancholia? Comprehensive Psychiatry 22 (1981), 2–10.

Pilcz, A.: Die periodischen Geistesstörungen. Jena: Fischer 1901.

Pitt, B.: Psychogeriatrics. An introduction to the psychiatry of old age. Edinburgh, London: Churchill Livingstone 1974.

–: Characteristics of depression in the elderly. In: E. Murphy (Ed.), Affective disorders in the elderly. Edinburgh, London, Melbourne, New York: Churchill Livingstone 1986.

Pitts, F. jr., G. Winokur: Affective disorder: III. diagnostic correlates and incidence of suicide. J. Nerv. Ment. Dis. 139 (1964), 176–181.

Plotnikov, S. M.: Über die Tätigkeit der Schilddrüse bei den Involutionspsychosen. Zh. Nevropat. Psikhiat. Korsakow 65 (1965), 604–607.

Plutchik, R., H. R. Conte: Relationships between age, sex and symptomatology in psychiatric outpatients. J. Amer. Geriat. Soc. 21 (1973), 519–522.

Pöldinger, W.: Die Abschätzung der Suizidalität. Eine medizinisch-psychologische und medizinisch-soziologische Studie. Bern, Stuttgart: Huber 1968.

–: Depressionen im höheren Lebensalter. Schweiz. Rundschau Med. (Praxis) 61 (1972), 1980–1985.

Pohlmeier, H.: Depression und Selbstmord. Eine kritische Information. München: Manz 1971.

–: Selbstmord und Selbstmordverhütung. 2. Aufl. München, Wien, Baltimore: Urban und Schwarzenberg 1983.

Pokorny, A. D.: Suicide rates in various psychiatric disorders. J. Nerv. Ment. Dis. 139 (1964), 499–506.

Polatin, P., J. F. McDonald: Involutional psychoses. Geriatrics 6 (1951), 391–398.

Polivy, J.: Psychological reactions of hysterectomy: a critical review. Amer. J. Obstet. Gynecol. 118 (1974), 417–426.

Pollack, B.: Endokrine therapy (estrone, estrogen) in involutional psychoses. Med. Rec. 149 (1939), 333–335.

Pollok, V. E., L. S. Schneider: Topographic quantitative EEG in elderly subjects with major depression. Psychophysiology 27 (1990), 438–444.

Popkin, S. J., D. Gallagher, L. W. Thompson, M. Moore: Memory complaint and performance in normal and depressed older adults. Experimental Aging and Research 8 (1982), 141–145.

Popp: Zur Melancholiefrage. Inaug. Diss. Freiburg 1909.

Popper, K. R.: Logik der Forschung. 4. Aufl. Tübingen: Mohr 1971.
Popper, K. R., J. C. Eccles: The self and its brain – an argument for interactionism. Heidelberg, Berlin, London, New York: Springer 1977.
Post, F.: Some problems arising from a study of mental patients over the age of sixty years. J. Ment. Sci. 90 (1944), 554 (zitiert nach Post 1962).
–: The outcome of mental breakdown in old age. Brit. Med. J. 1 (1951), 436–440.
–: The significance of affective symptoms in old age. A follow-up study of one hundred patients (Maudsley Monogr. 10). London, New York, Toronto: Oxford Univ. Press 1962.
–: Depressive reactions in the elderly: a re-appraisal. Gerontologist 3 (1963), 156–159.
–: Recent developments in the treatment of elderly depressives. In: P. Hansen (Ed.), Age with a future. Copenhagen: Munksgaard 1964, 403–405.
–: The clinical psychiatry of late life. Oxford: Pergamon Press 1965.
–: Somatic and psychic factors in the treatment of elderly psychiatric patients. J. Psychosomatic Res. 10 (1966), 13–19.
–: The factor of aging in affective illness. Brit. J. Psychiat., spec. publ. No. 2 (1968 a), 105–116.
–: The development and progress of senile dementia in relationship to the functional psychiatric disorders of later life. In: C. Müller, L. Ciompi (Eds.), Senile dementia. Bern, Stuttgart: Huber 1968 b.
–: Schizo-affective symptomatology in late life. Br. J. Psychiat. 118 (1971), 437–445.
–: Spezielle Alterspsychiatrie. In: K. P. Kisker, J. E. Meyer, M. Müller, E. Strömgren (Hrsg.), Psychiatrie der Gegenwart. 2. Aufl. Bd. II/2. Berlin, Heidelberg, New York: Springer 1972 a, S. 1077–1101.
–: The management and nature of depressive illness in late life: a follow-through study. Brit. J. Psychiat. 121 (1972 b), 393–404.
–: Dementia, depression and pseudodementia. In: D. F. Benson, D. Blumer (Eds), Psychiatric aspects of neurologic disease. New York: Grune and Stratton 1975.
–: Diagnosis of depression in geriatric patients and treatment modalities appropriate for the population. In: D. M. Gallant, G. M. Simpson (Eds.), Depression: Behavioral, biochemical, diagnostic and treatment concepts. New York: Spectrum Publications 1976, 205–231.
–: The functional psychoses. In: A. D. Isaacs, F. Post (Eds.), Studies in geriatric psychiatry. Chichester, New York, Brisbane, Toronto: Wiley 1978, 77–94.
–: Affective disorders in old age. In: E. S. Paykel, (Ed.), Handbook of affective disorders. Edinburgh, London, Melbourne, New York: Churchill Livingstone 1982, 393–402.
–: Psychotherapy, electroconvulsive treatments, and long-term management of elderly depressions. J. Affect. Dis. Suppl. 1 (1985), 41–45.
–: Course and outcome of depression in the elderly. In: E. Murphy (Ed.), Affective disorders in the elderly. Edinburgh, London, Melbourne, New York: Churchill Livingstone 1986.
–: Depression, alcoholism and other functional syndromes. In: M. Bergener (Ed.), Psychogeriatrics. An International Handbook. New York: Springer 1987.

Post, F., K. Shulman: New views on old age affective disorders. In: T. Arie (Ed.), Recent advances in psychogeriatrics. London: Churchill Livingstone 1985.
Praag, H. M. van: Depression and schizophrenia. New York: Spectrum Publications 1977.
Prados, M., B. Ruddick: Depressions and anxiety states of the middle-aged man. Psychiat. Quart. 21 (1947), 410–430.
Prange, A. J. jr., M. A. Lipton, C. B. Nemeroff, J. C. Wilson: The role of hormones in depression. Life Sci. 20 (1977), 1305–1317.
Pratt, J. I., W. L. Thomas: The endocrine treatment of menopausal phenomena. J. Amer. Med. Assoc. 109 (1937), 1875–1878.
Pressman, P., J. S. Lyons, D. B. Larson, J. J. Srain: Religious belief, depression, and ambulation status in elderly women with broken hips. Am. J. Psychiatry 147 (1990), 758–760.
Prill, H. J.: Psychosomatische Gynäkologie. München: Urban & Schwarzenberg 1964.
–: Die Beziehung von Erkrankungen und sozialpsychologischen Fakten zum Klimakterium. Med. Klin. 61 (1966), 1325–1328.
–: Sociomedical results in menopausal women psychosomatic medicine in obstetrics and gynecology, 3rd Int. Congress London 1971. Basel: Karger 1972, 602–604.
Prinz, P. M., M. V. Vitiello: Dominant occipital (alpha) rhythm frequency in early stage of Alzheimer's disease and depression. Electroencephalogr. Clin. Neurophysiol. 73 (1989), 427–432.
Prokop, H.: Thyroidektomie und Depression. Wien. Med. Wschr. 108 (1958), 851–855.
Prout, C. T., A. U. Bourcier: Mental problems of mid-life. New England J. Med. 223 (1940), 576–581.
Prout, C. T., D. M. Hamilton: Results of electroshock therapy in patients over 60 years of age. Bull. New York Acad. Med. 28 (1952), 454–461.
Prout, C. T., E. B. Allen, D. M. Hamilton: The use of electric shock therapy in older patients. In: O. J. Kaplan (Ed.), Mental disorders in later life. Stanford: Univ. Press 1956.
Pull, C., P. Pichot: A propos du concept de mélancholie d'involution. Considerations historiques. Ann. Med. Psychol. 133/II (1975), 571–584.
Pull, C., P. Pichot: Du concept de mélancholie d'involution. II. revue des travaux recents. Ann. Med. Psychol. 134/I (1976), 238–247.
Pull, C.: La dépression d'involution. In: P. Pichot (Ed.), Les voies nouvelles de la dépression. Paris: Masson 1978.
Pull, C., P. Pichot, M. C. Pull: Du concept de mélancholie d'involution: III. étude statistiques controlée de l'originalité symptomatique des dépressions à début tardif et du role patho-plastique de làge. Ann. Medico-Psycho. 134/I (1976), 691–702.
Quandt, J.: Neuropathologische und klinische Gesichtspunkte zur sogenannten Involutionspsychose. In: F. Panse (Hrsg.), Problematik, Therapie und Rehabilitation der chronischen endogenen Psychosen. Stuttgart: Enke 1967.
Quint, H.: Neurotische Depression und das Erleben des Alterns. Psychother. Psychosom. 24 (1974), 18–33.

Rabins, P. V.: The prevalence of reversible dementia in a psychiatric hospital. Hosp. Community Psychiatry 32 (1981), 490–492.

–: Reversible dementia and the misdiagnosis of dementia: a review. Hosp. Community Psychiatry 34 (1983), 830–835.

Rabins. P. V., A. Merchant, G. Nestadt: Criteria for diagnosing reversible dementia caused by depression. Validation by 2-year-follow-up. Brit. J. Psychiatry 144 (1984), 488–492.

Rabins, P. V., K. Harvis, S. Koven: High fatality rates of late-life depression associated with cardiovascular disease. J. Affective Disorders 9 (1985), 165–167.

Rabins, P. V., G. D. Pearlson, E. Aylward, A. J. Kumar, K. Doell: Cortical magnetic resonance imaging change in elderly inpatients with major depression. Am. J. Psychiatry 148 (1991), 617–620.

Radebold, H.: Regressive Phänomene im Alter und ihre Bedeutung in der Genese depressiver Erscheinungen. Z. Gerontol. 6 (1973), 409–419.

–: Formen und Möglichkeiten der Psychotherapie im Alter. Psychother. med. Psychol. 36 (1986), 337–343.

–: Psychodynamik und psychoanalytische Psychotherapie im höheren und hohen Lebensalter. Prax. Psychother. Psychosom. 32 (1987), 70–77.

–: Psychodynamik und Psychotherapie Älterer. Berlin, Heidelberg, New York, London, Paris, Tokyo, Hong Kong, Barcelona, Budapest: Springer 1992.

Radelis, D.: Suicide and loss of adjustment in the aging. Bull. Suicidol. 7 (1930), 23–26.

Rado, S.: Das Problem der Melancholie. Int. Zschr. f. Psychoanal. 13 (1927), 439–455.

Rapp, S. R., S. Vrana: Substituting nonsomatic for somatic symptoms in the diagnosis of depression in elderly male medical patients. Am. J. Psychiatry 146 (1989), 1197–1200.

Rapp, S. R., K. M. Davis: Geriatric depression: Physicians knowledge, perceptions, and diagnostic practice. Gerontologist 29 (1989), 252–257.

Rapp, S. R., S. A. Parisi, D. A. Walsh: Psychological dysfunktion and physical health among elderly medical inpatients. J. Consult. Clin Psychol. 56 (1988a), 851–855.

Rapp, S. R., S. A. Parisi, D. A. Walsh, C. E. Wallace: Detecting depression in elderly medical inpatients. J. Consult. Clin. Psychol. 56 (1988b), 509–513.

Raskin, A.: Age-sex differences in response to antidepressant drugs. J. Nerv. Ment. Dis. 159 (1974), 120–130.

Raskin, A., G. Sathananthan: Depression in the elderly. Psychopharmocol. Bull. 15 (1979), 14–16.

Raskind, M.: Electroconvulsive therapy in the elderly. J. Amer. Geriatr. Soc. 32 (1984), 177–178.

Rauramo, L., K. Lagerspetz, P. Engblom, R. Punnonen: The effect of castration and peroral estrogen therapy on some psychological functions. In: P. A. van Keep, C. Lauritzun (Eds.), Estrogen in the post-menopause. Basel: Karger 1975, 94–104.

Rawnsley, K.: Epidemiology of affective disorders. Recent developments in affective disorders. Spec. Publ. No. 2. Brit. J. Psychiat. (1968), 27–36.

Rechtschaffen, A.: Psychotherapy with geriatric patients: a review of the literature. J. Gerontol. 14 (1959), 73.

Reding, M., J. Haycox, J. Blass: Depression in patients referred to a dementia clinic. Arch. Neurol. 42 (1985), 894–896.

Redlich, F. C., D. X. Freedman: Theorie und Praxis der Psychiatrie. Frankfurt a. M.: Suhrkamp 1970.

Regier, D. A., J. H. Boyd, J. D. Burke: One month prevalence of mental disorders in the United States: Based on five epidemiologic catchment area sites. Arch. Gen. Psychiatry 45 (1988), 977–986.

Régis: Précis de psychiatrie. 3. Ed. 1905 (zitiert nach H. Homburger 1910).

Rehm, O.: Verlaufsformen des manisch-depressiven Irreseins. Centralbl. Nervenheilk. Psychiat. 18 (1907), 480–481.

–: Der depressive Wahnsinn. Centralbl. Nervenheilk. Psychiat. 21 (1910), 41–44.

–: Das manisch-melancholische Irresein. Monographien aus dem Ges. Gebiet der Neurol. u. Psychiat. Berlin: Springer 1919.

Reich, J., C. R. Cloninger, S. B. Guze: The multifactorial model of disease transmission: I. Description of the model and its use in psychiatry. Brit. J. Psychiat. 127 (1975), 1–10.

Reifler, B. V., E. Larson, R. Hanley: Coexistence of cognitive impairment and depression in geriatric outpatients. Amer. J. Psychiatry 139 (1982), 623–626.

Reifler, B. V., E. Larson, L. Teri: Dementia of the Alzheimer's type and depression. J. Am. Geriatr. Soc. 34 (1986), 855–859.

Reisberg, L., S. H. Ferris, A. Georgeotas, M. J. de Leon, M. K. Schneck: Relationship between cognition and mood in geriatric depression. Psychopharmacol. Bull. 16 (1980), 23–25.

Reischies, F. M., P. von Spieß: Katamnestische Untersuchung zur depressiven Pseudodemenz. In: E. Lungershausen, W. P. Kaschka, R. J. Witkowski (Hrsg.), Affektive Psychosen. Stuttgart, New York: Schattauer 1990.

Reiss, E.: Konstitutionelle Verstimmung und manisch-depressive klinische Untersuchungen über den Zusammenhang von Veranlagung und Psychose. Zschr. f. d. ges. Neurol. Psychiat., Orig. 2. (1910), 347–628.

Rennie, T. A. C.: Prognosis in manic-depressive psychoses. Amer. J. Psychiat. 98 (1942), 801–814.

Rensch, B.: Das universale Weltbild. Evolution und Naturphilosophie. Frankfurt a. M.: Fischer 1977.

Resnik, H. L. P. (Ed.): Suicidal behaviors, diagnosis and management. Boston: Little Brown 1968.

Resnik, H., J. Cantor: Suicide and Aging. J. Amer. Ger. Soc. 18 (1970), 152–158.

Reynolds, C. F., D. J. Kupfer, L. S. Taska, C. C. Hoch, D. G. Spiker, D. E. Sewitch, B. Zimmer, R. S. Marin, J. P. Nelson, D. Martin, R. Moryez: EEG sleep in healthy elderly, depressed and demented subjects. Biol. Psychiatry 20 (1985 a), 431–442.

Reynolds, C. F., D. J. Kupfer, L. S. Taska, C. C. Hoch, D. E. Sewitch, V. J. Grochocinski: Slow wave sleep in elderly depressed, demented and healthy subjects. Sleep 8 (1985 b), 155–159.

Reynolds, F. F., D. J. Kupfer, C. C. Hoch, J. A. Stack, P. R. Houck, D. Sewitch:

Two-year follow-up of elderly patients with mixed depression an dementia: clinical and EEG sleep findings. J. Amer. Geriatr. Soc. 34 (1986), 793–799.

Reynolds, C. F., D. J. Kupfer, C. C. Hoch, J. A. Stack, P. R. Houck, S. R. Berman: Sleep deprivation effects in older endogenous depressed patients. Psychiatry Res. 21 (1987), 95–110.

Reynolds, C. F., J. M. Perel, D. J. Kupfer: Open trial response to anti-depressant treatment in elderly patients with mixed depression and cognitive impairment. Pychiatr. Res. 21 (1987), 111–122.

Reynolds, C., D. J. Kupfer, P. R. Houk, C. C. Hoch, J. A. Stack, S. R. Berman, B. Zimmer: Reliable discrimination of elderly depressed and demented patients by electroencephalographic sleep data. Arch. Gen. Psychiatry 45 (1988 a), 258–264.

Reynolds, C. F., C. C. Hoch, D. J. Kupfer, D. J. Buysse, P. R. Houk, J. A. Stack, D. W. Campbell: Bedside differentiation of depressive pseudodementia from dementia. Amer. J. Psychiatry 145 (1988 b), 1099–1103.

Reynolds, C. F., D. J. Buysse, D. J. Kupfer, C. C. Hoch, P. R. Houk, J. Matzzie, C. J. George: Rapid eye movement sleep deprivation as a probe in elderly subjects. Arch. Gen. Psychiatry 47 (1990), 1128–1136.

Rhoades, F. P.: Minimizing the menopause. J. Amer. Ger. Soc. 15/4 (1965).

Riccitelli, M. L.: Modern concepts in the management of anxiety and depression in the aged. J. Am. Geriat. Soc. 12 (1964), 652–657.

Richard, J., P. Droz, A. O. Charpiot: Mélancholie tardive. Approche cognitive. Der informierte Arzt, Gazette Médicale 9 (1988), 49–52.

Richards. D. H.: Depression after hysterectomy. Lancet II (1973), 430–433.

Richter, K., W. U. Pieringer, H. G. K. Mayer: Psychische Aspekte bei der Hysterektomie. Wien. Klin. Wschr. 88 (1976), 733–737.

Riemann, F.: Zur Psychopathologie des Alterns. Hippokrates 31 (1959), 760–765.

Ringel, E.: Der Selbstmord. Abschluß einer krankhaften psychischen Entwicklung. Wien, Düsseldorf: Maudrich 1953.

Ripley, H. S.: Depression and the life span – epidemiology. In: G. Usding (Ed.), Depression. Clinical, biological and psychological perspectives. Mazel, New York: Brunner 1977, pp. 1–27.

Ripley, H. S., Papanicolaou, G. N.: The menstrual cycle with vaginal smear. Studies in schizophrenia, depression and elation. Amer. J. Psychiat. 98 (1942), 567–573.

Ripley, H. S., E. Shorr, G. N. Papanicolaou: The effect of treatment of depression in the menopause with estrogenic hormone. Amer. J. Psychiat. 96 (1940), 905–914.

Ritterhaus, E.: Die klinische Stellung des manisch depressiven Irreseins. Zschr. f. d. ges. Neurol. 56 (1920), 10–93; (1921), 320–346.

Robards, E. M.: Estrogenic hormone therapy. New Orleans Med. Surg. J. 93 (1941), 450–454.

Robins, E., G. E. Murphy, R. H. Wilkinson, S. Gassner, J. Kayes: Some clinical considerations in the prevention of suicide based on an study of 134 successful suicides. Amer. J. Publ. Health 49 (1959), 888–899.

Robins, L. N., J. E. Helzer, M. M. Weissman, H. Orvashel, E. Gruenberg, J. D. Burke, D. A. Regier: Lifetime prevalence of specific psychiatric disorders in three sites. Arch. Gen. Psychiatry 41 (1984), 949–958.

Robinson, D. S., T. L. Sourkes, A. Nies, L. S. Harris, S. Spector, D. L. Bartlett: Monoamine metabolism in human brain. Arch. Gen. Psychiatry 34 (1977), 89–92.

Robinson, J. R.: The natural history of mental disorders in old age: A long-term Study. Br. J. Psychiatry 154 (1989), 783–789.

Robinson, R. G., K. Bolla-Wilson, E. Kaplan, J. R. Lipsey, T. R. Price: Depression influences intellectual impairment in stroke patients. Br. J. Psychiatry 148 (1986), 541–547.

Rockwell, F. V.: Psychotherapy in the older individual. In: O. J. Kaplan (Ed.), Mental disorders in later life. Stanford: Stanford Univ. Press 1956, 423–445.

Rodin, J.: Behavioral medicine: effects of self control training in aging. Int. Review of Applied Psychology 32 (1983), 153–181.

Rogers, J.: The Menopause. New Eng. J. Med. 254 (1956), 697–703, 750–756.

Rokhlina, M. L.: Certain peculiarities of the evolution and clinical picture of manic-depressive psychosis at an advanced age. Zh. Nevropat. Psikhiat. Korsakow 65 (1965), 567–574.

Rombach, H.: Wissenschaftstheoretische Fragestellung. In: H. Rombach (Hrsg.), Wissenschaftstheorie I. Freiburg, Basel, Wien: Herder 1974.

Ron, M. A., B. K. Toone, M. E. Garralda, W. A. Lishman: Diagnostic accuracy in presenile dementia. Br. J. Psychiat. 134 (1979), 161–168.

Rosenfeld, M.: Über die Beziehungen des manisch-depressiven Irreseins zu körperlichen Erkrankungen. Allgem. Zschr. f. Psychiat. 70 (1913), 185–204.

Rosenthal, H. R.: Psychotherapy for the aging. Amer. J. Psychother. 13 (1959), 55–65.

Rosenthal, S. H.: Changes in a population of hospitalized patients with affective disorders. Amer. J. Psychiat. 123 (1966), 671–681.

–: The involutional depressive syndrome. Amer. J. Psychiat. 124 Suppl. (1968), 21–35.

–: Involutional depression. In: S. Arieti (Ed.), American handbook of psychiatry Vol. III. 2nd Ed. New York: Basic Books 1974, pp. 694–709.

Rosenthal, S. H., G. L. Klerman: Endogenous features of depression in women. Canad. Psychiat. Ass. J. 11, Suppl. (1966), 11–16.

Rosenthal, S. H., J. E. Gudeman: The endogenous depressive pattern. An emperical investigation. Arch. Gen. Psychiat. 16 (1967), 241–249.

Ross, M.: Psychosomatic approach to the climacteric. California Med. 74 (1951), 240–242.

–: A review of some recent treatment methods for elderly psychiatric patients. Arch. Gen. Psychiat. 1 (1959), 578–592.

Ross, O., N. Kreitman: A further investigation of differences in the suicide rates of England and Wales and of Scotland. Brit. J. Psychiat. 127 (1975), 575–582.

Roth, M.: The natural history of mental disorder in old age. J. Ment. Sci. 101 (1955), 281–301.

–: The phenomenology of depressive states. Canad. Psychiat. Ass. J. 4, Suppl. (1959 a), 32–53.

–: Mental health problems of aging and the aged. Bull. Who. 21 (1959 b), 527–561.

–: Depressive states and their borderlands: classification, diagnosis and treatment. Comprehensive Psychiat. 1 (1960), 135–155.

Roth, M.: The psychiatric disorders of later life. Psychiatric Annals 6 (1976), 417–444.

–: Diskussion. In: F. Hoffmeister, C. Müller (Eds.), Brain function in old age, Evaluation of changes and disorders. Berlin, Heidelberg, New York: Springer 1979.

–: Treatment of depression in the elderly. Acta Psychiat. Scand. Suppl. 290 (1981), 401–433.

–: Depression and affective disorder in later life. In: J. Angst (Ed.), The origins of depression: current concepts and approaches. Berlin, Heidelberg, New York, Tokyo: Springer 1983.

–: Association of somatic disease with affective disorders in middle and old age. In: B. Lerer, S. Gershon (Eds.), New directions in affective disorders. New York, Berlin, Heidelberg, London, Paris, Tokyo, Hong Kong: Springer 1989.

Roth, M., J. D. Morrissey: Problems in the diagnosis and classification of mental disorders in old age. J. Ment. Sci. 98 (1952), 66–80.

Roth, M., B. Hopkins: Psychological test performance in patients over sixty. I. senile psychosis and the affective disorders of old age. J. Ment. Sci. 99 (1953), 439–450.

Roth, M., D. W. K. Kay: Affective disorders arising in the senium. II. physical disability as an aetiological factor. J. Ment. Sci. 102 (1956), 141–150.

Roth, M., D. W. K. Kay: Social, medical and personality factors associated with vulnerability to psychiatric breakdown in old age. Geront. Clin. 4 (1962), 147–160.

Roth, M., R. Garside, C. Gurney: Classification of depressive disorders. In: J. Angst (Ed.), Classification and prediction of outcome of depression. Stuttgart, New York: Schattauer 1974, 3–26.

Rothschuh, K. E.: Theorie des Organismus. München, Berlin: Urban & Schwarzenberg 1963.

–: Prinzipien der Medizin. München, Berlin: Urban & Schwarzenberg 1965.

–: Konzepte der Medizin in Vergangenheit und Gegenwart. Stuttgart: Hippokrates 1978.

Roubinovitch, J., E. Toulouse: La mélancholie. Paris 1897.

Rovner, B. W., J. Broadhead, M. Spencer: Depression and Alzheimer's disease. Am. J. Psychiatry 146 (1989), 233–235.

Roy, A.: Parental loss in childhood and onset of manic-depressive illness. Brit. J. Psychiat. 136 (1980), 86–88.

Rubin, E. H., D. A. Kinscherf, E. A. Grant, M. Storandt: The influence of major depression on clinical and psychometric assessment of senile dementia of the Alzheimer type. Am. J. Psychiatry 148 (1991), 1164–1171.

Rudolf, G. A. E.: Diagnostische Besonderheiten der Spätdepression. Dtsch. Med. Wschr. 99 (1974a), 908–910.

–: Therapeutische Besonderheiten der Spätdepression. Dtsch. Med. Wschr. 99 (1974b), 910–912.

–: Über den therapeutischen Umgang mit gerontopsychiatrisch Kranken. Z. Präklin. Geriatr. 4 (1974c), 88–92.

–: Depression und Lebensalter. Eine klinische Studie. Habilitationsschrift, Münster 1980.

–: Depression und höheres Lebensalter. Fortschritte der Medizin 100 (1982a), 318–321.

–: Depressive Erkrankungen älterer Menschen. Deutsches Ärzteblatt 79 (1982b), 53–56.

–: Melancholie, Involutionsdepression oder depressives Syndrom im höheren Lebensalter? Anmerkungen zur historischen Entwicklung dieser diagnostischen Begriffe. Materia Medica Nordmark 37 (1985), 38–50.

–: Körperliche Erkrankungen und Depression (Begleitdepressionen). In: M. Bergener (Hrsg.), Depressive Syndrome im Alter. Theorie, Klinik, Praxis. Stuttgart, New York: Thieme 1989.

Rudolf, G. A. E., R. Tölle: Sleep deprivation and circadian rhythm in depression. Psychiat. Clin. 11 (1978), 198–212.

Rudolf, G. A. E., B. Schilgen, R. Tölle: Antidepressive Behandlung mittels Schlafentzug. Nervenarzt 48 (1977), 1–11.

Rudorfer, M. V., P. J. Clayton: Depression, dementia and dexamethasone suppression. (Ltr. to Ed.). Amer. J. Psychiat. 138 (1981), 701.

Rudorfer, M. V., P. C. Clayton: Pseudodementia: use of the DST in diagnosis and treatment monitoring. Psychosomatics 23 (1982), 429–431.

Rückle, E.: Ist die Melancholie ausschließlich eine Psychose des Rückbildungsalters? Inaug. Diss. Erlangen 1898.

Ruegg, R. G., S. Zisook, N. R. Swerdow: Depression in the aged. An overview. Psychiatr. Clin. N. Am. 11 (1988), 83–99.

Runge, H.: Die Depressionen des Umbildungsalters und der Involutionszeit. In: O. Bumke (Hrsg.), Handbuch der Geisteskrankheiten. Bd. VIII. Spez. Teil IV. Berlin: Springer 1930.

–: Einteilung und Behandlung der psychischen Rückbildungserkrankungen bei Männern durch aktive Umstimmung. Zschr. f. d. ges. Neurol. Psychiat. 167 (1939), 146–148.

–: Über aktive Behandlung der psychischen Rückbildungserkrankungen bei Männern. Zschr. f. d. ges. Neurol. Psychiat. 171 (1941), 1–27.

Rush, K. H.: Involutional melancholia. Hawai Med. J. 11 (1952), 152–154.

Rustige, K.: Katamnestische Untersuchungen zu den Psychosen des mittleren Lebensalters unter besonderer Berücksichtigung der Einflüsse des Klimakteriums. Inaug. Diss. Kiel 1966.

Sachar, E. J.: Twenty-four hour cortisol secretary patterns in depressed and manic patients. Prog. Brain Res. 42 (1975), 81–91.

Sachar, E. J., H. P. Roffwarg, P. H. Grün, N. Altman, J. Sassin: Neuroendocrinal studies of depressive illness. Pharmakopsychiat. 9 (1976), 11–17.

Sachs, H.: Statistischer Beitrag zur Kenntnis der einfachen oder periodischen Melancholie. Inaug. Diss. Zürich 1899.

Sadler, W. S.: Modern Psychiatry. St. Louis 1945 (zitiert nach G. Ingvarsson 1951).

Sainsbury, P.: Suicide in London: An ecological study. New York: Basic Books 1956.

–: Suicide in later life. Geront. Clin. 4 (1962), 161–170.

–: Suicide and depression. In: A. Coppen, A. Walk (Eds.), Recent developments in affective disorders. Brit. J. Psychiat., Spec. Publ. No. 2 (1968), 1–13.

–: Suicide and attempted suicide. In: P. Kisker, J. E. Meyer, C. Müller, E. Strömgren (Hrsg.), Psychiatrie der Gegenwart. 2. Aufl. Bd. III. Berlin, Heidelberg, New York: Springer 1975, 557–606.

Salm, H.: Körperlich begründbare Psychosen im Alter. Bedeutung, Verlauf, Prognose. Münch. Med. Wschr. 112 (1970), 1041–1045.

Salzman, C., R. J. Shader: Depression in the elderly. I. Relationship between depression, psychologic defense mechanisms and physical illness. J. Amm. Geriatr. Soc. 26 (1978a), 253–260.

Salzman, C., R. J. Shader: Depression in the elderly. II. Possible drug etiologies: differential diagnostic criteria. J. Amer. Geriatr. Soc. 26 (1978b), 303–308.

Salzman, C., R. J. Shader: Clinical evaluation of depression in the elderly. In: R. Raskin, L. F. Jarvik (Eds.), Psychiatric symptoms and cognitive loss in the elderly. New York: John Wiley 1979.

Samorajski, T.: Age-related changes in brain biogenic amines. In: H. Brody, D. Harman, J. M. Ordy (Eds.), Aging Vol. I: Clinical morphological and neurochemical aspects in the aging central nervous system. New York: Raven Press: 1975.

Sands, D. E., W. Sargant: The treatment of depression in later life. Br. Med. J. 1 (1942), 520–522.

Sargant, W., E. Slater, D. Kelly: An introduction to physical methods of treatment in psychiatry. Edinburgh, London: Churchill Livingstone 1972.

Sattes, H.: Die hypochondrische Depression. Halle: Marhold 1955.

Saunders, E. B.: A study of depressions in late life, with special reference to content. Amer. J. Psychiat. 11 (1931/1932), 925–948.

–: Mental reactions associated with the menopause. South. Med. J. 25 (1932), 266–270.

Schatzberg, A. F.: Classification of depressive disorders. In: O. Cole, A. F. Schatzberg, S. H. Frazier (Eds.), Depression. Biology, psychodynamics and treatment. New York, London: Plenum Press 1978.

Schaub, H.: Selbstmord und Selbstmordversuch im höheren Lebensalter (Dissertation). Basel, Stuttgart: Schwabe 1955.

Scheid, W.: Der Zeiger der Schuld in seiner Bedeutung für die Prognose involutiver Psychosen. Z. Ges. Neurol. Psychiat. 150 (1934), 528–555.

Schiff, J., Q. Regestein, D. Tulchinsky: Effects of estrogens on sleep and psychological state of hypogonadal women. J. Am. Med Ass. 242,2 (1979), 2405–2407.

Schilder, P.: Psychiatric aspects of old age and the aging. Amer. J. Orthopsychiat. 10 (1940), 62–69.

Schildkraut, J. J.: The catecholamine hypothesis of affective disorders: a review of supporting evidence. Amer. J. Psychiat. 122 (1965), 509–522.

–: Neuropsychopharmakology and the affective disorders. Boston: Little Brown 1970.

–: Depression and biogenic amines. In: S. Arieti (Ed.), American Handbook of psychiatry. Vol. VI. New York: Basic Books 1975, pp. 460–487.

Schindler, R.: Die psychischen Faktoren der senilen Dekompensation. Wien. Z. Nervenheilk. 6 (1953), 185–204.

Schipkowensky, N.: Depressive Bilder organischer und psychogener Herkunft bei Hirnarteriosklerose. Psychiat. Neurol. Med. Psychol. (Leipzig) 16 (1964), 288–293.

Schirren, C.: Das sogenannte Klimakterium virile. Fortschr. der Medizin 87 (1969), 916–918.

Schlager, L.: Die Bedeutung des Menstrualprozesses und seine Anomalien für die Entwicklung und den Verlauf psychischer Störungen. Allgem. Zschr. Psychiat. 15 (1858), 457–498.

Schmidt, P. J., D. R. Rubinow: Menopause-related affective disorders: A justification for further study. Am. J. Psychiatry 148 (1991), 844–852.

Schmidt-Degenhardt, M.: Melancholie und Depression. Zur Problemgeschichte der depressiven Erkrankungen seit Beginn des 19. Jahrhunderts. Stuttgart, Berlin, Köln, Mainz: Kohlhammer 1983.

Schneider, K.: Beiträge zur Psychiatrie. Stuttgart: Thieme 1948.

–: Klinische Psychopathologie. 9. Aufl. Stuttgart: Thieme 1971.

Schnitzenberger, H.: Die Erblage in der nächsten Verwandtschaft von 30 Fällen klimakterischer bzw. involutiver Melancholie. Zschr. Ges. Neurol. Psychiat. 159 (1937), 11–23.

Scholz, W.: Statistische Untersuchung über die Bedeutung situativer Faktoren bei der Auslösung endogener Depressionen. Inaug. Diss. Münster 1958.

Schott, A.: Beitrag zur Lehre von der Melancholie. Arch. f. Psychiatr. 36 (1903), 819–862.

Schrappe, O.: Involutionspsychosen und cerebraler Stoffwechsel. In: H. J. Colmant (Hrsg.), Vitalität, Festschrift für H. Bürger-Prinz. Stuttgart: Enke 1968.

–: Symptomatische depressive Bilder bei Rückbildungsprozessen. Das Ärztliche Gespräch (Tropon) (1973), 46–67.

Schube. P. G., M. C. McManamy, C. E. Trapp, G. F. Houser: Involutional melancholia: treatment with theelin. Arch. Neurol. Psychiat. (Chicago) 38 (1937), 505–512.

Schüle, H.: Klinische Psychiatrie. Spezielle Pathologie und Therapie der Geisteskrankheiten. In: H. von Ziemssen, Handbuch der speziellen Pathologie und Therapie. XVI. Bd. 3. Aufl. Leipzig: F. C. W. Vogel 1886.

Schüttler, R.: Depression im höheren Lebensalter. In: H. Hippius, W. Greil (Hrsg.), Psychiatrie für die Praxis. Diagnostik und Therapie. München: MMV Medizin Verlag 1985.

–: Depressive Syndrome des älteren Menschen. Fundamenta Psychiatrica 4 (1990), 103–108.

Schulte, W.: Die Entlastungssituation als Wetterwinkel für die Pathogenese und Manifestation neurologischer und psychiatrischer Krankheiten. Nervenarzt 22 (1951), 140–149.

–: Seelisches Altern als Lebensproblem. Fortschr. Neurol. Psychiat. 24 (1956), 341–368.

–: Nicht-Traurig-Sein-Können im Kern melancholischen Erlebens. Nervenarzt 32 (1961), 314–320.

–: Kommunikative Psychotherapie bei Störungen im höheren Lebensalter. Z. Psychother. Med. Psychol. 11 (1961), 159–172.

–: Psychotherapeutische Probleme bei Frauen in den Wechseljahren und im höheren Lebensalter. In: W. Bitter (Hrsg.), Krisis und Zukunft der Frau. Stuttgart: Klett 1962.

–: Die zerebrale Gefäßsklerose: die Involutionsdepression. Wien. Klin. Wschr. 81 (1969 a), 561–563.

Schulte, W.: Involutionsdepression. In: G. Huber (Hrsg.), Schizophrenie und Zyklothymie. Stuttgart: Thieme 1969 b.
–: Über psychotherapeutische Probleme bei 50–65jährigen. Praxis der Psychotherapie 15 (1970), 275–284.
–: Spätdepressionen als geriatrisches Problem. Ärztl. Forschung 25 (1971 a), 256–259.
–: Zum Problem der Involutionsdepression. Therapiewoche 21 (1971 b), 1335–1338.
–: Mehrdimensionalität der Involutionspsychosen. Ärztl. Praxis 24 (1972 a), 2465–2466.
–: Psychotherapie bei Störungen vor und nach der Altersgrenze. Arbeits-, Sozialmedizin und Arbeitshygiene 7 (1972 b), 204–207.
Schultz, J. H.: Das Endgültigkeitsproblem in der Psychologie der Rückbildungsdepressionen. Zschr. Ges. Neurol. Psychiat. 128 (1930), 512–514.
Schulz, B.: Auszählungen in der Verwandtschaft von nach Ersterkrankungsalter und Geschlecht gruppierten Manisch-Depressiven. Arch. Psychiatr. Nervenkr. 186 (1951), 560–576.
Schumacher, W.: Psychische Veränderungen des höheren Lebensalters aus der Sicht der Psychoanalyse. Act. Geron. 3 (1973), 275–280.
Schuppius: Das Symptomenbild der Pseudodemenz und seine Bedeutung für die Begutachtungspraxis. Zschr. f. d. ges. Neurol. Psychiat. 22 (1914), 554–585.
Schwab, J. J., C. E. Holzer, G. J. Warheit: Depressive symptomatology and age. Psychosomatics 14 (1973), 135–141.
Schwidder, W.: Klinik der Neurosen. In: K. P. Kisker, J.-E. Meyer, M. Müller, E. Strömgren (Hrsg.), Psychiatrie der Gegenwart. Klinische Psychiatrie I. Bd. II, Teil 1. 2. Aufl. Berlin, Heidelberg, New York: Springer 1972.
Scogin, F.: The concurrent validity of the Geriatric Depression Scale with depressed older adults. Clin. Gerontol. 7 (1987), 23–30.
Seager, C. P., R. A. Flood: Suicide in Bristol. Brit. J. Psychiat. 111 (1965), 919–932.
Sedivec, V.: Social surrounding factors in the ätiology of pathologic mood phases in manic melancholia. Csl. Psychiat. 71 (1975), 211–216.
Sedler, M. J., E. C. Dessain: Faleret's discovery: the origin of the concept of bipolar affective illness. Amer. J. Psychiatry 140 (1983), 1127–1133.
Seelert, H.: Verbindung endogener und exogener Faktoren in dem Symptomenbilde und der Pathogenese von Psychosen. Berlin: Karger 1919.
–: Mischung paranoischer mit depressiven Symptomen bei Psychosen des höheren Alters. Mschr. Psychiat. 52 (1922), 140–155.
Seifert, J.: Das Leib-Seele-Problem und die gegenwärtige philosophische Diskussion. Darmstadt: Wissenschaftl. Buchgesellschaft 1989.
Seligman, M. E. P.: Depression and learned helplessness. In: R. J. Friedman, M. M. Katz (Eds.), The psychology of depression: contemporary theory and research. Washington: Winston 1974, 83–113.
–: Helplessness – on depression, development and death. San Francisco: W. H. Freeman 1975.
Sergeev, J. J.: Psychogenic depressive development at old age. Zh. Nevropat. Psikhiat. Korsakow 76 (1976), 1711–1713.
Sethi, B. B., S. C. Gupta, R. K. Mahendru, P. Kumari: Mental health and urban life: a study of 850 families. Brit. J. Psychiat. 124 (1975), 243–246.

Severinghaus, E. L.: Treatments of climacteric symptoms with stilbestrol. J. Amer. Med. Ass. 114 (1940), 685–687.

Sherman, E.: Counselling the ageing: an intergrative approach. London: Collier Macmillan 1981.

Shamoian, C. A.: Assessing depression in elderly patients. Hospital and Community Psychiatry 36 (1985), 338–339, 345.

–: (Ed.): Treatment of affective disorders in the elderly. Washington: American Psychiatric Press 1985.

Sherwin, B. B., M. M. Gelfand: Sex steroids and affect in the surgical menopause: A doublle-blind, crossover study. Psychoneuroendocrinology 10 (1985), 325–335.

Shinfuku, N., S. Ihda: Über den prämorbiden Charakter der endogenen Depression-Immodithymie (später: Immobilithymie) von Shimoda. Fortschr. Neurol. Psychiat. 37 (1969), 545–552.

Sholomskas, A. J., E. S. Chevron, B. A. Pinsoff, C. Berry: Short-term interpersonal therapy (IPT) with the depressed elderly. Case reports and discussion. Amer. J. Psychotherapy 37 (1983), 55–66.

Shraberg, D.: The myth of pseudodementia: depression and the aging brain. Amer. J. Psychiat. 135 (1978), 601–603.

–: Questioning the concept of pseudodementia (Ltr. to Ed.). Amer. J. Psychiat. 136 (1980a), 260.

–: An overview of neuropsychiatric distrubances in the elderly. J. Amer. Geriatric Soc. 28 (1980b), 422–425.

Shulman, K.: Suicide and parasuicide in old age: a review. Age and Ageing 7 (1978), 210–219.

Shulman, K., F. Post: Bipolar affective disorders in old age. Brit. J. Psychiatry 136 (1980), 26–32.

Siegfried, K.: Cognitive symptoms in late-life depression and their treatment. J. Affect. Disord., Suppl. 1 (1985), 533–540.

Siegfried, K., W. Jansen, K. Pahnke: Cognitive symptoms in late life depression and their treatment. Paper read at the 14th CINP Congress. Florence 1984.

Silver, M. A., M. Bohnert, A. T. Beck: Relations of depression on attempted suicide and seriousness of intent. Arch. Gen. Psychiat. 25 (1971), 573–576.

Silverman, C.: The epidemiology of depression. Baltimore: J. Hopkins 1968.

Silverstone, P. H.: Depression increases mortality and morbidity in acute life-threatening medical illness. J. Psychosom. Res. 34 (1990), 651–657.

Sim, M.: The diagnosis of depression in old age. Brit. J. Psychiatry 144 (1984), 101.

Simon, H.: Aktivere Krankenbehandlung in der Irrenanstalt. Berlin, Leipzig: De Gruyter 1929.

Simon, K. W.: Über eine Möglichkeit der Behandlung der Involutionsdepression. Med. Mschr. 13 (1959), 156–157.

Simon, R. I.: Involutional psychosis in negroes. A report and discussion of low incidence. Arch. Gen. Psychiat. 13 (1965), 148–154.

Simon, R. M.: On eclecticism. Amer. J. Psychiatry 131 (1974), 135–139.

Simpson, S., R. Woods, P. Britton: Depression and engagement in a residential home for the elderly. Behav. Res. Therapy 19 (1981), 435–438.

Sjögren, H.: Depressive reactions in the presenium. In Depression. Proc. Scand. Symp. on depression. Oct. 1960. Acta Psychiat. Scand., Suppl. 162 (1961), 52–54.

–: Paraphrenic, melancholic and psychoneurotic states in the presenile period of life. A study of 649 patients in the functional division. Acta Psychiat. Scand., Suppl. 176 (1964).

Sloane, R. B., K. F. Staples, M. Bender, J. Razani, L. Schneider: Psychotherapy vs. nortriptyline for depression in the elderly. Paper read at the 14th CINP Congress. Florence 1984.

Smaldon, J. L.: Prepsychotic personality of manic depressive patients. Psychiat. Quart. 8 (1934), 129–147.

Small, G. W. Recognition and Treatment in the elderly. J. Clin. Psychiatry 52 (6, suppl.) (1991), 11–22.

Small, G. W., R. Komanduri, M. Getten, L. F. Jarvik: The influence of age on guilt expression in depression. Int. J. Geriatr. Psychiatry 1 (1986), 121–126.

Smeraldi, E., F. Negri, A. M. Melica: A genetic study of affective disorders. Acta Psychiat. Scand. 66 (1977), 382–398.

Smith, D. H.: Depression in the aged. West Virginia Med. J. 61 (1965), 334–336.

Smith, F. L., A. Simon, J. C. Lingoes: Excretion of urinary cortidoids in mental patients. J. Nerv. Ment. Dis. 124 (1956), 381–384.

Smith, G., C. Cantley: Plurialistic evaluation: a study in day care for the elderly mentally infirm. Department of Social Administration. University of Hull, 1983.

Smith, S.: Organic syndromes presenting as involutional melancholia. Brit. Med. J. II (1954), 274–277.

Smith, W. J.: The etiology of depression in a sample of elderly widows: a research report. J. Geriat. Psychiatry 11 (1978), 81–83.

Snaith, R. P., R. J. McGuire, K. Fox: Aspects of personality and depression. Psychol. Med. 1 (1971), 239–246.

Snow, S. S., C. E. Wells: Case studies in neuropsychiatry: Diagnosis and treatment of coexistent dementia and Depression. J. Clin. Psychiatry 42 (1981), 439–441.

Snowdon, J., N. Donnelly: A study of depression in nursing homes. J. Psychiat. Res. 20 (1986), 327–333.

Sommer: Depressionszustände und ihre Behandlung. Dtsch. Med. Psychol. 61 (1908), 213–238.

Sörensen, A., E. Strömgren: Frequency of depressive states within geographically delimited population groups II: prevalence (the Samso investigation). Acta Psychiat. Scand., Suppl. 162 (1961), 62–68.

Soukhanoff, G., P. Ganouchkine: Étude sur la mélancholie. Ann. Méd.-Psychol. 61 (1903), 213–238.

Spar, J. E., F. La Rue: Major depression in the elderly: DSM III criteria and the dexamethasone suppression test as predictors of treatment response. Amer. J. Psychiatry 140 (1983), 844–847.

Spar, J. E., R. Gerner: Does the dexamethasone suppression test distinguish dementia from depression? Amer. J. Psychiatry 139 (1982), 238–240.

Specht, G.: Über Hysteromelancholie. Centralbl. Nervenheilk. Psychiat. 17 (1906), 545–557.

–: Über den Angstaffekt im manisch-depressiven Irresein. Ein Beitrag zur Melancholiefrage. Centralbl. Nervenheilk. Psychiat. 28 (1907), 529–533.

–: Über die Struktur und klinische Stellung der Melancholia agitata. Zbl. Nervenheilk. Psychiat. 31 (1908), 449–469.

Spicer, C. C., E. H. Hare, E. Slater: Neurotic and psychotic forms of depressive illness: Evidence from age-incidence in a national sample. Br. J. Psychiatry 123 (1973), 535–541.

Spielmeyer, W.: Die Psychosen des Rückbildungs- und Greisenalters. In: G. Aschaffenburg (Hrsg.), Handbuch der Psychiatrie. Spez. Teil. 5. Abt. Leipzig, Wien: Deuticke 1912.

Spitzer, R. L., J. L. Fleiß: A re-analysis of the reliability of psychiatric diagnosis. Brit. J. Psychiat. 125 (1974), 341–347.

Spitzer, R. L., J. Endicott, R. A. Woodruff, N. Andreasen: Classification of mood disorders. In: G. Usdin (Ed.), Depression. Clinical, biological and psychological perspectives. New York: Brunner und Mazel 1977, 73–103.

Squires, A. H., D. E. Camel: The menopausal patient. Med. Clin. North America 36 (1952), 515–525.

Stähelin, J. E.: Über Depressionszustände. Schweiz. Med. Wschr. (1955), 1205–1209.

Stancer, H. C., E. Persad, D. K. Wagener, T. Jorna: Evidence for homogeneity of major depression and bipolar affective disorder. J. Psychiat. Res. 21 (1987), 37–53.

Starobinski, J.: Geschichte der Melancholiebehandlung. Documenta Geigy. Acta Psychosomatica Nr. 4. Geigy. Basel 1960.

Stauder, K. H.: Über Pensionierungsbankrott. Psyche 9 (1955/56), 481–497.

Steen, R. R.: Prognosis in manic-depressive psychosis. Psychiat. Quart. 7 (1933), 419–429.

Steer, R. F.: Structure of depression in older men and women. J. Clin. Psychology 36 (1980), 672–674.

Stegmüller, W.: Hauptströmungen der Gegenwartsphilosophie. Bd. I. Stuttgart: Kroner 1976.

Stekel, W.: The critical age in a woman's life. Psyche and Eros 2 (1921), 100–106 (Ref.: Zbl. f. d. ges. Neurol. 26 [1921], 328–329).

Steiner, M., D. R. Aleksandrowicz: Isr. Ann. Psychiat. 8 (1970), 186 (zitiert nach Polivy 1974).

Stenbäck, A.: On involutional and middle age depressions. Acta Psychiat. Scand., Suppl. 169, (1963), 14–32.

–: Object loss and depression. With special reference to aging. Arch. Gen. Psychiat. 12 (1965), 144–151.

–: A field study of depression on old age. Akt. gerontol. 9 (1979), 277–282.

–: Depression and suicidal behavior in old age. In: J. E. Birren, R. B. Sloane (Eds.), Handbook of mental health and aging. New Jersey/Prentice-Hall: Englewood Cliffs 1980.

Stenbäck, A., V. Jalava: Hypochondriasis and depression. Acta Psychiatr. Scand. 37 (1962), 240–246.

Stengel, E.: Classification of mental disorders. Bull. W. H. O. 21 (1959), 601–663.

Stengel, E.: Selbstmord und Selbstmordversuch. Frankfurt a. M.: Fischer 1969.

Stengel, E., B. B. Zeitlyn, E. H. Rayner: Post-operative psychoses. J. Ment. Sci. 104 (1958), 389–402.

Stenstedt, A.: A study in manic-depressive psychosis. Clinical, social and genetic investigations. Acta psychiat. Neuro. Scand., Suppl. 79 (1952).

–: Involutional melancholia. An etiologic, clinical and social study of endogenous depression in later life, with special reference to genetic factors. Acta Psychiat. Scand. 34, Suppl. 127 (1959).

–: The Ätiology of involutional melancholia. Acta Psychiat. Scand. 37, Suppl. 162 (1961) 39.

–: Die genetischen Grundlagen bei Depressionen. In: W. Schulte, W. Mende (Hrsg.), Melancholie in Forschung, Klinik und Behandlung. Stuttgart: Thieme 1969 a.

–: Drei genetische Untersuchungen von psychischen Depressionen. In: H. Hippius, H. Selbach (Hrsg.), Das depressive Syndrom. München, Berlin, Wien: Urban & Schwarzenberg 1969 b.

Stern, E. S.: The psychopathology of manic-depressive disorder and involutional melancholia. Brit. J. Med. Psychol. 20 (1944/46), 20–32.

Stern, K.: Reactive depression in later life. In: P. Hoch, J. Zubin (Eds.), Depression. New York: Grune and Stratton 1954.

Stern, K., D. Menzer: The mechanism of reactivation in depressions of the age group. With three case reports. Psychiat. Quart. 20 (1946), 56–73.

Stern, E., C. M. Prados: Personality studies in menopausal women. Amer. J. Psychiat. 103 (1946/47), 358–368.

Stern, K., G. M. Williams, M. Prados: Grief reactions in later life. Amer. J. Psychiat. 108 (1951/52), 289–294.

Sternberg, D. E., M. E. Jarvic: Memory functions in depression. Arch. gen. Psychiatry 33 (1976), 219–224.

Sternberg, E.: Zur Frage der depressiven Psychosen des höheren Lebensalters. Psychiat. Neurol. Med. Psychol. (Lpz.) 16 (1964), 101–103.

–: Some general clinical aspects of "late" depressions. Zh. Neuropat. Psikhiat. Korsakov 70 (1970), 1356–1365.

Steuer, J. L., C. L. Hammen: Cognitive-behavioral group therapy for depressed elderly: issues and adaptations. Cognitive Therapy and Research 7 (1983), 285–296.

Steuer, J. L., L. Bank, E. J. Olsen, L. F. Jarvik: Depression, physical health and somatic complaints in the elderly: a study of the Zung self-rating depression scale. J. Gerontology 35 (1980), 683–688.

Stewart, A. M., F. Drake, G. Winokur: Depression among medically ill patients. Dis. Nerv. Syst. 26 (1965), 479–485.

Störring, G. E.: In: M. Reichardt (Hrsg.), Allgemeine und spezielle Psychiatrie. Basel, Stuttgart 1955.

Straker, M.: Depressive reactions in the aged chronically ill. Canad. Med. Assoc. J. 81 (1959), 910–915.

–: Prognosis for psychiatric illness in the aged. Amer. J. Psychiat. 119 (1963), 1069–1075.

Stransky, E.: Das manisch-depressive Irresein. In: G. Aschaffenburg (Hrsg.), Handbuch der Psychiatrie. Leipzig, Wien 1911.

Straus, E.: Das Zeiterleben in der endogenen Depression und in der psychopathischen Verstimmung (1928). In: E. Straus, Psychologie der menschlichen Welt. Berlin, Göttingen, Heidelberg: Springer 1960.

Strauss, E. B.: Convulsive therapy in the out-patient department. Brit. Med. J. I (1941), 31.

Strecker, E. A.: Involutional melancholia. N. Y. St. J. Med. 42 (1942), 530–534.

Strecker, E. A., B. L. Keyes: Ovarian therapy in involutional melancholia. N. Y. Med. J. 116 (1922), 30–34.

Strecker, E. A., F. G. Ebaugh: Clinical psychiatry. Philadelphia: Blakinston's son 1928.

Strecker, E. A., F. G. Ebaugh: Clinical psychiatry. 5. Ed. Philadelphia: Blakinston's son 1943.

Strömgren, L. S.: Unilateral versus bilateral electroconvulsive therapy. Acta Psychiat. Scand., Suppl. 240 (1973).

–: The influence of depression on memory. Acta Psychiat. Scand. 56 (1977), 109–128.

Strohmeyer, W.: Das manisch-depressive Irresein. Wiesbaden: Bergmann 1914.

Stucki, A.: Häufigkeit, jahreszeitliche Periodizität und Altersaufbau der Anstaltsaufnahmen an depressiven Erkrankungen in der Schweiz von 1937–1952. Mschr. Psychiat. 131 (1956), 337–367.

Sturt, E., N. Kumakura, G. Der: How depressing is life: life long morbidity risk for depressive disorder in the general population. J. Affect. Disord. 7 (1984), 109–122.

Suckle, J. E.: Treatment of involutional melancholia by estrogen. J. Amer. Med. Ass. 109 (1937), 203–204.

Swartz, M. S., D. G. Blazer: The distribution of affective disorders in old age. In: E. Murphy (Ed.), Affective disorders in the elderly. Edinburg, London, Melbourne, New York: Churchill Livingstone 1986.

Swierczek, S.: Über die Involutionspsychosen aufgrund eigener Untersuchungen. Psychiat. Neurol. Med. Psychol. (Leipzig) 12 (1960), 169–175.

Sym, M.: Guide to psychiatry. Edinburg, London: Churchill Livingstone 1974.

Szalita, A. B.: Psychodynamics of disorders of the involutional age. In: S. Arieti (Ed.), American handbook of psychiatry. Vol. III. New York: Basic Books 1966, 66–87.

Taban, C. H.: Mélancholie et fonction cortico-surrénale. Paris: G. Doin et Cie. 1957 (zitiert nach Nikula-Baumann 1971).

Tait, A. C., J. Harper, W. T. McClatchey: Inital psychiatric illness in involutional women: I. clinical aspects. J. Ment. Sci. 103 (1957), 132–145.

Tait, C. D. jr., G. C. Burns: Involutional illnesses. A survey of 379 patients. Including follow-up study of 114- Amer. J. Psychiat. 108 (1951), 27–36.

Taschev, T.: Statistisches über die Melancholie. Fortschr. Neurol. Psychiat. 33 (1965), 25–36.

–: Die Enttäuschungsdepression. In: W. Walcher (Hrsg.), Probleme der Provokation depressiver Psychosen. Wien: Hollinek 1971.

–: Konjugierte eheliche Depressionen im Involutionsalter. In: W. Walcher (Hrsg.), Zur Systematik, Provokation und Therapie depressiver Psychosen. Wien: Hollinek 1974.

Taschev, T.: The course and prognosis of depression on the basis of 652 patients deceased. In: J. Angst (Ed.). Classification and prediction of outcome of depression. Stuttgart, New York: Schattauer 1974.

Taschev, T., M. Roglev: Das Schicksal der Melancholiker im fortgeschrittenen Alter. Arch. Psychiat. Nervenkr. 217 (1973), 377–386.

Taylor, J. H.: Involutional psychoses treated with shock therapy. Dis. Nerv. Syst. 6 (1945), 189–190.

Tegeler, J.: Grundregeln der Therapie von Altersdepressionen. Münch. Med. Wschr. 126 (1984), 75–76.

Tellenbach, H.: Melancholie. Zur Problemgeschichte, Typologie, Pathogenese und Klinik (1961). 2. Aufl. Berlin, Göttingen, Heidelberg: Springer 1974.

–: Die Begründung psychiatrischer Erfahrung und psychiatrischer Methoden in philosophischen Konzeptionen vom Wesen des Menschen. In: H. G. Gadamer, P. Vogler (Hrsg.), Neue Anthropologie. 6. Bd. Stuttgart: Thieme 1975.

Templer, D. J.: Death anxiety as related to depression and health of retired persons. J. Gerontol. 26 (1971), 521–523.

Tews, H. P.: Soziologe des Alterns. 2. Aufl. Heidelberg: Quelle und Meyer 1974.

Thalbitzer, S.: Melancholie und Depression. Allgem. Zschr. Psychiat. 62 (1905), 775–786.

Thielman, S., D. G. Blazer: Depression and Dementia. In: B. Pitt (Ed.), Dementia in old age. London: Churchill Livingstone 1986.

Thienhaus, O. J.: Antidepressive Pharmakotherapie in der Geriatrie. Dt. Ärzteblatt 89 (1992), B1589–B1592.

Thomae, H.: Theory of aging and cognitive theory of personality. Human development 13 (1970), 1–16.

–: Die Bedeutung einer kognitiven Persönlichkeitstheorie für die Theorie des Alterns. Zschr. Gerontol. 4 (1971), 8–18.

Thompson, L. W., D. Gallagher, G. Nies, D. Epstein: Evaluations of professionals and non professionals as instructors of "Coping with Depression" classes for elders. Gerontologist 23 (1983), 390–396.

Thompson, L. W., D. Gallagher, J. S. Beckenridge: Comparative effectiveness of psychtherapies for depressed elders. J. Consult. Clin. Psychol. 55 (1987), 385–390.

Thomson, J., I. Oswald: Effects of Östrogen on sleep, mood and anxiety of menopausal women. Brit. J. Med. II (1977), 1317–1319.

Thornstone, S., J. Brotchie: Reminiscence: A critical review of the empirical literature. Br. J. Clin. Psychol. 26 (1987), 93–111.

Tietz, E. B.: Further experiences with electronarcosis. J. Nerv. Ment. Dis. 106 (1947), 150–158.

Tilkin, L.: Clinical evaluation of the psychiatric disorders in the aged. Geriatrics 7 (1952), 56–58.

Tillotson, K. J., W. Sulzbach: A comparative study and evaluation of electric shock therapy in depressive states. Amer. J. Psychiat. 101 (1945), 455–459.

Titley, W. B.: Prepsychotic personality of involutional melancholia. Arch. Neurol. Psychiat. (Chic.) 36 (1936), 19–33.

–: Prepsychotic personality of patients with agitated depression. Arch. Neurol. Psychiat. (Chic.) 39 (1938), 333–341.

Tölle, R.: Diskussionsbeitrag. In: H. Hippius, H. Selbach, Das depressive Syndrom. München, Berlin, Wien: Urban & Schwarzenberg 1969.

–: Depressionen im Alter. Nervenheilkunde 4 (1983), 173–177.

–: Persönlichkeit und Melancholie. Nervenarzt 58 (1987), 327–339.

–: Beziehungen zwischen Persönlichkeit und Psychose. In: W. Janzarik (Hrsg.), Persönlichkeit und Psychose. Stuttgart: Enke 1988.

–: Organisch bedingte Depressionen. Nervenarzt 61 (1990), 176–182.

Tölle, R., A. Peikert, A. Rieke: Persönlichkeitsstörungen bei Melancholiekranken. Nervenarzt 58 (1987), 227–236.

Tsuang, M. T.: Genetics of affective disorder. In: J. Mendels (Ed.), Psychobiology of depression. New York: Wiley 1976.

Tsuang, M. T., R. F. Woolson: Excess mortality in schizophrenia and affective disorder. Arch. Gen. Psychiat. 35 (1978), 1181–1185.

Turner, R. J., M. Beiser: Major depression and depressive symptomatology among the physically disabled. Assessing the role of chronic process. J. Nerv. ment. Dis. 178 (1990), 343–350.

Turner, W. J., F. O'Neill, S. Merlis: The treatment of depression in hospitalized patients before and since the introduction of anti-depressant drugs. Amer. J. Psychiat. 119 (1962), 421–425.

Ulrich, H.: Die Behandlung der Depression des höheren Lebensalters nach funktionellen Gesichtspunkten. Psychiatr.-Neurol. Wschr. 44 (1942), 169–173.

Usdin, G. (Ed.): Depression. Clinical, biological and psychological perspectives. New York: Brunner und Mazel 1977.

Utian, W. H.: Definite symptoms of post-menopause. In: P. A. Keep, C. Lauritzen (Eds.), Estrogens in the post-menopause. Basel: Karger 1975.

Vallet, R., M. Tonnel, J. P. Storne: Psychoses preseniles et arteriosclerose cerebrale. Considerations pathogeniques. Ann. Med. Psychol. 118 (1960), 635–693.

Vanini, M.: Considerazioni catamnestiche in tema di sindromi depressive dell'eta involutiva. Neuropsichiatria 31 (1975), 247–253.

Vencovsky, E.: Ein Beitrag zur Klassifikation nichtpsychotischer Depressionszustände. Psychiat. Neurol. Med. Psychol. (Lpz.) 16 (1964), 76–78.

Verwoedt, A.: Clinical Geropsychiatry. Baltimore: Williams and Wilkins 1976.

Verwoerdt, A., R. H. Dovenmuehle: Heart disease and depression. Geriatrics 19 (1964), 856–864.

Vickers, R.: The therapeutic milieu and the older depressed patient. J. Gerontol. 31 (1976), 314–317.

Villiger, E.: Beitrag zur Ätiologie der Melancholie. Inaug. Diss. Basel 1898.

Vispo, R. H.: Premorbid personality in the functional psychoses of the senium. A comparison of expatients with healthy controls. J. Ment. Sci. 108 (1962), 190–800.

Vliegen, J., T. Vogel, E. Lungershausen: Modelle endogener Psychosen. Fortschr. Neurol. Psychiat. 43 (1975), 223–253.

Vogel, R., M. Wolfersdorf: Suicide and mental illness in the elderly. Psychopathology 22 (1989), 202–207.

Vogel, T., E. Lungershausen: Provokation depressiver Psychosen im Involutionsalter. In: W. Walcher (Hrsg.), Zur Systematik, Provokation und Therapie depressiver Psychosen. Wien: Hollinek 1974a.

Vogel, T., E. Lungershausen: Soziale und andere exogene Faktoren im Vorfeld depressiver Psychosen des Involutionsalters. Arch. Psychiat. Nervenkr. 219 (1974b), 187–196.

Vogel, W., E. L. Klaiber, D. M. Broverman: Role of the gonadal steroid hormones in psychiatric depression in men and Women. Prog. Neuropsychopharmacol. 2 (1978), 487–503.

Vollhardt, B. R., M. Bergener, C. Hesse: Psychopharmaka im Alter. Zschr. Geriatrie 3 (1990), 262–274.

Von Ammon Cavanaugh, S., R. M. Wetterstein: The relationship between severity of depression, cognitive dysfunction and age in medical inpatients. Amer. J. Psychiatry 140 (1983), 495–496.

Vorkastner, W.: Über pseudomelancholische Zustände. Mschr. Psychiat. 17 (1904), 133–157.

Walcher, W. (Hrsg.): Probleme der Provokation depressiver Psychosen. Wien: Hollinek 1971.

Walcher, W. (Hrsg.): Zur Systematik, Provokation und Therapie depressiver Psychosen. Wien: Hollinek 1971.

Walker, R.: Über manische und depressive Psychosen. Arch. f. Psychiat. 42 (1907), 788–868.

Wallach, M. A., L. R. Green: On age and the subjective speed of time. In Neugarten, B. L. (Ed.): Middle age and aging. Chicago, London: Univ. Chicago Press 1968.

Walser, H. H.: Melancholie in medizingeschichtlicher Sicht. Therapeut. Umschau 25 (1968), 17–21.

Walther-Buel, H.: Das Alter in klinisch-psychiatrischem Licht. Schweiz. Arch. Neurol. Neurochir. Psychiat. 73 (1954), 425–430.

–: Zur allgemeinen Psychiatrie somatogener Psychosen. Schweiz. Arch. Neurol. Neurochir. Psychiat. 101 (1968), 121.

Walton, H. J.: Suicidal behavior in depressive illness. J. Ment. Sci. 104 (1958), 884–891.

Warshaw, M. G., G. L. Klerman, P. W. Lavori: Are secular trends in major depression an artifact of recall? J. Psychiatr. Res. 25 (1991), 141–151.

Watts, C. A. H.: The incidence and prognosis of endogenous de pression. Brit. Med. J. II (1956), 1392–1397.

Warheit, G. J., C. E. Holzer, J. J. Schwabb: An analysis of social class and racial differences in depressive symptomatiology: a community study. J. Health Soc. Beh. 14 (1973), 291–299.

Weaver, J. D.: Estrogenic hormones – often only psychotherapeutic agents. South Med. J. 39 (1946), 581–585.

Weckowicz, T. E., R. W. Nutter, D. G. Cruse, K. A. Yonge: Speed in testperformance in relation to depressive illness and age. J. Can. Psychiatr. Assoc. 17 (1972), 241–250.

Weed, J. C.: Management of postmenopausal women. Postgrad. Med. 14 (1953), 370–373.

Weeke, A., T. Videbach, A. Dupont, N. Juel-Nielsen: Incidence of depressive syndromes in a danish county. Acta Psychiat. Scand. 51 (1975), 28–41.

Weingartner, H., E. Silberman: Models of cognitive impairment: cognitive changes in depression. Psychopharmacol. Bull. 18 (1982), 27–42.

Weingartner, H., R. H. Cohen, W. E. Burney, M. H. Ebert, W. Kaye: Memory-learning impairments in progressive dementia and depression. Amer. J. Psychiat. 139 (1982), 135–136.

Weise, K., J. Müller: Über Entstehung, Therapie und Rehabilitation der Involutionspsychosen. Wien. Zschr. Nervenheilk. 25 (1967), 85–105.

Weiss, J. M. A.: Suicide in the aged. In: H. L. P. Resnik (Ed.), Suicidal behaviors. Boston: Little, Brown and Comp. 1968.

Weissman, M. M.: The mythos of involutional melancholia. J. Amer. Med. Ass. 242 (1979), 742–744.

Weissman, M. M., J. K. Myers: Rates and risks of depressive symptoms in a United States urban comunity. Acta Psychiat. Scand. 57 (1978 a), 219–231.

Weissman, M. M., J. K. Myers: Affective disorders in a US urban community. The use of research diagnostic criteria in an epidemiological survey. Arch. Gen. Psychiat. 35 (1978 b), 1304–1311.

Weissman, M. M., G. L. Klerman: Sex differences and the epidemiology of depression. Arch. Gen. Psychiat. 34 (1977), 98–111.

Weissman, M. M., G. L. Klerman: Epidemiology of mental disorders: emerging trends in the United States. Arch. Gen. Psychiat. 35 (1978), 705–712.

Weissman, M. M., J. Myers: Depression in the elderly: research directions in psychopathology, epidemiology and treatment. J. Gen. Psychiatry 12 (1979), 187–201.

Weissman, M. M., E. S. Paykel, G. L. Klerman: The depressed woman as a mother. Soc. Psychiat. (Berlin) 7 (1972), 98–108.

Weissman, M. M., J. K. Myers, W. D. Thomspon: Depression and its treatment in a US urban community – 1975 – 1976. J. Gen. Psychiat. 38 (1981), 417–421.

Weissman, M. M., J. K. Myers, G. L. Tischler, C. E. Holzer, P. J. Leaf, H. Orvaschel, J. A. Brody: Psychiatric disorders (DSM III) and cognitive impairment among the elderly in a M. S. urban community. Acta Psychiatr. Scand. 71 (1985), 366–379.

Weitbrecht, H. J.: Die klinische Stellung der Rückbildungspsychosen. Dt. Med. Wschr. 458 (1941), 1238–1241.

–: Zyklothymie. Fortschr. Neurol. Psychiat. 17 (1949), 437–481.

–: Cyklothymes Syndrom und hirnatrophischer Prozess. Nervenarzt 24 (1953), 489–493.

–: Depressive Psychosen des mittleren und höheren Lebensalters. Landarzt 35 (1959), 181–185.

–: Depressive und manische endogene Psychosen. In: Psychiatrie der Gegenwart. Bd. II. Berlin, Göttingen, Heidelberg: Springer 1960.

–: Depressive und manische endogene Psychosen. In: Psychiatrie der Gegenwart. Bd. II. Berlin, Heidelberg, New York: Springer 1972, S. 1.

Weizsäcker, V. von: Der Gestaltkreis. Leipzig: Thieme 1940.

Wells, C. E.: Pseudodementia. Amer. J. Psychiat. 136 (1979), 895–900.

–: Pseudodemetia and the recognition of organicity. In: D. F. Benson, D. Blumer (Eds.), Psychiatric aspects of neurologic disease. New York: Grune and Stratton 1982.

Wells, C. E., G. W. Duncan: Danger of overreliance on computerized cranial tomography. Amer. J. Psychiatry 134 (1977), 811–813.

Wenderlein, J. M.: Östrogen-Therapie im Klimakterium unter psychometrischen Aspekten. Münch. Med. Wschr. 122 (1980), 419–421.

Wengraf, F.: Psychoneurotic symptoms following hysterectomy. Amer. J. Obst. Gynec. 52 (1946), 645–650.

Werner, A. A.: The male climacteric. Report of 54 cases. J. Amer. Med. Assoc. 127 (1945), 705–710.

–: Management of menopause. Postgrad. Med. 9 (1951), 158–159.

Werner, A. A., E. F. Hoctor, C. C. Ault: Involutional melancholia. A review with additional cases. Arch. Neurol. Psychiat. (Chic.) 45 (1941), 944–952.

Werner, A. A., L. H. Kohler, C. C. Ault, E. F. Hoctor: Involutional melancholia. Probable etiology and treatment. Arch. Neurol. Psychiat. (Chic.) 35 (1936), 1076–1080.

Werner, A. A., G. A. Johns, E. F. Hoctor, C. C. Ault, L. H. Kohler, M. W. Weis: Involutional melancholia. Probable etiology and treatment. J. Amer. Med. Assoc. 103 (1934), 13–16.

Werner, W.: Depressive Verstimmungen im Alter. In: H. J. Haase (Hrsg.), Der depressive Mensch. Erlangen: Perimed 1984.

Wernicke, C.: Grundriss der Psychiatrie in klinischen Vorlesungen. 2. Aufl. Leipzig: Thieme 1906.

Werth: Über Entstehung von Psychosen im Gefolge von Operationen am weiblichen Genitalapparat. Arch. f. Gynäkologie 32 (1888), 257–259.

Wertheimer, J.: Affective disorders and organic mental disorders. Int. Psychogeriatrics 3, Suppl. (1991), 19–27.

–: Dépression. Clinique geriatrique de la dépression. Der informierte Arzt – Gazette Médicale 9 (1988), 45–49.

West, L. J.: Integrative Psychotherapy of depressive illness. in: F. F. Flach, S. C. Draghi (Eds.), The nature and treatment of depression. New York, London, Sydney, Toronto: Wiley and sons 1975.

Westcott, N. A.: Application of the structured lif-review technique in counseling elders. Personnel and Guidance Journal 62 (1983), 180–181.

Westphal, A.: Die Melancholie. In: O. Binswanger, E. Siemerling (Hrsg.), Lehrbuch der Psychiatrie. 4. Aufl. Jena: Fischer 1915.

–: Die Melancholie. In: O. Binswanger, E. Siemerling (Hrsg.), Lehrbuch der Psychiatrie. 6. Aufl. Jena: Fischer 1923.

Wetzel, R. D., T. Reich, G. E. Murphy, M. Province, J. P. Miller: The changing relationship between age and suicide rates: cohort effect, period effect or both? Psychiatric Developments 3 (1987), 179–218.

Wexberg, E.: Zur Klinik und Pathogenese der leichteren Depressionszustände. Zschr. Ges. Neurol. 112 (1928), 549–574.

Weyerer. S., C. Geiger-Kabisch, C. Kröger, R. Denzinger, S. Platz: Die Erfassung von Demenz und Depression mit Hilfe des Brief-Assessment-Interviews (BAI): Ergebnisse einer Realibitäts- und Validitätsstudie bei Altenheimbewohnern in Mannheim. Z. Gerontol. 23 (1990), 205–210.

White, W. A.: Outlines of psychiatry, 10th Ed. Washington 1924.

Whitehead, A.: The pattern of WAIS performance in elderly patients. Brit. J. Soc. Psychol. 12 (1973a), 435–436.
–: Verbal learning and memory in elderly depressives. Brit. J. Psychiat. 123 (1973b), 203–208.
–: Factors in the learning deficit of elderly depressives. Brit. J. Soc. Clin. Psychol. 13 (1974), 201–208.
Whybrow, P. C., H. S. Akiskal, W. T. McKinney: Mood disorders. Toward a new psychobiology. New York, London: Plenum Press 1984.
Wieck, H. H.: Zur Klinik der sogenannten symptomatischen Psychosen. Dtsch. Med. Wschr. 81 (1956), 1345–1349.
Wiendieck, G.: Sozialpsychologische Determinanten des Alterssuizids. Nervenarzt 41 (1970), 220–223.
–: Zur sozial-psychologischen Bedingtheit des Alterssuizids. Act. Geront. 3 (1973), 271–274.
Wilbur, C. B., A. Fortes: Convulsive shock therapy in patients over 70 years of age with affective disorders. Amer. J. Psychiat. 104 (1948), 48–51.
Wilhelmi, C.: Klimakterische Psychosen. Arch. Psychiat. Nervenkr. 80 (1927), 192–197.
Williams, W. S., E. G. Jaco: An evaluation of functional psychoses in old age. Amer. J. Psychiat. 114 (1958a), 910–916.
Williams, W. S., E. G. Jaco: A reexamination of mental illness in old age. Dis. Nerv. Syst. 18 (1958b), 375–379.
Williamson, J.: Depression in the elderly. Age and Aging 7 (Suppl.) (1978), 35–40.
Williamson, J., I. H. Stoke, S. Gray, M. Fish, M. Smith, H. McGhee: Old people at home, their unreported needs. Lancet 1 (1964), 1117–1120.
Willmuth, L. R.: Medical views of depression in the elderly: historical notes. J. Amer. Geriatric Soc. 27 (1979), 495–499.
Wilmanns, K.: Zur Differentialdiagnostik der „funktionellen" Psychosen. Zentralbl. Nervenheilk. Psychiat. 18 (1907), 569–588.
Wilson, D. C.: The results of shock therapy in the treatment of affective disorders. Amer. J. Psychiat. 96 (1939), 673–679.
Wilson, R. A., T. A. Wilson: The fate of the non-treated postmenopausal woman: a plea for the maintenance of adequate estrogen from puperty to the grave. J. Amer. Geriatr. Soc. 11 (1963), 347–349.
Wilson, W. P., F. L. Major: Electroshock and the aged patient. In: C. Eisdorfer, W. E. Fann (Eds.), Psychopharmacology and aging (Advances in behavioral biology, Vol. 6). New York, London: Plenum Press 1973.
Wing, J. K., A. M. Haley: Evaluating a community psychiatric service. London, New York, Toronto: Oxford Univ. Press 1972.
Winkler, W. T.: Formen existenzieller Depressionen und ihre psychotherapeutische Behandlung. Regensburger Jahrb. Ärztl. Fortb. 6 (1958), 236–242.
Winn, R. E.: Dallas Med. J. 24 (1938), 100 (zitiert nach Bennet 1939).
Winokur, G.: Types of depressive illness. Brit. J. Psychiat. 120 (1972), 265–266.
–: Depression in the menopause. Amer. J. Psychiat. 130 (1973), 92–93.
–: Depression spectrum disease versus pure depressive disease: some further data. Brit. J. Psychiat. 127 (1975), 75–77.

Winokur, G.: Familiar (genetic) subtypes of pure depressive disease. Amer. J. Psychiat. 136 (1979), 911–913.

Winokur, G., P. J. Clayton, T. Reich: Manic depressive illness. St. Louis: Mosby 1969.

Winokur, G., R. Cadoret: The Irrelevance of the menopause to depressive illness. In: E. J. Sachar (Ed.), Topics in Psychoendocrinology. New York: Grune & Stratton 1975.

Winokur, G., D. Behar, M. Schlesser: Clinical and biological aspects of depression in the elderly. In: J. O. Cole, J. E. Barret (Eds.), Psychopathology in the aged. New York: Raven Press 1980.

Winokur, G., R. Cadoret, J. Dorzap, M. Baker: Depressive disease: a genetic study. Arch. Gen. Psychiat. 24 (1971), 135–144.

Wisdom, J. O.: Die psychoanalytischen Theorien über die Melancholie. Jahrb. Psychoanal. 4 (1967), 102–154.

Wissfeld, H.: Zur Geschichte der Psychiatrie in ihrer Abhängigkeit von der geistesgeschichtlichen Entwicklung seit der Renaissance. Arch. Psychiat. Zschr. Ges. Neurol. 196 (1957), 63–89.

Wittson, C. L.: Involutional melancholia. A study of the syndrome and a report on the use of estrogen. Psychiat. Quart. 14 (1940), 167–184.

Witzleben, H. D. von: Psychische Veränderungen nach Röntgenkastratiom im Klimakterium. Arch. Psychiat. Neurol. 83 (1928), 410–428.

Wolfersdorf, M.: Depression und Suizidalität im Alter. In: H. Hippius, M. Ortner, E. Rüther (Hrsg.), Psychiatrische Erkrankungen in der ärztlichen Praxis. Berlin, Heidelberg, New York, London, Paris, Tokyo, Hong Kong, Barcelona, Budapest: Springer 1991.

–: Depression bei körperlicher Krankheit. Krankenhausarzt 65 (1992), 229–236.

Wolff, K.: The treatment of the depressed and suicidal geriatric patients. Geriatrics 26 (1971), 65–69.

–: Depression and suicide in the geriatric patient. J. Amer. Geriatr. Soc. 17 (1969), 668–672.

Wollenberg, R.: Die Melancholie. In: E. von Leyden, F. Klemperer (Hrsg.), Die deutsche Klinik am Eingange des 20. Jahrhunderts. Bd. 6,2. Berlin, Wien: Urban & Schwarzenberg 1906.

Woodruff, R. A. jr., F. N. Pitts, G. Winokur: Affective disorder: II. a comparison of patients with endogenous depressions and without family history of affective disorder. J. Nerv. Ment. Dis. 139 (1964), 49–52.

Woodruff, R. A. jr., S. B. Guze, P. J. Clayton: Unipolar and bipolar primary affective disorder. Brit. J. Psychiat. 119 (1971), 33–38.

Wragg, R. E., D. V. Jeste: Overview of depression and psychosis in Alzheimer's disease. Am. J. Psychiatry 146 (1989), 577–587.

Wright, G. J. jr.: Psychiatric aspects of menopause. West Virginia Med. J. 50 (1954), 169–173.

Wyllie, A. M.: Convulsion therapy of the psychoses. J. Ment. Sci. 86 (1940), 248–259.

Wyrick, R. A., L. C. Wyrick: Time experience during depression. Arch. Gen. Psychiat. 34 (1977), 1441–1443.

Wyrsch, J.: Die Bedeutung der exogenen Faktoren für die Entstehung und den Verlauf des manisch-depressiven Irreseins und der genuinen Epilpsie. Schweiz. Arch. Neurol. Psychiat. 43 (1939), 187–203.

Wyss, D.: Die tiefenpsychologischen Schulen von den Anfängen bis zur Gegenwart. Göttingen: Vandenhoek und Ruprecht 1966.

Yager, J.: Psychiatric eclecticism: A cognitive view. Amer. J. Psychiatry 134 (1977), 736-741.

Yesavage, J. A., T. L. Brink, T. L. Rose: Development and validation of a geriatric depression screening scale: A preliminary report. J. Psychiatr. Res. 17 (1983a), 37–49.

Yesavage, J. A., T. L. Brink, T. L. Rose, M. Adey: The geriatric depression rating scale: comparison with other self-report on psychiatric ratin scales. In: T. Crooks, S. Ferris, R. Bartus (Eds.), Assessment in geriatric psychopharmacology. New Canaan: Mark Powley 1983b.

Young, F. F.: Involutional melancholia. New Orleans Med. Surg. J. 83 (1930), 375–379.

Young, H. M.: Community adjustment of involutional melancholia patients. Smith Coll. Stud. Soc. Work 17 (1946), 114–115.

Young, R. J.: Rorschach diagnosis and interpretation of involutional melancholia. Amer. J. Psychiat. 106 (1950), 748–749.

Young, R. R., Young, G. A.: Treatment of the psychoses with induced hypoglycemia and convulsions. J. Amer. Med. Ass. 112 (1939), 496–499.

Zeh, W.: Die Altersfärbung cyclothymer Phasen. Nervenarzt 28 (1957), 542–545.

–: Über Strukturuntersuchungen in der Psychiatrie. Arch. Psychiat. Zschr. f. d. ges. Neurol. 200 (1960), 215–229.

Zeifert, M.: Massive dose teststerone therapy in male involutional psychosis. Psychiat. Quart. 16 (1942), 319–322.

Zemore, R., N. Eames: Psychic and somatic symptoms of depression among young adults, institutionalized aged and noninstitutionalized aged. J. Gerontol. 34 (1979), 716–722.

Zerbin-Rüdin, E.: Endogene Psychosen. In: P. E. Becker (Hrsg.), Humangenetik. Bd. V, 2. Stuttgart: Thieme 1967.

–: Zur Genetik der depressiven Erkrankungen. In: H. Hippius, H. Selbach (Hrsg.), Das depressive Syndrom. München, Berlin, Wien: Urban & Schwarzenberg 1969, S. 37–56.

–: Genetische Aspekte endogener Psychosen. Fortschr. Neurol. Psychiat. 39 (1971), 459–494.

–: Genetische Aspekte der psychiatrischen Erkrankungen des höheren Lebensalters. In: K. P. Kisker, J. E. Meyer, M. Müller, E. Strömgren (Hrsg.), Psychiatrie der Gegenwart. Bd. II, 2. 2. Aufl. Berlin, Heidelberg, New York: Springer 1972, S. 1037–1058.

–: Genetik. In: K. P. Kisker, H. Lauter, J.-E. Meyer, C. Müller, E. Strömgren (Hrsg.), Affektive Psychosen. Psychiatrie der Gegenwart. Bd. 5. Berlin, Heidelberg, New York, London, Paris, Tokyo: Springer 1987.

Zerssen, D. von: Nosologie. In: C. Müller (Hrsg.), Lexikon der Psychiatrie. Berlin, Heidelberg, New York 1973a.

Zerssen, D. von: Selbstbeurteilungsskalen zur Abschätzung des „subjektiven Befundes“ in psychopathologischen Querschnitt- und Längsschnittuntersuchungen. Arch. Psychiat. Nervenkr. 217 (1973b), 299–314.

–: Klinische Selbstbeurteilungs-Skalen (KSB-S) aus dem Münchener psychiatrischen Informationssystem (Psychis München). Paranoid-Depressivitäts-Skala sowie Depressivitäts-Skala-Manual. Weinheim: Beltz Test GmbH 1976a.

–: Der „Typus Melancholicus“ in psychometrischer Sicht (Teil 1 und 2). Zschr. f. klin. Psychol. Psychother. 24 (1976b), 200–220, 305–316.

–: Premorbid personality and affective psychoses. In: G. D. Burrows (Ed.), Handbook of studies on depression. Amsterdam, London, New York: Excerpta Medica 1977.

–: Personality and affective disorders. In: E. S. Paykel (Ed.), Handbook of affective disorders. Edinburgh, London, Melbourne, New York: Churchill Livingstone 1982.

–: Definition und Klassifikation affektiver Störungen aus historischer Sicht. In: D. von Zerssen, H.-J. Möller (Hrsg.), Affektive Störungen. Diagnostische epidemiologische, biologische und therapeutische Aspekte. Berlin, Heidelberg, New York, London, Paris, Tokyo: Springer 1988.

–: Zur prämorbiden Persönlichkeit des Melancholikers. In: C. Mundt, P. Fiedler, H. Lang, A. Kraus (Hrsg.), Depressionskonzepte heute: Psychopathologie oder Pathopsychologie? Berlin, Heidelberg, New York, London, Paris, Tokyo, Hong Kong, Barcelona: Springer 1991.

Zerssen, D. von, D. M. Köller, E. R. Rey: Objektivierende Untersuchungen zur prämorbiden Persönlichkeit endogen Depressiver. In: H. Hippius, H. Selbach (Hrsg.): Das depressive Syndrom. Berlin, München, Wien: Urban & Schwarzenberg 1969, S. 183–205.

Zerssen, D. von, D. M. Köller, E. R. Rey: Die prämorbide Persönlichkeit von endogen Depressiven. Eine Kreuzvalidierung früherer Untersuchungsergebnisse. Confin. Psychiat. 13 (1970), 156–179.

Zerssen, D. von, H.-J. Möller (Hrsg.): Affektive Psychosen. Diagnostische, epidemiologische, biologische und therapeutische Aspekte. Berlin, Heidelberg, New York, London, Paris, Tokyo: Springer 1988.

Zetzel, E. R.: The depressive position. In: Ph. Greenacre (Ed.), Affective disorders. New York: Int. Univ. Press 1953, pp. 84–116.

Ziehen, Th.: Über periodische Melancholie im Climacterium. Neurol. Zentralbl. 14 (1895), 888.

–: Die Erkennung und Behandlung der Melancholie in der Praxis. Halle: Marhold 1896.

–: Psychiatrie für Ärzte und Studierende. 3. Aufl. Leipzig 1907.

Zimmer, R., H. Lauter: Zum Problem der depressiven Pseudodemenz. Zschr. Gerontol. 17 (1984), 109–112.

Ziskind, E., E. Sommerfeld-Ziskind, L. Ziskind: Metrazol and electric convulsive therapy of the affective psychoses. Arch. Neurol. Psychiat. (Chic.) 53 (1945), 212–217, 316.

Zohar, J., B. Shapira, G. Oppenheim: Addition of estrogen to imipramin in female-resistant depressives. Psychopharmacol. Bull. 21 (1985), 705–706.

Zubenko, G., J. Moossy: Major depression in primary dementia: Clinical and neuropathologic correlates. Arch Neurol. 45 (1988), 1182–1186.

Zung, W. W. K.: Depression in normal aged. Psychosomatics 8 (1967), 287–292.

Zung, W. W. K., R. L. Grenn: Detection of affective disorders in the aged. In: C. Eisdorfer, W. E. Fann (Eds.), Psychopharmacology in Aging. New York: Plenum Press 1973.

STICHWORTVERZEICHNIS